世界文学与戏剧
历史纵横谈

萧 枫 ◎ 主编

辽海出版社

责任编辑:陈晓玉　于文海　孙德军

图书在版编目(CIP)数据

世界历史纵横谈/萧枫主编.—沈阳:辽海出版
社,2008.6(2015.5重印)
ISBN 978-7-80711-988-3

Ⅰ.①世…　Ⅱ.①萧…　Ⅲ.①世界史—通俗读物
Ⅳ.①K109

中国版本图书馆 CIP 数据核字(2011)第 140261 号

世界历史纵横谈

世界文学与戏剧历史纵横谈

萧枫/主编

出　版:辽海出版社	地　址:沈阳市和平区十一纬路25号
印　刷:北京一鑫印务有限责任公司	字　数:700千字
开　本:700mm×1000mm　1/16	印　张:40
版　次:2011年9月第2版	印　次:2015年5月第2次印刷
书　号:ISBN 978-7-80711-988-3	定　价:149.00元(全5册)

如发现印装质量问题,影响阅读,请与印刷厂联系调换。

《世界历史纵横谈》编委会

前　言

在人类缓缓的历史进程中，人类辉煌的往昔，是祖先智慧的创造，更是永垂不朽的传奇。追寻世界历史，不仅是对历史的尊重，同时也是对人类自身的一种高度关注。

大约在2300万年前到1800万年前，在热带雨林地区和广阔的草原上，就有一种古老的灵长类动物，即森林古猿活跃在那里，它们是人类最早的祖先。其中一部分森林古猿下地直立行走，迈出了从猿转变到人具有决定性意义的一步。为了生存，猿进行了劳动，劳动促进猿的体质发生改变，促使意识的产生和语言的出现。终于我们的祖先摆脱了动物界，成为了真正意义上的人。

伴随着人的出现，社会呈现雏形。夹杂着火的利用、工具的改进、绘图、雕刻、丧葬、艺术、建筑、文字等先后出现，文明之光洒满大地。翘然回首，从石斧、骨器到勾践的青铜宝剑，回想中世纪骑士们的铮铮铁甲，体味硝烟迷漫的火枪战场，人类历史简直是沧桑万年……

历史对于我们整个人类，就像记忆对于我们每个人一样，它说明我们现在做的是什么，为什么我们这样做，以及我们过去是怎样做的。因此谁要想了解世界，就必须知道它的历史。

历史是我们宝贵的精神财富，任何一个国家或者民族都注重用自己的历史教育和鼓励广大人民，因为历史具有无穷的智慧与魅力，这是世界各民族得以凝聚并生生不息的命脉。灿烂的世界历史文明

教育着我们每一位读者，能够使我们更加珍惜历史，并不断创造光辉的未来。

为了让广大读者全面深入地了解世界历史的光辉灿烂，感受世界各民族历史发展的博大精深，我们特地编辑了这本融故事与图片为一体的读物。本书把世界历史从单纯的帝王将相、改朝换代的框架中释放出来，结合最新的研究成果，融知识性与趣味性为一体，涵盖历史、政治、军事、文化、艺术等各个领域，全方位、新视角、多层面地重新演绎了世界五千年的辉煌历史文化，能够给我们广大读者尽可能丰富的知识看点。

本套书主要包括世界科技与发现历史、世界思想与教育历史、世界文学与戏剧历史、世界建筑与雕塑历史、世界美术与绘画历史等内容。

本套书希望通过一些通俗的语言和丰富的图片，对世界历史做一个概述。它只讲其中最重要的事件、人物和对关键阶段的描述，而且选择了一种通俗的简明形式。本书可以作为历史专著的补充读物，你可以用非常休闲的方式去阅读它，我们相信在历史人文的浪漫风景中，你不会感到乏味。

本套书用生动的文字和丰富的插图，再现了世界历史进程的恢弘画卷，堪称一部贯通整个世界历史的简明百科全书，串联起全部人类发展的瑰宝，并以其光辉不朽的价值与流传恒久的魅力，成就一部好读又好看的世界历史通俗读物，具有很强的系统性、知识性和可读性，不仅是广大读者学习世界历史知识的最佳读物，也是各级图书馆珍藏的最佳版本。

目 录

第一 世界文学历史

一、欧洲古代文学

荷马 ……………………………………………… (1)

伊索 ……………………………………………… (2)

埃斯库罗斯 ……………………………………… (2)

俄狄浦斯王 ……………………………………… (3)

希罗多德 ………………………………………… (4)

欧里庇得斯 ……………………………………… (4)

修昔底德 ………………………………………… (5)

阿里斯托芬 ……………………………………… (5)

圣经 ……………………………………………… (6)

西塞罗 …………………………………………… (6)

奥维德 …………………………………………… (7)

塞内加 …………………………………………… (7)

史诗 ……………………………………………… (8)

十四行诗 ………………………………………… (9)

巴别塔 …………………………………………………（9）

二、欧洲中世纪文学

奥古斯丁 ………………………………………………（10）

亚瑟王传奇 ……………………………………………（11）

四大民族史诗 …………………………………………（11）

但丁 ……………………………………………………（12）

《神曲》 ………………………………………………（13）

骑士文学 ………………………………………………（14）

萨迦 ……………………………………………………（15）

三、欧洲文艺复兴时期文学

薄伽丘 …………………………………………………（15）

拉伯雷 …………………………………………………（16）

蒙田 ……………………………………………………（17）

塞万提斯 ………………………………………………（18）

唐吉诃德 ………………………………………………（18）

斯宾塞 …………………………………………………（19）

莎士比亚 ………………………………………………（20）

罗密欧与朱丽叶 ………………………………………（20）

哈姆雷特 ………………………………………………（21）

七星诗社 ………………………………………………（22）

流浪汉小说 ……………………………………………（22）

牧歌 ……………………………………………………（23）

四、十七世纪欧洲文学

弥尔顿 …………………………………………………（24）

拉封丹 …………………………………………………（24）

莫里哀 …………………………………………………（25）

达尔杜弗 ·· (26)

拉辛 ··· (26)

巴洛克风格 ·· (27)

古今之争 ·· (28)

五、十八世纪欧美文学

笛福 ··· (28)

孟德斯鸠 ·· (29)

伏尔泰 ·· (29)

卢梭 ··· (30)

狄德罗 ·· (31)

萨德 ··· (32)

歌德 ··· (32)

浮士德 ·· (33)

席勒 ··· (34)

阴谋与爱情 ·· (34)

奥斯丁 ·· (35)

济慈 ··· (36)

启蒙运动 ·· (36)

百科全书派 ·· (37)

哥特小说 ·· (38)

即兴喜剧 ·· (38)

狂飙突进 ·· (39)

六、十九世纪欧美文学

让·保尔 ··· (39)

司各特 ·· (40)

司汤达 ·· (41)

红与黑 ·· (41)

欧文·······························(42)

拜伦·······························(43)

唐璜·······························(43)

雪莱·······························(44)

海涅·······························(44)

普希金·····························(45)

叶甫盖尼·奥涅金···················(46)

巴尔扎克···························(46)

人间喜剧···························(47)

大仲马·····························(48)

雨果·······························(48)

巴黎圣母院·························(49)

悲惨世界···························(49)

爱默生·····························(50)

乔治·桑···························(50)

安徒生·····························(51)

勃朗宁夫人·························(52)

爱伦·坡···························(52)

果戈理·····························(53)

别林斯基···························(53)

狄更斯·····························(54)

谢甫琴科···························(54)

鲍狄埃·····························(55)

勃朗特姐妹·························(56)

屠格涅夫···························(56)

惠特曼·····························(57)

福楼拜·····························(57)

陀思妥耶夫斯基·····················(58)

罪与罚·····························(58)

卡拉马佐夫兄弟 …………………………………………… (59)

裴多菲 ……………………………………………………… (60)

奥斯特洛夫斯基 …………………………………………… (60)

小仲马 ……………………………………………………… (61)

车尔尼雪夫斯基 …………………………………………… (61)

易卜生 ……………………………………………………… (62)

玩偶之家 …………………………………………………… (62)

列夫·托尔斯泰 …………………………………………… (63)

战争与和平 ………………………………………………… (63)

安娜·卡列尼娜 …………………………………………… (64)

复活 ………………………………………………………… (64)

马克·吐温 ………………………………………………… (65)

都德 ………………………………………………………… (66)

左拉 ………………………………………………………… (66)

哈代 ………………………………………………………… (67)

德伯家的苔丝 ……………………………………………… (68)

詹姆斯 ……………………………………………………… (69)

霍桑 ………………………………………………………… (69)

莫泊桑 ……………………………………………………… (70)

王尔德 ……………………………………………………… (71)

柯南道尔 …………………………………………………… (71)

契诃夫 ……………………………………………………… (72)

欧·亨利 …………………………………………………… (72)

杰克·伦敦 ………………………………………………… (73)

德国浪漫派 ………………………………………………… (74)

德国古典文学 ……………………………………………… (74)

湖畔派 ……………………………………………………… (75)

第二 世界戏剧历史

一、上古戏剧

古希腊戏剧的萌芽 …………………………………… (77)

埃斯库罗斯与《被缚的普罗米修斯》 ………… (82)

索福克勒斯与《俄狄浦斯王》 ………………… (84)

欧里庇得斯与《美狄亚》 ……………………… (87)

亚里斯多德的悲剧理论 ………………………… (89)

阿里斯托芬的喜剧 ……………………………… (91)

米南德的喜剧 …………………………………… (93)

古罗马戏剧 ……………………………………… (94)

古印度的梵剧 …………………………………… (100)

第一　世界文学历史

一、欧洲古代文学

荷马

荷马，相传是古希腊两大史诗《伊里亚特》和《奥德赛》的作者，是否确有其人以及他的身份、出生地等，一直是西方学者有争论的问题。现在，大多数学者认为，荷马可能是公元前八九世纪时一位朗诵史诗的盲艺人，他根据口头流传的篇章，整理了这两部史诗。《伊里亚特》写的是由于特洛伊王子帕里斯骗走了斯巴达王后海伦，引发希腊联军讨伐特洛伊的十年战争。史诗集中描写第十年希腊英雄阿基琉斯和伊利昂城主将赫克托尔之间的决战，以赫克托尔的死告终。其中阿基琉斯是一个理想的部落英雄形象。《奥德赛》则写战争结束后，希腊主将奥德修斯返乡途中的海上冒险和机智地维护自己的财产、与妻儿团聚的故事，它的形成比《伊里亚特》稍晚，反映了奴隶制度萌芽时期的生活场景，体现了对私人财产的捍卫，并通过奥德修斯之妻佩涅洛佩的贞洁勇敢提倡新的家庭道德规范。两部史诗的结构巧妙，布局完整，塑造了众多英雄人物，也被称为"英雄史诗"。基本主题是热爱现实，肯定人的奋斗精神，强调对人生采取积极进取的态度。史诗的

荷马雕像

语言也很有特点，尤其比喻丰富多彩，贴切生动，被称为"荷马式比喻"。此外还常用重复的手法，增强了诗歌的感染力。

伊索

伊索，约公元前6世纪的希腊寓言家，传说本是一个奴隶，因擅长讲寓言故事而获得自由，常出入吕底亚国王的宫廷。公元前5世纪时，伊索的名字已被希腊人所熟知，希腊寓言开始都归在他的名下。今天流传的《伊索寓言》，是

《伊索寓言》插图

后人收集改编的，共有三四百个小故事。伊索寓言大部分是动物故事，这些故事通过描写动物之间的关系来反映当时的社会关系，尤其是压迫者和被压迫者之间的不平等关系，如《狼与小羊》《狮子与鹿》《狗和公鸡与狐狸》《两个锅》等；也有一些总结了人们的生活经验，教人处世和做人的道理，如《龟兔赛跑》《狐狸与葡萄》等。伊索寓言形式短小精悍，比喻恰当，形象生动，对法国的拉封丹、俄国的克雷洛夫、德国的莱辛等都产生了明显的影响。

埃斯库罗斯

古希腊悲剧的创始人之一，与索福克勒斯、欧里庇得斯合称为古希腊3大悲剧诗人。他出身贵族，共写了7部悲剧（一说是90部），生前得过13次奖，死后还得过4次。完整保存下来的只有《波斯人》《普罗米修斯》三部曲、《阿伽门农》《奠酒人》等70部。其中《普罗米修斯》三部曲的第一部《被缚的普罗米修斯》是诗人最负盛名的代表作，情节取材丁希腊神话中普罗米修斯盗天火赐予人类的故事，却被赋予了丰富的现实意义。剧中的普罗米修斯受尽折磨也决不

埃斯库罗斯像

向宙斯屈服，象征着当时雅典民主派对寡头派的斗争，普罗米修斯被马克思誉为"哲学日历中最高尚的圣者和殉道者"。埃斯库罗斯对悲剧艺术做出了很大贡献，他增加了第 2 名演员，使对话成为戏剧的主要部分；简缩了合唱队，使戏剧结构程式基本形成；还创造了舞台背景，并使演员面具基本定型。但他的作品人物形象单纯高大，是理想化的性格，并且一般是静止的，缺少发展。抒情气氛浓郁，诗句庄严。由于他在悲剧发展阶段对内容和形式等方面都做出了很多贡献，故被称为"悲剧之父"。

俄狄浦斯王

索福克勒斯最著名的悲剧。"俄狄浦斯"在希腊文中是双脚肿胀的人的意思。忒拜王预知自己的儿子长大后会弑父娶母，就在他刚出生时，用铁丝穿其脚踵，让牧羊人将他抛弃在山上。恰巧科任托斯的一个牧人将他救起，并成了国王的养子。俄狄浦斯长大后，从神谕中知道了自己可怕的命运，就逃离了科任托斯的"父母"。到忒拜时，因为解开了狮身人面女妖斯芬克司的谜语，并使女妖羞愤之下跳崖自杀而被拥戴为王，并娶了前王的妻子。悲剧开始时，忒拜发生瘟疫，神示必须找出杀害前王的凶手。俄狄浦斯千方百计追查，却发现凶手竟然是自己——他曾在三叉路口误杀一个老人。这时，科任托斯的牧人赶到，又说出了俄狄浦斯的身世。真相大白，正后自尽，俄狄浦斯则将自己刺瞎双眼流放。悲剧表现的是个人意志与残酷的命运之间的冲突，是对与命运抗争的英雄精神的肯定和对命运合理性的怀疑。当代心理学家弗洛伊德把俄狄浦斯的行为视为人类依恋母亲仇视父亲的潜意识的反映，并将这种恋母情结命名为"俄狄浦斯情结"。

俄狄浦斯与斯芬克司

希罗多德

古希腊历史家。他的生平没有很多的文献记载，只知道出生在小亚细亚一个城市，前455年到前447年，他游历了埃及、叙利亚、意大利南部等很多地方，后来又在雅典住过。他的《历史》记述了公元前6至前5世纪波斯帝国和希腊诸城邦之间的战争，被认为是西方最早的一部真正的历史著作，古罗马作家西塞罗称他为"历史之父"。《历史》的传世抄本有10多种，一般都把全书分9卷，每卷以一位缪斯的名字命名，故又称"缪斯书"。除希波战争外，还记载了很多传说、地理、人种志等方面的内容。他的文字风格与荷马有很多相似之处，语言生动流畅，富于文采，文学性强。我国在1959年出版了《历史》的全译本。

希罗多德像

欧里庇得斯

古希腊三大悲剧作家之一。出生在雅典领土阿提卡东海岸佛吕亚乡，贵族出身。他学习过绘画，热心于研究哲学，被称为"舞台上的哲学家"。晚年，反对当局的暴政和侵略政策，流落到马其顿王宫并死在那里。他的作品大多是在内战时期写成的，反映了雅典奴隶民主制危机中的社会现实和思想意识，以沉重的笔触描绘了社会的黑暗以及人们在反抗不合理的现实时所付出的巨大代价。在他的剧作中，神和英雄的描写削弱了，代之以对人的激情和意志的刻画，被压迫的妇女和受奴役的奴隶受到了前所未有的重视。如《特洛伊妇女》《美狄亚》《阿尔克提斯》对妇女命运的关注。除了在题材上有所开创，他的写实手法和心理描写对后人影响深刻，有"心理戏剧鼻祖"之称。欧里庇得斯采用的是神话题材，反映的

欧里庇得斯像

却是日常生活的画面，塑造的人物也更接近现实，他的创作标志着
"英雄悲剧"的终结。

修昔底德

古希腊历史学家。出生于雅典，父亲在色
雷斯拥有金矿，自幼受到良好的教育，其世界
观的形成深受雅典"黄金时代"的社会思想
的影响。公元前424年被雅典人推选为十将军
之一，统率一支由7艘战船组成的舰队，驻泊
在色雷斯附近的塔索斯岛。不久因被诬赇误军
机，有通敌嫌疑，而被革职并遭到放逐。在这
以后的20年中，他大部分的时间待在色雷斯，
并一直注视着战争的进程。他的传世之作《伯
罗奔尼撒战争史》，共分8卷，努力以客观公
正的态度记述他亲历的这场战争，写到前400
年因去世而中断。他把历史的真实放在首位，注意各种政治因素的
影响，努力探索历史发展的规律，从而使历史成为科学。他很少直
接做结论，而是让读者从他的记述中自己去判断。这部史书问世之
初就受到高度重视，据说当时著名演说家狄摩西尼曾把此书抄写了8
遍。1502年第一个编订本问世以来，很多国家都有了译本。

修昔底德

阿里斯托芬

古希腊旧喜剧诗人。生于雅典，同苏格
拉底和柏拉图都是朋友。据说他共写过44部
喜剧，得过7次奖，现存11部。阿里斯托芬
认为喜剧应该有严肃的政治目的，他的创作
题材广泛，几乎涉及当时所有重大的政治和
社会问题，反映了自耕农的思想和立场。如
《阿卡奈人》通过农民狄凯奥波斯单独与敌
人讲和，从而一家人过着幸福生活的荒诞故

希腊喜剧演员

事，谴责不义战争，主张重建和平；《鸟》中两个年老的雅典人厌弃城市生活和诉讼风气，建立了一个"云中鹧鸪国"，这里没有压迫与贫穷，所有人都平等地参加劳动。这也是现存的惟一一部以神话为题材的旧喜剧，同时也可以说是西方文学中乌托邦理想的最早表现。阿里斯托芬的创作风格多样，想象丰富，吸取了民间语言的自然诙谐，在当时深受欢迎，对后世的喜剧和小说创作也产生了广泛影响，被称作"喜剧之父"。

圣经

基督教的经典，包括《旧约全书》（39卷）和《新约全书》（27卷）。《旧约》原文是希伯来文，本是犹太教的经典，是古希伯来文学遗产的总汇。公元前285至公元前249年之间，由70个学者在亚历山大城图书馆将其译成希腊文，称为"七十士译本"，它为基督教的产生铺平了道路。包括《摩西五经》、历史书、先知书和诗文集等几部分，表现了犹太民族对耶和华上帝的信仰，而抒情诗中的《雅歌》等文笔优美，文学性很强。《新约》原文是希腊文和亚兰文，公元一二世纪时陆续写成，主要内容是四福音书、《使徒行传》和《启示录》等。福音书是《新约》的核心，体现了初期基督教的思想，生动描绘了耶稣基督的形象和精神面貌。《圣经》除宗教意义外，对西方文学艺术的影响也很大，历代都有许多取材于《圣经》的作品，如英国诗人弥尔顿的长诗《天路历程》等。

《圣经》福音书封面

西塞罗

古罗马演说家、修辞学家、政治活动家。出身于骑士家庭。在罗马、雅典等地学过修辞、法律、文学和哲学。他是罗马贵族共和制的维护者，很早即从事政治活动，曾担任过执政官。恺撒被刺后，因抨击安东尼，公元前43年被杀害。作为演说家和散文家，他留下了丰富的著述，有 58 篇演说辞，12 部政治、哲学著作。他的演说文辞优美，句法谨严，音韵和谐，说理透彻，说服力强，常用夸张的手法突出有利的方面。西塞罗的演说辞、修辞学著作和政治哲学论文对罗马演说艺术和散文的发展影响很大，对拉丁文学语言的形成和规范化起了很大的促进作用。他的演说风格也被后代欧洲很多作家奉为楷模。

西塞罗像

奥维德

古罗马诗人。出生于罗马附近的小城苏尔莫一个骑士阶层家庭。青年时期受到良好的教育，并游历了很多地方。由于妻子的关系，得以出入罗马上层社会。晚年被流放到黑海东岸，最后病死异乡。奥维德从 18 岁左右开始写诗，早期作品主要是爱情诗，代表作有《恋歌》《爱的艺术》（一译《爱经》）、《爱的治疗》《烈女志》（一译《女杰书简》）等。《爱的艺术》以教授年轻人获得爱情的方法和艺术为主要内容，曾因内容轻佻、语言大胆而被禁。长诗《变形记》和《岁时记》是他创作成熟时期的作品。《变形记》根据古希腊哲学家毕达哥拉斯的"灵魂轮回"说，以"变形"为线索串连起 250 多个故事，是古希腊罗马神话故事的总汇，后代很多作家、艺术家都从中吸取创作材料。奥维德流放期间的主要作品是《哀歌》和《黑海零简》，主要表现流放途中的感受和当地的风土人情。

十四世纪伦巴底学院
所有的《爱的艺术》
手稿插图，奥维德著

塞内加

古罗马政治活动家、悲剧作家。他的父亲是著名的修辞学家老塞内加，他学习过修

迈锡尼纯金面具

辞和哲学，斯多葛派哲学对他影响较大。公元49年开始任大法官，并任尼禄的老师，开始了他一生中最显赫的时期。晚年因受牵连自杀而死。塞内加的著作包括自然科学、哲学、文学等多方面。文学上悲剧创作的成就较大，现存《特洛伊妇女》《腓尼基少女》《美狄亚》《阿伽门农》等九部悲剧。它们取材希腊神话，以希腊悲剧为蓝本，影射罗马的现实生活，反映贵族反对派的心理。塞内加的悲剧情节比较简单，语言夸张，还有不少流血场面和关于鬼魂、巫术的描写。

史诗

古代民间文学的一种体裁，常指以传说或重大的历史事件为题材的古代长篇民间叙事诗。史诗主要歌颂各个民族在形成和发展过程中战胜和经历各种艰难险阻如克服自然灾害、抵御外侮的斗争及其英雄业绩。史诗在产生初期，一般以口头形式在民间流传，其内容随着时间的变化会有所增删，发展到一定时期再由专人进行整理加工，成为有固定文本的作品。所以，史诗是一个民族的人民集体智慧的结晶，风格一般庄严崇高，表现朴实自然，常用夸张、比喻

表现特洛伊战争的想象图

等修辞手法，形象丰富鲜明。流传至今的外国史诗中，著名的有古希腊的"荷马史诗"、印度的《摩诃婆罗多》和《罗摩衍那》等。由于史诗所包含的深刻社会意义，现在也常把比较全面地反映一个历史时期的社会面貌和人民生活的长篇艺术作品称为史诗式的作品。

十四行诗

欧洲的一种抒情诗，音译为"商籁体"，源出普罗旺斯语 Sonnet。起初泛指中世纪流行于民间，用歌唱和乐器伴奏的短小诗歌。意大利中世纪的"西西里诗派"诗人雅科波·达·连蒂尼是第一个使用这种诗歌形式并使之具有严谨的格律的文人。它由两部分组成，前一部分是两节四行诗，后一部分是两节三行诗，共十四行。每行诗句通常是

《古诗人的诗》诗歌集中的一页

11 个音节，抑扬格。每行诗的末尾押脚韵，押韵方式是 ABAB, AB-AB, CDE, CDE。13 世纪末，十四行诗的运用从抒情诗领域扩大到叙事诗、教谕诗、政治诗等，押韵方式也变为 A BB A，ABBA，CDC，CDC 或 ABBA，ABBA，CDC，EDE。文艺复兴时期，彼特拉克等人的创作，使十四行诗在艺术上和表现上更加完美，对欧洲诗歌的发展产生了重大影响。莎士比亚、雪莱等都创作过很多优秀的十四行诗。

巴别塔

《旧约·圣经》中的传说。洪水过后，挪亚的子孙繁衍了众多后代，虽居住在不同的地方，却都说同一种语言。后来，他们往东迁移，计划在示拿地方修建一座通天大塔。但上帝不喜欢他们的目的和作法，于是，在塔快要建成时，变乱了他们的语言，使他们相互之间无法交流，塔也就不能再修建下去。后来，这些人散居世界各

巴别通天塔，油画1563年，勃鲁盖尔

地，各说各的方言，从此，人类的语言不再统一。造塔的地方名叫巴别，希伯来文的字根是"变乱"的意思，也有的学者认为它在巴比伦语中意为"神之门"。《圣经》中的"巴别塔"象征着凡人的狂妄自大和一次徒劳无功的努力。

二、欧洲中世纪文学

奥古斯丁

罗马基督教作家、思想家。出生在努米底亚的塔加斯特，母亲是一个虔诚的基督教徒。他少年时代在家乡和迦太基学习，先研究修辞学，后转向哲学。384年皈依基督教，395年成为希波的主教。奥古斯丁的著述今存83种，有的是反对异教的论战文章，有的是论述基督教义的作品，还有大量书信和布道词。其中《忏悔录》和《天国论》是他的代表作。

圣奥古斯丁像

《忏悔录》是一部自传体作品，讲述他自己皈依基督教之前的思想历程，并作了深刻的自我剖析。后来，卢梭也写过同名的作品。《天国论》对古老的罗马宗教和各种异教哲学进行了批判，指出只有通过基督教的启示才能通向永生之路。他的教理著述对基督教和后来的西方文化都有很大的影响。

亚瑟王传奇

中世纪欧洲主要国家有关亚瑟王故事的许多作品的总称，包括亚瑟王的诞生、魔法师梅林的故事、"圆桌骑士团"的建立、亚瑟和他的骑士的冒险事迹以及亚瑟之死等。其中比较重要的是第一骑士郎斯洛和王后圭尼维尔的爱情故事和寻找圣杯的故事。亚瑟王本是6世纪不列颠岛上威尔士和康沃尔一带凯尔特人的领袖，抵抗了昂格鲁—撒克逊人的入侵，久之成为民间传说中的人物。9世纪时有关亚瑟王的传说流传到法国，并有不少诗人开始以此

有关亚瑟王的绘画

为题材进行创作，使之在欧洲广泛流传。亚瑟王传奇是中世纪西欧骑土传奇文学的三大系统之一（其他两大系统是法兰西和古代系统），它为后世的欧洲文学提供了冒险、爱情和宗教三大主题，除了故事情节引人入胜以外，也开始关注人的内心世界，可以说是长篇小说的滥觞。

四大民族史诗

中世纪后期出现的四部民族史诗的合称，它们是：法国的《罗兰之歌》（约1080）、西班牙的《熙德之歌》（约1140）、德国的《尼伯龙根之歌》（约1200）和俄罗斯的《伊戈尔远征记》（1185—1187）。其中，《罗兰之歌》是最有代表性的作品，叙述了查理大帝远征西班牙时期，大臣加奈隆与敌人勾结，在大军撤退时偷袭后卫

部队的故事。断后的罗兰率军英勇奋战，终因众寡悬殊全军覆灭。史诗的主题是爱国主义，查理大帝是一个理想的君主形象，罗兰则是一个保卫祖国的英雄。诗中多用重叠和对比手法，风格朴素。《熙德之歌》写熙德反抗外族侵略者的故事；《尼伯龙根之歌》写围绕尼伯龙根宝物所产生的争夺和流血冲突；《伊戈尔远征记》通过对罗斯王公伊戈尔远征波洛夫人失败的记叙，表达了强烈的爱国主义思想。这四部史诗的内容和反映的主题在不同程度上都有封建制度形成后的特点。

罗兰是8世纪法国一位带有传奇色彩的骑士，是11世纪法国的历史叙事诗《罗兰之歌》中的英雄。左图为罗兰吹响号角，要求叔父查理大帝的增援，右图为罗兰率军奋勇杀敌。

但丁

意大利诗人。1265年5月出生在佛罗伦萨的一个小贵族家庭，少年时代就师从著名学者布鲁内托·拉蒂尼学习修辞学、文法和拉丁文等，并掌握了丰富的古典文化知识。当时佛罗伦萨城内有贵尔夫党和吉伯林党两个对立派别，但丁青年时代就加入了贵尔夫党，并一度当选执政官。后来因政治失意而被流放。他提倡用意大利语

但丁像

进行文学创作，并写有《论俗语》一书，对意大利民族语言的形成有重要影响。《新生》（1292—1293年）是他第一部作品，这部作品把31首献给贝阿特丽采的情诗用散文连缀起来，歌颂了纯洁的爱情，风格清新自然，并带有中世纪文学的神秘色彩，是"温柔的新体"诗的最高成就，也是西欧文学史上第一部向读者剖析作者最隐秘的思想感情的自传性作品。放逐期间写的《神曲》是但丁最著名的作品，此外还有《飨宴》《帝制论》等著作。由于但丁的作品有从中世纪向资本主义时代过渡的特点，所以他被恩格斯称为"中世纪的最后一位诗人，同时又是新时代的最初一位诗人"。

《神曲》

意译是"神圣的喜剧"，但丁原题为《喜剧》。这首诗的写作年代不确定，大概是1307—1321年之间陆续完成的。全诗分为《地狱》《炼狱》和《天堂》三部分。诗人采用中世纪流行的梦幻文学的形式，叙述自己在人生的中途迷失在一片黑暗的森林中，刚开始登山，忽然出现三只野兽——豹、狮、狼拦住了去路。在危急关头，古罗马诗人维吉尔出现，他受贝阿特丽采之托来拯救但丁，并引导他游历了地狱、炼狱，最

《神曲》插图，1490年，波提切利

后贝阿特丽采引导诗人游历了天堂。书中充满了寓意，比如豹象征情欲，狮子象征暴力，狼象征贪婪，它们象征着阻碍人们走向光明的邪恶势力；维吉尔象征着理性哲学，贝阿特丽采象征着信仰和神学。作品的主题是表现人类经过迷惘和错误，经过苦难和考验，在理性的指导下走向光明与至善的历程。围绕着这个中心，《神曲》艺术性地总结了中古文化，同时也有着强烈的现实性，更有不少内容直接取材意大利的现实生活，有鲜明的政治倾向。《神曲》结构巧妙严整，全诗分三部，三行分节，奇偶连韵，每部33篇，加上叙诗共100篇，每行长度又大致相等，看起来匀称整齐。

骑士文学

11、12世纪的欧洲进行了多次十字军东征。由于战争需要，很多小封建主作为骑士从军，逐渐形成了"骑士精神"。其信条是"忠君、护教、行侠"，把"荣誉"看得高于一切，还要效忠和保护女主人。骑士文学的主要体裁有抒情诗和叙事诗。法国的骑士文学最为兴盛。普罗旺斯的骑士抒情诗非常繁荣，主要表现骑士们的"典雅的爱情"，中心主题是骑士对贵妇人的爱和崇拜。《破晓歌》是其代表作。骑士

中世纪的欧洲盛行封君封主"赏赐"的骑士都必须向封主"宣誓"效忠，此图描绘的就是一位中世纪骑士受封宣誓场景

叙事诗又称骑士传奇，主要流行于法国北部地区，内容一般写骑士对贵妇人的爱情，写他们为博得荣誉和贵妇人的青睐，进行各种冒险活动。《特里斯丹和伊瑟》是其中的代表性作品。骑士叙事诗的情节大多荒诞，但它的结构形式、人物刻画及心理描写等对后来欧洲

长篇小说的发展有一定影响。

萨迦

"萨迦"一词源于德语，本意指短小的故事。指冰岛和挪威人用文字记载的古代居民的口头创作，是一种散文叙事体文学，包括神话和英雄史诗，大约形成于 10～14 世纪，在 12～14 世纪被记录下来。13 世纪是"萨迦"创作的黄金时代，这期间至少有 12 部

图为瑞典霍尔林格兰德斯科格教堂的挂毯，上面展示了北欧文学的另一种创作形式——萨迦中所描述的维京人的三位神：托尔神、奥丁神和弗雷神

萨迦问世，主要反映氏族社会的生活。流传至今的萨迦从内容上大致可以分为"史传萨迦"和"神话萨迦"两类。"史传萨迦"亦称"家族萨迦"，主要作品有《定居记》和《冰岛人萨迦》等。前者列举了 930 年以前到冰岛定居的名人年表和许多关于宗教、法律、习俗等的材料：后者叙述了 950—1130 年冰岛有名望的人物的生平、成就和他们的身世，大部分是短篇，其中著名的有《贡劳格传》和长篇《尼雅尔传》《海姆斯克林拉》（即《挪威王列传》）等。"神话萨迦"包括属于神话一类的古代英雄传说，如《沃尔松格传》等。14 世纪中期以后，"萨迦"的创作艺术开始衰退，但因为其保存了丰富的北欧史传故事材料而在欧洲文学中占有重要地位，具有很高的历史与文学价值。

三、欧洲文艺复兴时期文学

薄伽丘

意大利作家。据说是一个商人的私生子，受过大学教育，足意大利第一个通晓希腊文的学者，并能熟练掌握拉丁文和当时流行的

薄伽丘像（左）和 15 世纪时克利威利为薄伽丘《十日谈》手抄本所绘插图

俗语。早年在那不勒斯和上层贵族、人文主义者有交往，后回到佛罗伦萨，拥护当地的共和派。1350 年和彼特拉克结识，共同提倡古典文学。薄伽丘的创作丰富，有传奇、史诗、叙事诗、十四行诗和短篇小说等，早年作有许多以爱情为体裁的抒情诗和叙事长诗，如富有传奇色彩的故事诗《菲洛斯特拉托》、《菲爱索莱的仙女》等。代表作是短篇小说集《十日谈》。作品叙述 1348 年黑死病流行时，10 个青年男女到乡间避难，每人每天讲一个故事，10 天共讲了 100 个故事。其中许多故事取材历史事件、传说和民间故事，薄伽丘通过这些故事，抨击了教会的腐化和僧侣的奸诈与伪善，否定了中世纪的宗教观和禁欲主义道德观，肯定爱情和人的自然愿望，同时塑造了一系列新兴的资产者的形象，歌颂他们的聪明才智。《十日谈》奠定了意大利散文的基础，开创了欧洲文学中短篇小说这一文学体裁。

拉伯雷

法国文艺复兴时期的代表作家。生于法国中部的希农城一个法官家庭。自幼受教会教育，1527 年后游历了法国中部主要城市，后来走上了从医的道路。1532 年，他在一部民间故事的启发下，开始

拉伯雷像

写作《巨人传》，全书共 5 卷，是在不同的时期写成的。小说写了高康大、庞大固埃父子两代巨人的故事，主要叙述庞大固埃的求学和与巴奴日、约翰修士一起寻找"神瓶"的游历经过。这两代巨人超出常人的体魄和力量、公正善良的品质和乐观精神，体现了人文主义者对"人""人性"和人的创造力的充分肯定。小说表现了反封建、反教会的严肃主题，歌颂了新兴资产阶级"巨人"般的力量，书中约翰修士在高康大支持下建立的特来美修道院是人文主义的理想国，集中反映了拉伯雷在政治、社会和宗教等方面的理想原则，其核心是个人自由和个性解放。《巨人传》最大的艺术特色是对民间文学的借鉴和发展，以夸张和讽刺为主要艺术手法，语言通俗易懂，丰富多变。作为法国第一部长篇小说，开创了通俗小说形式的先河。

蒙田

法国思想家、散文家。出身于新贵族家庭，曾做过 15 年文官，并游历过意大利、瑞士等地，后来相当长时间闭户读书。他把旅途见闻、日常感想等记录下来，集成《随笔集》两卷，晚年修订为 3 卷。书的卷首写道"我本人就是这部书的材料"，它介绍了作者的思想和生活，结构松散自然，又彼此连贯。蒙田把渊博的知识和丰富的个人经验结合起来，形成了独特的思想意境和艺术风格。书中的思想是趋于中庸的，他对当时的迷

蒙田像

信、偏见、巫术和破坏进行否定，认为绝对的真理无法认识，只能探索部分的寻常真理。他在政治上又是保守的，尊重现存社会和秩序。《随笔集》行文旁征博引，语言平易流畅，对同时代的英国作家莎士比亚及 17、18 世纪法国文学都有深远影响。

塞万提斯

西班牙作家、戏剧家和诗人。出生于马德里附近一个穷苦医生的家庭，只上过中学。1569 年作为红衣主教的随从，游历了罗马、威尼斯、米兰等地，并阅读了大量文艺复兴时期的作品。1571 年在对土耳其的海战中左臂残废。1582 年前后开始创作，同时为生活做过收税员等，并因得罪教会数度被诬入狱。这时期的生活丰富了他的阅历，影响着他的创作。他的著名小说《唐吉诃德》

塞万提斯像

就是在狱中构思的。其他作品还有短篇小说《惩恶扬善故事集》（又译《训诫小说》）、历史剧《奴曼西亚》、长诗《巴尔纳斯游记》、《八出喜剧和八出幕间短剧集》等。《惩恶扬善故事集》共 13 篇短篇小说，体现了作家憎恶欺骗、奴役和压迫的思想，如《两狗对话》通过两只狗的对话，揭露了当时社会的阴暗面和形形色色人物的丑恶行为，情节生动。这部作品集也是西班牙文学中第一部完全摆脱意大利文学影响的富有开创性的杰作。

唐吉诃德

《唐吉诃德》是塞万提斯最负盛名的长篇小说，全名为《奇情异想的绅士唐吉诃德·德·拉·曼却》，作者称创作的目的"无非是要世人厌恶荒诞的骑士小说"。全书用"戏拟体"写成，借用骑士小说的体裁，写一个穷乡绅唐吉诃德因阅读骑士小说入迷，决心离家去冒险，他穿上曾祖留下的一身破烂的盔甲，提着长矛，骑上一

画家笔下的堂吉诃德

匹瘦马，悄悄离家去冒险。他说服了一个农民桑丘·潘沙作自己的侍从，还选中临村·位姑娘作自己的钟情的"夫人"。小说描写了他的三次游历中许多荒唐可笑的事，如把风车当巨人，把羊群当敌人，把旅店当城堡，还不断被人愚弄。最后，唐吉诃德败于"白月骑士"手下，病倒在床，临终悔悟自己的荒唐。小说以唐吉诃德企图恢复骑士道来扫尽人间不平的主观愿望和西班牙丑恶现实之间的矛盾为情节的基础，在充满笑料的情节中，塑造了一个悲剧性的人物唐吉诃德，同时反映了16、17世纪之交的西班牙社会的现实，是读者最喜爱的世界名著之一。

斯宾塞

英国诗人。出生于伦敦一个布商家庭，少年时代入伦敦布商学校，后入剑桥大学学习，并于1576年获得硕士学位。这期间他进一步学习了古希腊罗马的文学、哲学及一些自然科学，受到清救思想的影响，并开始诗歌创作。他的主要作品是长诗《仙后》，以亚瑟王追求仙后为引子，写仙后派遣12位骑士去解除灾难的冒险事迹，作品的主旨是为了培养符合新兴资产阶级

斯宾塞像

的新贵族，全诗的思想内容比较复杂，既有人文主义者对生活的热爱，又有新柏拉图主义的神秘，还有清教徒的伦理道德观念。斯宾塞在艺术上刻意求工，在诗歌的形式方面积极探索，创造了适于长

诗的"斯宾塞诗节",对马洛、拜伦、雪莱等诗人都有重要影响,他也因此被称为"诗人的诗人"。

莎士比亚

莎士比亚像

英国戏剧家和诗人。出生于沃里克郡一个富裕市民家庭,莎士比亚曾在当地文法学校学过拉丁文和古代历史、哲学、诗歌等。1585 年前后,他到伦敦,起初在剧院打杂,后来才逐渐成为雇佣演员、股东。莎士比亚共写作 37 部戏剧,154 首十四行诗,两首长诗和其他诗歌。他的戏剧创作可以分为三个时期:早期(1590—1600)主要是历史剧和喜剧,代表作有《亨利四世》(上、下)、《亨利六世》《仲夏夜之梦》《威尼斯商人》《无事生非》《皆大欢喜》《第十二夜》和《罗密欧与朱丽叶》等,主要是正面宣扬人文主义的理想,充满愉快乐观的浪漫主义色彩。中期(1601—1607)是悲剧时期,代表作有《哈姆雷特》、《麦克白》、《李尔王》和《奥赛罗》四大悲剧,和《一报还一报》、《雅典的泰门》等,随着对现实认识的深入,这时期剧作的批判力度加强了,风格也变为悲愤沉郁。后期(1608—1612)是传奇剧时期,有《暴风雨》等 4 部传奇剧和历史剧《亨利八世》,都宣扬宽恕和容忍。

罗密欧与朱丽叶

这是莎士比亚早期创作的一部悲剧。写罗密欧与朱丽叶一见钟情,成为恋人。但却因两个家族是世仇而不能结合。在神父的帮助下,两人秘密举行了婚礼。一次罗密欧为替朋友复仇,刺死人而被流放。朱丽叶为了逃避父母的逼婚,喝下神父的药酒"假死"。由于报信人的耽搁,罗密欧误以为朱丽叶真的死去,在她身边自杀了。朱丽叶醒来,悲痛万分,也结束了自己的生命。这部作品反映了人文主义者的爱情理想与封建压迫之间的冲突,歌颂了自由的爱情,

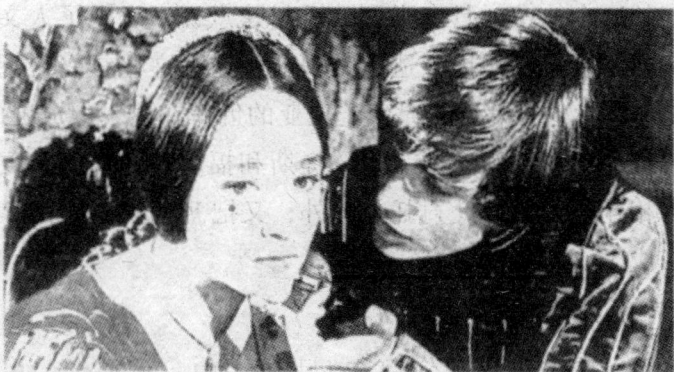

《罗密欧与朱丽叶》的电影剧照

批判了不合理的婚姻制度。罗密欧与朱丽叶这两位主人公已经成为世界文学中争取爱情自由的著名典型。

哈姆雷特

五幕悲剧，是莎士比亚的四大悲剧之一。故事取材于 12 世纪一部丹麦史，讲丹麦王子哈姆雷特为父复仇的故事。哈姆雷特在大学受到了人文主义教育，对人生正充满了幻想和希望。突然，父王暴毙，母亲又很快改嫁新王即哈姆雷特的叔叔。坚贞的爱情，忠贞的友谊，都开始破灭。就在他痛苦之际，父王的亡魂又向他显现自己被害真相，要他复仇。哈姆雷特感到责任重大，要负起重整乾坤的重任。为选择最佳时机，也为整理自己混乱的思想，他开始装疯。由于延宕，他最终落入新王的圈套，在一次决斗中与之同归于尽。

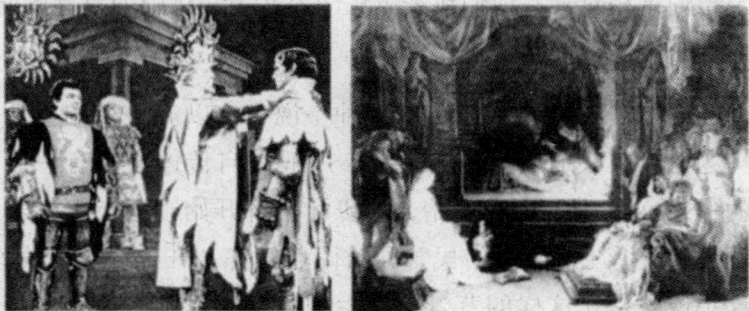

戏剧《哈姆雷特》中的场面

莎士比亚的这个故事，具有强烈的反封建意识，表现了人文主义理想与现实的矛盾，成功地塑造了哈姆雷特这一文艺复兴时期的人文主义者的典型。这部戏剧也是莎士比亚的创作在艺术上成熟的标志，以哈姆雷特为父复仇为主线，雷欧提斯和福丁布拉斯为父复仇为副线，三者相互联系又彼此衬托。另外，又把悲剧和喜剧因素结合在一起，形成了"奇妙的混合"。

七星诗社

16世纪法国诗人团体。以诗人龙沙为中心，由杜·贝雷、巴伊夫、德·蒂亚尔和佩勒蒂耶等诗人组成。1549年，杜·贝雷发表的《保卫和发扬法兰西语言》是七星诗社的宣言书。之后杜·贝雷在《橄榄集》序言、龙沙在《诗学概论》和《福朗西亚德》两书的序言中又分别对该派的理论主张作了进一步的阐述。他们肯定法语可以同拉丁语一样用来表达高深的学问和思想，主张通过吸收

龙沙的铜版画像

希腊语和拉丁语词汇创造新词汇等方法扩大法语词汇，推进法兰西语言的统一和发展，用法语来创作。但是，他们歧视劳动人民的语言。在文学表现形式上，他们主张模仿希腊、罗马诗体文学及意大利十四行诗体，摒弃民间诗歌体裁，反映了他们脱离人民的贵族倾向。与拉伯雷相对立，他们代表了法国人文主义化中的贵族倾向。

流浪汉小说

16、17世纪在西班牙流行的一种小说，它以流浪者的生活及其遭遇为题材，反映下层平民的生活。一般是自传体，也有一些用回忆录的形式。16世纪中叶开始，西班牙经济开始衰落，大批农民和手工业者破产，沦为无业游民，同时商业经济上升，冒险风气盛行，流浪汉小说就是在这样的背景下产生的。它的主人公多是出身贫苦的流浪汉，为了自保和活命，学会了欺骗、偷窃等手段。小说通过

《多姆斯的生活》封面

他们的经历，从下层人物的角度观察社会，批判现实，揭露了衰落中的贵族和教士的贪婪、伪善，讽刺惟利是图的资产阶级观念，慨叹世道不公和生活的艰难。《小癞子》（又名《托梅斯河上的小拉萨罗》）是最早的一部此类小说。该书以主人公自述的方式展开，"我" 10 岁时就为生活所迫给一个走江湖的盲丐当引路童，并跟着他学会了许多江湖上的勾当，学会了偷窃等。后来，又给一个吝啬的老教士当仆人，不久因为偷吃面包被赶走，接着又给一个绅士当仆人，但衣冠楚楚的绅士却要靠小癞子沿街乞讨来养活。此后他又先后换了好几个主人，最后在大祭司家当仆人，依靠妻子和大祭司的私情发了财，不久妻子死去，他又一贫如洗。小说语言幽默，对人物的刻画生动深刻。其他的作品还有马提奥·阿列曼的《古斯曼·德·阿尔法拉切的生平》，德·乌维达的《流浪女胡斯蒂娜》等。

牧歌

欧洲文学中一个历史悠久的文学体裁，一般表现牧人田园生活情趣。诗人往往借这种体裁将乡村生活的恬静与城市或宫廷生活的腐化堕落相对立。希腊的忒奥克里托斯是最早的牧歌作者之一，之后维吉尔的牧歌表现了理想化的庄园生活。作为一个文类，牧歌的高峰期在文艺复兴时期，还出现了利用牧歌主题的田园小说和田园戏剧，如莎士比亚的《皆大欢喜》等，浪漫主义文学中

意大利牧歌，塔索的《阿明达》一书主扉页

也可以发现牧歌的影子，而且在发展的过程中，它的含义也扩大了，20世纪现实主义文学兴起以后，它的一些艺术手法和主题不但保留了下来，还广泛渗透到了欧洲之外的其他民族文学中。一般认为可能是因为牧歌中表现的城市生活和乡村生活二元对立的模式，极大地满足了人们回到自然，回归乡土和单纯生活状态的愿望。

四、十七世纪欧洲文学

弥尔顿

弥尔顿像

英国诗人、政论家、资产阶级革命活动家和革命文学的代表。出生在伦敦一个富裕的清教徒家庭，从小喜爱文学。1625年入剑桥大学，并开始写诗，著有《圣诞清晨歌》、姐妹篇《快乐的人》和《沉思的人》、挽歌《黎西达斯》等。英国革命爆发后，站在革命的清教徒一边，发表了《论出版自由》《为英国人民声辩》《再为英国人民声辩》等政论文，鼓舞士气。因劳累过度双目失明，王朝复辟后一度被捕入狱，之后专心写诗。共写出3首长诗：《失乐园》、《复乐园》和悲剧诗《力士参孙》。其中，《失乐园》是他的代表作，选用了《圣经》中魔鬼撒旦引诱亚当和夏娃偷吃禁果，被上帝逐出乐园的故事。在艺术手法上，他从多方面继承了古典史诗的传统；语言充满激情，富有政论性，参用比喻和多变的句法表现自由奔放的思想感情。尤其是充满叛逆精神的撒旦，给人留下了深刻的印象。弥尔顿的创作标志着文艺复兴传统风格向古典主义风格的过渡。

拉封丹

法国诗人。他出生在一个森林管理员家庭，幼年在农村度过，热爱大自然，熟悉下层劳动人民的生活。1645年赴巴黎学习法律，结业后返回故乡，潜心阅读和写作。之后，依附财政大臣富凯，后者被捕后被迫逃亡。先后投靠两个公爵夫人出入上流社会。他的主要文学成就是《寓言诗》12卷，1668—1694年之间陆续出版，共有故事240多个。其中大多取材于伊索寓言、古希腊罗马和印度寓言家的作品及民间故事，加工改写后进行再创作，大多采用自由诗体，语言流畅自然，思想内容更为深刻。其中不少为脍炙人口的名篇，如《狼和羔羊》通过一只小羊饮水时被狼强行吞噬，说明强者总是最"有理"的；《农夫和蛇》说明对恶人不能讲仁慈，否则反被其害；其他还有《患瘟疫的野兽》《死神和樵夫》《兔子和乌龟》等。

拉封丹像

莫里哀

法国古典主义喜剧家。本名让－巴蒂斯特·波克兰，父亲是宫廷室内陈设商。他自幼喜爱戏剧，1643年和朋友组成了剧团，亲自参加演出，并为此放弃了继承权。1650年起任剧团负责人并开始喜剧创作。1659年公演的《可笑的女才子》嘲讽当时贵族矫揉造作的风气，也奠定了莫里哀喜剧家的地位。他的主要作品还有讽刺天主教会的《伪君子》，批判修道院妇女教育的《太太学堂》《丈夫学堂》《屈打成医》《吝啬鬼》（一译《悭吝人》）、《乔治·唐丹》《唐·璜》《恨世者》《史嘉本的诡计》《无病呻吟》，舞蹈剧《布索那克先生》《醉心贵族的小市民》等。其中，《太太学堂》的演出标志着法国古典主义喜剧的诞生。莫里哀是法国现实主义喜剧的首创者，他对喜剧形式作了多方面的探索，主要讽刺对象是上层资产者和没落贵族，提出了各种严肃的社会问题，用喜剧的

莫里哀像

形式揭露封建制度、宗教与一切虚假的事物。在艺术手法上，他大胆吸收了很多民间艺术手法，语言自然，把生活中的矛盾和人物性格都表现得很透彻，法国人评价他是"无法模仿的莫里哀"。

达尔杜弗

一译《达尔杜尔弗》，是莫里哀的代表喜剧。主人公达尔杜弗伪装宗教虔诚，取得奥尔恭的信任，尊他为精神导师，并强迫自己的女儿嫁给他。达尔杜弗并不满足，反而无耻地勾引奥尔恭的妻子。奥尔恭的儿子向父亲告发这一丑行，反而被赶出家门，并被取消了财产的全部继承权。这时，奥尔恭的妻子设下巧计，让丈夫亲眼看到了达尔杜弗的丑态。但达尔杜弗露出真面目，不但要霸占奥尔恭的家产，还想把他置于死地。幸好国王英明，逮捕了骗子。这部

莫里哀的时期作品《达尔杜弗》中的插图

喜剧严格按照古典主义原则进行创作，结构严谨，层次分明，冲突集中。特别是主要塑造了达尔杜弗的形象，逐层深入地揭露了他的本质，深刻揭示了教会和贵族上层社会的伪善、狠毒、荒淫无耻和贪婪，突出批判了宗教伪善的欺骗性和危害性。达尔杜弗已经成了伪善者、故作虔诚者的代名词。

拉辛

法国古典主义悲剧诗人。他出生在一个小官吏家庭，幼年父母双亡，由祖母抚养大。1658年在巴黎学习期间结识了古典主义理论家布瓦洛，之后开始从事文学创作。由于作品揭露了封建社会的罪恶，他受到贵族保守势力的仇视，曾被迫停笔10年。他的代表作有五幕诗剧《安德洛玛克》《费得尔》《爱丝苔尔》等，这些作品大多取材于古希腊故事，描写王公贵妇丧失理性，感情放纵，结局悲惨。《安德洛玛

克》写特洛伊城主将赫克托尔的妻子安德洛玛克战争后成了爱庇尔国王庇吕斯的奴隶。国王却爱上了她而不愿娶自己的未婚妻爱尔米奥娜，并以她儿子的性命相要挟。因嫉生恨的爱尔米奥娜唆使有意于她的希腊特使奥莱斯特去刺杀国王。婚礼上，安德洛玛克自杀，国王被奥莱斯特杀死，爱尔米奥娜也自杀而死。剧本谴责了这些受情欲支配的贵族男女。在艺术方面，他文笔细腻，富于抒情意味，擅长分析人物心理，尤其是贵族妇女心理活动的刻画，十分出色。此外还有以圣经故事为题材的悲剧《以斯贴记》和《亚他利雅记》。

拉辛像

巴洛克风格

巴洛克（Baroque）一词，原来的意思是形状不整的珍珠，最初是在建筑方面来表明一种艺术形式，后来影响音乐、绘画等众多领域。它最早出现在意大利，兴起于 16 世纪中后期，17 世纪达到鼎盛。在文学史上，主要指 17 世纪文学中出现的一种重视词藻的雕琢和堆砌，意象繁复，讲究形式和技巧的创作风格。它惯用的主题是宗教的狂热，人类在上帝的残酷威严面前无能为力，用极端混乱、支离破碎的形式来表现悲剧性的沮丧，用夸张、雕琢的词藻来玩弄风雅。意大利巴洛克文学的代表是马里诺派，马里诺以夸饰的词藻散布人生的悲哀情绪；西班牙的代表

阿波罗和达佛妮
1622—1624 年贝尔尼尼

是贡哥拉派，提倡一种与晦涩思想相结合的华丽雕琢的诗歌语言；在英国有玄学派，以神秘主义诗人多恩为代表，他的创作把神秘的宗教情绪和色情、好战交织在一起。西欧著名的巴洛克风格文学家是卡尔德隆，他的剧作《人生如梦》表现了一种对人生的蔑视和对宗教的狂热，还宣扬对国王的忠诚，是典型巴洛克风格的作品。

古今之争

指 17 世纪席卷英法两国的一场文学论争，一直延续到 18 世纪初。"崇古派"有布瓦洛、拉封丹和拉辛等人，坚持希腊和罗马的古典文学是优秀文学作品的惟一楷模，"现代派"的支持者有文学家佩罗和法兰西学院的大部分院士，他们认为现代作家比古代作家并不逊色。1687 年，佩罗的诗作《路易大帝的世纪》引起双方的激烈交锋，此后发表了不少战斗性的诗歌等，互相攻击、讽刺。其主要争论点有两个：文学是否与科学一样，是从古代进步到现代的；如果有进步，是直线的还是周期性的。这些问题在当时的一片混乱中并未得到解决，但历史已经证明"厚今派"的胜利是决定性的。

五、十八世纪欧美文学

笛福

出生于伦敦。年轻时曾辗转欧洲各国经商。1692 年破产，之后为谋生做过政府秘密情报员、开发工作等。他在 59 岁时开始写小说，1719 年处女作《鲁滨逊漂流记》（第一部）发表后大受欢迎。此后，陆续写了《鲁滨逊漂流记》续集和《辛格尔顿船长》等 5 部小说和多篇传记、游记。他的小说多采用流浪汉小说的结构形式，以普通人的现实生

笛福像

活为主要描写对象，反映了 18 世纪英国资本主义初期的繁荣和强烈的海外扩张意识。《鲁滨逊漂流记》正是这样有鲜明时代色彩的作品，写主人公鲁滨逊不安于父母给他安排的小康之家的生活，到海外去经商。一次去非洲进行奴隶贸易时遇到海难，流落到一个荒岛上。他以惊人的毅力顽强地用双手为自己创造了一个文明人所必须的生活条件，还驯化了一个土人星期五做自己的仆人。鲁滨逊的形象集中体现了上升时期资产阶级的创业精神，他也是欧洲文学史上第一个理想化的资产者形象。

孟德斯鸠

法国思想家。出生在波多尔附近的贵族家庭，自幼受到良好的教育。对法学、史学、哲学和自然科学都有很深的造诣，是法国启蒙主义的先驱之一。晚年致力于研究政治革新问题，著有《论法的精神》等。他在文学上的主要成就是 1721 年托名发表的书信体讽刺小说《波斯人信札》，作者假托两个波斯贵族到法国游历的故事，揭露和抨击了封建社会的罪恶，

孟德斯鸠像

用讽刺的笔调勾画出法国上流社会中形形色色人物的嘴脸，如荒淫无耻的教士、夸夸其谈的沙龙绅士、傲慢无知的名门权贵、在政治舞台上穿针引线的荡妇等。这部小说实际是通过文学形象以表达政论，不但思想进步，而且风格清新明快，可以说是法国启蒙文学第一部重要的文学作品和最早的一部哲理小说，它为新型哲理小说开辟了道路，对法国文学产生了深远影响。

伏尔泰

法国哲学家、史学家和文学家。出生在巴黎一个富裕的公证人家庭，曾在耶稣会主办的贵族学校读书，并因创作讽刺诗两度入狱。1726—1729 年避居英国，回国后发表了《哲学书简》（又名《英国

书简》），热情赞扬了英国革命后的成就，被法国当局列为禁书。作者此后长期隐居在西雷庄园。1750 年到柏林，接触到年轻一代的启蒙思想家。1760 年起，定居在法国和瑞士边境的费尔奈山庄，但仍积极参与社会活动。他在文学上的主要成就是戏剧和哲理小说的创作。他共有 50 多部剧本，大部分是悲剧，把舞台当作启蒙思想的讲坛，宣扬宗教宽容和政治独立，代表

伏尔泰像

作有《恺撒之死》《穆罕默德》《扎伊尔》《布鲁图斯》《中国孤儿》等。哲理小说是伏尔泰开创的一种小说体裁，他写有《查第格或命运》《老实人或乐观主义》和《天真汉》等26 部。《查第格或命运》通过伪托古波斯青年查第格的故事，颂扬了开明的君上制，《天真汉》作为对卢梭"回归自然"主张的回应，纠正了卢梭对文明的粗暴否定。《老实人》直接描述欧洲当时的社会生活，把盲目乐观主义哲学思想作为揭露和嘲笑的对象，并描写了一个完美的理性王国的黄金国的蓝图。最后，老实人得到一个启示："种我们的园地要紧。"这些小说通过讽刺性的人物和荒诞离奇而有寓意的情节，揭露和讽刺现实，表现某种深刻的哲理，是伏尔泰最重要的贡献之一。

卢梭

法国思想家、文学家。出生在日内瓦，信仰新教。父亲是一个钟表匠，培养了他对阅读和小说的兴趣。15 岁开始做学徒，因不堪忍受粗暴的待遇，很快外出流浪。后改信天主教，为德·瓦朗夫人收留，系统地学习了各方面的知识，接受了伏尔泰哲学思想的影响。1749 年写了《论科学和艺术》参加第戎学院的征文比赛，获得成功，文章指出人类道德的败坏是由科学和艺术的发展引起的。1755 年《伊里论人类不平等的起源》，以辩证方法说明私有观念和私有制的产生是人类不平等的起源，把原始社会看作人类的黄金时代。这

两篇文章以惊世骇俗的叛逆思想奠定了卢梭在欧洲思想史上的地位。1756—1762年他隐居在巴黎近郊，创作了大量文学和哲学著作，对封建等级制度发出了强烈的抗议。后流亡多年，晚年生活凄清。他在文学上的主要贡献是书信体小说《新爱洛伊丝》和哲理小说《爱弥儿》，引发希腊联军讨伐特丽和她年轻的家庭教师圣·普乐的恋爱悲剧，批判了封建婚姻制度，提出了

卢梭像

以真实自然的感情为基础的婚姻理想。后者讨论人的教育问题，提出教育要"顺乎天性"。卢梭张扬自我、抒发感情、热爱自然，故被看作浪漫主义文学流派的先驱。晚年怀着悲愤的心情写出了自传性作品《忏悔录》和续篇《一个孤独的散步者的梦想》。前以赫克为"文学史上的奇书"，他把自己作为人的标本来剖析，控诉了封建专制社会对人的迫害和腐蚀，也是维护人权宣言的一部宣言书。

狄德罗

法国启蒙主义哲学家和作家。出生于一个富裕的作坊主家庭，幼年受教会教育，后到巴黎上中学。曾因发表无神论著作而入狱，出狱后主持编纂了《百科全书》。他在哲学、美学、戏剧理论和小说方面都有所建树。他在《美之根源及性质的哲学研究》《绘画论》等著作中提出了真善美统一的理论，主张把美建立在真与善的基础上。在艺术表现上提出"要真实""要自然"的要求。狄德罗的文学成就主要是他的三部小说：《修女》、对话体小说《宿命论者雅克和他的主人》和《拉摩的侄儿》。后者通过作者和拉摩的侄儿的对话，塑造出一个才华出众而寡廉鲜耻的人，他的自白控诉了封建制度的黑暗，揭示了正在成长中

狄德罗像

的资产阶级的一些心理特征，被恩格斯誉为"辩证法的杰作"。在戏剧方面，狄德罗主张打破悲喜剧的界限，建立一种运用日常语言、表现市民家庭生活的"严肃喜剧"或"市民剧"，他的主张为欧洲近代戏剧开辟了道路。

萨德

法国作家。原名多纳西安，出身贵族家庭，父亲和叔父的放荡生活，以及他自己的生活经历，使之养成了目空一切的狂妄性格，并且热衷在作品中表现鞭笞、鸡奸和被动接受等，因其作品有大胆的性描写和性虐待等而不容于当时统治者，他曾两次被投入巴士底狱。他的主要作品有《贞节的厄运》（一译《美德的磨难》），《阿斯汀娜》《爱之诡计》《爱之罪》《隆维尔的女主人》等。《贞洁的厄运》描写一对姐妹，妹妹想恪守操节，却先后落入淫乱的修士等人之手，遭受了种种磨难。姐姐淫乱放荡，却享受荣华富贵。由于小说对妹妹遭受的蹂躏进行了详细的描写，一度因为渲染性暴力而被禁。

以萨德为中心绘制的萨德的内心世界的想象画

歌德

德国文学家。他出生于法兰克福一个富裕市民的家庭，曾先后在莱比锡大学和斯特拉斯堡大学学法律，但主要志趣在文学创作方面，是德国"狂飙突进"的中坚。

歌德旅行意大利画像

1775 年应聘到魏玛公国做官，但一事无成。1786 年前往意大利，专心研究自然科学，从事绘画和文学创作。1788 年回到魏玛后任剧院监督，政治上倾向保守，艺术上追求和谐、宁静的古典美。1794 年与席勒交往后，开创了德国的"古典文学"。歌德的创作囊括诗歌、散文、小说、戏剧等诸多方面，主要作品有剧本《铁手骑士葛茨·冯·伯里欣根》《伊菲格尼亚在陶里斯》《托夸多·塔索》等，小说《少年维特之烦恼》，牧歌式叙事诗《赫尔曼和窦绿苔》，诗体哲理悲剧《浮士德》、长篇小说《亲和力》《威廉·迈斯特》（包括《学习时代》和《漫游时代》）、自传《诗与真》（四卷）和抒情诗集《东西合集》等。《少年维特之烦恼》是一部书信体小说，它描写青年维特和绿蒂之间的爱情悲剧，反映了当时青年人反对封建，追求个性解放和爱情自由的心声，使歌德享有世界性的声誉。

浮士德

歌德的诗体哲理悲剧，与荷马史诗、但丁的《神曲》齐名，是一部史诗性的巨著。这部诗剧的创作从 1770 年开始构思到 1831 年完成历经 60 年之久。取材于中世纪关于浮士德博士的传说。共两部，第一部共 25 场，不分幕，第二部分为 5 幕。全剧没有首尾连贯的情节，以浮士德的思想发展为线索。《天上序幕》是全剧的开端，写魔鬼靡菲斯特和上帝打赌，浮士德与魔鬼定下了契约：愿以灵魂为赌注使魔鬼满足他的一切要求。第一部主要写浮士德和甘泪卿的爱情以及由此引发的种种悲剧性纠葛。第二部写浮士德的政治活动，对政治生活失望后，接着写他和象征古典美的海伦的结合，并生有一子欧福良，欧福良向高处飞时，不幸陨落在父母脚下，海伦也在痛苦中隐去。对古典美的追求也以幻灭告终。这时，浮士德又产生了征服大海的雄心，在魔鬼的帮助下开始填海造田的工程。已是百岁老人的他把死灵们为他挖掘坟墓的声音，当成了群众在劳动，不由满意地说出了"你真美啊，请停留一

魔鬼靡菲斯特再访浮士德

下!"按朋契约,他倒地死去。但天使把他的灵魂引向了天堂。全剧的基本主题是人生理想以及怎样实现理想的问题。浮士德是一个文艺复兴时代的巨人形象,是新兴资产阶级知识分子的代表,他的一生反映了欧洲自文艺复兴到19世纪初期文化发展的历程。

席勒

德国诗人、剧作家。出生在一个军医家庭,少年时代受宗教教育,1773年被符腾堡公爵送入军事学校,毕业后当过军医、剧院作家等。1794年和歌德交往,共同创造了德国的古典文学。他从1776年起就在杂志上发表抒情诗等,1782年上演的以反抗暴君为主旨的《强盗》是他的成名作,也是"狂飙突进"运动在戏剧方面的重要成果。此后,写有悲剧《斐

席勒

哀斯柯》《阴谋与爱情》,诗体政治悲剧《唐·卡洛斯》,诗歌《欢乐颂》等。古典时期的主要作品有诗剧《华伦斯坦》三部曲、《玛丽亚·斯图亚特》、《奥里昂的姑娘》《墨西拿的新娘》《威廉·退尔》等,以及大量诗歌。此外,他还著有《三十年战争史》《美育书简》《论朴素的诗与感伤的诗》等历史学和美学著述。席勒和歌德一起把德国古典文学推向高峰,为德国文学的发展做出了巨大贡献。

阴谋与爱情

席勒青年时期的戏剧代表作,1782年公演。剧本的主人公是一对热恋中的青年,斐迪南是某公国宰相的儿子,他爱上了音乐师的女儿露伊丝。宰相瓦尔特为了迫使他与公爵的情妇结婚,在秘书愚蠢的老人等阴谋,使斐迪南误以为露伊丝不忠。斐迪南中计,给露伊丝服用了毒药,露伊丝临死前揭穿了真相。最后,他的喜剧风格

图为席勒在为魏玛的奥古斯特公爵朗诵其"狂飙突进"文学形式的作品。《阴谋与爱情》正是这一文学形式的代表作

比罪犯也被囚入狱中。该剧直接取材于现实，反映了强烈的反封建精神，表现了封建贵族和市民阶级之间尖锐的阶级矛盾，以及市民阶级的觉醒和打破阶级界限的愿望。同时把爱情悲剧和宫廷的政治阴谋联系在一起，更加强了剧本对封建统治的揭露力量，达到了德国市民悲剧前所未有的高度。剧本在艺术上的显著特色是人物性格的复杂性，如斐迪南虽看到了平民的高尚和纯洁，并且珍视他和露伊丝之间的真诚爱情，但也不能体会到露伊丝的苦衷和她与父亲间相依为命的感情，所以很容易就被人煽动起了妒忌心，并铸成大错。

奥斯丁

英国女小说家。出生在一个叫史蒂文顿的小乡镇，父亲是当地的牧师。她没有进过正规学校，在家由父母指导阅读了很多古典文学和流行小说。她终身未嫁，长期居住农村，生活圈子很狭窄。她共创作了6部小说.《傲慢与偏见》和《爱玛》是其代表作，其他作品还有《教导》《曼斯菲尔德山庄》《理智与情感》等。她的作品基本都以乡镇中产阶级青年男女的爱情婚姻为主题，描写日常生活的风波和人物之间的喜剧性冲突，在轻松诙谐的氛围中表达她的婚姻观：为了财产和地位结婚是错误的，但完全不考虑财产也是愚蠢的。18世纪70年代

奥斯丁像

以后，英国充斥着庸俗无聊的"感伤小说"和"哥特小说"，奥斯丁的创作虽然反映的生活面不广，但扭转了当时小说创作的庸俗风气，在英国小说发展史上具有承上启下的作用。

济慈

英国诗人。生于伦敦，父母早逝。曾做过医生，同时又深爱诗歌，在创作中受诗人亨特和华兹华斯的影响。1817 年出版第一部诗集，受到人们的好评。后来形成了"天然接受力"的思想。1818 年写成叙事诗《伊萨贝拉》，他的思想从强调感官享受转而强调思想深度。1819 年济慈写出了传世之作：颂诗《夜莺》《希腊古瓮》《哀感》《心灵》和

济慈像

抒情诗《无情的美人》，十四行诗《灿烂的星，愿我能与你永在》等，成为济慈诗作的精华和英国诗歌中的不朽之作。同年又写作了抒情诗《莱米亚》等作品。济慈诗中有画，色彩感和立体感甚强。他是英国浪漫主义诗人中最有才气的诗人之一，他的诗对后世影响巨大，维多利亚时代诗人丁尼生、布朗宁，以及唯美派诗人王尔德和 20 世纪的"意象派"诗人都受其影响。

启蒙运动

指 18 世纪欧洲资产阶级继文艺复兴后进行的第二次民主主义思想文化运动，反对教会神权和封建专制。"启蒙"（Enlightenment）一词指当时进步的思想家提倡的用近代文化启迪人们的理性和智慧，照亮被基督教会和贵族专制迷信所愚昧的封建社会。启蒙运动最先开始于法国，孟德斯鸠、伏尔泰、狄德罗、卢梭等人是当时涌现出的卓有成就的启蒙思想家。启蒙运动对文学的影响主要表现在很多思想家直接以文学为宣传的武器，如伏尔泰的哲理小说，卢梭的《新爱洛伊丝》等。这些文学作品冲破古典主义的束缚，为近代现实主义文学开辟了道路，具有鲜明的倾向性和教诲性，重视文学的教育功能。为了

图中，一些知名的启蒙主义思想家在乔弗朗夫人著名
的文艺沙龙交流思想

更好地面向广大平民，启蒙思想家还创造了很多新形式，如哲理小说、
严肃喜剧、书信体小说等。启蒙运动的影响范围广，持续时间长，被
视作德国"狂飙突进"的前奏，为俄国的民主革命起了思想准备的
作用。

百科全书派

18世纪中叶，启蒙思想家、文学家狄德罗和数学家达朗贝尔应
出版商的邀请，主持编纂《科学、艺术和工艺百科全书》（简称
《百科全书》）。但是狄德罗把编纂工作变成了一场反封建统治和君

法国启蒙运动的寓意画

主专制的斗争，以致在编纂过程中，曾
两度被勒令"中止"，达朗贝尔在1759
年退出了编纂工作，由狄德罗独立支撑
大局。《百科全书》从1751年开始编纂，
1772年才完成。当时编写条目的是各个
领域的知名学者，他们总结了启蒙运动
在自然科学和社会科学方面的成就，贯
穿着一种反对传统思想、反对权威、反
对信仰，提倡科学技术和理性的启蒙思
想。所以，法国的启蒙学者也被称为

"百科全书派"。

哥特小说

18 世纪流行于英国的一种小说。它描写恐怖、暴力，以及对中世纪的向往。故事通常发生在一个哥特式的建筑，尤其是阴暗、荒凉的古堡之中。最早的一部哥特小说是 1764 年出版的贺拉斯·华尔浦尔的《奥特朗堡》，它对当时的浪漫主义文学运动起了推动作用，同时也影响了 19 世纪初期英国小说家瓦尔特·司各特的历史小说，因此在英国的文学史上占有重要的位置。其他流行的哥特小说有安娜·拉德克利夫的《尤道拂的神

《恶梦》——恐怖与梦幻结为一体

秘事迹》和马修·格雷戈里·刘易斯的《僧人》等。前者经常被作为典型的哥特小说，小说情节恐怖、阴森，富于神秘气氛。《僧人》也非常流行，它的作者获得了"僧人"刘易斯的绰号。它的特点在于恐怖和心理分析相结合。因此，对后来的美国文学尤其是霍桑和爱伦·坡发生了影响。同时，也影响了 20 世纪的超现实主义文学运动。

即兴喜剧

又称"假面喜剧"。16 世纪下半叶至 18 世纪下半叶在意大利广泛流行的一种独特的喜剧形式。它没有成文的文学剧本，只有"提纲"，演员根据提纲提示即兴发挥。剧中的主要角色及姓名、性格都是固定的，有各自定型的假面、服装；演员在舞台上依靠夸张的动作和模拟姿态来取得戏剧效果。每个演员固定扮演一种类型的角色。它的剧情简单，通常都是叙述青年男女曲折的爱情经历，它的演员都是职业艺人，他们组成戏班在各地巡回演出。在初登舞台时，因

具有生动的艺术形式和一定的社会讽刺作用而受到群众的欢迎，后来，它的思想内容和艺术形式脱离了现实生活，成为趣味庸俗的闹剧。18世纪下半叶启蒙主义剧作家哥尔多尼对它进行了改革，废除幕表和假面，并写固定的文学剧本，从而创立了"性格喜剧"。

哥尔多尼是18世纪意大利杰出的喜剧作家，著有约150部喜剧。其写作主题常为历史和古典题材，他创立了"性格喜剧"

狂飙突进

18世纪70年代在德国兴起的一次文学运动。"狂飙突进"这个名称来自作家克林格的同名剧本。主要参加者是市民阶层的青年作家，以赫尔德为旗手，向封建意识形态进行了猛烈的攻击。它的主要精神特征是：主张发挥人的主观能动性，实现个性解放；崇尚"天才"，倡导"返归自然"和德国民族风格；反对一切束缚人的僵化保守的教条，强调感情，有着浓郁的感伤色彩。狂飙突进作家的创作揭露性都比较强，尤其反映市民阶层和封建贵族的冲突。在戏剧和小说方面都有较大成就，歌德的剧本《铁手骑士葛兹·冯·伯里欣根》、书信体小说《少年维特之烦恼》，席勒的剧本《强盗》《阴谋与爱情》，华格纳的剧本《杀婴女人》等都是狂飙运动的代表作。80年代中叶后，狂飙运动逐渐消退，它对德国民族文学的形成起了极大的推动作用。

六、十九世纪欧美文学

让·保尔

德国小说家。原名为里希特尔。父亲是乡村教师，还当过牧师和管风琴师。让·保尔在农村度过了童年。父亲死后家境贫寒，

让·保尔的语言风格

让·保尔的原名是里希特尔，他以创新了一种写作风格而备受尊敬，其名气之大甚至甚于其作品被阅读的程度。这种风格以怪异传世，为间接的嘲讽和利用不完全的参考资料观察外界社会。其作品包括许多狂喜、幽默、精巧奇特的段落形态，探讨人物间的冲突，通常涉及理想主义者和现实主义者之间以及灵魂和肉体二元性间的冲突，他是一位狂想、杰出和可爱的作家，是一位富有想像力的浪漫大师。不过，其作品阅读是需要一点耐心，其中缺乏精彩的好故事。

1781 年入莱比锡大学攻读神学，1784 年被迫辍学，在家乡当教师。大学时开始创作，早期作品是一些讥讽性的答语与警句。1790 年经历了亲友的自杀或早故，人生态度转向人类狭窄的爱，形成了幽默的文风，标志着让·保尔创作的转折，是幽默小说的典型。他的大部分小说是在此后 10 年中创作的。短篇小说《武茨》等给他带来了盛名。1795 年发表的《黄昏星》引起了魏玛文人的注意，与赫尔德结成了终生友谊。他的《美学入门》中把小说分成 3 类。他的小说思想受到 18 世纪英国作家斯威夫特和其他小说家，尤其是劳伦斯·斯特恩的影响。他的作品对后来的画家、作家产生了深远的影响。其小说的特点是形式散漫、结构松散，但语言很有魅力。

司各特

英国小说家、诗人。出生在苏格兰一个古老贵族的家庭，1789 年入爱丁堡大学攻读法律，毕业后成为律师，同时在苏格兰偏僻地区搜集历史传说和民间歌谣，1802 年发表了搜集到的 3 卷《苏格兰边区歌谣集》，此后开始创作，写有叙事长诗《末代歌者之歌》《玛密恩》和《湖上夫人》等。他共写有 7 部长篇叙事诗，27 部历史小说和噶些中短篇小说、人物传记等。司各特最大的贡献在历史小说，

《艾凡赫》《昆丁·达沃德》是其代表作，前者表现了 12 世纪英国狮心王理查在位时复杂的阶级矛盾和民族矛盾，塑造了一个英明君主的形象。后者写 15 世纪法国路易十一建立统一的封建国家的过程。其他重要作品还有取材苏格兰历史的《威弗利》《清教徒》《罗布·罗伊》，以 15 世纪的法国为背景的《奇婚记》和传记《小说家列传》《拿破仑传》等。司各特的历史小说

司各特与其妻子

丰富和发展了欧洲 19 世纪的文学，对后代很多作家都有影响。

司汤达

法国小说家。原名马里 – 昂利·贝尔。出生在一个律师家庭，他幼年丧母，受信仰启蒙思想的外祖父影响较大，少年时代在法国资产阶级革命的氛围中长大，崇敬拿破仑，并多次随拿破仑的大军征战欧洲，1814 年波旁王朝复辟后侨居米兰，同意大利爱国主义者有来往，后被驱逐出境，回到巴黎。他的主要作品大部分是在 1831 年

司汤达像

后写成的，有长篇小说《吕西安·娄凡》《巴马修道院》《红与黑》《阿尔芒斯》，中短篇小说集《意大利遗事》和一些游记、传记等。司汤达在美学论著《拉辛与莎士比亚》中提出艺术必须适应时代潮流，表现"人民的习惯和信仰的现实状况"。他的作品善于描写政治斗争和社会问题，在塑造人物时重视细腻的心理分析，深刻揭露了 19 世纪法国复辟时期复杂的阶级矛盾，是法国批判现实主义文学的先驱和奠基人。

红与黑

司汤达长篇小说的代表作，副题"1830 年历史纪实"。标题中

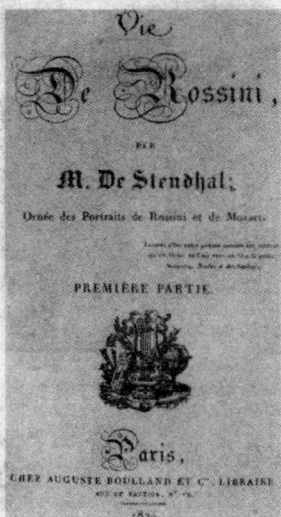

《红与黑》初版时的封面，1824 年

的"红"象征着红色的军人服，"黑"象征着修道士的道袍。小说描写一个出身低微的外省青年于连，想凭着自己的聪明才智进入上流社会，在市长家做家庭教师时，赢得了纯朴的穗·雷纳尔夫人的爱情，事发后被迫进入贝尚松神学院，不久受到院长举荐，成为德·拉莫尔侯爵的秘书，同时又得到了高傲的拉莫尔小姐的爱情。但他的飞黄腾达引起了其他贵族的不满，那些贵族欺骗德·雷纳尔夫人写下告发信。于连一怒之下当众打伤了德·雷纳尔夫人。公审时，他预言自己这个"反抗自己的卑贱命运的乡下人"必将受到严惩，果然，当天就被送上了断头台。于连是复辟时代受压抑的小资产阶级青年的典型形象，他的反抗源于社会对他的压抑和个人向上爬的野心，因此在反抗中表现出妥协性和动摇性。小说通过对典型环境中的典型性格的塑造，深刻反映了 19 世纪 30 年代法国社会的现实情况。

欧文

美国作家。他出生于纽约一个富有的商人家庭，幼年体弱多病，16 岁辍学，先后在几个律师事务所学法律，喜爱文学和漫游。1804 年因病赴欧洲休养，到过法国、意大利和英国。1807 年，与人共同创办不定期刊物《杂拌》，开始了他的文学创作活动，显露出他幽默、风趣和含蓄的讽刺才能。1820 年将许多散文、随笔和故事结集为《见闻札记》出版，奠定了他在美国文学史上的地位。之后，一边帮哥哥打理生意，一边写作。主要作品有小说《布雷斯布里奇田庄》和故事集《旅

欧文像

客陕》，游记《阿尔罕伯拉》、《草原游记》，传记《哥尔德斯密斯传》和5卷本《华盛顿传》等。欧文是美国文学奠基人之一，他的文笔优雅自然，清新精致，时常流露出温和的幽默和浪漫的气息。

拜伦

拜伦像

英国浪漫主义诗人。他出生在一个没落贵族的家庭，10岁就继承了家族的爵位和庄园，但父母的离异和自己瘸腿的残疾，都带给他深刻的影响。1805年进入剑桥大学学习，并开始写诗。1809年发表的长篇讽刺诗《英格兰诗人和苏格兰评论》确立了他在诗坛上的地位。大学毕业后，拜伦成为贵族议院的世袭议员。因受到歧视，他于1809年游历了葡萄牙、西班牙和土耳其等多个国家，大大开拓了政治视野。旅行归途中，他创作了长篇叙事诗《恰尔德·哈洛尔德游记》的第一、二章，这部作品以政治和社会问题为题材，表现出一种积极斗争，争取自由的精神。拜伦其他优秀作品还有浪漫主义组诗《东方叙事诗》（包括《异教徒》《阿比托斯的新娘》《海盗》《莱拉》《巴里西耶》和《科林斯的围攻》）、长诗《锡隆的囚徒》《普罗米修斯》《路德派之歌》，诗剧《曼弗雷德》《该隐》，政治讽刺诗《〈制压破坏机器法案〉制订者颂》《青铜时代》长篇叙事诗《唐璜》等。1824年，拜伦在参与希腊人民的民族解放斗争时，因病去世。他的诗作充满斗争精神，并塑造了反抗社会的叛逆者"拜伦式英雄"的群像，在传播中也产生了超文本的影响。

唐璜

拜伦未完成的长篇叙事诗，是他最优秀的作品之一。唐璜本是西班牙中世纪民间传说中的一个人物，是一个到处追逐女性的纨绔子弟。在这部作品中，他成了一个普通的贵族青年，因爱情风波逃离故乡西班牙，在希腊岛上和强盗的女儿恋爱。后在君士坦丁堡的奴隶市场上被卖到苏丹的后宫，他又从这里逃走，参加了1790年俄军围攻伊斯迈尔城的战役，因作战有功，被俄女皇派作使节出使英国。长诗背景广阔，展现了19世纪初法国资产阶级革命时期欧洲社会政治的广阔图景，通过唐璜的经历，深刻暴露了封建专制的暴虐和伪善，对专制政治表现出坚决彻底的憎恶。

雪莱

英国浪漫主义诗人。出生在英格兰一个乡村贵族的家庭，从小受到严格教育，1804年进入伊顿公学，1810年进入牛津大学就读，第2年因发表《无神论的必要性》被开除。此后参加了爱尔兰的民族解放运动等，1822年不幸因海难去世。他在中学时期便开始创作，早期作品主要有《麦布女王》《致华兹华斯》《赞智力美》等，1818年定居意大利后，发表了长篇诗歌《伊斯兰的反叛》《阿多尼》《暴政的假面游行》，抒情诗《印度小夜曲》《给英格兰人民的歌》《西风颂》《致云雀》，诗剧《解放了的普罗米修斯》《希腊》等。这些作品以资产阶级民主主义和空想社会主义为武器，反对专制暴政，反对宗教迷信，鼓吹自由民主、平等博爱。他是时代先进潮流的代表，通过诗作向被压迫人民传递了革命的火种。

雪莱像

海涅

德国诗人。他出生于犹太商人家庭，1819年起先后到波恩等大学攻读法律，并获得博士学位。1816年开始写诗，1827年出版了诗歌总集《歌集》。他的诗歌富于浪漫主义色彩和民族气息，给诗人带来世界性声誉。同时，他还写了许多游记。1831年海涅流亡巴黎，为德国写了大量通讯和政治评论，集为《法兰西状况》一书。《论德国宗教和政治的历史》和《论浪漫派》两本哲学著作是他介绍德国文化和宗教的论文汇集。他的第二部诗集是《新诗集》（1844），这本诗集标志着海涅由抒情诗人向政治诗人的

海涅像

转变；他的长篇政治抒情诗《德国，一个冬天的神话》也于1844年出版。这是他第一次回国旅行的结果，这部长诗是海涅诗歌创作的顶峰。晚年以口授形式创作了第三部诗集《罗曼采罗》，诗集仍洋溢着战斗的激情。

普希金

19世纪俄罗斯伟大的民族诗人，俄国浪漫主义文学的主要代表和俄国批判现实主义文学的奠基人。他出生在贵族地主家庭，自幼受到良好的家庭教育，1811年进入彼得堡皇村贵族子弟小学，卫国战争的爆发激起他很大的爱国热情。毕业后在外交部任职，之后因创作中的进步倾向几次被流放。1837年，年仅38岁的诗人死于一场有阴谋的决斗。普希金具有多方面的文学才华，作为诗人，他写了800多首抒情诗和几十篇叙事诗，运用了各种形式和韵律，如童话诗《渔夫和金鱼的故事》，政治抒情诗《自由颂》，长篇浪漫主义叙事诗《茨冈》，长篇现实主义叙事诗《叶甫盖尼·奥涅金》等。在小说方面，他的短篇小说《驿站长》开创了俄罗斯文学中描写"小人物"的传统，《别尔金小说集》

普希金像

成为俄国短篇小说的典范，长篇小说《上尉的女儿》、中篇小说《黑桃皇后》等也是名篇。他还留下几部诗剧和大量政论等。

叶甫盖尼·奥涅金

普希金的长篇叙事诗，也是俄国第一部现实主义作品。全诗共8章，1823—1831年间陆续写成。主人公奥涅金是一个贵族青年，染上了当时流行的忧郁症。为继承伯父的遗产，他来到乡下。认识了热情而有浪漫气质的青年地主连斯基，和地主拉林家的两个女儿达吉雅娜、奥尔加。达吉雅娜对奥涅金一见钟情，并主动表白爱意，却遭到拒绝。奥涅金转而追求连斯基的未婚妻——奥尔加，连斯基因此责怪奥涅金，两人发生口角，引起决斗，连斯基不幸身亡。奥涅金悔恨交集，出国远游。回国后，又见到了已是公爵夫人的达吉雅娜，向她求爱却被拒绝。长诗成功地塑造了俄国文学史上第一个"多余人"奥涅金的形象，达吉雅娜身上则体现了俄国人民道德纯洁、坚忍克制等特点，是俄国文学史上最动人的女性形象之一。

巴尔扎克

法国作家。父亲是一个白手起家的资产者，他出生后不久，就被寄养到附近的农村。从小学到中学，他一直寄住在学校，没有享受过家庭的温暖，童年生活的这种痛苦直接影响了他后来的生活和

巴尔扎克像

创作。1816年，进入大学学习法律。毕业后，他不顾父母的反对，开始文学创作。早期作品销路不好，为了生活，他开始办实业，做过出版商，经营过印刷厂和铸字厂等，均以失败告终，并使他负债累累，但这大大丰富了他的生活经验。1828年起，他又回到文学创作上来，不久发表的小说《最后一个舒昂党人》，初步奠定了他在文学界的地位。此后，他把这部作

品和计划要写的一百多部小说总命名为《人间喜剧》，并为之写了《前言》，阐述了他的现实主义创作方法和基本原则，从理论上为法国批判现实主义文学奠定了基础。巴尔扎克是一个充满激情的人，在创作中他也往往和人物融为一体。1850年，他因劳累过度而去世。巴尔扎克在艺术上取得的巨大成就，不但表现在小说的结构上匠心独运，多种多样，不拘一格，还表现在善于将集中概括与精确描摹相结合，以外形反映内心本质等手法来塑造人物，深刻揭示人性的善恶，还善于以精细入微、生动逼真的环境描写再现时代风貌。巴尔扎克是欧洲批判现实主义文学的奠基人和杰出代表。

人间喜剧

巴尔扎克作品集。共包括巴尔扎克从1829年到1848年陆续创作的91部小说。全书分为三部分：《风俗研究》《哲理研究》和《分析研究》。《风俗研究》的内容最为丰富，包括《私人生活场景》《外省生活场景》《巴黎生活场景》《政治生活场景》《军队生活场景》和《乡村生活场景》六个门类。其中的名篇有《高老头》《欧也妮·葛朗台》《幽谷百合》《幻灭》《贝姨》《邦斯舅舅》《驴皮

这是《欧也妮·葛朗台》的情景绘画，表现了老葛朗台用女儿来作诱饵，诱惑那些求婚者，以便从中渔利

记》《交际花盛衰记》等。《人间喜剧》的艺术成就一方面在于巴尔扎克塑造了很多丰富生动的艺术形象，有的已经成为世界文学史上的典型性格，如葛朗台的吝啬，高老头的父爱等。另外，作者创造性地使用了"人物再现法"贯穿于不同的作品，使之有整体感。这部作品以庞大的体系，丰富的内容，客观批判的态度，深刻反映出当时法国社会封建贵族的没落衰亡和资产阶级的罪恶发迹史，被称为"社会百科全书"。

大仲马

法国 19 世纪积极浪漫主义作家。他出生于巴黎附近一个县城，父亲是法国大革命中的一位将军。他只上过几年小学，靠自学成才。由于父亲有黑人血统，他饱尝种族歧视之苦，也形成了反对不平、追求正义的叛逆性格。大仲马一生著述丰富，主要以小说和剧作著称。他的浪漫主义戏剧《亨利第三及其宫廷》比雨果的《欧那尼》问世还早一年，完全破除了古典主义的"三一律"。他的小说多达百部，大都以

大仲马像

真实的历史作背景，以主人公的奇遇为内容，情节曲折生动，出人意料，堪称历史惊险小说。异乎寻常的理想英雄，急剧发展的故事情节，紧张的打斗动作，清晰明朗的完整结构，生动有力的语言，灵活机智的对话等构成了大仲马小说的特色。最著名的足《三个火枪手》（旧译《三剑害》）和《基督山伯爵》。他被别林斯基称为"一名天才的小说家"。

雨果

法国作家。出生在法国东部的贝藏松，幼年时曾随父亲行军到意大利等地，11 岁时随母亲返回巴黎。他热情支持法国大革命，在法国复辟王朝时期被迫流亡 19 年。1827 年发表诗剧《克伦威尔》，在序言中提出浪漫主义的文学，主张美丑对比等原则，从此成为法

雨果坐像　1870 年

国浪漫主义文学运动的领袖。1830 年剧本《欧那尼》上演成功，标志着浪漫主义对古典主义的胜利。他的小说主要有长篇小说《巴黎圣母院》《悲惨世界》《海上劳工》《笑面人》和《九三年》等，还著有《新颂歌集》《东方吟》《秋叶集》《心声集》《凶年集》《惩罚集》等，剧本还有历史剧《城堡里的公爵》《逍遥王》《昂杰罗》等。这些作品的基本主题是歌颂真善美，鞭挞黑暗、丑恶和残暴，充满丰富的想像力和巧妙的音乐性，具有优雅精美、雄伟朴实的艺术风格。雨果是法国浪漫主义文学运动的领袖，他长达 60 年的创作生涯，反映了 19 世纪法国重大历史进程和文学进程。

巴黎圣母院

雨果的长篇历史小说，发表于 1831 年。故事发生在 15 世纪，巴黎圣母院的副主教弗洛罗认为情欲是罪恶，但当他看到美丽的波希米亚女郎爱斯梅拉达时，长期被禁欲主义所压抑的情欲蠢蠢欲动，并不择手段想占有她。在情欲的支配下，他竟派养子喀西莫多去劫持少女。喀西莫多是教堂敲钟人，相貌奇丑，他也深爱着爱斯梅拉达。当他看到弗洛罗求爱不成就想陷害爱斯梅拉达时，将主教推下了高塔。最后，人们在绞刑架下发现了喀西莫多和爱斯梅拉达紧紧抱在一起的尸体。小说反映了作家对封建统治的憎恨和对受压迫人民的同情，充分揭示了封建教会和王权的残暴本质，情节紧张，变幻莫测，戏剧性很强，充分利用了美丑、善恶的对比，具有浓郁的浪漫主义色彩。

教堂敲钟人——美与丑的奇妙结合者喀西莫多

悲惨世界

雨果最著名的长篇小说之一，发表于

1862 年。小说的创作历时 20 年，基本情节是作品主人公冉阿让的悲惨生活。他原是个贫农出身的工人，因为给快要饿死的家人偷了一块面包，被判刑，度过了 19 年牢狱生活。刑满后，受仁慈的主教感化，化名马德兰，重新做人，成了成功的企业家并被推选为市长。但因为暴露身份而再度被捕。为了救女工芳汀的女儿，逃到巴黎，但一直不断遭到警探的追缉。小说通过几个小人物的命运，深刻揭示了"贫穷使男子潦倒，饥饿使妇女堕落，黑暗使儿童羸弱"的社会本质，实际上反映了整个 19 世纪前半期法国的社会政治生活。但他又把一切问题看作道德问题，体现了作家的资产阶级人道主义的思想，想把仁慈、博爱作为改造社会的良方。小说内容丰富，具有史诗般的风格。

爱默生

美国散文家、演说家、诗人。他出生在一个牧师家庭，曾就读于哈佛大学，在校期间，他阅读了大量英国浪漫主义作家的作品，丰富了思想，开阔了视野。毕业后曾担任基督教惟一的神教派牧师，并开始布道。1832 年以后，爱默生到欧洲各国游历，结识了浪漫主义先驱华兹华斯和柯勒律治，接受了他们的先验论思想，对他思想体系的形成具有

爱默生像

很大影响。1837 年，他在美国大学生联谊会上发表了《论美国学者》的演讲，宣布美国文学已脱离英国文学而独立，同时强调人的价值，被誉为美国精神领域的"独立宣言"。爱默生集散文作家、思想家、诗人于一身，他的诗歌、散文独具特色，注重思想内容而没有过分注重词藻的华丽，行文犹如格言，哲理深入浅出，说服力强，被称为"爱默生风格"。

乔治·桑

法国女小说家。生于巴黎，幼年丧父，由祖母抚养，18 岁时嫁

乔治·桑

给杜德望男爵，但她对婚姻并不满意，1831年到巴黎，开始独立生活，从事文学创作。她的小说创作大致可分四阶段：早期作品称为激情小说，代表作有《安蒂亚娜》《华伦蒂娜》等，描写爱情上不幸的女性不懈地追求独立与自由，充满了青春的热情与反抗的意志。第二阶段作品是空想社会主义小说，代表作有《木工小史》《康素爱萝》等，提出了资本主义社会中妇女的命运问题，攻击资本主义的财产制度和婚姻制度，进而提出空想社会主义的理想。第三阶段作品为田园小说，代表作有《魔沼》《弃儿弗朗索瓦》等，以抒情见长，善于描绘绮丽的自然风光，渲染农村的静谧气氛，具有浓郁的浪漫色彩。第四阶段作品为传奇小说，代表作为《金色树林的美男子》。乔治·桑是最早反映工人和农民生活的欧洲作家之一。

安徒生

丹麦童话作家。出身于一个贫穷的鞋匠家庭，幼年丧父，从小在店铺中当学徒，没有受过正规教育。X1829年进入哥本哈根大学学习，同时坚持文学创作。安徒生的创作包括童话、戏剧、游记散文、小说等多种体裁，但为他赢得世界性声誉的主要是他的童话故事。1835年，发表了第一部童话集《讲给孩子们听的故事》，此后几乎每年发表一部集子，共写了168篇童话和故事，被译成80多种语言。安徒生的童话故事大多带有一定自传性，表现贫富悬殊的社会现实和穷苦人的悲惨生活，如《卖火柴的小女孩》、《丑小鸭》、《夜莺》等；有的则嘲笑、讽刺上层贵族的愚蠢无知，如《皇帝

乔治·桑

的新衣》《园丁和主人》等；有的则表现了对理性的看法，如《白雪公主》等。

勃朗宁夫人

英国诗人。她出身于富裕家庭，15 岁时从马上摔跌下来，伤了脊椎骨，长期卧床。静养期间博览群书，醉心于诗歌创作。她是一个很有天赋的女性，能阅读希腊文原版的荷马史诗和希伯来语的《圣经》，13 岁时就出版了第一部诗集，1838 年以诗集《天使及其他诗歌》成名。同时，她对当时的社会问题也给予了很大关注，1844 年发表的短诗《孩子们的哭声》，愤怒抗议资本家对儿童的摧残和剥削。1846 年，她不顾父亲的反对，和诗人罗伯特·勃朗宁私奔，并出走意大利，在佛罗伦萨居住了 15 年。她写给丈夫的爱情诗集《葡萄牙十四行诗集》，诗句精练，才华横溢，被认为是莎士比亚以来最优美的十四行诗。

爱伦·坡

爱伦·坡像

美国诗人、小说家、批评家。出生在波士顿一个江湖艺人的家庭，父母早丧，被爱伦夫妇收养。在英国受小学教育，后进入弗吉尼亚大学肄业一年。曾参加美国陆军，被选送至西点军校。一年后，被军校开除，从此开始专业写作生活。1847 年妻子病故后精神日益失常。爱伦·坡的诗多写忧郁的情调，形象古怪奇特，主要诗集有《帖木儿》《诗集》等。他的小说大致可分为推理小说和恐怖小说两类，所写的故事大多发生在奇特的地方，刻意渲染恐怖神秘、朦胧凄恻的氛围，前者有《血色死亡的面具》《黑猫》《厄舍古厦的倒塌》等，后者包括《莫格街谋杀案》、《莉盖亚》等。他的创作在死后才日益受到重视，被认为是推理小说的鼻祖。另外，他作品中的神秘恐怖等特点对现代派作家也有一定的启发。

果戈理

19 世纪俄国批判现实主义文学的代表和奠基人。他出生在大地主家庭，从小受到艺术熏陶，尤其喜爱乌克兰的民谣、传说和民间戏剧。父亲早逝后，到彼得堡谋生，做过小公务员，并结识了普希金等人。果戈理的一生创作甚丰：小说集《狄康卡近乡夜话》、长篇小说《死魂灵》、短篇小说集《彼得堡故事集》等，讽刺了贵族地主阶级，表达了对小人物悲惨生活的人道主义同情，

果戈理像

形成了"含泪的微笑"这种独特的艺术风格。他的讽刺喜剧也有很高成就，著名的《钦差大臣》尖锐讽刺了俄国官僚社会的丑恶本质，对俄国戏剧的发展产生了重要影响。果戈理是俄国"自然派"文学的创始者，他的创作和普希金的创作相配合，共同奠定了俄国批判现实主义文学的基础，被誉为俄国文学史上的"双璧"。

别林斯基

俄国文学批评家、哲学家和政论家。1829 年他在莫斯科大学学习语文，组织进步学生成立文学团体，后被校方开除。1833 年开始为《望远镜》杂志撰稿，开始文学评论活动。别林斯基是俄国现实主义美学和文艺批评的奠基人，他创作丰富，对当时俄国文化艺术几乎所有领域中一切新现象都作出了反应。主要

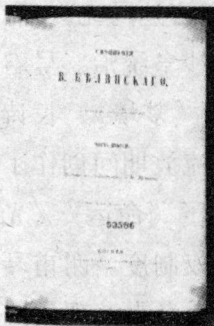
《别林斯基作品集》

著作《亚历山大·普希金作品集》共 11 章，以对普希金创作的精辟分析为中心，系统论述了俄国文学从罗蒙诺索夫到普希金的发展过程，确认了普希金在俄国文学史上承前启后的重要地位。《1846 年俄国文学一瞥》和《1847 年俄国文学一瞥》等，论述以果戈理为代表的俄国自然派的形成过程，从理论上肯定并推动了批判现实主义文学的发展方向。他的文学批评把敏锐的洞察力

和精确的艺术分析，政治激情和哲理思考融为一体，在俄国和世界文学批评史上有重要地位。

狄更斯

英国 19 世纪现实主义小说家。他出生于海军小职员家庭，11 岁就承担起繁重的家务劳动，做过学徒、记者等。他只上过几年学，全靠刻苦自学和艰辛劳动成为知名作家。狄更斯一生共创作了 14 部长篇小说，许多中、短篇小说和杂文、游记等。其中最著名的作品是描写劳资矛盾的长篇小说《艰难时世》和描写 1789 年法国革命的《双城记》。其他重要作品还有《奥列佛·特维斯特》（又译《雾都孤儿》）、《董贝父子》《大卫·科波菲尔》《荒凉山庄》和《远大前程》等等。他生活在英国由半封建社会向工业资本主义社会的过渡时期，其作品广泛而深刻地描写这时期社会生活的各个方面，宣扬以"仁爱"为核心的人道主义。艺术上以妙趣横生的幽默、细致入微的心理分析，以及现实主义描写与浪漫主义气氛的有机结合而著称。

谢甫琴科

乌克兰思想家、诗人和画家。出生于农奴家庭，24 岁时在著名画家勃柳洛夫帮助下成为自由人，进入美术学院学习并开始诗歌创作。早期诗歌采用乌克兰民歌形式，富有浪漫色彩，发表有诗集《科布扎歌手》、长诗《卡泰林娜》、长篇抒情史诗《海达马克》等。毕业后确立了革命民主主义信念，创作了很多反对沙皇统治、号召人民起来进行反抗的现实主义诗篇，如政治讽刺诗《梦境》，长诗《高加索》《遗嘱》等。不久被沙皇当局逮捕流放，流放期间创作了《音乐家》《艺术家》等自传体小说。获释后，创作了《命运》《光荣》等政治性很强的诗歌，号召反抗沙皇暴政和农奴制度。谢甫琴科的诗歌创作对乌克兰文学产生了很大影响，被视为乌克兰现代文学的奠基人和乌克兰语言文学的创建者。

出身农奴的谢甫琴科对悲惨的农奴生活深有其感，一生致力
于体现反抗沙皇统治和农奴制度主题的诗歌创作中

鲍狄埃

法国巴黎公社诗人。他出生在巴黎，由于家境贫困，13 岁就辍
学在父亲的木箱店当学徒。但他从小热爱诗歌，14 岁就出版了第一
部诗集《年轻的女诗神》，歌颂了劳苦大众的革命斗争。在之后的
1830 年巴黎工人武装起义、普法战争等历次革命斗争中，鲍狄埃不
但以诗歌热情地赞扬起义的英雄
们，而且参加到实际的斗争中
去。1871 年巴黎公社起义中，他
被选为公社委员，创作了无产阶
级的革命战歌《国际歌》。巴黎
公社失败后，他在艰苦的流亡生
活中，创作了长诗《美国工人告
法国工人》。他的诗歌热情豪迈，
充分表现了无产阶级的革命气
概，被列宁称为"最伟大的用诗
歌作为工具的宣传家"。

持着火炬的法国女神指引着法国革
命的胜利

勃朗特姐妹

指英国 19 世纪的女小说家夏洛蒂·勃朗特（Charlotte Bront,
1816—1855）、艾米莉·勃朗特（Emily Bront, 1818—1848）和安
妮·勃朗特（Anne Bront, 1820— 1849）三姐妹。她们出生在约克
郡一个乡村牧师的家庭，生活贫困，都上过生活条件恶劣的寄宿学
校，均因肺结核早逝。夏洛蒂的代表作是《简·爱》，带有自传性
质，写一个出身贫苦的家庭女教师简·爱，她单纯、倔强，勇于捍
卫自己独立的人格，在平等基础上发展和罗切斯特的爱情。小说被
后来的女性主义批评者看作是女性小说开始崛起的标志。艾米莉的
代表作《呼啸山庄》近年来声誉日盛，主人公是弃儿希斯克利夫。
他与主人女儿凯瑟琳产生了爱情，但受阻分开，后来他设计报了仇。
全书贯穿着一种强烈的反叛精神，结构巧妙，语言质朴有力。安妮
的《艾格妮丝·格雷》和两个姐姐的代表作同年发表。勃朗特姐妹
以其杰出的文学才华，在 19 世纪的英国小说史上形成了一座高峰，
被称为"勃朗特峭壁"。

屠格涅夫

俄国作家。他出生在奥廖尔省一个贵族家庭，但自幼厌恶农奴
制度。曾先后在莫斯科大学、彼
得堡大学就读，毕业后到柏林进
修，回国后和别林斯基成为至交。
从 1847 年起为《现代人》杂志撰
稿，出于自由主义和人道主义的
立场反对农奴制。60 年代后长期
居住巴黎等地。他在大学时代就
开始创作，1847— 1852 年陆续写
成的特写集《猎人笔记》是其成
名作，主要表现农奴制下农民和
地主的关系，在日常的平淡生活

屠格涅夫像

中表现出浓郁的诗意。他的主要作品有戏剧《贵族长的早餐》、《村居一月》，长篇小说《罗亭》《贵族之家》《前夜》《父与子》《阿霞》《初恋》《处女地》等。屠格涅夫善于敏锐地把握时代特点，迅速反映俄国现实，对俄国文学中现实主义文学的发展有重大影响，也为俄罗斯语言规范化做出了贡献。

惠特曼

美国浪漫主义时期的诗人。他出身农家，曾做过教师、编辑。1838 年惠特曼主编《长岛人》，传播民主思想，与此同时开始诗歌创作，1855 年出版《草叶集》，收诗 383 首。以"草叶"命名诗集体现了诗人的民主思想，因为它赋予最普通的遭人践踏的小东西以崇高的地位与尊严。草叶也是包括诗人在内的具有强大生命力的美国"新人"形象，它象征独特的美国精神和性格。其中著名的诗歌有《船长啊，我的船长！》《自己之歌》等。这部诗集的自由体，豪迈奔放而又不失其音乐美感，在英语诗歌中独树一帜，从根本上动摇了传统格律诗几世纪以来的垄断地位，开了英诗自由体在 20 世纪迅猛发展的先河，并对中国五四运动以后的新诗创作产生了很大影响。

惠特曼

福楼拜

法国现实主义小说家。他出生在卢昂的医生家庭，幼年在医院里度过。1840 年赴巴黎学习法律，后因病辍学。1846 年开始，在卢昂附近的克罗瓦赛别墅定居，过着简单的生活，直至去世。福楼拜的主要作品有《包法利夫人》《情感教育》《圣安东的诱惑》和《简单的心》等。基本主题是对资产阶级的揭露，他主张艺术应该真实地反映现实生活，同时作家要努力隐去个人的喜好，持"客观而无动于衷"的态度。在对人物的塑造和描写上，他十分注重遣词用句，形成了精雕细刻的艺术风格。他的主张和独特的艺术风格，影响和启迪了后来的作家，被推为现代小说的先行者。他最著名的代表作《包法利夫人》描写外省一个富裕农民的女儿爱玛，因不满于婚后平庸的生活而酿成的悲剧，成为当时一部"新的艺术法典"。

福楼拜像

陀思妥耶夫斯基

俄国作家。出生于小贵族家庭，童年在莫斯科和乡间度过。1846 年发表第一部长篇小说《穷人》，受到高度评价。1848 年发表中篇小说《白夜》。1849 年因参加反农奴制活动而被流放到西伯利亚，在此期间发表有长篇小说《被侮辱和被损害的》《罪与罚》《白痴》《群魔》《卡拉马佐夫兄弟》和中篇《地下室手记》等名著，为俄国文学留下一笔宝贵的遗产。他的创作很有特色，擅长通过人物病态心理的分析和人物意识的表述来塑造人物；他善于运用象征、梦幻、梦境、意识流

陀思妥耶夫斯基像

等艺术手法，使他的作品具有紧张压抑，情节发展急促，悬念迭起，震撼人心的力量。他作品的开创性意义和他人难以企及的成就已为举世公认，现代派作家更将他奉为宗师。

罪与罚

陀思妥耶夫斯基的高峰之作，1866 年发表，给作家带来世界声誉。作品描写 19 世纪 60 年代彼得堡的世俗生活。文官马尔梅拉多夫被裁员，女儿索尼亚被逼为娼。大学生拉斯科尔尼科夫因家庭贫

图为陀思妥耶夫斯基在流放地西伯利亚的监狱里

困而辍学，面对社会的不公和贫富悬殊，他认为，历史是由超人创造的，他们通过流血建立的秩序是常人必须遵守的。他决定改造社会，为民除害，以证明自己是超人，结果他杀了一个放高利贷的老婆子和她的妹妹后，却陷入极度的痛苦中，最后，他在笃信上帝的索尼亚的劝解下投案自首，在狱中皈依宗教，以忏悔的心情接受苦难，获得精神上的新生。作者揭露了俄国社会的不公和小市民的不幸遭遇，以高超的艺术手法刻画了主人公的内心世界和精神痛苦，但无法指出一条正确的道路。

卡拉马佐夫兄弟

陀思妥耶夫斯基的总结性作品。构思于 19 世纪 50 年代，发表于 1879—1880 年。小说描写了旧俄外省地主卡拉马佐夫一家父子、兄弟之间因金钱和情欲引起的冲突和悲剧。老卡拉马佐夫依靠不正当的手段发了家，性情暴戾，极端好色，贪婪阴险。儿子们长大后都憎恶这个父亲，并为了争夺财产和女人而明争暗斗，只有小儿子阿辽沙纯洁善良，谦恭温和，不参与家庭纷争，并在父兄之间起着抑恶扬善的调节作用，是作者的理想人物，但有些苍白，最终也没能阻止悲剧的发生。小说通过这个家庭的分崩离析，实际上表现了19世纪下半叶俄国社会在资本主义和金钱势力的冲击下的社会悲剧的缩影。卡拉马佐夫一家的卑鄙无耻、自私自利、野蛮横暴、腐化堕落等性格中的共同性因素在文学史上被称为“卡拉马佐夫性格”。

裴多菲

裴多菲像

匈牙利革命诗人。他出生在平民家庭，少年时代曾度过一段流浪生活，熟悉劳动人民的悲惨处境。做过演员，当过兵。他的一生是和匈牙利人民抗击外国侵略者、争取政治自由的斗争联系在一起的。他从1842年开始发表作品，早期诗作采用民歌体，歌颂劳动人民。后期在革命斗争的间隙写了大量的抒情诗，如《民族之歌》《我的歌》《一个念头在烦恼着我》和《自由与爱情》等，另外还有《农村的大锤》《雅诺什勇士》（一译《勇敢的约翰》）和《使徒》等8首长篇叙事诗，塑造了一批英雄，形象地表现了匈牙利人民争取自由的斗争精神，具有充沛的浪漫主义激情和爱国热情，具有极大的鼓舞力量。1849年7月在反抗俄奥联军的战争中不幸牺牲。

奥斯特洛夫斯基

奥斯特洛夫斯基像

俄国剧作家。出生于莫斯科一个商人家庭，在莫斯科大学法学系肄业。后在莫斯科法院工作8年，为后来的创作提供了丰富的素材，同时开始写作。奥斯特洛夫斯基一共写了50多部剧本，是俄国最多产的剧作家之一。代表作有《自家人好算帐》《大雷雨》《艰苦的日子》《没有陪嫁的女人》等，他的剧作生活气息浓厚，往往大胆讽刺暴露现实中的弊病，

灵活运用民间和各阶层的语言，对白幽默，善于安排戏剧场面，情节紧张动人。另外，奥斯特洛夫斯基在俄国大力传播塞万提斯、莎士比亚等人的名作，并培养了一批杰出的表演艺术家。他为俄罗斯民族戏剧奠定了基石，对契诃夫等人的创作有很大影响。

小仲马

　　法国作家。著名作家大仲马与一个裁缝女工的私生子，这种身份使他童年时代受尽讥笑，成年后决心通过文学改变社会道德。1848年发表小说《茶花女》，随后他本人把它改编成戏剧，一举成名。作品通过出身贫困的名妓玛格丽特和税务官之子阿芒的爱情悲剧，揭露了资产阶级道德的虚伪，塑造了一个不甘堕落、心地善良的茶花女形

小仲马像

象，忠实地再现了七月王朝时期的社会现实。是法国戏剧由浪漫主义向现实主义演变时期的优秀作品。其他的戏剧作品还有描写交际花的世态喜剧《半上流社会》、谴责富人始乱终弃的《私生子》、鼓励失足少女走上正道的《奥布雷夫人的见解》等。小仲马注重戏剧的道德效果，是法国现实主义戏剧的创始人，使戏剧摆脱了纯粹的幻想和激情，其创作实践和主张影响了整整一代人。

车尔尼雪夫斯基

　　俄国革命家、哲学家、作家和批评家。他出生于一个神父家庭，1846年进入彼得堡大学语文历史系研究哲学、历史、经济学和文学。大学毕业后在中学教语文。1853年后，到彼得堡为《祖国纪事》和《现代人》杂志撰稿。1855年发表著名的学位论文《艺术对现实的审美关系》，提出了"美是生活"。之后他接编《现代人》杂志，使它成了传播革命思想的强大阵地。他也因此于1862年被沙皇政府逮

捕，并判处终身流放。在流放中，他写出了长篇小说《怎么办?》和《序幕》。《怎么办?》通过拉赫美托夫集中表现了俄国民主主义革命家的形象，通过薇拉的缝衣工场和她的四次梦境，宣传了空想社会主义思想。小说教育了一代青年和许多革命者。

易卜生

易卜生像

挪威戏剧家、诗人。出生在一个小商人家庭，16 岁时就开始在一家药材店当学徒，工作之余，阅读了大量莎士比亚、拜伦等人的作品。1850 年到首都，结识了文艺界一些思想进步的朋友，并开始诗歌和戏剧创作。这时期在艺术上处于探索期，主要作品有《爱的喜剧》、历史剧《卡提利那》、诗剧《布兰德》等。1864—1885 年，长期居住在罗马、慕尼黑等地，创作的代表作有《社会支柱》《玩偶之家》《群鬼》《人民公敌》《青年同盟》等一系列社会问题剧，分别从社会政治问题和婚姻家庭问题入手，触及妇女解放等当时一些重要的社会问题。晚期作品有《野鸭》《罗斯默庄》《海上夫人》《建筑师》等，都着重人物心理发展的分析，具有神秘的象征主义风格。易卜生的创作把 19 世纪末的欧洲戏剧，从形式主义拉回到现实主义的道路上来。

玩偶之家

易卜生社会问题剧的代表作之一。又译《娜拉》或《傀儡家庭》。女主人公娜拉为了给丈夫海尔茂治病，伪造父亲的签名向别人借钱。海尔茂发现原委后，担心因此影响自己的声誉和地位，对她大发脾气，甚至要剥夺她教育孩子的权力。当债主受到感化主动退回借据时，他马上又对妻子做出一副笑脸。但娜拉已经觉醒，意识到丈夫的自私和夫妻间的不平等，自己只不过是丈夫的一个玩偶，愤而出走。剧作通过娜拉觉醒的过程，深刻揭露了资产阶级社会的法律、宗教、道德、婚姻等的虚伪和不合理，提出了妇女解放的问题。虽然没有作出明确的回答，但娜拉出走的举动在当时妇女解放运动中发挥了积极的作用。在艺术上，剧本紧紧围绕"伪造签名"展开，矛盾冲突紧张集中，具有很强的感染力。

列夫·托尔斯泰

19 世纪俄国的现实主义作家。他出生于贵族家庭，1840 年入喀山大学，受到卢梭、孟德斯鸠等启蒙思想家影响。1847 年退学回故乡，在自己领地上做改革农奴制的尝试。1851—1855 年的军旅生活不仅使他看到上流社会的腐化，而且为以后在其巨著《战争与和平》中能够逼真地描绘战争场面打下基础。退伍后开始文学创作，成名作是自传体

列夫·托尔斯泰像 1887 年 列宾

小说《童年》《少年》，这些作品反映了他对贵族生活持批判态度，主张"道德自我修养"，擅长心理分析。之后多次到欧洲考察，认为俄国应该在小农基础上建立自己的理想社会，贵族应走向"平民化"，这些思想鲜明地体现在其中篇小说《哥萨克》中。晚年，他思想发生转变，创作了《忏悔录》和中篇小说《伊凡·伊里奇之死》等多篇小说。托尔斯泰的创作被列宁称为"反映俄国革命的一面镜子"。

战争与和平

托尔斯泰长篇小说的代表作之一，创作于 1863—1869 年之间。它以 1812 年的卫国战争为中心，反映了 1805—1820 年的重大历史事件，着重写了俄奥联军和法军的几次重大战役及国内进行的卫国战争。小说以包尔康斯基、别竺豪夫、罗斯托夫和库拉金四个贵族家庭作为主线，在战争与和平的交替描写中，展现了广阔的社会生

活画面，提出了许多社会、哲学和道德问题。小说以贵族为主要人物形象，重点写了以安德烈·包尔康斯基和彼尔·别竺豪夫为代表的先进贵族艰苦的思想探索，探讨了贵族的地位和出路问题。另外，小说还提出了新的历史观，赞扬人民群众的爱国精神和英雄气概，反映了人民战争的宏伟规模，具有史诗的艺术风格。

安娜·卡列尼娜

托尔斯泰第二部里程碑式的长篇小说，写于 1875—1877 年。作品由两条既平行又相互联系的线索构成：一条是安娜和卡列宁、渥伦斯基之间爱情、家庭和婚姻纠葛；一条是列文和吉提的爱情生活及列文进行的庄园改革。安娜是一个上流社会的贵妇人，年轻漂亮，追求个性解放和爱情自由，而她的丈夫是一个性情冷漠的"官僚机器"。一次在车站上，她和年轻军官渥伦斯基邂逅。后者被她的美貌吸引，拼命追求。最终安娜堕入情网，毅然

中译本《安娜·卡列尼娜》封面

抛夫别子和渥伦斯基同居。但对儿子的思念和周围环境的压力使她陷入痛苦和不安中。在一次和渥伦斯基口角后，她感到再也无法在这虚伪的社会中生活下去，卧轨自杀了。小说揭露了上流社会的丑恶与虚伪，同时也表达了作家复杂的道德探索和思想探索。

复活

托尔斯泰晚期创作的代表作，写于 1899 年，是作家长期思想和艺术探索的总结。作品主人公聂赫留朵夫公爵一次出席法庭陪审时，发现被诬告杀人并被错判的妓女正是他十年前诱骗过的农奴少女玛丝洛娃。他突然良心觉醒，到狱中探望玛丝洛娃并表示要与她结婚

来赎罪，并竭力为她申冤。上诉失败后，又追随她到西伯利亚，一路照料。在流放途中，玛丝洛娃认识了政治犯西蒙松，后者高尚的感情唤回了她纯洁的天性，她宽恕了聂赫留朵夫。而聂赫留朵夫目睹了人间的种种不幸和罪恶后，也从《圣经》中找到了解脱，在精神上得到了复活。小说一方面充满了批判的激情，暴露了沙皇专制制度的黑暗；另一方面又宣扬"不以暴力抗恶"和"道德上的自我修养"等，表现了作者世界观中的矛盾性。

马克·吐温

美国批判现实主义文学的奠基人，世界短篇小说大师。原名塞谬尔·朗荷恩·克莱门斯，"马克·吐温"在英语里是水手的术语，意思是水深 12 英尺，表示船只可以安全通过。他出生于密西西比河畔一个贫穷的乡村律师家庭，从小出外学徒，当过排字工人、水手等。他经历了美国从"自由"资本主义到帝国主义的发展过程，其思想和创作也表现为从轻快调笑到辛辣讽刺再到悲观厌世的发展阶段。他的早期创作，如短篇小说《竞选州长》《哥尔斯密的朋友再度出洋》等，以幽默、诙谐的笔法嘲笑美国"民主选举"的荒谬和"民主天堂"的本质。中期作品，如长篇小说《镀金时代》（与华纳合写）、《汤姆·索亚历险记》《哈克贝利·费恩历险记》等则以深沉、辛辣的笔调讽刺和揭露像瘟疫般盛行于美国的投机、拜金狂热，及暗无天日的社会现实与惨无人道的种族歧视。19 世纪 80 年代发表了历史题材的小说《王子与贫儿》和《在亚瑟王朝廷里的康涅狄克州美国人》，以及揭露种族歧视的《傻瓜威尔逊》。19 世纪末发表的作品

暮年的马克·吐温

如中篇小说《败坏了哈德莱堡的人》《神秘的陌生人》等，绝望神秘情绪有所增长。

都德

法国现实主义作家。生于一个破落的商人家庭，曾在小学里任监学。17 岁到巴黎，开始文艺创作。1866 年以短篇小说集《磨坊书简》成名，作者以故乡普罗旺斯的生活为题材，流露了深深的乡土之恋。之后，又发表了自传性小说《小东西》。1870 年普法战争时，他应征入伍，后来曾以战争生活为题材创作了不少爱国主义的短篇。他一生共写了 13

都德像

部长篇小说、1 个剧本和 4 部短篇小说集。长篇中较著名的除《小东西》外，还有讽刺资产阶级庸人的《达拉斯贡的戴达伦》和揭露资产阶级生活的《小弟弗罗蒙与长兄黎斯雷》。他的创作倾向于对资本主义现实进行批判，但由于视野不宽，造成批判力度不深的结果。他往往以自己熟悉的小人物为描写对象，善于从生活中挖掘有独特意味的东西，风格平易幽默。因此，他的作品往往带有一种柔和的诗意和动人的魅力。

左拉

法国自然主义作家。出生在巴黎，幼年丧父，依靠奖学金读完了中学。1862 年进入阿谢特书局打工，同时开始发表作品。左拉的创作和世界观充满矛盾：一方面对现存的制度进行毁灭性的批判，一方面又对资本主义社会抱有不切实际的幻想。他的创作从理论到实践都有其特色。早期作品中短篇小说集《给妮侬的故事》、长篇小说《克洛德的忏悔》、《一个女人的遗志》等，脱不开对浪漫主义作

左拉像

家的模仿，也显示了他对社会题材的浓厚兴趣和民主主义倾向。后来，他对现实主义和自然主义逐渐产生浓厚兴趣。在泰纳的环境决定论和克罗德·贝尔纳的遗传学说的影响下，形成了他的自然主义理论，在长篇小说《黛莱丝·拉甘》序言、《实验小说》《戏剧中的自然主义》《自然主义小说家》等文章中有比较详细的阐述：主张以科学实验方法写作，对人物进行生理学和解剖学的分析；作家在写作时应无动于衷地记录现实生活中的事实，不必搀杂主观感情。但在左拉身上，自然主义、现实主义两种倾向兼而有之。他受巴尔扎克《人间喜剧》的启示，历时 25 年创作了一部由 20 部长篇小说构成的巨著《卢贡－马卡尔家族》，反映了法国第二帝国时代社会各方面情况。其中的《小酒店》《娜娜》《金钱》《妇女乐园》都十分著名。他还写有长篇小说《黛莱丝·拉甘》《玛德莱娜·菲拉》，三部曲《三城市》：《卢尔德》《罗马》《巴黎》，以及《四福音书》中的前三部：《繁殖》《劳动》《真理》，剧本《拉布丹家的继承人》《爱的一页》《狂风》等。1902 年 9 月 29 日，左拉因煤气中毒而逝世。左拉的创作相当真实地再现了 19 世纪后半期法国从资本主义向帝国主义过渡的社会场景，他的小说及自然主义理论深深影响了此后数十年间的法国文学。

哈代

英国小说家、诗人。他出生在英国西南部一个小镇，父亲是石匠。他自幼在乡村长大，上学时才离开家乡。1862 年到伦敦学习建筑，同时从事文学、哲学等的研究。1867 年回到家乡做了几年建筑师后，致力于文学创作。他重要的作品有长篇小说《绿阴下》《远离尘嚣》《还乡》《德伯家的苔丝》《无名的裘德》和《卡斯特桥市长》等，这些作品反映了英国农村资本主义发展后引起的社会经济、政治和道德风俗等方面的变化和破产农民的悲惨命运，揭示了"维多利亚盛世"帏幕掩盖下的英国社会的深刻危机。哈代晚年把主要精力放在了诗歌创作上，共写了918首诗，有《时光的笑柄》《即事讽刺诗集》《幻象的瞬间》《人生小景》《冬话》等诗集，内容多是日常经验，探讨悲喜互糅的人生，诗节多变化的试验，写得巧妙而含义隽永，对现代主义诗歌有重要影响。他晚年创作的以欧洲联军对

哈代像

拿破仑的战争为题材的史诗剧《列王》可以视为他创作的一个艺术性总结。此外还有《威塞克斯故事集》《一群贵妇人》《人生的小讽刺》和《一个改变了的人》等中短篇故事集。

德伯家的苔丝

哈代长篇小说的代表作，发表于1891年。女主人公苔丝是一个家境贫苦的农村少女，她勤劳善良，纯洁美丽。在地主庄园帮工时，被少爷亚雷侮辱，产下子。孩子病死后，她又到一家牛奶场当女工，和教师的儿子克莱相爱。新婚之夜，她向丈夫坦白了往事，二人分居。克莱远走巴西，杳无音信。她为了家庭，在绝望中和亚雷同居。克莱突然归来后，她悔恨交集之下杀死亚雷，自己也

被判绞刑。这部小说生动展示了英国农村经济解体以及个体农民走向贫困和破产的痛苦过程。其中，苔丝的形象丰满感人，她坚强、勤劳而富有反抗性，小说的副标题"一个纯洁的女人"，鲜明地表达了作者对苔丝的人道主义同情，认为她是社会的牺牲品，同时大胆地对资产阶级的法律和道德进行挑战。

詹姆斯

美国作家。出生在纽约知识分子的家庭，自幼向往欧洲文明并常常来往于欧美之间。1875 年起定居伦敦。他幼年在家庭教师的指导下学习，1862 年起在哈佛法学院求学，1864 年起开始文学创作。他的主要作品是小说，代表作有长篇小说《一个美国人》《贵妇人的画像》《波士顿人》《卡萨西玛公主》《波音敦的珍藏品》《梅西所知道的》《未成熟的少年时代》《鸽翼》三部曲、《专使》和《金碗》等。这些作品常写

詹姆斯像

美国人和欧洲人交往中的问题，赞赏优美而淳厚的品德，把个人品质高高置于物质利益甚至文化教养之上。擅长描写上层资产阶级的面貌，风格高雅细致。中短篇小说有《黛西·密勒》《丛林猛兽》等。他还写过很多评论文章，收在《法国诗人和小说家》《一组不完整的画像》《观感与评论》等文集中。詹姆斯的创作开创了西方心理分析小说的先河，他的文艺评论也很有价值。

霍桑

美国小说家，他出生于马萨诸塞州萨勒姆镇一个没落世家。1825 年毕业于博多因学院，之后开始从事写作。曾两度在海关任职，1857 年后侨居意大利，1860 年回国专事创作。其代表作是以殖民时

期新英格兰生活为背景的长篇小说
《红字》，通过一个受不合理婚姻束缚
的少妇海丝特·白兰因犯"通奸"罪
被监禁、示众和长期隔离的故事，暴露
了政教合一体制统治下殖民地社会的冷
酷虚伪，探讨了有关罪恶和人性的道
德、哲理问题。其他著名作品，有描写
祖先谋财害命，其罪孽殃及子孙的长篇
小说《带有七个尖角楼的房子》，讨论
善恶问题的长篇小说《玉石雕像》，揭
示人人都有隐秘罪恶 的短篇小说《教
长的黑纱》 等。他擅长揭示人物内心

霍桑像

冲突和心理描写，充满丰富想象，惯用象征手法，且潜心挖掘隐藏
在事物后的深层意义，但往往带有浓厚的宗教气氛和神秘色彩。他
称自己的作品是人的"心理罗曼史"。

莫泊桑

法国作家。他出生在诺曼底破落贵族家庭，母亲颇有文学修养，
对他影响很大。后到巴黎读法学，曾参加普法战争，退伍后，在福
楼拜指导下开始创作。1880 年，因中
篇小说《羊脂球》而一举成名。小说
以普法战争为背景，描写一个妓女为
解救同行的法国旅客而受到普鲁士军
官的侮辱，谴责了体面的上层人物的
自私和虚伪。之后，发表了《项链》
《菲菲小姐》和《我的叔叔于勒》等
300 多篇短篇小说。他的小说侧重描
摹人情世态，构思布局别具匠心，细
节描写和故事结尾都有独到之处，因

莫泊桑像

而获得了短篇小说巨匠的美称。另外，他以《一生》和《俊友》（一译《漂亮朋友》）为代表的长篇小说也有较高成就，后者通过出身低微的杜洛瓦向上爬的历史，成功塑造了一个冒险家的形象，揭示了当时政界和新闻界的某些黑幕。

王尔德

爱尔兰作家、诗人。出生在都柏林，父亲是著名医生和爱尔兰科学院主席，母亲是女诗人。他 1871 年进入都柏林三一学院，1874 年开始在牛津大学麦格达伦学院学习，受到新黑格尔派哲学等的影响，成为唯美主义的代表人物。他的早期作品有诗歌和童话，如童话故事《快乐王子》等。1891 年发表的长篇小说《道林·格雷的画像》的序言中，系统地表达了他的唯美主义美学观点，提出

王尔德像

艺术是一种撒谎，艺术家不应有倾向性和道德感等，这部作品也成为唯美主义的代表作。1891—1895 年创作了《温德梅尔夫人的扇子》（一译《少奶奶的扇子》）、《无足轻重的女人》《理想丈夫》和《认真的重要》等讽刺喜剧和独幕剧《莎乐美》。王尔德作为唯美主义的代表人物，也是 19 世纪 80 年代美学运动的主力和颓废主义的先驱。

柯南道尔

英国小说家。他出生于爱丁堡，做过医生。因在一系列侦探小说中塑造了私人侦探福尔摩斯的形象而闻名。自 1887 年出版第一部《血字的研究》起，共创作了 68 篇福尔摩斯探案的故事，收录在《福尔摩斯的冒险》（1891—1892）、《福尔摩斯回忆录》（1892—1893）等集子中。这些小说

柯南道尔像

结构严谨，情节曲折，主人公福尔摩斯更成为家喻户晓的人物，他清瘦独特的外貌，个性化的知识结构，极强的逻辑推理能力，敏捷的反应，深入虎穴的冒险精神，都给人留下了深刻印象。另外，柯南道尔在小说中，还把犯罪与政治制度和道德观念联系起来，从多个侧面反映了英国社会中存在的问题，同时还融入众多的科学知识，提高了侦探小说的趣味性、知识性和社会性。

契诃夫

俄国作家、戏剧家。他生于塔甘罗格市小商人家庭，童年生活困苦。1879 年考入莫斯科大学医学系，学习之余开始创作。19 世纪 80 年代中叶前，他写下大量诙谐幽默的小说，如写大官僚飞扬跋扈和小人物的卑微可怜的《一个官员的死》，写见风使舵的小市民奴性心理的《变色龙》等。80 年代后半期，创作进入成熟阶段，写出了《万卡》《苦恼》《套中人》等杰出的短篇小说，对于下层人民的穷苦悲哀寄予深切同情，讽刺了沙皇专制的卫道士。1890 年他到库页岛考察苦役犯和当

契诃夫

地居民的生活状况，进一步加深了他对俄国专制制度的认识。此后不久写出震撼人心的中篇小说《第六病室》，揭露"萨哈林岛地狱"的真相。90 年代，他在小说创作的同时开始戏剧创作，共写了 5 部多幕剧，最著名的是《樱桃园》。

欧·亨利

美国短篇小说家。出生于美国北卡罗来纳州格林斯波罗镇一个医师家庭。当过药房学徒、牧牛人、新闻记者、银行出纳员等，当银行出纳员时，因银行短缺了一笔现金，为避免审讯，离家流亡中美的洪都拉斯。后被捕入狱，在监狱医务室任药剂师，这段生活为

他以后的创作积累了丰富的素材。1901 年提前获释后，迁居纽约，专门从事写作。欧·亨利善于描写美国社会尤其是纽约百姓辛酸又充满温情的生活，形成了"含泪的微笑"的风格。他的作品构思新颖，语言诙谐，结局常常出人意外，富于生活情趣，被誉为"美国生活的幽默百科全书"。他的代表作有《爱的牺牲》《警察与赞美诗》《带家具出租的房间》《麦琪的礼物》《最后一片藤叶》等。

欧·亨利

杰克·伦敦

美国作家。他出生于加利福尼亚州的旧金山，家庭贫困，从小以出卖劳力为生。1896 年考入加利福尼亚大学，后来辍学。阿拉斯加淘金是杰克·伦敦一生最有价值的经历，他开始以此为题材进行创作并获得成功。早期作品有描写淘金者生活的短篇小说集《北方故事》和揭露利己主义残忍性的长篇小说《海狼》等。这些作品表现了劳动者的悲惨生活，同时也体现了作者的进化论思想和尼采超人哲学的影响。自传体长篇小说《马丁·伊登》是他的代表作之一，描写一个出身低微的作家成名后理想幻灭而自杀的故事，批判了资产阶级的自私、虚伪和庸俗。后期主要作品有短篇小说《在甲板天篷下》《一块排骨》等，但他日益脱离社会生活，追求个人享受。1916 年他在精神极度空虚中服毒自杀。

杰克·伦敦

德国浪漫派

德国浪漫派分为早期浪漫派和盛期浪漫派，或称后期浪漫派。早期浪漫派是欧洲第一个浪漫主义团体，其活动时间自 1797 年至 19 世纪初期，施莱格尔兄弟共同提倡并编辑《雅典娜神殿》，以此为中心形成了耶拿浪漫派。他们主要是作为启蒙运动的对立面兴起的，坚持整体观念，推崇艺术，他们的浪漫主义理论带有浓厚的主观唯心主义和宗教神秘主义色彩。德国浪漫派第二阶段大约自 1810 年至 1820 年，一般称为海德堡浪漫派，以荷尔德林为代表。他们比较重视创作和整理"国故"，并以民间文学的整理研究工作作为浪漫主义运动的主要标志之一。他们对德国中世纪文化遗产的发现和重新审视，改变了近代德国民族文学的导向。另外，荷尔德林、霍夫曼、格林兄弟等人的创作在德国浪漫主义文学中也占有重要地位。

斯珀兰扎号遇难　弗里德里希　德国

德国古典文学

指 18 世纪末 19 世纪初歌德和席勒共同创造的文学。它是 18 世纪以来德国文学发展的一个顶峰。古典文学的主要艺术特征是肃穆恬静，清晰明朗，优雅庄重，和谐完美。它强调艺术的教育功能，认为艺术的最高价值就是培养教育人。德国古典文学不同于法国古

图为 19 世纪早期，德国文学沙龙的聚会

典文学，虽都以古希腊文学为楷模，但歌德和席勒对希腊的向往，更主要是面向未来，是对人类未来的一种带有"英雄幻想"的憧憬，想通过艺术使人类达到完善与和谐。基于此，歌德发出了"世界文学的时代已经到来"的宣言。这期间，他们的主要作品有歌德的《威廉·迈斯特的学习时代》和《浮士德》（第一部），席勒的《华伦斯坦》和《威廉·退尔》等。

湖畔派

英国最早的一个浪漫主义诗歌团体，出现在 18 世纪末，以华兹华斯、柯勒律治和骚塞为代表。因他们曾在英国西北部的湖区隐居而得名。他们对资本主义文明及人与人之间的现金交易关系极为反

英格兰西北部坎伯兰高原湖区的格拉斯梅尔湖畔

感，向往中古时期的封建社会。他们的诗作或讴歌宗法式的农村生活和自然风景，或描写奇异神秘的故事和异国风光，一般都是远离社会斗争的题材。他们常常通过缅怀中古时代的"纯朴"来否定丑恶的城市文明。华兹华斯是"湖畔派"诗人中成就最高的，1798年他和柯勒律治合著的《抒情歌谣集》出版。当《抒情歌谣集》两年后再版时，华兹华斯为诗集写了一篇序言，提出诗是"强烈感情的自然流露"，强调用民间语言写田园生活，写诗人的真实感受。这后来成了英国浪漫主义的宣言书。

第二 世界戏剧历史

一、上古戏剧

古希腊戏剧的萌芽

西方文明史上第一个伟大的戏剧时代，当属古希腊戏剧时代。大约在公元前 5 世纪，居住在爱琴海岸、希腊半岛上的人们，在战胜了海上强国波斯之后，赢来了政治、经济的繁荣期。我们知道，古希腊包含着许多大小不一的城邦，以雅典为中心，形成了民主政治局面，因为当时的统治者是伯里克利，故有人也把这段历史时期叫做伯里克利的"黄金时代"。航海和贸易以及已经发展起来的奴隶制，不仅为希腊人创造着财富，也使得一部分人不必疲于奔命地终日劳作，而有了闲暇和娱乐时间，这为艺术的发展提供了前提和条件。

古希腊神话中的太阳与光明之神阿波罗

像世界上其他原始民族一

古希腊神话中的爱
神阿佛罗狄忒

样，古希腊人是泛神论者，他们相信每一种自然现象，都是神的旨意，神的世界也同人的世界一样，有着为数不少的成员，并且各有各的脾气，他们居住在奥林匹斯山上，俯瞰着人类的行止，也时常参与人世纠纷。古希腊人创造了神的谱系，如掌管雷电的神叫宙斯，他是神中之王，在他的管辖下，还有光明之神阿波罗，智慧之神雅典娜，海神波塞冬、战神阿瑞斯、农神得墨忒耳、爱神阿佛罗狄忒、酒神狄奥尼索斯等等。在希腊人的神话中，神是万能的，永存的，但却并非完美的，他们也具有人性中的种种弱点。如在伟大的荷马史诗中，就有这样的记载：忒萨利亚的国王帕琉斯和女神忒提斯结婚时、遍邀所有的女神参加婚礼，却惟独没有邀请阿瑞斯，而此人是极善报复的，因此，她偷偷溜进来，放下一个刻有"给最美者"的金苹果。神后赫拉、智慧女神雅典娜和爱神阿佛罗狄忒，都认为自己最美，应该得到金苹果，她们为此争论不休，一直吵到天神宙斯那里，宙斯不愿落下偏袒的麻烦，就出主意让特洛亚王子帕里斯裁决。三位女神都向帕里斯承诺，给他优厚的报酬，他最后把金苹果给了阿佛罗狄忒，用诱拐的方式，得到了世上最美的女人——斯巴达王的妻子海伦。这件事激怒了所有希腊人，他们与特洛亚人之间，爆发了连绵不断的战争。

为了供奉神灵，希腊人开始建筑神坛，后来又修建庙宇。祀仪式经过发展演变，慢慢形成了戏剧。当一个人假扮作祭司，在专门的厅堂或场地，模拟祭祀活动的程序时，就带有了表演的性质。

人们公认，戏剧的起源与酒神颂密切相关。传说中，酒神狄俄尼索斯是天神宙斯和人间公主塞墨拉所生，宙斯对塞墨拉非常宠爱，

古希腊科林斯城阿波罗神庙遗址

古希腊苏纽海神庙遗址

以致立下神誓：要满足塞墨拉的任何愿望。天后嫉妒塞墨拉，怂恿她看看宙斯作为天神和雷神的真实面目；好奇心重的塞墨拉向宙斯提出要求，宙斯知道这样做的代价，是会烧化凡人塞墨拉的，但是，他不能违背誓言，只好显出真容，这时雷光电火骤起，宙斯只来得及将塞墨拉腹中的胎儿取出，放在自己的腿下，塞墨拉就被焚为灰烬。宙斯把这个叫狄俄尼索斯的孩子，交给山林水泽之神养大，成人后，他被人惨杀并被肢解，后来又复活了。传说，是他发明了以葡萄酿酒的方法。因此，人们总要纪念他。

葡萄在古希腊的广泛种植，为制酒业的发展提供了充足的原料。

因此，饮酒的风习和纵酒狂欢的情景，在古希腊非常普遍。酒神祭祀，流行于各个城邦，酒神节成为人们以神的名义自娱的最好形式。

每当葡萄收获，压榨葡萄汁、新酒开坛、通商贸易的季节，人们便举行与酒神有关的祭祀活动，一年之中竟达4次之多。其中以每年3、4月举行的城市酒神节最为隆重。以雅典为中心的10个城邦，各派5名男子，组成50人的合唱队，围绕酒神祭坛，合唱赞美歌。起初，人们颂赞的对象，

卢本斯所画的油画《酒神节》

只限于狄俄尼索斯，进而扩大为半神半人或某些英雄人物，后来又扩大为希腊人祖先的传奇故事。从古希腊的历史文物来看，最初的戏剧里有50人的歌队，他们身穿羊皮，头带羊角，扮成酒神的随从，半羊半人的萨提洛斯，这样的表演被放在中央，观众成扇状分布在他们周遭。歌队的表演，只是歌舞，还不是戏剧，直到有一个人以歌队长的身份，从歌队里分离出来，担当起演员之职，才产生了戏剧。有史记载的第一个演员是泰斯庇斯，因此"泰斯庇斯的长袍"，成为戏剧服装的代名词；"泰斯庇斯艺术"也成为表演艺术的代名词。在后来的演出中，埃斯库罗斯加进了第二个演员，索福克勒斯加进了第三个演员，于是，古希腊人开始利用对话的形式，反映英雄们的好坏故事，他们之间的战争、婚姻、私情、命运等。演员们带着面具，扮演剧中人物，靠姿势和声音来表达感情。

按照希腊文的意思，悲剧的原意是"山羊之歌"，喜剧的原意是"狂欢游行之歌"，亚里斯多德在《诗学》里认为，悲剧起源于酒神

古希腊神话中的青年酒神。卡拉瓦乔所画

赞美歌的序曲，喜剧起源于下等表演的序曲。悲剧一般用韵文写成，因此悲剧家亦称悲剧诗人；而喜剧则用日常语言写成，故喜剧家无法获得"诗人"这项桂冠。

在城市酒神节上，经常举行悲剧和喜剧的竞赛。据说，剧作家先要将自己的参赛作品，朗诵给一个负责遴选剧本的机构听，被认为合格后才可以上演，剧作家可以向官方要一个歌队。演出的大部分费用由被选为司理的有钱人支付，政府负责修建剧场并实施奖励。在戏剧竞赛中夺魁，在古希腊人看来是十分荣耀的事，也是一些人出人头地的好机会。据说，为了鼓励人们看戏，伯利克里曾向市民发放"观剧津贴"，使他们不仅获得娱悦，而且不必有经济上的损失。

古希腊的人们，以他们超绝的聪明和智慧，为后世留下了伟大的戏剧艺术，它所具有的永恒魅力以及所达到的艺术高峰，令后来者只能望其项背。马克思称，古希腊的神话和戏剧，"仍然能够给我们以艺术享受，而且就某方面说还是一种规范和高不可及的模本"。

埃斯库罗斯与《被缚的普罗米修斯》

埃斯库罗斯（约公元前525—公元前456）是古希腊三大悲剧家中资格最老的一个，被称为"悲剧之父"。他出身于贵族家庭，参加过马拉松战役。在他出生时，悲剧竞赛已开始了10年，他第一次参赛就失败了，直到公元前484年才获得成功。他大约写过八九十部剧作（有人说70几部），流传下来的有7部。据说城市酒神节最初是连续三天演出悲剧，然后演喜剧，到后来才变为白天演悲剧，下午或晚上演喜剧。因此，悲剧家们常常要写出主题相联或相关的三部剧，并作一组，《俄瑞斯忒亚》是埃斯库罗斯创作的现存的惟一的一部三联剧。他还创作过四联剧，即将三个悲剧和一个喜剧并作一组，在内容上，彼此呼应又各自独立。

埃斯库罗斯的作品气势宏伟、庄严豪迈，以极其优美的诗句写成。他在悲剧中引进了第二个演员，使得对话增多，戏剧性增强，情节也变得丰富起来。他还消减了合唱队，使歌舞的成分与戏剧的成分，逐渐彼消我长。

《被缚的普罗米修斯》是埃斯库罗斯的重要悲剧之一。它写创了人类的神—普罗米修斯，为了改变人类的苦境，从天庭盗来天火送到人间。凶暴的天神宙斯发现后，对他实行了残酷的惩罚：他被带到天昏地暗、荒无人烟的高加索山，被重重铁链缠绕，被金刚石的楔子穿透

古希腊悲剧家埃斯库罗斯

胸膛，钉在了悬崖之上，日复一日地经受日晒雨淋和恶鹰啄心的折磨。但是，普罗米修斯却毫不后悔。

仙女们飞来了，他向她们倾诉宙斯的恶行，引起她们对宙斯的不满。女孩伊俄来到山前，向普罗米修斯诉说，宙斯逼她成婚不成，竟将其变作白色母牛，使她到处流浪。普罗米修斯向她转达天意：宙斯终将被推翻，而推翻他的就是他与伊俄所生之子。伊俄为了救出普罗米修斯、推翻宙斯，在尼罗河边，蜕去牛皮，变成了美丽的少女，嫁与宙斯为妻。恶神飞来了，劝说普罗米修斯向宙斯低头，遭到严厉斥责。寻找金苹果的赫剌克勒斯来到山前，看到普罗米修斯的痛苦处境，他搭弓射箭，把恶鹰杀死，又解下锁链，拔下钉子，普罗米修斯终于获得了自由。

剧中的宙斯，显然是一个无情无义的暴君，而作为高尚的圣者，普罗米修斯关怀人类，富于自我牺牲精神，他意志坚定、不畏强权，是崇高、悲壮、完美的悲剧形象。

在这出悲剧中，埃斯库罗斯以神的羁难，表现了伟大的创造者所遭受的大不幸，他注定由于冒险（富有创造性的行动）而违反天条（某种既定的僵死的教条），由于有利多数（这个世界上的芸芸众生）而冒犯少数（持有威权并胡乱运用者），由于追求真理（人

希腊国家剧院演出的《被缚的普罗米修斯》剧照

类最为需要的东西）而将自己送上祭坛（遭受毁灭性打击）。但是，埃斯库罗斯在他关于普罗米修斯的英雄悲剧中，张扬着正义必胜的光辉旗帜，剧中已经预示，无道的暴君终将被推翻，而为了众生受难的圣者，他的苦难将获得崇高的意义，他的生命将获得大自由。

索福克勒斯与《俄狄浦斯王》

继埃斯库罗斯之后，古希腊的又一位伟大的悲剧家产生了，他就是索福克勒斯。索福克勒斯（公元前496—公元前406）出生于雅典西北郊的科罗诺斯乡，他的父亲从事兵器制造业，家境殷实。他自幼受到良好的教育，在音乐和体育方面都有所擅长。童年时就以能歌善舞和相貌俊美著称。大约在他16岁的时候，古希腊人战胜了波斯人，结束了连绵不绝的希波战争。在庆祝会上，人们推举这位年轻人作为领队，赤裸身体，怀抱竖琴，高歌凯旋。索福克勒斯热心民主政治，是伯里克利的好友，伯里克利统治下雅典历史上的全盛期，也正是索福克勒斯创作的多产期。他一生大约创作了90个剧本，保留下来的有7部，如《埃阿斯》《安提戈涅》《俄狄浦斯王》《厄勒克特拉》《特剌喀斯少女》。他的戏剧题材广泛，情节曲折，形象生动、细腻，结构完整、严密。在戏剧竞赛中，他获奖18次，都是头奖或二等奖，从未得过三等奖，足见他的创作才华不同凡响。在他的晚年，雅典的民主政治走向危机，伯罗奔尼萨战争结束前，雅典人与斯巴达人之间战事正酣，就在这样的社会背景下，索福克勒斯以90岁高龄，在创作了最后一部悲剧《俄狄浦斯在科罗诺斯》之后，

索福克勒斯头像

哈尔滨话剧院演出《安提戈涅》剧照

不幸仙逝。由于战争中交通受阻,他的遗体无法归葬故乡,为此,斯巴达将军下达特别停战令,让雅典人有暇安葬这位伟大的悲剧诗人。在他的坟头上,立着一个人头鸟雕像,象征着这位诗人浩歌永存,万古流芳。

《俄狄浦斯王》(演出于公元前431年)是索福克勒斯的代表作品之一。它取材于人类由杂婚制向父权制社会过渡时期的古老传说。戏剧一开始,就写忒拜城里发生了大瘟疫,城邦正在血红的波浪里颠簸。俄狄浦斯王心情沉重,他对祭司说:"你们每个人只为自己悲哀,不为旁人,我的悲痛却同时是为墟邦,为自己,也为你们。"他决心要遵照神示,处罚给城邦带来灾祸的不洁之人。

俄狄浦斯是城邦继任之王,他的前任老王拉伊俄斯在一次出行中,由于与人争路而被杀身亡。俄狄浦斯原是外邦人,因有人预言他将弑父娶母,他为此害怕,不得不离开家园。在流浪途中他曾杀死一位老者,在忒拜,因为他才智过人,猜中了人面狮身妖怪的谜语,使得妖怪自杀,结束了忒拜人的苦难,人们拥立他坐上王位,并娶了老王的妻子。灾难使得俄狄浦斯忧心如焚,他将严厉的诅咒施加给不洁之人,并要把这个杀害老王的凶手追查出来。

中央戏剧学院演出的《俄狄普斯王》剧照

盲先知知道其中的秘密，俄狄浦斯再三追问，他却不肯讲出谜底，这激怒了俄狄浦斯，他出口不逊，认为盲先知就是参与了谋害老王罪行的人。先知在愤怒中宣布：俄狄浦斯是这地方不洁的罪人。俄狄浦斯认为是王后的弟弟克瑞翁为夺取王位，才串通盲先知对他进行诬蔑，这愈加使他要把事情真相查个水落石出。

王后的弟弟克瑞翁与俄狄浦斯发生了争吵，他说自己并不想当国王，而只想给国王做事。俄狄浦斯却一口咬定，是克瑞翁授意盲先知诬他为杀害老王的人，为此，他要把克瑞翁驱逐出境甚至杀死。王后赶来劝解，她说，老王曾得到神示，说他儿子将会弑父娶母，这个孩子后来被扔进荒山，而老王死在强盗之手，而非儿子之手，可见神已经收回了预言。她讲出了老王遇害的地点，与俄狄浦斯杀死那位老者的地方十分相似。

在惊恐中，俄狄浦斯找来了知情者：一个报信人和一个牧羊人，他们不愿讲出所知实情。在俄狄浦斯的拷问下，牧羊人说，他并没有将老王的儿子扔进荒山，而是交给了报信人：他也是老王被杀事件的惟一的见证人，因此，俄狄浦斯即位后，他才逃进山林，做起了牧羊人。报信人说，他不忍伤害这个孩子，于是将俄狄浦斯交给外邦人收养。而现在他的养父已经死去。

真相已经大白，俄狄浦斯知道自己没能逃脱神强加给他的命运，他到底还是犯下了弑父娶母的弥天大罪。此时，他的妻子（亦即他

狮身人面女妖斯芬克斯

的母亲）对乱伦之罪感到万分羞愧，她以悬梁自尽的方式，结束了人生之悲。而俄狄浦斯觉得，死固然容易，但却不足以洗刷自己的罪孽和耻辱，于是，他刺瞎双目，自我惩罚，走上自我放逐的不归路。

俄狄浦斯的悲剧，反映着人的责任和命运之间的矛盾，命运的阴影像漫天的云翳，使人的自由精神和创造活力不可能无限制的拓展，人似乎只能在命运的定数内辗转腾挪，并且由于人的不断求索必将招致自身之祸。但是，俄狄浦斯的精神，就在于他以自身的悲剧，向人们显示着命运不公的事实；以反抗命运的人生之旅，升华着自由的生命意志；以敢于承担一切后果的勇气，毫不苟且地质询自己的人生；以独自咀嚼苦难的方式，表示对人类道义和绝对真理的崇敬。

这部戏剧具有丰富的内涵，包藏着深刻的哲理，至今仍在世界各地不断上演，足见其永恒的艺术魅力。

欧里庇得斯与《美狄亚》

欧里庇得斯（公元前480～公元前406）与索福克勒斯是同时代的人，但要比他年轻一些。他出身于名门望族家庭，受过良好教育，知识丰富，思维敏捷。据说他为人沉静，个性很强，对世态持怀疑态度，对哲学很感兴趣。他一生创作了92部剧作，保留下来的有18部，如《阿尔刻提斯》《希波吕托斯》《特洛亚妇女》等，在戏剧竞赛中他曾5次获奖，他的悲剧人物比较接近日常生活，神话和传奇色彩相对减弱，性格和心理更趋于真实，他尤其擅长描写细腻的女性心理。他还让歌队的作用变小，引起了亚里士多德的反对。他生前的声誉不及埃斯库罗斯和索福克勒斯，但他的戏剧却引起了后世的重视，因此，他得以流传的剧目，比前两位的总和还要多。

《美狄亚》（写于公元前431年）是欧里庇得斯的代表作，它表现了一位遭受遗弃的妇女，对忘恩负义的丈夫实施的惨烈的报复。

当年，伊阿宋为索取金羊毛，来到了分主美狄亚的家乡。国王让他驾上喷

欧里庇得斯头像

火的牛去犁地，在田里种上象牙，以便让火牛将他烧死，让象牙变成的士兵把他杀死。在伊阿宋必死无疑的情况下，公主美狄亚怀着火热的爱情帮助他，使他战胜大蟒蛇，盗取了金羊毛。聪慧美貌的美狄亚对伊阿宋一片痴情，为此她背叛了父兄，随伊阿宋远走他乡。然而，伊阿宋却为了荣华富贵抛弃了她，另娶了国王克瑞翁的女儿，使美狄亚遭受痛苦并感到羞耻，而国王由于害怕美狄亚会加害于他，还下令立即将其母子驱逐出境，后经哀求才答应可以暂住一晚，但扬言，若第二天再见他们，定立斩无赦。

伊阿宋厚颜无耻地指责美狄亚咎由自取，说他之所以这样做，

古希腊剧场遗址

是为了使妻儿"免于贫困，能够享受到永久的幸福"。美狄亚却斩钉截铁地回答："我不要那种让人痛苦的所谓富贵生活，也不要那种令人寒心的幸福。"她打定主意，要进行报复。

为此，她召回伊阿宋，假意悔改，让两个儿子带上礼物

随伊阿宋进宫，请求留在父亲身边。然而，作为礼物的金冠和袍子都涂有剧毒，国王和他的女儿相继惨死。美狄亚知道她的孩子将难逃国王家族的迫害和羞辱，为了不让孩子在人间受罪，并对伊阿宋实行决绝的报复，她亲手杀死了他们的儿子。然后，驾上龙车，随风而去。

欧里庇得斯的悲剧，表现了现实人生中的种种苦难，悲剧的成因与神和命运的关联，渐渐让位于人自身的极端性格和人性弱点。伊阿宋因贪恋虚荣美色，而招致妻离子散的可悲结局；而美狄亚因其决不宽容、决不妥协的个性，在满足于惩罚了仇人的快意时，自身却陷入了更深的悲剧。

亚里斯多德的悲剧理论

古希腊不仅开启了人类戏剧艺术的先河，而且确立了一整套泽被后世的戏剧理论。亚里斯多德的《诗学》，尽管有所缺失，但仍然不失为一部伟大的戏剧理论特别是悲剧理论著作。

亚里斯多德（公元前364～前332年），出生于马其顿斯塔吉罗斯城，后来来到雅典，在柏拉图学园求学，学成之后，专门从事学术研究。他曾担任过马其顿王子亚里山大的教师，在雅典创办了吕克翁学院，在他晚年，因被控犯有不敬神罪，为躲避惩罚而被迫逃到优卑亚岛，并死于岛上。他是古希腊时期著名的哲学家、自然科学家和文艺理论家。

亚里斯多德对待艺术的态度是公正而虔诚的，他不像其前人柏拉图那样，将史诗、悲剧和喜剧统统看成是对人具有恶劣影响的东西，进而贬低从事艺术创作的人；亚里昕多德充分肯定艺术对人类所具有的启迪意义，认为悲剧借引起怜悯与恐惧，使人的情感得到陶冶。柏拉图因蔑视史诗而将荷马逐出理想国，而亚里斯多德却盛赞荷马"是个出类拔萃的诗人"。

对于处于黄金时期的古希腊悲剧，亚里斯多德运用科学的研究方法，有史以来第一次对人类的艺术活动——戏剧，做出了比较全面和系统的阐述。他认为，戏剧源于模仿，但悲剧所模仿的不是人，而是人的行动、生活、幸福，幸福与不幸系于行动。悲剧艺术，实际包含形象、性格、情节、言词、歌曲与思想6个部分，此间最重要的是情节。悲剧所应当反映的，应当是带有普遍性的、可能发生的事件。

亚里斯多德给悲剧下了一个重要的定义："悲剧是对一个严肃、完整、有一定长度的行动的模仿，它的媒介是语言，具有各种悦耳之音，分别在剧的各部分使用；模仿方式是借人物的动作来表达，而不是采用叙述法"。但是，他所说的模仿，不是简单地临摹，而是再现和创造。他认为艺术的创造应当合乎必然率或或然率的可能性原则，通过个别反映一般，通过现象反映本质。艺术应当比现实更高，比它的模仿对象更美。

关于悲剧所应当具有的长度，亚里斯多德也做出了比较科学的界定，他说，"一个美的事物——一个活东西或一个由某些部分组成之物——不但它的各部分应有一定的安排，而且它的体积也应有一定的大小；因为美要依靠体积与安排，一个非常小的活东西不能美，因为我们的观察处于不可感知时间内，以致模糊不清；一个非常大的活东西，例如一个1000里长的活东西，也不能美，因为不能一览而尽，看不出它的整一性；因此，情节也需有长度（以易于记忆为限），正如身体，亦即活东西，须有长度（以易于观察为限）一样。"

为此，亚里斯多德提出悲剧的长度应"以太阳的一周为限"。太短不足以表达情感，太长则会令人厌倦。关于情节的整一性问题，亚里斯多德做出过重要的解释："情节既然是行动的模仿，它所模仿的就只限于一个完整的行动，里面的事件要有紧密的组织，任何部分一经挪动或删削，就会使整体松动脱节。要是某一部分可有可无，并不引起显著的差异，那就不是整体中的有机部分。"

亚里斯多德的戏剧理论，对后世影响深远。到了17世纪，一些古典主义戏剧家据此提出了"三一律"的戏剧观念。所谓三一律，即戏剧行动的一致、时间的一致、地点的一致。三一律与亚里斯多德提出的戏剧整一性原则有某种联系，但并不完全一致，这是特别应当注意的问题。

阿里斯托芬的喜剧

阿里斯托芬（约公元前446～公元前385）是古希腊早期喜剧的代表作家，出生于雅典公民家庭，幼时生活在乡村。他所处的时代，正是希腊的民主政治由繁荣走向衰退的历史时期，他以敏锐的目光，清醒的头脑，对政治积弊和社会恶习进行讽刺，因此，恩格斯称他是"喜剧之父"，是"带有强烈倾向性的诗人"。

阿里斯托芬一生创作了44部喜剧，在戏剧竞赛中5次获奖，早期喜剧大多已经失传，而惟独他有完整的作品流传后世。

阿里斯托芬的喜剧想象奇诡，情节曲折，他喜欢用双关语使对话显得机敏有趣，也喜欢用对比法凸现诙谐的喜剧情境，用夸张的细节、滑稽的口语、可笑的动作，愚蠢的计谋，来讥笑、讽刺甚至抨击那些形形色色的人物，上至首脑、将军，下至流氓、妓女。他的创作从现实出发，常常指名道姓地批评那些他认为应该受到批评的人。

在《骑士》中，当时雅典的政治领袖、主战派核心克勒翁，成为阿里斯托芬猛烈抨击的靶子，他把他写成一个贪婪狡诈、愚弄民众、挑起战争的可鄙可恶之人。《马蜂》讽刺了雅典人的诉讼狂，陪审团成员简直就是一窝暴躁易怒的狂

阿里斯托芬的喜剧《蛙》剧照

蜂。《云》以当时著名的哲学家苏格拉底为攻击目标，认为他的一套诡辩术，会变成毒害青年的因素。《蛙》将埃斯库罗斯和欧里庇得斯的悲剧成就加以比较，说明他们各有短长，但他肯定埃斯库罗斯悲剧的道德影响，借酒神之口批评欧里庇得斯："悲剧家像小贩一样吵嘴，这太不成话了。"

《阿卡奈人》是阿里斯托芬的得奖喜剧，它反映的是反对战争、维护和平的主题。当时的希腊，在政治危机的同时，各城邦间的内战不断爆发，阿里斯托芬通过战与和的对比，将那些挑起战事的自大狂的嘴脸，刻画得淋漓尽致。

剧中，雅典与斯巴达开战的阴影笼罩全城，雅典城内，一些人正频繁活动，这使公民狄开俄波利斯十分反感，他掏了几块钱给一个主张和平的人，要他与斯巴达人议和。正当狄开俄波利斯得意洋洋地准备享受和平的时候，受过斯巴达人欺负的阿卡奈人不干了，他们用石块追打他。他只好从欧里庇得斯那里借来戏装，扮作叫花子，把脑袋伸在案板上，与阿卡奈人对话。他说，引起争端，斯巴达人有错，雅典人也有责任，双方不应当为三个妓女而小题大作。听了他的话以后，阿卡奈人中间分成了两派，他们彼此攻击起来。军官拉马科斯赶来，这是一位主战派，他对狄开俄波利斯说："我要把这场战争永远地打下去。"

狄开俄波利斯不听拉马科斯那一套，他已经同斯巴达人单独媾和，接下来就开了一个和平市场，让希腊半岛的人们都有机会通商贸易。他买回了两个当成小猪卖掉的女孩。又把雅典的告密人当成稀有物卖给外邦。

做了几宗买卖的狄开俄波利斯富裕起来，这愈加使他兴高采烈。阿卡奈人也渐渐明白，战争就像凶神恶煞到处招灾惹祸，而和平就像幸福女神温柔可爱。节庆之时，狄开俄波利斯家里煮肉烤鱼，香气四溢；而军官拉马科斯家里却冷冷清清，没有吃的东西。不久，两人分别接到通知，狄开俄波利斯戴上花环去赴宴会，而军官拉马科斯却不得不带上盔甲到战场上去。喜剧结尾处，两人再度相遇，狄开俄波利斯酒足饭饱，正高高兴兴地回家去；而军官拉马科斯身负重伤，沮丧而归。

阿里斯托芬的喜剧创作纵横恣肆、挥洒自如，私自媾和、个人市场、人当猪卖等情节，极度夸张，却妙趣天成。他没有沉醉在葡萄酒的浓烈芳香之中，而是以智者的清醒，对处身其中的现实问题进行明敏的观察和尖锐的批评。

米南德的喜剧

米南德（约公元前342～公元前292）是古希腊后期喜剧的代表人物。他出生于雅典名门，从小受到戏剧艺术的熏陶，创作过大约一百个剧本，这些剧本大都已经失传。1905年，人们找到了他的几部喜剧残篇，直到20世纪70年代，他的一部比较完整的剧本才在几部残篇中被发现。其中，《公断》是保留内容较多的喜剧，现存篇幅大约占到了全剧内容的三分之二，全剧共分五部分，通过一则弃婴故事，表现一对年轻夫妻的尖锐矛盾，通过这个矛盾的顺利解决，显示妥善处理婚姻与家庭问题的重要性。在这部喜剧中，情节的发展比较曲折，喜剧性冲突比较激烈，但最后的结局，却是大团圆式的皆大欢喜。

米南德惟一的完整喜剧，是《恨世者》。它写一个心胸狭窄、性情孤僻的老农，对世人抱有不必要的怀疑和怨恨，他独自经营并不丰厚的家业，将妻子和继子哥吉阿斯赶出家门，让他们去过穷苦的日子；只把女儿美莱英和一个老奴留在身边，为防备那些在他看来只为自己打算的人，他不惜与世隔绝。

一天，老农外出，不小心跌落井中，被他赶出家门的继子哥吉阿斯不计前嫌，将他救了出来。老农深受感动，对自己从前的固执感到后悔，为表示和解，他主动将家产分给哥吉阿斯一半，并让他做了女儿美莱英的保护人。

一个富家子弟苏斯特拉妥向哥吉阿斯表示，他愿娶其妹妹美莱英为妻，哥吉阿斯成全了他们的婚事。同时，苏斯特拉妥也将自己的妹妹许配给哥吉阿斯，于是，两对有情人喜结连理，好事成双。

实际上，这些被称作新喜剧的戏剧，已然失去了古希腊艺术原有的宗教痕迹，它们的情节多反映日常的生活琐事，如遗失了孩子，推迟了婚约，珠宝放错了地方等，歌队在这种演出中，也已经找不到自己的位置。因此，新喜剧是风俗喜剧的开始。

在米南德的喜剧中，阿里斯托芬式的尖锐锋利的讽刺锋芒已有所减弱，取而代之的是充满和煦温情和机敏睿智的喜剧趣味。当古希腊的民主政治风光不再的时候，当统治者的威权越来越集中的时候，阿里斯托芬式的攻击型喜剧便难以为继，而米南德式的和解型喜剧便渐渐地风生水起。

米南德的喜剧风格对后世的影响很大，不仅古罗马的剧作家将其当成模仿对象，甚至中世纪欧洲各国的喜剧作家，都从中吸收了各自所需的精华。

古罗马戏剧

翻开西方艺术史，人们会有一种感觉，仿佛在希腊艺术已经走向了它光辉顶点的时候，古罗马的艺术仍然没有取得可资进入史册的资格。

古罗马最初不过是意大利半岛上的一个原始村落，于公元前6世纪，建立了罗马共和国，这是一个骁勇好战的民族，从公元前4世纪开始，不断地向外扩张，他们首先踏平了意大利半岛。继而又占领了北非的一些地方，终于，在公元146年征服了整个古希腊。这或许是人类进程中历史的必然，但是，它却结束了古希腊艺术辉煌的时代。

事实上，罗马在以军事手段征服希腊的同时，自己却被希腊的艺术所征服。它从来没有取得过像希腊那样突出的艺术成就，因此，只能拜倒在希腊艺术耀眼的辉光里，匍匐着向它们接近。

希腊戏剧对罗马戏剧的影响，早在罗马共和制建立之初就已经

开始。公元前300年左右，意
大利半岛上，流行着一种小型
笑剧，由于传说它是从坎帕尼
亚的小村阿特拉流行开来的，
因此人们叫它阿特拉笑剧。据
说曾经有希腊人于此定居，是
他们将戏剧的娱乐方式带到这
里。阿特拉笑剧的基本人物是
固定的：愚蠢粗鲁的乡汉"马
库斯"、夸夸其谈的食客"布
科"、贪婪好色的财迷"帕普
斯"、狡猾多端的驼背"多塞
努斯"，这些都是剧中必不可

古罗马文化遗址：提图斯凯旋门

少的角色。这种戏剧的演出者是一帮年轻活泼的乡民，他们戴上面
具，演绎滑稽可笑的乡村故事，对自己身边的时事予以辛辣的讽刺
和滑稽的嘲笑，演出多以即兴的方式进行，其间还夹杂嬉戏作乐的
成分。

原本流行于希腊的拟剧，也传入罗马，这是一种形式活泼，内
容驳杂的喜剧，常常将变戏法、杂耍、杂技、武艺等包容在一起，
这类戏的演员不戴面具，男女混杂，沿街献艺。这样的演出比较粗
俗，神话故事、日常琐事都可成为艺人曲解、戏耍的对象，有时也
杂以色情成分，以招徕观众。

以上这些存在于罗马本土的戏剧样式，皆带有民间自发性质，
内容不够充实，形式也不够完善，没有什么文学价值，它反映了罗
马戏剧的萌芽状态。

公元前272年，罗马人在攻下塔伦顿城之后，像以往一样将战
俘押送回国，俘虏中有一个名叫安德罗尼库斯（约公元前284～公元
前204）的孩子，他以自己的聪明才智，受到了罗马人的重视。后

来，他不仅脱离奴籍，还致力于教育罗马人的子弟，向他们传播希腊艺术。公元前240年，罗马人在庆祝布匿战争胜利时，命他将希腊戏剧加以改编，使其适合在罗马上演。他一生改编、创作过不少剧本，可惜都没能流传下来。继他之后，一个名为奈维乌斯的戏剧家在罗马崭露头角，他起初模仿欧里庇得斯创作过一些悲剧，后来也创作一些反映罗马历史与现实的戏剧，由于他的戏剧人物身穿罗马官服，即镶紫边的长袍，故这类戏剧被称作"紫袍剧"，奈维乌斯是罗马史剧的奠基人。

古希腊戏剧的辉光是如此的耀眼，以至于在很长一段时间，古罗马的戏剧家只能在惊叹中仰视它，在崇拜中模仿它。据史书记载，古罗马也曾产生过几十位剧作家，但在浩渺的历史长河中，他们大都如泥如沙，慢慢消散。至今值得一提的，只有喜剧家普劳图斯、泰伦提乌斯，悲剧家塞内加以及戏剧理论家贺拉斯。

普劳图斯（约公元前254～公元前184）的喜剧继承了新喜剧的风格，也吸收了意大利民间喜剧的特点，爱情与婚姻是他所喜欢表现的主题，他是古罗马第一个有作品传诸后世的剧作家，留存在世的喜剧有21部，如《孪生兄弟》、《撒谎者》、《一坛黄金》、《俘虏》等。

在普劳图斯的喜剧《孪生兄弟》中，写一个西西里商人家里，有一对孪生兄弟，其中的一个孩子自幼被人窃走，另一个长大后，便外出寻找自己的兄弟。当他来到兄弟居住的地方，被兄弟的妻子当成了自家丈夫，周围的人也不知就里，于是错上加错，笑话迭出。后来莎士比亚对这一喜剧情境极感兴趣，他运用《孪生兄弟》

古罗马文化遗址：罗马大广场

古罗马圆形剧场遗址

的基本情节，创作了自己的喜剧——《错误的喜剧》。

普劳图斯的另一个著名喜剧是《一坛黄金》，写一个吝啬贫穷的老人欧克利奥，藏有一坛黄金，为此，他整日提心吊胆，害怕被人偷去。在他看来，无论是家里老实的女仆，还是刨食的公鸡，都在窥探他的金子。一个富有的邻居向他女儿求婚，他也以为是在打他金子的主意。金子埋在家里不放心，他就把它抱在怀里，后又埋在神庙里。可是，藏金之地，恰被他女儿未婚夫的仆人发现，这个仆人偷走金子，反过来以此作本钱，向主人要求赎身。普劳图斯把一个疑神疑鬼、心事重重的老人塑造得非常成功，对其心理和性格的刻画也非常鲜明。这个人物后来成了莫里哀喜剧《悭吝人》的原型。

普劳图斯的喜剧充满诙谐和机智，一些误会的场面令人捧腹，如当欧克利奥失去金子之后，沮丧地言称自己是不幸的人，而恰在此时，他的未来女婿因使他女儿未婚先孕而赶来向他道歉，自称惹他痛苦的事是自己干的，而欧克利奥不知底细。只想着金子，便问"什么，是你？"女婿回答"是我，真的是我。"直到最后，二人才发现他们所说的不是一回事，老人指的是偷金子，而女婿指的是与其女儿私订终身。这些安排得十分巧妙的喜剧性的误会，充分显示了普劳图斯的聪明和智慧。

泰伦提乌斯（约公元前190～公元前159）生于迦太基，幼时曾作为奴隶被带到罗马，但他十分幸运，后来作为自由人，生活在罗马的贵族家庭，并接受了很好的教育。他留给后世的喜剧共有6部，如《安德罗斯的妇女》、《婆母》、《阉奴》、《两兄弟》等。

与普劳图斯的平民喜剧不同，泰伦提乌斯的喜剧带有典雅的贵族习气，注重文体的优美，极力避免那些粗野的哄笑成分，来破坏他精致的情趣。为此，他增加了喜剧中的计谋成分，以矛盾的妥善解决来表示对社会伦理道德的认同。

泰伦提乌斯的喜剧《婆母》，写一个青年同妻子举行婚礼后，未入新房便因事外出，并与妓女苟合，在得知妻子怀孕生子之后，他想抛弃他们。经历一番曲折后，他才明白，婚前与之偷欢的女子正是自己的妻子，而她所生之子正是他们的儿子。于是，一家人误会解除，和好如初。

塞内加（约公元前4～公元65）出生于西班牙，幼年来到罗马，他早年曾受过罗马皇帝卡利格拉的迫害，后来又被克劳迪斯一世放逐，境遇坎坷。他是斯多葛主义的代表人物，对现实感到悲观绝望，在他看来，世界被无情的命运所支配，人类对此无法更改，只有忍耐痛苦，准备牺牲。这是他从事悲剧创作的心理基础。

塞内加的悲剧不大重视故事情节和人物性格的发展，他笔下的英雄个性突出，行为单纯，往往为了目的，一往无前，直至最后毁灭。他对欧里庇得斯的悲剧颇感兴趣，曾

古罗马演员玉雕

经以《美狄亚》为题，写了一部悲剧，但与欧里庇得斯的同名悲剧不同，其悲剧主人公除了无法遏制的报仇欲望之外，不具有任何别的感情，甚至在杀子之时，也不曾有片刻的不忍和犹豫。

罗马值得一提的戏剧理论家是贺拉斯，在罗马帝国时期，他曾就戏剧问题，给他的朋友皮索父子写过一封信。后来，人们给这封信加上题目，这就是著名的《诗艺》。在《诗艺》中，贺拉斯强调，戏剧创作不可以违反自然和理性，剧作家应当到生活中到风俗习惯中去寻找模型，戏剧应当寓教于乐。

总的来说，古罗马的戏剧成就与古希腊无法相比，这是因为。古希腊的人们有一种与神性相接的灵性，而古罗马人只有世俗的人性，少了那种浑然无际、凌空飞升的气韵。

古罗马在扩张中形成了强权，强权压抑下的人在多了一些顺从之后，就必然地少了一些灵动。

在古希腊，艺人被看成是酒神的随从而受到尊重，而在古罗马，艺人被看成是江湖浪子而遭到贬斥。古罗马不乏强有力的统治者甚至暴君，但是，却从来不曾有过像伯利克里那样的艺术的知音。于是，我们不难理解，为什么塞内加的悲剧人物充满了偏执和阴郁的念头，为什么普劳图斯和泰斯提乌斯的喜剧要表现机智而不是讽刺。

在古罗马戏剧比较繁荣的年代，也曾举办过类似汇演的戏剧活动，但是，从来不曾有过像希腊那样正规的戏剧竞赛。古罗马的统治者们大都敌视戏剧，甚至发生过为阻止人们参加酒神庆典而大开杀戒的事。古罗马的戏剧演出也是在白天进行，可是剧场的氛围却总是乱哄哄的，这从现存的剧本中就能看得出来，在开场时，演员总要不厌其烦地提醒观众安静下来。浅俗的罗马人无法欣赏稍微深刻和严肃的东西。强大的罗马甚至在相当长的一段时期，不曾有过像样的剧场，直至公元前55年，第一座用石头修建的固定剧场才告诞生。

罗马人尽管威加海内，称霸一方，却无法再造戏剧艺术新的辉煌。

古印度的梵剧

在世界的东方，戏剧艺术的幼芽，经过恒河、印度河的哺育，在南亚次大陆这块丰饶的土地上迅速滋长。

据说约在公元前8世纪，古印度人已经有了自己的戏剧，可惜没有剧本流传下来。像世界其他地区的戏剧一样，古印度的梵剧产生于迎神赛会仪式。约在公元前6世纪—公元前4世纪，波斯帝国和马其顿国王亚历山大，曾先后入侵印度的北部地区，这使古希腊的戏剧艺术对印度的影响成为可能。此时，作为奴隶制国家的印度，产生了对后世深具影响的古典宗教思想，并且在艺术上进入了"史诗时代"。在古希腊文明中，两大史诗《伊里亚特》和《奥德赛》占有重要的位置，而在古印度，同样是两部伟大史诗，不仅显示了古代印度人杰出的智慧，而且开启了艺术的先河，它们就是《摩诃婆罗多》和《罗摩衍那》。

在汲取史诗艺术营养的基础上，古印度的说唱艺术渐趋繁盛，约在公元前273～前232年阿育王统治时代，一种用梵语和俗语写成的戏剧，即梵剧开始渐趋成型，它作为宫廷中的娱乐或酬神时的活动，逐步兴盛起来。

约在公元前后，印度出现了一部戏剧理论著述——《舞论》。所谓舞论，并不专指舞蹈，因为依梵语词根 Natya 解释，舞既指舞蹈，也指戏剧。在古印度，戏剧与舞蹈是不可截然划分的，歌舞常常是戏剧中最为重要的部分。《舞论》全书共分37章，内容非常丰富，既涉及了剧场、表演、化装、角色、舞蹈、程式动作等舞台呈现的问题，也涉及了语言修辞、诗词格律、风格情调、结构内容等剧本创作的问题。但是《舞论》对梵剧作家的记述略显不足，这可能说明当时的梵剧尚停留在民间表演阶段，尚无专职人员担任编剧这项工作。

世界建筑与雕塑历史纵横谈

萧枫◎主编

辽海出版社

责任编辑:陈晓玉　于文海　孙德军

图书在版编目(CIP)数据

世界历史纵横谈/萧枫主编.—沈阳:辽海出版
社,2008.6(2015.5重印)
　ISBN 978-7-80711-988-3

　Ⅰ.①世…　Ⅱ.①萧…　Ⅲ.①世界史—通俗读物
Ⅳ.①K109

　中国版本图书馆 CIP 数据核字(2011)第 140261 号

世界历史纵横谈

世界建筑与雕塑历史纵横谈

萧枫/主编

出　　版:辽海出版社	地　　址:沈阳市和平区十一纬路25号
印　　刷:北京一鑫印务有限责任公司	字　　数:700 千字
开　　本:700mm×1000mm　1/16	印　　张:40
版　　次:2011 年 9 月第 2 版	印　　次:2015 年 5 月第 2 次印刷
书　　号:ISBN 978-7-80711-988-3	定　　价:149.00 元(全 5 册)

如发现印装质量问题,影响阅读,请与印刷厂联系调换。

前　言

在人类缓缓的历史进程中，人类辉煌的往昔，是祖先智慧的创造，更是永垂不朽的传奇。追寻世界历史，不仅是对历史的尊重，同时也是对人类自身的一种高度关注。

大约在 2300 万年前到 1800 万年前，在热带雨林地区和广阔的草原上，就有一种古老的灵长类动物，即森林古猿活跃在那里，它们是人类最早的祖先。其中一部分森林古猿下地直立行走，迈出了从猿转变到人具有决定性意义的一步。为了生存，猿进行了劳动，劳动促进猿的体质发生改变，促使意识的产生和语言的出现。终于我们的祖先摆脱了动物界，成为了真正意义上的人。

伴随着人的出现，社会呈现雏形。夹杂着火的利用、工具的改进、绘图、雕刻、丧葬、艺术、建筑、文字等先后出现，文明之光洒满大地。翘然回首，从石斧、骨器到勾践的青铜宝剑，回想中世纪骑士们的铮铮铁甲，体味硝烟迷漫的火枪战场，人类历史简直是沧桑万年……

历史对于我们整个人类，就像记忆对于我们每个人一样，它说明我们现在做的是什么，为什么我们这样做，以及我们过去是怎样做的。因此谁要想了解世界，就必须知道它的历史。

历史是我们宝贵的精神财富，任何一个国家或者民族都注重用自己的历史教育和鼓励广大人民，因为历史具有无穷的智慧与魅力，这是世界各民族得以凝聚并生生不息的命脉。灿烂的世界历史文明

教育着我们每一位读者，能够使我们更加珍惜历史，并不断创造光辉的未来。

为了让广大读者全面深入地了解世界历史的光辉灿烂，感受世界各民族历史发展的博大精深，我们特地编辑了这本融故事与图片为一体的读物。本书把世界历史从单纯的帝王将相、改朝换代的框架中释放出来，结合最新的研究成果，融知识性与趣味性为一体，涵盖历史、政治、军事、文化、艺术等各个领域，全方位、新视角、多层面地重新演绎了世界五千年的辉煌历史文化，能够给我们广大读者尽可能丰富的知识看点。

本套书主要包括世界科技与发现历史、世界思想与教育历史、世界文学与戏剧历史、世界建筑与雕塑历史、世界美术与绘画历史等内容。

本套书希望通过一些通俗的语言和丰富的图片，对世界历史做一个概述。它只讲其中最重要的事件、人物和对关键阶段的描述，而且选择了一种通俗的简明形式。本书可以作为历史专著的补充读物，你可以用非常休闲的方式去阅读它，我们相信在历史人文的浪漫风景中，你不会感到乏味。

本套书用生动的文字和丰富的插图，再现了世界历史进程的恢弘画卷，堪称一部贯通整个世界历史的简明百科全书，串联起全部人类发展的瑰宝，并以其光辉不朽的价值与流传恒久的魅力，成就一部好读又好看的世界历史通俗读物，具有很强的系统性、知识性和可读性，不仅是广大读者学习世界历史知识的最佳读物，也是各级图书馆珍藏的最佳版本。

目　录

第一　世界建筑历史

一、上古建筑

古埃及建筑 …………………………………………………（1）

巴比伦建筑 ………………………………………………（10）

古代印度建筑 ……………………………………………（14）

玛雅建筑 …………………………………………………（18）

印加建筑 …………………………………………………（20）

古希腊建筑 ………………………………………………（21）

雅典卫城与神庙 …………………………………………（22）

希腊公共建筑 ……………………………………………（28）

罗马神庙 …………………………………………………（30）

罗马公共建筑 ……………………………………………（32）

罗马花园与庭院 …………………………………………（37）

二、中古建筑

早期基督教建筑 …………………………………………（38）

拜占庭建筑……………………………………………（41）

哥特式建筑……………………………………………（46）

法国哥特式教堂………………………………………（47）

英国哥特式建筑………………………………………（49）

中古印度建筑…………………………………………（50）

东南亚建筑……………………………………………（55）

伊斯兰建筑……………………………………………（58）

三、近古建筑

意大利教堂建筑………………………………………（64）

意大利公共建筑………………………………………（66）

第二　世界雕塑历史

一、原始雕塑

欧亚石器时代的雕塑…………………………………（69）

美洲和大洋洲原始雕塑………………………………（74）

二、古代雕塑

古代埃及雕塑…………………………………………（77）

古代希腊雕塑…………………………………………（87）

第一 世界建筑历史

一、上古建筑

古埃及建筑

古代埃及位于尼罗河的下游，既属于非洲东北部，又和亚洲西南角的西奈半岛相跨，同时隔着地中海和南欧相望。贯穿埃及全境的尼罗河孕育了古代埃及的文明。希罗多德说，埃及人获得的土地乃是"尼罗河的赠赐"。古代埃及分为上、下埃及，孟菲斯以南尼罗河谷地叫做上埃及，孟菲斯至地中海岸的三角洲地带叫做下埃及。

埃及在公元前 3500 年开始形成国家，约在公元前 3100 年至公元前 2686 年为早王朝时期；约在公元前 2668 年公元前 2181 年之间是古王国时期，建筑以"金字塔"为主；在公元前 2181 至公元前 16 世纪之间是中王国时期，建筑以石窟陵墓为主；在公元前 16 世纪至公元前 11 世纪是新王国时期，建筑以阿蒙神庙和国王宫殿为主。

建筑是一种宗教观念的体现。希腊历史学家卡洛斯说，埃及人把住宅仅仅看做是"旅舍"，而把坟墓看做是永久的住宅。黑格尔指出，"在埃及，地面上和地下的建筑物都是和死人的国度联系在一起的，因为一般说来，无形可见的事物被人见到而且得到房子居住，首先是在埃及"。因此他们最早的城市，是由坟墓构成街道的"死城"。H. W. 米勒说，由于受关于死亡和俄塞里斯（Osiride）神（地狱判官）复活的影响，国王的死成了一件神秘的事。这种"神秘"

既表现在君王的葬礼仪式中，也渗透在崇拜实践中，成为墓葬平面格局改变的根本原因。举行崇拜活动所必须的结构分布在相应的仪式路线上：根据仪式程序，要走一条从沙漠的边沿开始，到墓室结束的"路"，根据各自的功能，有关的建筑：一系列的房间、走廊、院子和柱廊就布置在这条路上。这一系列建筑中，最重要的建筑是这条仪式之"路"的尽头——墓室建筑，这种墓室建筑就是为贵族和王族修建的"玛斯塔巴"（mastaba）。它的外形犹如一个巨大的长方形石凳子，后来更向上层层递减成为阶梯形式，直指向天空。它的内部，除了藏棺室之外，入口处还有一个不大的祈祷室。这时期的陵墓建筑当然还不能和后来的金字塔媲美。然而把冥土作为永久乐世的观念，已经显而易见了。

古代建筑不是一个人的创造，而是一个民族，一种文化的象征。金字塔是最典型的例子。金字塔，希腊文称之为"Pyramis"，因其形体呈四角尖锥形，与中文"金"字相似，故中国习惯上称之为"金字塔"。金字塔被称为"光明之丘"，象征着太阳的创世能量，也代表着埋葬其中的太阳的世间代表——法老的永世与不朽。埃及人对于死亡更重于生命，对于来世更重于今世。埃及人对于尼罗河有着一种特殊的崇拜，他们在自然中观察到太阳从东边出来而从西边落下，于是相信日落之处为亡灵之城，所以陵墓都建于尼罗河的西岸。

希罗多德曾提到埃及人是最早宣称灵魂不朽的民族。埃及人迷信死之后灵魂不灭。在古埃及人的观念中，人生在世有两大要素：一是人的肉体，二是灵魂。人死后，灵魂可以自由地飞离尸体，但尸体仍是灵魂存在的基础。因此，要把尸体精心制成不腐烂的木乃伊，才有可能复活，继续在来世生活。三千年后就会在极乐世界里复活永生。因为他们相信，死人须在三千年中遍历陆水空三界的全部动物体系的生活之后才变回人的形体。所以他们特别重视建造陵墓，这种陵墓逐渐演化成金字塔。

埃及昭赛尔金字塔

尼罗河决定了埃及的建筑艺术的特点,隔着尼罗河,西岸是死人的住处,东岸是活人的城市。而尼罗河则是理想的黄金通道,为了建造神庙与陵墓,可以用驳船或筏子将巨大的花岗岩石块从阿斯旺采石场运往下游。古王国时期的法老陵墓,是以金字塔的形式出现的。在尼罗河下游的吉萨和萨卡拉等地有大小70多座之多(一说80座)。最著名的要算是昭赛尔金字塔和吉萨金字塔。

昭赛尔金字塔(Zoser):位于萨卡拉的昭赛尔,大约建于公元前3000年。它的基底东西长140米,南北长116米,高约60米,这座阶梯形金字塔,四周共有6层阶梯,它是由马斯塔巴自下而上逐层缩小而成,象征着天堂及万物生存的不同层次。通过走廊和墓道,可以进入一个深约28米的墓室。这个建筑处理的用意在于造成从现世走向冥界的假象。金字塔的外面是沙漠中的太阳,而在金字塔里面则是黑暗统治着。

吉萨金字塔(Ciza):建于公元前2700～前2600年左右的第四王朝时期,在尼罗河的三角洲的吉萨造了祖孙三代的三座大金字塔,是古埃及金字塔的典范。它们都是精确的正方锥体,形式极其单纯,

埃及吉萨金字塔

比昭赛尔金字塔提高了一大步。其中胡夫（Cheops）金字塔最高。称为大金字塔，被称为"古代世界七大奇观"之一。塔高 146 米，底边长 230 米，用大约 230 万块平均重 2.5 吨的石材砌筑而成；哈夫拉（Chephren）金字增高 143.5 米，塔基四边长 215.5 米，塔的东边有一平面长方形的神庙，通常称上庙，靠近尼罗河谷建有下庙，上庙和下庙之间有一条长约 496 米的通道，闻名遐迩的狮身人面像即位于下庙的西北方；门卡乌拉（Menkaura）金字塔高 66.5 米，底边各长 108.5 米，规模较小。

埃及金字塔体现了埃及墓葬仪式的新观念和君主神圣化的信念。对于这样的金字塔建筑，我们应该如何评价？它令人赞叹不已，尤其是在不同的光线下，金字塔会显示出它的不同的美。在广阔的沙漠上，只有金字塔这样高大、稳定、沉重、简洁的形象才是永恒的，才有纪念性，它们也只有在这样的环境里才有表现力。它的特征就是宏大、单纯。谢林说，"埃及建筑中对宏大的追求，体现于另一方面。永恒不易的天宇、大自然中运动的千篇一律，使这一民族追求牢固和永恒；体现于金字塔的格调，犹如他们遗留给我们的其他古建筑物中，这种永恒不易的格调，从不允许埃及人以他物从事建筑，惟有巨石。"巨石是埃及的"永恒之石"，埃及人用这种"永恒之石"创造"来世的艺术"。然而人们还是不会满足于这样的解释。黑格尔说，"我们发现最古的宏伟的坟墓纪念坊是埃及的金字塔。乍看起来这些值得惊奇的工程之所以使人惊赞的地方在于它们的体积大到难以测量。这立刻使人想到要费多久时间和多少人力才能完成这样庞大的一座建筑。如果单从形式方面看，它们并没有引人入胜的地方，只消化几分钟就可以把它们看完和记住。由于在形状上这样简单整齐，它们目的何在的问题是久经争论的。"那么金字塔除了是法老的陵墓之外，其形式究竟还有什么意义呢？

不少学者认为金字塔的形式反映着古埃及人对于太阳神的崇拜。帕瑞克·纽金斯指出："对于埃及建筑之谜，一个似乎合理的答案是：如此之多的几何形式，决非来自自然的抽象，它们全来自埃及人对太阳神的崇拜，在他们的生活中太阳神占压倒一切的地位而被尊为万神之王。金字塔是通天的阶梯，这是根据金字塔和方尖碑顶部的金属装饰所产生的联想，而且金字塔四面都刻着带双翼的太阳。"这时古埃及人还保留着氏族制时代的原始拜物教，除太阳神崇拜之外，他们相信，高山、大漠、长河都是神圣的。早期的皇帝崇拜利用了原始拜物教，皇帝被宣扬为自然神。于是，就把高山、大漠、长河的形象的典型特征赋予皇权的纪念碑。这样的艺术思维是直觉的、原始的，金字塔就带有强烈的原始性和永恒性，仿佛是人工堆垒的山岩。它们因此就和尼罗河三角洲的风光十分协调。

公元前2000年左右，由于埃及金字塔屡遭盗墓者的威胁，使得法老的陵墓由金字塔转换为石窟陵墓。但是埃及除了金字塔之外最著名的建筑要算是神庙了。

埃及神庙奉行政教合一系统，法老与国君和祭司是一人。神庙建筑遍布埃及各地，在一个时期内占有全国土地的六分之一。祭司们在宗教区内以祭坛、神像和圣殿为三位一体。每逢祭祀节日，祭司们抬着本庙神像去外庙访问，并在仪典中分别扮演神话角色，唱诵礼神诗篇。在埃及，神庙是神的"城堡"、"宫殿"。神庙中的"门墙"，有着特殊的意义，"门墙"被称做是"地平线上的大山"，太阳就从这两座大山之间升起，两座塔楼分别代表伊西斯（Iside）和娜芙提斯（Nepthys）两位女神，根据神话，这两位女神的臂上托着初升的太阳。门墙强调了神庙的立面和进入大门的作用，增强了神庙的肃穆。对于埃及人来说，神庙中的柱子（Dillar）象征着稳固。杰克·特里锡德说，在古代世界，柱子的象征意义通常极为重要，代表着神的力量与权威，也代表着生命力。埃及的杰得（djed）柱（后来建成的有四个柱顶的柱石）据说代表着奥赛利斯（按：一译俄塞里斯）的脊柱。而由柱子构成的神庙是最重要的宗教空间。

在中王国时期，底比斯曾是阿蒙神的崇拜中心，阿蒙神最初是风神或空气神，随后它与其他神祇，如科普托斯的富饶神"敏"，融合在了一起，再往后又与埃利奥波利斯的太阳神"拉"相结合，最后形成了宇宙之神"万神之神"。有这个神保佑，可以打胜仗，在供奉这个神的庙中人们献祭大部分的战利品和被征服民族的贡物。阿蒙—拉成了帝国的保护神：人们把底比斯女神"给"他做了妻子，承认月亮神洪斯（Hons）为他的儿子。这样形成了神的三位一体。而供奉阿蒙神的神庙建筑中最著名的要数卡纳克和卢克索的阿蒙太阳神庙了，这是新王国时最丰厚的给"阿蒙"的献礼。每年尼罗河泛滥季节的第二个月，由国王主持仪式，载着阿蒙神（Amūn）、穆特女神（Mut）和他们孩子洪斯神的神像的船，护送着他们从卡纳克神庙出发到卢克索神庙。这是古埃及人最重大的节日之一。除了水路之外，还有陆路，在两个神庙之间有一条排列着两行圣羊雕像的一公里长的斯芬克斯大道，如果举行宗教仪式的话，也是从卡纳克开始，而到卢克索结束，那将是何等壮观的盛典！

卡纳克阿蒙—拉神庙（KarnakdiTempioAmūn—Rē）始建于公元前1400年，庙内的多柱厅是公元前1000年建造的，六座塔门的最

埃及卡纳克阿蒙——拉神庙

后一座则建于公元前400年，其间相隔居然上千年。"卡纳克"，意为"城寨"。卡纳克阿蒙神庙，位于埃及中王国和新王国时期首都底比斯东城的北半部，即开罗以南约700公里的尼罗河东岸。神庙总长366米，宽110米，以西面的主神殿为中心，大殿南北长103米，东西宽51.8米，大殿密密麻麻排列着134根粗壮的石柱，分16排而立。中央通路两旁有12根带有伞形纸草花的柱头，高达23米，为现存的古代最大的石柱。这个神庙也是当今世界上仅存的规模最大的庙宇。

卢克索阿蒙神庙（Luxor，Tempio）位于底比斯城尼罗河东岸。比卡纳克的阿蒙神庙规模略小，总长约260米，宽60米，14根高达20米粗壮的石柱坐落在两进院子之间，充满了阴暗神秘的感觉。

富有意味的是，卡纳克神庙和卢克索神庙的建筑结构，给人以观察群星与太阳及其相互关系的便利。尤其是在卡纳克神庙柱廊所采取的方向，恰好使祭司在祭台上能够望见春分与秋分的落日。可见这种神庙在当时宗教崇拜中所含有的特殊意义。

黑格尔说道，人们在这些巨大的值得惊赞的人类作品中信步游览，不免要想到这些巨石堆砌成的作品对于什么是神圣的这个问题究竟有什么启示，说出了些什么。因为细看起来，这些建筑一般都有许多象征的意义交织在一起，例如狮身人首像和麦姆嫩像的数目，石坊和通道的位置标志出每年的日数，黄道十二宫，七大行星，十二月的季节之类。有时雕刻还没有脱离建筑而独立，有时真正的建筑因素如尺寸大小、间隔、柱墙和台阶的数目之类的处理方式又显得这些关系的目的并不在它们本身，即不在对称、和谐与优美，而在它们的象征意义。因此，这类作品显得具有独立的目的，它们本身就是一种宗教崇拜，在这种崇拜中君民结合在一起。正因为神庙建筑的象征性，所以黑格尔将其列为象征性的建筑。而美国文化学家伊迪斯·汉密尔顿则赞美道，巨人般的埃及庙宇，惊人的大块花岗岩，看起来似乎只有发生地震的力量才能把它们搬运在一起。埃及的庙宇不像是几何图形与匀称的美的结合的创造，而是某种别的东西。它体现着科学与一种感人的精神，不过最主要的是力量，一种超人的力量，一种坚如磐石、无比强大的力量和压倒一切的气势。相比之下，人所具有的一切都微不足道了，人似乎不复存在了。埃及的建筑家们深深地感到大自然的威力，它所占据的不可抗拒的绝对统治地位。在他们的头脑中一点也没有想到人——这个微不足道的分子。因为在上古时期，人类在大自然的威力面前确实微不足道，但是人类却创造了可以和自然媲美的建筑。换言之，人类要表达神的威力，必须通过这种巨大、庄严的建筑才能实现。因此，在H. W. 米勒看来，作为对整个宇宙秩序都有意义的建筑，建造一个神庙，在动工之前需有一个特定的动机，一个详尽的设计和一个专门的奠基仪式。

埃及人不仅建造了神殿同时也在神庙建筑旁建造了神苑。这种神苑又可以说是圣林，是在神庙附近种植树木。日本学者针之谷钟吉指出，古埃及王（法老）们为尊崇众神而频繁地建造神殿，又在

埃及卢克索阿蒙神庙

神殿的周围布置神苑。据说这种神苑在中王国时代就已出现，但是一般认为是在新王国时代（公元前 16～前 11 世纪）以后，以巴哈利的神殿为最著名。斯芬克斯的两侧，种植有金合欢，形成行道树。在塔门的附近和三个台地上，也都种有树木，这种神苑形式在绘画中可以见到。

早在古王国时期，曾经出现过木结构的阿比多斯宫殿。后来法老开始代行神的权威，他保证土地具有繁荣的魔力，他的神性由金字塔来象征。由于新的礼仪的增加，这种权威不断地被加强，于是法老开始吸取太阳神赐给他的生命力，再后来法老成了"太阳神之子"。中王国时期，第十二朝法老阿美尼姆赫特三世曾建造了被称为"迷宫"的十分浩大的宫殿。这个宫殿据古希腊历史学家希罗多德记载有地上地下两层各 1500 间房子。地上的一层有 12 个院子，由朝南 6 道门和朝北六道门和双排石柱围成的通道相通。而到了新王国时期，随着城市化的发展，中央集权逐渐巩固，法老也逐渐变为最高的、统治一切的众神之神的化身。于是就不满足于一般的府邸，而建造宫殿，甚至为自己建造神庙，追求庄严宏大的规模。在新王国初期，卡宏城（Kahune）的宫殿已经同太阳神庙相结合，但布局还不够严整。而在新首都阿玛纳（Tel－el－Amarna）建造了几所宫殿。在宫殿中可以举行仪典，对法老的崇拜逐渐达到高潮。而在十九王朝时期，宫殿和神庙成为一体，最典范的就是拉美西斯二世的底比斯的拉美捷斯宫殿——神庙。

巴比伦建筑

巴比伦位于两河流域。两河流域指的是幼发拉底河和底格里斯河之间的肥沃平原，在历史上称为美索不达米亚（Mesopotamia）。这片土地是十分富饶的冲击三角洲，人们曾经以"富饶的新月"来形容。圣经中称其为圣地。据传，《圣经》中《创世纪》中所描绘的伊甸园就在这里。《圣经》中也描述过古代巴比伦塔的故事。罗伯逊指出，在巴比伦和在埃及相同，这个国度经过起初在一个城邦之下统一，后来又在另一个城邦之下统一，便引起祭司们企图把各城市的神排列在一个分别等级的众神殿中。当巴比伦城成了统治的城市之后，它的神马尔杜克便合并了其他诸神的仪式和神话。确实，巴比伦是从苏美尔—阿卡得的基础上建立起来的，而且经历了两度繁荣后才衰落。

公元前4000年，两河流域建立了许多城市国家（城邦），主要由三种文化组成：第一是苏美尔—阿卡得文化，其主要建筑是在乌鲁克和乌尔城。其次是巴比伦文化，公元前19世纪初，巴比伦王国统一了两河下游，征服了上游并建立了巴比伦城。"巴比伦"按照阿卡得语的意思是"神之门"。公元前16世纪初，巴比伦王国灭亡，巴比伦城被亚述国王所毁。从公元前7世纪后半叶，迦勒底人灭亚述帝国，又建立了统一的新巴比伦王国，重建了巴比伦城，这一时期最著名的建筑有空中花园。第三是亚述古国，其建筑主要是在其首府亚述城，著名的有萨艮王宫。到公元前6世纪中叶，波斯帝国崛起，其建筑有帕赛波里斯宫殿。

英国考古学家柴尔德（V. GordonChilde）说道，在苏美尔和阿卡得，土地被分成了十五个或二十个城市国家，每一个城市国家，在政治上，都是自主的，但大家却又都享有一个共同的物质文化、一个共同的宗教和一种共同的语言，而在经济上，大家也相互依赖得很厉害。每一个城市中心，都有所谓"神堡"，其中包括市神和其他神祇的一些庙。我们如果高兴，可以推断得出来，神是一些魔力的人格化；植物的死亡和再生，播种和收获等戏剧化的重演，可能一度被当做为强使农作物成长的魔术礼仪来举行。而古代巴比伦的神话承袭了苏美尔神话的丰厚遗产。在巴比伦的神话里象征有秩序的天神与无规律的神怪之间的对立。从原始观念深处，巴比伦人就对世界做出了二元化的解释，即善的天神和恶的神怪的永恒对立，并相信善的实力必然取得最后的胜利。

在苏美尔以及后来的阿卡得人（闪族人）的世界观中，崇拜自然界的力量——天空、土地及水占有很大的比重。因为这些力量对于两河流域农耕居民的生活意义特别巨大。古代苏美尔人崇拜天体和山岳。他们认为天上的神住在山里，所以称庙宇为"山的住宅"，逐渐形成了宗教性的山岳台。山岳台是一种多层的高台，由于是由砖和粘土建造的，所以与其说是以庙中的神灵保佑信仰天体和山岳的人们，不如说是自身难保的"泥菩萨"（帕瑞克·纽金斯语）。山岳台通过不断地重建形成了坡道或阶梯，有正对着高台正面的，沿正面左右分开上去的，或者螺旋式上升的高台。这种高台最初存在于乌鲁克。

乌鲁克（Uruk），是圣经中提到的埃雷克（Erech）。美国学者B. M. 费根说，任何一个走近乌鲁克的人都会在几英里之外就看到巨大的亚述古塔庙和有阶梯的神庙金字塔。亚述古塔及其附属的神庙，一项耗费极大的公共规划，是乌鲁克人生活的中心。他说，乌鲁克人的全部生活及其与城市、村镇、商人以及数百里之外的矿山的联系都是围绕着神庙而进行的。从考古发现来看，这里有两座相当明显的建筑物遗迹，其中一座是位于市中心的"白庙"（TempioBianco）。地基高于地面 12 米。有些学者认为这种"高台"神庙（templi "alto"）的作用就像是一条走廊，神明在降临地球时就通过这条走

巴比仑乌尔月神台

廊。也许它和古埃及的台阶形金字塔有内在联系。巴比伦所谓的通天塔可能就是高台，我们如今只有凭想象去完成了，而残留至今的乌尔月神台倒是可以"眼见为实"。

乌尔（Ur）月神台位于乌尔城西北角，建于公元前2200年。高约12米，分三层，第一层的基部呈长方形，顶部为一小神庙，为月神欣（南纳）的寝宫，也是塔庙的中心。塔庙的四周是被称为"圣区"的广场。

在亚述时期。宫殿建筑具有更大的意义。B. M. 费根指出："世俗国王居住的宫殿的外观上看出礼仪中心的世俗化。国王有可能热忱地怀有国家信念，甚至可能会利用宗教来为自己辩护，但他们几乎是起着彻头彻尾的世俗功能。国王甚至有可能扮演着神的角色。"在亚述王国，国王就是如此，其最重要的建筑就是萨艮王宫。

萨艮王宫（The Palace of Sargon II）建于公元前8世纪初亚述帝国。宫殿是建在18米高的人工砌筑的土台上。当你从南面的装饰着浮雕的大门进入后，可以看见一个宽阔的公共大院，在北边是皇帝的正殿和后宫，东边是行政用房，西边是庙宇和山岳合。陈志华说，台基的四层颜色具有象征性，第一层是黑色，象征阴间；第二层是红

波斯帕赛玻里斯宫殿

色，象征人世；第三层蓝色，象征天堂；第四层白色，象征太阳。在这里，从阴间到天堂乃至太阳是一个逐步的上升的过程。

　　波斯人最重要的建筑也是王宫。波斯人信奉的是拜火教，拜火教是受巴比伦宗教的影响。在波斯人看来，阿胡拉·玛兹达是光明之神，是善的天神们的集中体现；阿利曼是黑暗之神，是恶的神怪们的集中体现，善神与恶神处在永恒的斗争中。他们认为光明最终将战胜黑暗势力。波斯人在露天设置祭坛，没有建立神庙。而他们的宫殿则穷奢极欲，最著名的是帕赛玻里斯宫殿。

　　帕赛玻里斯宫殿（Persepolis）建于公元前600年~前450年，是波斯王大流士（Darius）和泽尔士（Xerxes）的宫殿。宫殿建在一座依山的台地上，从一个巨大的台阶，可以一直通向王宫的台基。台阶两侧墙面刻有象征八方来朝行列的浮雕群像。王宫的北面是门楼和通道，西边是泽尔士的接待厅，有36根石柱，柱高18.6米，柱径只有高度的1/12，各柱中心距离都是8.74米，东边是大流士的

"百柱大殿"（Saladellecentocolonne），因 100 多根断柱而得名，柱高 11.3 米。南面是内宫。这座宫殿的结构和空间可以列为古代建筑的杰作。

空中花园（HigingGarden）按阿卡德语为"神之门"。巴比伦建筑的最高代表是献给女神伊丝塔尔而建的伊丝塔尔门。南宫是国王的主要宫殿，由 5 个院落组成，主门开在东侧。南宫东北角即为古代地中海世界七大奇迹之一的"空中花园"。巴比伦"空中花园"建于公元前 6 世纪初，是新巴比伦国王尼布甲尼撒二世为他的妃子建造的花园。希腊历史学家斯特拉博和狄奥多罗斯曾经做过记载。日本学者针之谷钟吉说："巴比伦的'悬空园'，直译为'悬挂园'，或依其景观译为'架空园'或'空中园'，它依附在'巴比伦城墙'之上。"其实所谓空中花园只是各层土台屋顶上的屋顶花园。据说整体是金字塔形的台地层（约四层或更多），也有说是建有不同高度的越上越小的台层建筑组合成剧场般的建筑物。其底边长及台高，一般推测为每边 120 米，呈方形，高约 23 米。各个台地用墙或拱廊支撑，内部有很多洞窟和浴室。近台地的四边，覆土种植各种树木花草，从整体上看，像是被树林覆盖着，呈小山的景观，高高耸立在巴比伦平原的中央。"空中花园"，同样具有礼仪的作用，它的产生是由于从马尔都克神庙出城到依斯特庙、年节庙举办宗教游行的需要。

古代印度建筑

古代印度位于亚洲南部的印度次大陆，外表像一菱形或钻石形。印度这一名称来源于印度河。发源于喜马拉雅山的印度河和恒河，为发展农业提供了自然条件。印度的北方为喜马拉雅山脉所阻隔；西面的兴都库什山脉，是印度与西方的交通要道，雅利安人就是通过这个要道进入印度的。印度的南半部是三角形的半岛，东为孟加拉湾，西为阿拉伯海。南部的德干高原有森林和矿产，多沼泽草原。沿海平原区气候宜人。古代印度包括今巴基斯坦、印度、孟加拉和尼泊尔等国。

古代印度大致可以分为四个时期：第一时期是公元前3000年~前2000年的印度河文化时期，有考古发掘的摩亨佐·达罗等古城；第二时期是公元前2000~前500年的吠陀文化时期，建筑以木结构为主；第三时期为公元前324~前187年的孔雀帝国，这个时期是佛教兴盛的时期，最具代表性的是石建寺庙和石窟；第四时期是公元6世纪以后，婆罗门教又重新取代了佛教，后来转化为印度教，还有专修苦行的耆那教，形成了婆罗门教和耆那教寺庙。公元11~12世纪，伊斯兰教徒先行在印度北部建立了几个王朝。到公元15世纪末，印度的建筑伊斯兰化了。

印度建筑最重要的建筑是宗教建筑，即使是城市也具有宗教的意味。马里奥·布萨利指出，印度建筑的"整个建造活动具有一种巫术仪式的意义：首先要用占卜术来进行选址，并要将魔鬼、精灵以及除神庙所供主神之外的其他神祇都驱除出场地，以确保所选地段和宇宙之间存在着一种和谐的对应关系"。在马里奥·布萨利看来，印度建筑的基本主题就是对"中心"的表现。这一主题对于建筑和城市规划都是同样适用的。每一座寺庙或宫殿都是一个宇宙轴心，一个神圣的中心，它是天、地，甚至冥世的交汇点。由于在整个印度地区直至今日都将村落视为人类聚居的基本单元，因此，将这种中心的象征加以拓展，就成了城市平面中反复出现的母题。这种观念首先是在摩亨佐·达罗城得到体现。

公元前3000年在现今巴基斯坦的印度河下游有一个城市叫摩亨佐·达罗（MohenjoDaro），意为"死者之丘"。城市分东西两部分，中间一条主要干道宽达7米（一说10米），城的西区是城堡，建在一个高约10米的人工平台上，城的北半部中央有一个水池，长12米，宽7米，深约2米，据推测可能是宗教祭祀建筑，水池的东面和北面可能是宅第，池的西面是谷仓。城堡的南半部是会堂和寺庙，会堂可能是祭祀用的，是一个每边长约28米的方形大厅，里面是四排砖砌的圆柱。寺庙的四周有柱廊，里面有走道和各种房间。另外城里还有高塔。从水池、寺庙等推断，这个时候古印度已经形成了自己的宗教体系，建筑也初步形成自己的形制。

印度是一个笃信宗教的国家，印度的宗教派别众多，婆罗门教、佛教、印度教、耆那教等，在这样的环境中，人们活动都以宗教为中心，我们以此可以来理解为什么印度的建筑主要是神庙。

像巴比伦人崇拜山岳一样，印度人相信神是住在山上和岩洞里的。于是，他们开始建造可以称其为山丘和洞窟的建筑。黑格尔指出："按照印度人的观点，人类本身是神或要变成神，活人与死人的严格区分在印度就不存在。因此，印度的建筑在未受到伊斯兰教来源影响的时候，不是用来住死人的，而是像上述那些奇特的洞穴一样，属于建筑艺术的一个较早的时期。"在印度，寺庙因其巨大的体量成为山的隐喻。在印度人看来，山是宇宙之柱和世界轴心的象征。而神庙只有和山联系起来的时候才真正具有神圣性。

印度卡尔利支提窟

印度的神庙最主要是支提和毗诃罗。支提（Chaitya），原义是火葬的柴堆，泛指礼拜场所，在佛教建筑中特指塔庙、祠堂或佛殿。其中最著名的是卡尔利（BuddhistChaitya，Karli）的支提窟。毗诃罗（Vihara）意思是休闲安居的园林，佛教建筑指的是僧房、精舍和寺院。早期的支提和毗诃罗是木构建筑。这种毗诃罗（僧院）主要包括一个正方庭院，围着几排僧房，它也许达三层，或更多层。院子中间是一座小庭堂，有石柱或木柱支撑。而遗存至今的多为仿木结构的岩凿建筑，称作支提窟或毗诃罗窟。这种石窟建筑常常位于峭壁上的岩穴中，是印度典型的建筑类型。在印度人的观念中，大地的隐深处和神域之间存在着某种关系。佛教的僧徒依山凿窟，这些石窟往往是用来举行宗教仪式的。

印度神庙的主要表现形式是窣堵坡（Stupa）。帕瑞克·纽金斯说，所有的印度庙宇都是庙山，佛教传统的古典结构是窣堵坡，但它根本不是一座建筑物，而实际上是一个巨大的土山丘。窣堵坡是用来埋佛陀或圣徒骸骨的，它往往采用象征天宇的半球形的建筑物。马里奥·布萨利指出，窣堵坡具有多重象征意义，如：一种神秘力量的中心（世界的轴心）；一种从外部看的宇宙形式；作为墓穴、衣冠冢或圣骨所；以及佛陀传教和圣迹的纪念物等。它还被建在新占领的土地上，作为一种祭品和忠于土地的象征。它代替了祭坛的意义，并被视为法力遍及宇宙的佛陀化身。而据国内一些学者研究，窣堵坡具有"宇宙之树"、"众神之窟"、"宇宙之柱"以及"太丘之初"的意味。最著名的一个窣堵坡是建于公元前250年的桑吉窣堵坡。

印度桑吉窣堵坡

　　桑吉窣堵坡的半球体直径32米，高12.8米，立在4.3米高的圆形台基上。半球体是用砖砌成的，它的表面贴一层红色砂石。四周有一圈印度特有的石栏杆，每面正中设一个门，朝正方位。栏杆仿木结构，在立柱之间用插榫的方法排着三根石料，断面呈橄榄形。立柱顶上用条石连成一个环。门高10米，覆满了深浮雕，轮廓上装饰着圆雕，题材大多是佛祖的本生故事，英国学者渥德尔形容道，除了象征品（其中莲花代表无染无着是最突出的），繁复的花卉藤萝，侍候的天神天女和禽兽之外，这些雕刻的伟大特色是本生故事。也有少数佛陀生平历史场面。马里奥·布萨利则说，桑吉建筑群的重要性不仅体现在其宗教意义方面，也体现在它将建筑与雕刻糅合为一体，从而可以通过其装饰来追溯起源。在这里，窣堵坡真正成了佛的化身，它更是对佛及其统治整个宇宙和精神世界的无边法力本质的显现，即通过一种非偶像化的形式来表现佛的存在。它以一种对天穹的隐喻，象征着佛的无处不在和无迹无形。通过这种方式，佛不仅被视为是人类的导师，更被视为是宇宙的本体。富有意味的是，在桑吉窣堵坡的顶端，有一个方形石栏围着的直径逐渐变小的具有树的造型意味的圆形伞状结构。除了桑吉窣堵坡之外，在锡兰尚存有原始状态的窣堵坡，如阿奴拉德普勒古都内公元3世纪始建的睹婆罗摩"达伽巴"（Thuparramadogoba），这种窣堵坡在锡兰被称作达伽巴。

玛雅建筑

　　玛雅的建筑可以分为三个阶段：第一阶段为前古典期，约为公元前2500～公元250年，是玛雅文明的形成期，其建筑形态为住房附近有简单的墓葬，石砌墙和土台建筑，这表明祭祀崇拜中心已经形成。第二阶段为古典期，约为公元250～900年，是玛雅文明鼎盛期，这一时期各地有较大规模的城市和居民点，主要城市有蒂卡尔、科潘、帕仑克。第三阶段是后古典期，亦称玛雅—托尔特克期，约为公元900～1520年。玛雅北部的尤卡坦半岛上的奇琴—伊察等地，

玛雅神庙

出现了新的城邦，被称为玛雅文明的复兴。1450 年以后，玛雅文明再次衰落。从 1520 年开始，西班牙人侵入墨西哥，并对玛雅地区进行疯狂的破坏，导致玛雅文明的覆灭。

在玛雅，大多数古城的中心是一座城堡或一座神殿。玛雅人的建筑强调宗教建筑物的庄严性，在台基上建造神庙，玛雅金字塔就是在这些台基上发展起来的。玛雅建筑主要分布在蒂卡尔等遗址。

蒂卡尔（Tikal）是玛雅文化的中心。城中央是祭祀和统治中心，根据地势筑成高台，其中有几处是宏伟的金字塔式的神庙。最高的一座神庙高达 75 米，人们可以通过一个陡峭的阶梯直达庙门。高耸在金字塔顶端的小神庙，几乎完全模仿砖坯小屋的模式。这些神庙同时也是国王的陵墓。美国学者 B. M. 费根指出，玛雅的庙宇是用来祭祀的。"玛雅统治者们常常在精巧的神圣历法中选择恰当时刻慰劳他们的众多神灵（这些神灵中有些是善神，有些是恶神）。每一个神圣之年，以及数年的每一周期，都由不同的神控制着命运。需要用献祭的贡物来讨神喜欢才能保证国家继续存在下去。有些献祭的贡物是人。"这种祭祀可以说是世界上最残酷的活人的祭祀，达到了血腥的程度。

玛雅人的宫殿建在高台上，其特点是建筑物又长又低，并且建造在空旷场地上。帕瑞克·纽金斯认为，他们完全没有必要抬高地基而使建筑物在高度上超出丛林。譬如乌斯马尔的地方长官府邸，长达 330 英尺，坐落在高 43 英尺的人造台地上。据估算，建造此台地需要 2000 人连续工作三年，每人每年出 1200 天，每日的材料搬运量达 1000 吨之多。

印加建筑

"印加"（Inca）意为"太阳之子"。据传说，其最早的统治者曼科·卡帕克于公元 1000 年左右带领部落来到南美秘鲁一带的库斯科，建立帝国。库斯科城的金字塔式的庙宇、宫殿都用巨大的石块建造。其中有建于 12 世纪的蒂亚瓦纳科太阳门。有人形容印加太阳神庙，是在朝东的一块圣地上建造起来的，整个神庙是用精心修整的、平坦而巨大的石板砌成的。为了让空气流通，屋顶造得很高，用茅屋盖成，还有一个很优美的祭台。大殿的四周墙壁从上到下全部镶上较厚的纯金片，所以这座神庙得名为"金宫"。在正面的墙壁上有太阳神偶像，它是个绘有男子脸形，周围环绕着光芒和火焰的用黄金制成的圆片。它面朝东方，在受到初升太阳光直接照射时，就放射出万道金光。在太阳神偶像的左右两侧，按照古代习俗在金御椅上供奉着历代印加王的木乃伊，远远望去，它们就像真人。大殿中央置有一个华丽的御椅，举行典礼时，印加王便坐在御椅上。有人曾经体验，站在神庙的屋顶，看到早晨太阳升起，自然会产生对太阳的崇拜。

值得指出的是，古代美洲的文明是高度发达的文明，然而它竟然毁灭了。这究竟是什么原因呢？有人认为是由于战争或外来入侵；有人认为是古代玛雅人在某种传染病，或者在一连串的传染病中大批死去，文明由是中落；也有人认为，依据当地的耕作方式，土地连续种植三年就不会有好的收成，许多城市人口稠密，仅仅奇琴—伊察，人口就由20万急增到50万，这势必要有更广阔的玉米地来满足人们的要求，所以，庞大的生活费用使玛雅文明走向衰落。E. H. 汤普生则坚持自己的观点，信奉古希腊人的宇宙循环理念，认为民族和文明也是这样，玛雅文明由生而死，只是完成了一个生命周期，在此之前的其他民族的兴亡也是这样。而热尔曼·巴赞则指出，在世界的其他地区，没有一个文明民族如此长期地被可怕的超自然的力量所主宰，没有一个地方的人类比他们更可悲地意识到处于一个敌对世界中的软弱无能。他们认为人活在世上，就是为酷嗜死亡和杀戮的，甚至奉献血的供物，太阳必须日日喂给人血以继续它的进程。文明完成了一个生命周期是有道理的，我们可以从古代埃及、古代巴比伦，甚至古代印度来说明，但是，古代美洲的文明还是有其特殊性的，这就是"酷嗜死亡"和"杀戮"，也有可能导致一种文明的毁灭。

古希腊建筑

古希腊位于欧洲南部，地中海的东北部，包括希腊半岛，爱琴海诸岛，今日土耳其西南岸、意大利南部和西西里东岸，都属于古希腊范围。在这种海洋性的地理条件中，希腊不是以农耕，而是以海上开拓谋求生存。希罗多德在《历史》第一卷中指出，希腊人已在全世界我们所知道的气候和季节最优美的地区建立了自己的城市。

因为伊奥尼亚周边的任何地方，不管是北方、南方、东方还是西方，都不像它那样得天独厚。在其他地区，气候不是寒冷和阴湿，就是暑热和干燥，使人非常烦恼。而在希腊，气温介于冬夏之间，处于适中状态。气候越趋于适中的地方，那里的大自然越发明亮和愉悦，便越广泛地表现在生气勃勃和聪明机智的形象上，表现在果断和大有作为的特点中。在这样适宜的气候中，人们更多地把精力投入到艺术创造上来，包括建筑艺术。

公元前 2000 年至前 1100 年，希腊处于爱琴文明或者说米诺斯文明时代，克里特岛是爱琴海岛屿中最大的岛，非希腊语的卡里亚人等创造了克里特文明。希腊人的一支——阿卡亚人从巴尔干半岛的北部南下创造了迈尼锡文化。由于爱琴文明的发现，使得希腊成为世界五大文明发祥地之一。公元前 1100 至前 800 年为荷马时代，又称英雄时代。公元前 800 年至 500 年是希腊城邦形成时期，称为古朴时代，又称早期希腊。爱奥尼亚人城邦形成了爱奥尼式建筑，多立安人城邦形成了多立克式建筑。公元前 500 至前 330 年间，希腊进入了古典时代，这是希腊的黄金时期，在建筑艺术上取得了伟大的成就。主要建筑类型有卫城、神庙、露天剧场、广场等，并在伯罗本尼撒半岛形成了一种新的科林斯柱式。从公元前 334 年，亚历山大开始远征波斯，到公元前 325 年东侵结束，建立了一个庞大的帝国，其领土西起希腊，东到印度河流域，北抵中亚，并使东方希腊化。公元前 1 世纪末，希腊被罗马征服。但是希腊建筑不仅影响了罗马建筑，也影响了整个欧洲的建筑。

雅典卫城与神庙

每个城市都有中心，同时也有它的守护神。奥斯瓦尔德·斯本格勒在《西方的没落》中说道，城市有其自身的文化，农民同其家舍的关系，就是现今文明人类同城市的关系。农舍有农舍的各种神祗，城市也有城市的守护神，有自己本地的先圣。城市正像农民的农舍一样，也根植于土壤之中。希腊的雅典就是以其保护神雅典娜

古希腊雅典卫城

而得名。

雅典卫城（acropolis）原意是"城顶"或者是"城市最高处"。典型的城市成群地围绕着一个山岗或高岩，理由是很简单的，山顶原是天然的要塞，同时容易建筑工事，防御敌人。所以山顶或城堡最初便是城市，在希腊语里叫做 Polis，由于居留地扩大，分布到山冈很远的地方，卫城就是位于中央高处，冠以建筑的地方。卫城的山顶大致平坦，高于平地 70～80 米。东西长约 280 米（一说 300米），南北最宽处 130 米。卫城的建筑群的一个重要的革新是突破小小城邦国家和地域的局限性，综合了多立克艺术和爱奥尼艺术。

卫城山门（Propylaea），建于公元前 437～前 432 年，是由建筑师穆尼西克里（Mnesicles）设计建造的。山门前后各有六根多立克式柱子。东面的高 8.53～8.57 米，西面的高 8.81 米，底径都是 1.56米，檐部高与柱高之比为 1：3.12。为了通过车辆与牺牲组成的献祭队伍，山门为五开间，中央开间特别大，中线距是 5.43 米，净空3.85 米。门的西半部，沿中央的道路两侧，有三对爱奥尼式柱子。朝圣者经山门进神殿时，会感到山门非常美观。

柏拉图曾赞美希腊的典礼，他说，过去有一个时候，美本身看起来是光辉灿烂的。那时我们跟在宙斯的队伍里，旁人跟在旁神的队伍里，看到了那极乐的景象，参加了那深密教的入教典礼——那深密教在一切深密教中可以说是达到最高神仙福份的；那时我们赞颂那深密教还保持着本来真性的完整，还没有染到后来我们要染到的那些罪恶；那时隆重的入教典礼所揭开给我们看的那些景象全是完整的，单纯的，静穆的，欢喜的，沉浸在最纯洁的光辉之中让我们凝视，而我们自己也是一样纯洁……我们可以想象，在庆典的节日里，古代的雅典人是如何排着长长的队列，从广场绕到进入卫城路上，走上通往山门的台阶，而山门向外突出的两翼犹如伸开的双臂，以迎接从外面来的崇拜者。山门的右边的城堡上立着一座尼克·埃普台若斯神庙（胜利神庙）。进入卫城这个圣地时，最醒目的是帕提农神庙。而帕提农神庙是卫城最重要的神庙，位于卫城的最高处，是供奉雅典娜神的神庙。

神庙是古希腊最辉煌的建筑。神庙在希腊文中写作 naos，爱奥尼亚方言是 neos，它的原意是"神居住的地方"。这个词还有一个狭义的用法，意思是"放置神像的神龛或内室"。建筑神庙是希腊宗教发展的重要标志。最初的圣地中的建筑物是露天的祭坛。随着宗教活动的制度化、程式化、简陋的、天然的祭拜场所已不符合宗教活动的需要。建筑水平、工艺水平的提高，使人们已能铸造大大小小精美的神像，并感到有必要为这些神的化身建造容身之地了。此外，随着城邦制的形成，希腊宗教活动同城邦的社会活动日趋密切，也使得在圣地建造神庙以供祭仪活动的正常进行成为必要。……由于神庙建筑和神像铸造凝结着希腊人的艺术才能和智慧。以至于有些西方学者称古典希腊文化为神庙文化，到了公元前 5 世纪和 4 世纪，希腊的神庙建筑达到登峰造极的地步。热尔曼·巴赞说，希腊寺庙的规模比埃及寺庙小得多，通常包括一堵矩形的光墙，四周有单一的或成双的列柱。神像安置在内殿，内殿通常分为三个部分：内殿前是门厅，内殿后是圣器室或宝库。房间都很暗，只有顶上透光。

在前部和后部（正立面），徐徐倾斜的三角形屋顶构成两个三角形断面——山墙，饰有雕刻。古希腊神庙建筑贯穿于每个时期。古希腊信奉多神教，这些神灵据说是住在北部的奥林匹斯山顶上，他们由原先的祖先崇拜转化为守护神崇拜，于是各民族、各城市、甚至各家庭与各人均有其守护神，所以到处建造神庙。最初的希腊神庙是非常简陋的，后来神庙从砖木结构转向石结构，到公元前6世纪逐渐定型为围廊式。最著名的就是帕提农神庙。

帕提农神庙（Parthenon）原意为"处女宫"，始建于公元前447年，前438年基本完成，前431年完成雕刻。主要是由伊克蒂诺斯（Iktinus）设计的，卡利卡蒂斯（Callicrates）也参加了设计，神庙中的雅典娜雕像是由黄金和象牙雕成的，由著名的雕刻家菲迪亚斯创作。它是卫城的主体性建筑，总面积达2100平方米。神庙长69.5米，高20米，由60多根多立克柱式构成柱廊。其柱高10.4米，底径约1.9米，柱身表面刻有20道竖向凹槽。柱上的石梁不加雕饰，梁上的三陇板之间是高浮雕，描述希腊神话中拉庇泰同马人搏斗的故事。还有几个数据足可以说明它是希腊最大的多立克柱式庙宇，8×17柱，台墓面30.89×69.54米，底径1.905米。神庙设前殿、正殿和后殿。它是卫诚惟一的围廊式庙宇，形制最隆重。帕提农神庙命运多舛。公元5世纪时，神庙所供奉的雅典娜雕像被东罗马皇帝搬走后失踪，现仅存台座。神庙在6世纪改做基督教堂，东端加了一个半圆拱，1458年被土耳其占领后改做清真寺，并在西南角建了一座尖塔。最后神庙成了军火库，1678年在土耳其与威尼斯的战争中神庙被炮毁，只剩下30多根石柱和断壁残垣。但今天依然可以看出其恢宏的规模和整饬精严的风格。无数现代建筑大师都奉帕提农神庙为最高建筑典范。

美国学者伊迪丝·汉密尔顿赞美道：帕提农神庙，大柱笔直挺立，磐石朴素坚实，建筑物正面是三角形的屋顶，显明突出，没有任何其他装饰。这种绝对简单的结构，在全世界庄严辉煌的庙宇、

古希腊帕提农神庙

教堂、宫殿的建筑群中独树一帜，这是希腊的奇迹。庄严又富有人情——地地道道的希腊式。它没有埃及的建筑中那种超人的力量，也没有印度的建筑中那种超自然的不可思议的形式。帕提农神庙是人性、人情的集中体现：宁静，洒脱，条理井然，坦荡自若。希腊人以他们强劲有力、欢乐明快的格局向大自然挑战。他们在山巅建造庙堂，远眺大海，背靠一线蓝天。他们的心愿是建造比大海、高山和蓝天更伟大更壮丽的建筑物。至于庙宇体积的大小，那是无关紧要的，谁也不过问它的体积。再说，由于年代久远，有的已沦为废墟了，不过这也没有关系。几根白色的大柱毫不动摇地矗立在森尼恩的上空，它们与鸟瞰大海以及雅典四周广阔大地的帕提农神庙一样威严。对于希腊的建筑师来说，人是世界的主人，人的理智能够理解世界的规律，人的内在精神能够领悟世界的美。

帕提农神庙是胜利的丰碑，它体现着人的力量，人的光辉，人的美：

奇迹，奇迹知多少——没有一个比人更美妙！

他跨越风雨中白浪涛天的海洋——奇迹，

他主宰野山与丛林中的禽兽——奇迹，

他掌握了语言，思想敏捷——奇迹，

啊，人的奇迹！

胜利神庙（AlthenaNikeTemple）又称尼克·埃普台若斯神庙，坐落在卫城山门右翼的城堡上。这个神庙是爱奥尼式的，神庙的设计人是卡里克拉特（Callicrat）。公元前421年开始兴建。台基的面积很小，前后有四棵爱奥尼式柱子。保罗·麦克金德里特说，当朝圣者从山门向上走过一段台阶后，他会看到一座胜利女神的浮雕。像在帕提农一样，这里的人像也都是成几何对称的向一个中心点的移动（这儿是西边），并在那里为雅典娜举行仪式。胜利神庙是以祈祷而不是以庆祝胜利为目的，它是原来围绕山岗而建的许多小神庙的惟一遗物。

圣林起源于埃及，这是一种依附于神庙的树林，即在神庙四周植树造林形成神苑，产生神圣与神秘之感。古希腊人对树木具有敬畏观念，甚至作为宗教礼拜的对象，如古希腊妇女对于植物之神阿多尼斯的崇拜就是如此。圣林所栽树木主要有棕榈树、解木树、悬铃木。在荷马史诗中也描写过谢丽亚的圣林、山林水泽仙女的圣林及卡吕索普的圣林，他们往往作为墙壁围在祭坛的四周，以后才逐渐带有神苑的景观。在著名的阿波罗神庙周围有一个圣林的遗迹，长达60米到100米。在奥林匹亚附近、环抱着宙斯神庙的圣林中，除有许多祭神殿外，还有一些地方并排放置了不少雕像、瓮等，故称之为"铜像与大理石雕像之林"。古希腊哲学家柏拉图办的学校称为"学园"（Akademeia），就因为设在园林中之故。公元前4世纪著名的学者讲学的园地，内设祭坛、雕像、纪念碑，以及亭子、花架、林荫道、坐椅等。因此，后来欧洲的高等学府往往都有优美宁静的环境。

希腊公共建筑

让－皮埃尔·韦尔南指出，在希腊思想史上，城邦的出现是一个具有决定性的事件。在他看来，城邦在公元前8～7世纪的出现本身，就标志着一个开端，一个真正的壮举；它使社会生活和人际关系呈现出新的形态，后来的希腊人将充分体会到这种形态的独特性。他认为，其中最重要的特征之一是，社会生活中最重要的活动被赋予了完全的公开性。我们甚至可以说，只有当一个公共领域出现时，城邦才能出现。而公共建筑就是城邦最重要的体现。

城邦：雅典古城在公元前2000年后期就成为繁盛居民区，前8世纪建立城邦，前5世纪发展为古希腊最大城市和文化中心。整个古城，南北长约5000米，东西长约7500米。城区建有神殿、市政厅、议政厅或元老院议事厅、露天剧场和广场等建筑。公共建筑更多地体现在神性—力量性的城市中，而在宗教—伦理性的城市中公共建筑不太受到重视。在神性—力量性的城市中，公共建筑是一个城市的窗口，而城市又是公共建筑赖以生存的基础。

古希腊德尔菲圣地

圣地：传说在希腊神话中，天帝宙斯为了测定出宇宙的中心点，便派遣两只鸟飞跃四方形的宇宙的四个顶点，得到的交叉中心点，就是现在离雅典市北方两小时车程的优雅山城德尔菲（Delphi）。德尔菲圣地包括阿波罗神庙区和马尔马利亚神庙区。在阿波罗神庙区有阿波罗神庙、宝库和剧场、运动场等建筑；在马尔马利亚神庙区有雅典娜神庙、圆形堂、宝库和祭坛等建筑。古希腊人在圣地定期举行节日庆祝，古希腊人从各个城邦来到这里，参加竞技体育、戏剧、诗歌、演说等等文体比赛。而在圣地最重要的地方，建造起建筑群的中心——神庙。而以神庙为中心的场所，成为公众欢庆的聚集地。

剧场：雅典最重要的公共建筑之一。古希腊剧场，往往建在神庙附近，其最早的特征是一个圆形场地，在悲剧形成以前，可能就已用于歌舞表演，观众在山坡上或坐或立，围着圆场看戏。大约在

古希腊埃比道拉斯剧场

公元前 6 世纪时山脚下正式辟出一块平台，平台上建成一个 66 尺直径"圆场"（orchestra，歌舞场）。这一片圆场后来一直供表演之用。圆场后面的建筑物是后来加建的，称为"斯坎那"（skene），他的原意是"更衣棚"。古希腊最著名的剧场是埃比道拉斯剧场（Epidaurus），由建筑师皮力克雷托斯设计，在公元前 330 年建造，中心是一个圆形舞场，观众席建在山坡上，形成一个围绕乐池的看台，可容纳 13000 人。令人惊奇的是，它的声学效果非常理想。埃斯库罗斯的《俄瑞斯特亚》是公认为最早明显地需要一个背景建筑的剧本，把它用作宫殿或庙宇。尼采在《悲剧的诞生》中赞美道：

希腊的剧院建筑使我们想起了一座孤寂的山谷：那观众坐席的建筑就如同一片光明的云彩，在芭葵看来，就如同他们是从山峰上呼拥而下一般，那么神妙的结构；而在其中央，狄俄尼索斯将自己显现给他们了。

狄俄尼索斯是希腊的酒神，也是植物神，当他显示给人们看的时候，不仅悲剧艺术，而且建筑艺术也真正诞生了。

罗马神庙

与希腊神庙的三层台墓相比，罗马神庙是建在高高的墩座上，在前面只要通过台阶就容易进入正殿，正殿前是纵深的门廊，门廊的柱廊延扩大到神庙周围。最典范的建筑是万神庙。

万神庙（Pantheon）原是公元前 27 年古罗马统帅 M. V. 阿格里帕（M. V. Agrippa）神庙，居然在公元 80 年遭到雷击。公元 120 ~ 124 年罗马皇帝哈德良重建。公元 609 年教皇卜尼法斯四世将它改名为圣母与诸殉道者教堂。万神庙的基本构思是宇宙象征意义。它是罗马的单一空间，集中式构图的建筑物的代表，也是罗马穹隆技术的代表。在 19 世纪以前，它是世界上跨度最大的穹隆顶建筑。万神庙是前柱廊式的，但焚毁之后，重建时，采用了穹顶覆盖的集中式形制。门廊面阔 33 米，16 根科林斯式的柱子分 3 行排列。大门两侧放置着奥古斯都和阿格里帕的雕像。万神庙是圆形的，穹顶直径达

古罗马万神庙

43.3米，顶端高度也是43.3米，按照当时的观念，穹顶象征天宇。它中央开一个直径8.9米的圆洞，象征着神的世界和人的世界的联系。从圆洞（圆天窗）射来柔和的光，照亮空阔的内部，有一种宗教所特有的气息。

约翰·B·沃德－珀金斯对罗马万神庙赞赏有加，认为这个建筑超过了希腊的帕提农神庙。布鲁诺·赛维对罗马的万神庙的空间评价非常高，他说，在罗马万神庙出现之前，人类从未创造过内部空间，只不过是一些空窍而已。原始人是害怕空间的，这一时代的标志是糙石巨柱——一个直立的长石：毫无用处，古代东方人则创造了许多实体建筑，如金字塔和巨柱如林的庙宇。在这些庙宇里，大量的巨柱占据了空间。古希腊使庙宇中的柱子人格化了，但仍然忽视空间。罗马的万神庙首先把空间这种摸不着而又实际存在的东西作为一种建筑的表达手段，它的空间是羞怯的，被沉重的实体所包围，内外联系过于狭小。大殿里惟一的采光口是顶端的圆形天窗，它加强了穹顶内部方格藻井上的光影变化，使建筑物显得厚重坚实。

但是，罗马建筑与希腊相比，最主要的还是体现在公共建筑的新的类型上。

罗马公共建筑

古罗马最重要的建筑表现在公共建筑上。黑格尔说道："希腊建筑艺术的特征在于既彻底的符合目的性而又有艺术的完美，既高尚素朴而又装饰得很轻巧美妙；罗马建筑艺术在机械的方面固然见出特长，比起希腊建筑艺术较富丽豪华，但比不上它的高尚秀美。此外，到了罗马时代，在建筑里出现了许多希腊人所不曾知道的目的。我在开始时就已说过，希腊人只把艺术的豪华和优美运用到公共建筑方面去，他们的私人住房始终是微不足道的。至于罗马人则不但扩大了公共建筑的范围，例如他们的剧场、斗兽场以及其他公共娱乐场所都把结构的符合目的性和外观的豪华壮丽结合在一起，而且在私有建筑方面也大有发展。特别是国内战争以后，别墅、澡堂、走廊和台阶之类都建造得极豪奢，从而替建筑艺术开辟了一个新的领域，其中包括园林艺术，以富于才智和审美趣味的方式发展得很

古罗马图拉真广场

完美。罗马建筑的这一类型给后来意大利人和法国人提供了范本。我们德国人长期受到意大利和法国的影响，最后才回到希腊，用古代的较纯粹的形式做模范"。公共建筑最主要是体现在广场建筑上。

罗马广场"Forum"是直接从希腊的"agora"演绎过来的。罗马城里都有中心广场，是历代皇帝为满足日渐增长的社会、法律、商业及节庆的需要而建的。在广场中可以发布公告、进行审判和欢度节日，甚至角斗。约翰.B.沃德－珀金斯指出，罗马广场最初形成时是一种多功能的开敞空间，交替地被当做社区中顶礼膜拜的设施、政治或军事集会场所、露天法庭或者市场，还可以当做公共娱乐场所。其中著名的有3个，即恺撒广场、奥古斯都广场和图拉真广场。

恺撒广场供奉的是维纳斯神庙，前廊有8根柱子，进深三跨，广场成了庙宇的前院。维纳斯是恺撒家族的保护神，因此，广场显然是恺撒个人的纪念物。广场中间立着镀金的恺撒的骑马青铜像。而奥古斯都广场首次用建筑物的形式形成广场。像恺撒广场一样，也在两侧各造了一个半圆形的敞廊讲堂给雄辩家用。围廊式的庙宇是供奉战神的。而图拉真广场竟几乎要把皇帝崇拜宗教化了。图拉真在奥古斯都广场旁边建造了罗马最宏大的广场。广场的形制参照了东方君主国建筑的特点，不仅轴线对称，而且做多层纵深布局，有意识地利用建筑布局酝酿建筑艺术高潮的到来，而建筑艺术的高潮，也就是皇帝崇拜的高潮。在君主制度下，广场本身就是一种政治礼仪的产物。房龙指出，罗马人喜欢修凯旋门，纪念圆柱，而且要从上到下，布满精美的雕刻。他说道，在罗马图拉真纪念柱上，图像占660英尺，共计2.500个人物，千姿百态，表明图拉真皇帝在达契亚地区进行讨伐战争的各个场面，有皇帝拉开弹弓准备射击的场面，有被俘的野蛮人的几百个首领被斩首的场面。图拉真广场正门是三跨的凯旋门。在纵横轴线的交点上，立着图拉真的镀金的骑马青铜像。最有特色的是高达35.27米的纪功柱。柱头上立着图拉

古罗马奥朗治剧场

真全身像，1588 年改为圣彼得像。这些记功柱和凯旋门是出于礼仪的用途。

剧场是罗马最重要的公共建筑。最著名的有公元前 44 年－前 13 年建的马采鲁斯剧场（TheatreofMarcellus）、公元 50 年建的奥朗治剧场（TheatreofOrange）等。马采鲁斯剧场的观众席可以容纳 1 万到 1.4 万人。外墙分上下两层，都是券柱式，现在还保留着部分墙壁。奥朗治剧场在现在的法国南部，有一个直立的舞台，使剧场外表统一，这个剧场可以容纳观众 7 千人左右，它造在山坡上，观众席一半利用地形，一半构造起来。罗马剧场的基本设计是从希腊剧场变化而来的。有人指出，罗马剧场一般都建筑在平地上，而希腊剧场是利用山的天然斜坡以开辟观众看台。希腊剧场的观众看台超过半圆以上，而罗马剧场的观众看台是正半圆形，半圆以外的观众席位因为视线不好而都被切去。罗马剧场的台口高度一般不超过 5 尺，舞台上的建筑墙面装饰得非常华丽。上面提到的奥朗治剧场，有一堵设有三扇门的正面墙，装饰有许多对称的柱子、三角饰、壁龛和雕像。因此，不论在设计、建筑和装饰等各方面来看，剧场是罗马建筑中最高成就之一。

古罗马大角斗场

大角斗场"Clolosseum"，又称大斗兽场，是为角斗表演而建的。它不仅是罗马最具有代表性的公共建筑，也是一种象征着永恒的建筑。大角斗场平面是椭圆形的，中心是一个中央"表演区"，有60排阶梯座位的观众席，可以容纳8万观众。观众席分荣誉席或称贵宾席、骑士席和平民席等5区。看台上下5个部分，有80个出入口。大角斗场的外观非常雄伟，高48.5米，分四层，从第一层起，分别为多立克柱式、爱奥尼柱式，科林斯柱式，用连续的券廊围成一圈，最上一层是科林斯壁柱。从规模、技术和艺术风格各方面来看，大角斗场都是古罗马建筑的代表作之一。

公元3世纪时，十字拱券平衡体系成熟，把罗马建筑又推进了一步。浴场建筑较之于纪念性建筑要低微一些，属于功能性建筑，其代表作是罗马城里的图拉真浴场（BathsofTrajan）。卡拉卡拉浴场（BathsofCaracalla）和戴克利先浴场（BathsofDiocletian）。早在共和时期，罗马城里就仿晚期希腊的模式，建造公共浴场。后来又把运

动场、图书馆、音乐厅、演讲
厅、交谊室、商店等等组织在
浴场里，形成一个具有社交等
多用途的建筑群。伯高·帕特
里奇说道，在罗马人的生活
中，洗澡是一项极为重要的内
容，甚至他们的建筑物，也都
与浴室有关。马提雅尔曾经这
样描述了一座公共浴池："噢，
奥庇阿努斯，如果你没有在伊
特鲁库斯浴室洗过澡，那你这
一辈子就算根本没有洗过澡。"
那座浴池规模宏大，绿白相间
的大理石铺地，热气房旁边排

古罗马引水渠

着一些池子，由提图斯修建的一条水渠，直接将水从亚平宁山引到
这儿。浴场规模非常大，如公元 217 年建成的卡拉卡拉浴场可以容
纳 1600 人；戴可利先浴场可以容纳 3000 人。这些建筑不仅是罗马
建筑的景观，也丰富了罗马的天际线。

在 B. M. 费根看来，罗马的物质遗产在于道路系统和城市建设。
这项道路系统今天仍为欧洲和近东的许多交通提供了基础；而城市
是仍然繁荣着的现代城市。陈志华在考察了意大利之后描述道："古
罗马的城市建设，在当时可以说是世界上第一流的，甚至在很长的
时期内，很少有如此规模的城市建设。如古罗马帝国大建驿道，尤
其在意大利本土，驿道密布如网。古话说，条条道路通罗马，其中
最重要的一条是从卡普亚直达罗马中心广场的阿庇亚大道。这是从
恺撒大帝以来，历次重大战役之后，军队凯旋，到中心广场去举行
仪式的典礼性大路"。"引水渠也是古代罗马城市的一道景观，一共
有 11 条输水道通向古罗马城，都架在高大的石砌券拱上，有十几公

里长的，有几十公里长的"。我们由此可以想象罗马城当年壮观的景象。

罗马花园与庭院

古罗马文学家维吉尔（Virgil，公元前70~前19年）在其作品《极乐世界》（Elysium）中描绘了一种"理想景观"，这种"理想景观"可以和上帝的伊甸园相媲美。就像有人指出的那样，"理想景观不是对纯粹自然景观的描绘，而是一种关于理想化的人类生活的概念，伊甸园的另一个版本。"但是从古罗马现实存在的花园和庭院来看，它受到古希腊的影响，主要分宫苑和贵族庄园。最著名的有罗马近郊的哈德良离宫（126~134）。罗马皇帝尼禄的金屋园。而从发掘出来的庞贝和赫尔库朗涅牟两处的遗址中，我们可以清晰地了解罗马别墅和园林的状况。针之谷钟吉指出，这两个罗马时代的三等城镇，在公元79年被维苏威火山爆发后的熔岩所覆没，自18世纪以来经过多次发掘已经展现于世，特别是庞贝故城已相当完整地显露了出来。大体是广庭与列柱廊相结合的家庭住宅和平整的街门布局，建筑中还有丰富的雕刻、笔画、嵌石画等装饰艺术。其中维蒂

古罗马维蒂府邸

府邸属庞贝末期的建筑，现在府邸内栽培了植物，使它几乎完全恢复了原状。这是古罗马住宅庭院的一个范例。它由柱廊和喷水雕像组成，在当时流行的波纹边黄杨花坛中，种着常春藤，灌木及花卉。如此完整的古迹呈现在人们面前可以说是一个奇迹。

二、中古建筑

早期基督教建筑

就像希腊神庙一样，早期基督教建筑首先是建造在天国的，这是人类幻想的产物。早期基督教继承犹太教的纯粹的精神性，排除对偶像的崇拜，因此早期基督教的宗教建筑像犹太教一样，是停留在想象中的。顾晓鸣说，《圣经》给我们透露了种种消息。根据传说，"上帝的殿"最早是在伯特利（Bethel，词意即为"上帝的殿"），"耶和华站在梯子上说，我是耶和华，你祖亚伯拉罕的上帝，也是以撒的上帝，我要将你现在所躺卧之地赐给你和你的后裔。你的后裔必像地上的尘沙那样多，必向东西南北开展。……这地方何等可畏，这不是别的，这是上帝的殿，也是天的门。……我所立为柱子的石头也必作上帝的殿……"但是，由于希伯莱人的流动性和历史上的流散，在相当长的时间里，"圣殿"实际上是流动的，圣所的建立是在定居迦南之后，而早先，约在"西奈山得启示"之后，则有犹太的移动式圣殿——mishkan（圣幕，tabnernacle），《出埃及记·26》中有详细的描绘。就像人类是按照自己的形象来创造上帝一样，"上帝的殿"虽然不是一种现实的存在，但是，它也有现实的依据。

有了"上帝的殿"就会有"上帝的城"。同时"上帝的城"也是和世俗的城相对应的，公元5世纪圣·奥古斯丁所著的《上帝之城》一书中写道，公元410年，哥特人洗劫了罗马城，一些人把这场灾难（这是公元476年罗马城毁灭的预演）归咎于罗马人不再信仰古代诸神的结果，他们说，当罗马人信奉朱比特（Jupiter，罗马神话中最高的神，即希腊神话中的宙斯）的时候，罗马一直保持强盛；但现在皇帝们都不再信奉他，所以它也不再保护罗马人了。奥古斯丁说，自从亚当犯了原罪以后，世界便被分为两个部分，两个城市：一个是上帝之城，一个是世俗之城。前者是上帝所代表的天国，后者是魔鬼撒旦统治的地狱。但在现世，这两个部分是混在一起的人类历史，就是上帝的信徒和魔鬼的信徒之间的斗争的历史。斗争的结果就是要在最后审判时将这两个城市分离开来，让上帝的信徒同上帝一起生活在幸福的天国，而让魔鬼的信徒受地狱的折磨。世俗城市罪孽深重，它的劫难、毁灭在所难免，正是在罗马的废墟上，将建立起永恒、充满仁慈、光明和幸福的上帝之城。但是在政府和社会里，圣·奥古斯丁所描述的两种城并行不悖，作为中世纪生活双重性的纪念物，教堂和城堡这两种杰出的中世纪建筑巍然矗立，同时，天堂乐园与人间的庭园也是相对应的。

耶略撒冷城：公元前996年，以色列国王大卫攻占耶路撒冷，并定都于此。诺斯罗普·弗莱指出，城市的意象自然是集中在耶路撒冷。城在象征的意义上都是女性，正如"metropolis"（大都市）一词所提示我们的，是"母亲的城市"。在他看来，耶路撒冷圣殿分成3个部分：外殿是市场，内殿是信徒的聚集地，最内为至圣殿，是代表上帝存在的地方，用账幕遮挡，大祭司每年进入一次（《希伯莱书》）。在弗莱看来，耶路撒冷位于山的顶端，因此它象征性地成为世界最高点。《诗篇》说，"众支派，就是耶和华的支派，上那里去"。这里所指的地点，就是耶路撒冷。它的圣殿高接天空，正如魔鬼的模仿巴别塔曾企图达到的那样（《创世纪》）。他认为，对于基督教来说，一座处于这个位置的城或建筑物也就是世界的拱顶石。移开它，就会释放出各种造成混乱的力量。《诗篇》屡屡地把上帝的圣殿或圣城和控制它底下的"洪水"象征性地联系在一起。例如《诗篇》就把建在混乱之上的世界和进入圣殿的行列联系在一起。圣墓教堂建于 335 年，为古罗马皇帝君士坦丁一世的母亲海伦娜太后在耶稣墓地所建，是基督教的圣迹之一。而对于犹太教来说，大卫的儿子所罗门王完成大卫时开始营建的宫殿和神庙，扩建了城市，并在安锡山上建造犹太教圣殿，奠定了作为宗教中心的神圣地位。罗伯逊说，公元前 621 年，耶路撒冷的祭司长呈报国王约西亚说，他在圣殿内获得了"法典"。结果，就发生激烈的改革，禁止偶像崇拜，除耶路撒冷的圣殿而外，所有神堂都被改做俗用。犹太教圣殿的西墙，犹太人称为"哭墙"，约建于公元前 1 世纪末，毁于公元70 年和公元 135 年，后又在遗址上修建起围墙，成为犹太教圣迹之一。在这里，富有意味的是犹太教、基督教，甚至伊斯兰教都把耶路撒冷当作圣地。

所罗门的神庙：神权政治在希伯莱人那里也有相类似的表现。诺斯罗普·弗莱指出，据说所罗门用七年时间在锡安山上建造了神殿，用 13 年时间建造了他自己的宫殿，然后又听从他 700 个妻子的建议，亲切友好地为摩洛神和基末神在锡安山对面的一座山上建立了神殿（《列王记上》）。据摩根斯登的研究，所罗门神庙的建筑位置十分特殊，每当新年之日，太阳的光线恰好照进神庙的时候，便被看做是上帝耶和华的光辉照临圣殿，国王直接充当大祭司，手捧香炉步入神庙内殿，重燃圣坛之火，举行一年一度的赎罪仪式，从而重新确证自己统治的神圣性。新年礼仪在希伯莱具有重要的象征作用。

伊甸园：从造园的意义上说，我们可以追溯到《圣经》。"天堂"的希伯莱文是"Parde"；波斯文是"Pairidaeza"；希腊文是"Paradeisos"。据《圣经词典》解释，"伊甸（Eden）"意为"喜悦、欢乐，源于希伯莱语的'平地（eden）'一词"。伊甸园还被叫做"天主乐园"、"耶和华之园"。《旧约》的《创世纪》，其第二章记述的伊甸园是：

耶和华上帝在东方伊甸立了一个园子，把所造的人安置在那里。

耶和华上帝使各样的树从地里长出来，可以悦人的眼，其上的果子，好作食物，园子当中又有生命树，和分别善恶的树。有河从伊甸流出来滋润那园子。

日本学者针之谷钟吉说伊甸园可以在巴比伦平原中找到它的实地，而按照诺斯罗普·弗莱的说法，伊甸园的范围是从埃及伸展到印度。而在我看来，伊甸园与其说是一种真实的存在，不如说是一种想象的存在，或者说是一种原型。而在人间存在的花园则是所罗门的庭园。

所罗门的庭园：在旧约时代中期（公元前1000年），作为以色列三代王的所罗门的事迹，应作为确实的历史加以研究。所罗门王能使人感到亲切，可从《新约》中看出。《旧约·列王纪（上）》说，"所罗门王致力于建筑，在耶路撒冷建有'黎巴嫩宫'、'柱庭'、'所罗门王宫'、'巴罗女儿之家'及其他神殿。此外还建有城堡'积货城'、'屯车城'和'兵马城'。"所罗门在其所著《旧约·传道书》第二章说："我为自己大兴土木，建房，设葡萄园，修园围，植多种果树，并掘池用以灌溉茂盛的林木"。所罗门之所以成为极其荣华之王的代号，似因他是喜爱建筑，并且如此热衷于建筑的国王，当然也重视造园和园艺。

罗马地下墓窟：与教堂、城堡和花园截然不同的景观是基督教的地下墓窟。因为基督教一开始是在地下活动的，16世纪，在罗马的郊外发现了大量的地下墓窟。罗马地下墓窟是早期基督教徒的地下墓群。大约建于1~5世纪。墓窟总数高达60~80万，在墓窟中还开辟了集会、祈祷场所。从总体上说，墓窟群约有43处，墓道总长达480多公里。圣卡利斯托墓窟是其中最大的墓窟。在墓窟中发现有雕刻的石棺、圣油坛、圆形彩色玻璃浮雕和绘有耶稣形象和圣经传说故事的壁画以及题铭和宗教图签等。

拜占庭建筑

公元4世纪，罗马帝国已经衰落，公元330年，罗马皇帝君士坦丁将都城迁到帝国东部的拜占庭，称之为君士坦丁堡。公元395年，罗马帝国分裂，变成了东西两个帝国。西罗马帝国的都城在拉文纳，公元476年被日耳曼人吞并。东罗马帝国以君士坦丁堡为中心，建立了拜占庭帝国。它包括叙利亚、巴勒斯坦、小亚细亚、巴尔干、埃及、北非和意大利，还有一些地中海的岛屿。公元7世纪之后，由于封建分裂状态的发展，拜占庭帝国逐步瓦解，日渐没落，只剩下巴尔干和小亚细亚，后来几次遭受西欧十字军的蹂躏，气息奄奄，终于在1453年被土耳其人灭亡。

拜占庭帝国虽然被视作罗马帝国在地中海东岸的继续，其实它更像是亚历山大皇帝建立的希腊帝国的再现。它在成为罗马帝国一部分的时候吸收了罗马文化的一些内容，经过长时期的融合。到公元5世纪末6世纪初，它即以被称为"拜占庭文化"的特征逐渐展现在人们的面前，这是一种富丽堂皇并充满生气的"文化"表现，是有着深厚根底的文化的"解放"。在建筑领域，西里尔·曼戈认为，"在早期（4~6世纪），尽管处于转变过程中，基本上还属于古罗马式建筑"。"6世纪拜占庭建筑（被认为是'宇宙'帝国的建筑）代表着古代建筑长期发展的一个终结。""有人可能倾向于说在第7世纪后，或肯定在第9世纪后拜占庭建筑的确有了一种特殊的外观并一直保持到帝国的消亡"。拜占庭建筑就是拜占庭文化的形象体现，而且集中体现在君士坦丁堡。

君士坦丁堡始建于公元330年，因罗马皇帝F.V.君士坦丁（约280~337年）而得名。遗址在今土耳其伊士坦布尔市内。这个城市三面环水，控制着博斯普鲁斯海峡的咽喉要道，同时又位居欧、亚两大洲之间，形势十分险要，到公元6世纪时发展成欧洲最大城市，人口达40~50万。当时的主要建筑如君士坦丁的宫殿，这是城中之城。竞技场，不仅是游乐中心，而且也是仪式的中心。另外只剩少数教堂。在当时被称为坚固无比的君士坦丁堡城墙亦只有部分残存。君士坦丁堡最重要的建筑是圣索菲亚大教堂。这座教堂离海很近，从四方来到君士坦丁堡的船只远远就能望见，是拜占庭帝国极盛时代的纪念碑。

君士坦丁堡圣索菲亚大教堂

圣索菲亚大教堂（SantaSophia）建于公元532年至537年。这是查士丁尼皇帝在6世纪为他的首都而建的东正教中心教堂。圣索菲亚大教堂是"一个传奇也是一个象征"（西里尔·曼戈语）。这座教堂的设计没有先例，它是将当时各种建筑技术融合在一起的集合体。它有纵向的轴线，中庭两侧有排柱。东西长77.0米，南北长71.7米，构成一个方形的平面，上面有一个高55米的中心圆顶，因此被称之为一种圆顶的巴西利卡。它完全可以与罗马万神庙和伦敦的圣保罗大教堂相媲美。这个巨大的圆顶稳定地搁在四个拱形门上，圆顶的两侧有两个直径相等的半圆顶，这两个半圆顶又各有3个附属圆顶来做支撑。这座大教堂被认为是拜占庭建筑艺术的杰出代表。当15世纪拜占庭陷落以后，土耳其人只在教堂外的四个角上添了四条尖顶圆柱，就很自然地改造为清真寺了。

在落成典礼上，保罗说道："这圆顶好像是从天国上用金链子吊下来的。"查士丁尼皇帝则称赞道："噢！所罗门主，吾终于胜过汝。"当时的拜占庭历史学家普洛科皮乌斯（Procopius）说道："它们以令人难以置信的技巧在半空中彼此上下飘动，最后在这些部件上面矗起的工程表现出无比的和谐。""人们觉得自己好像来到了一个可爱的百花盛开的草地，可以欣赏紫色的花，绿色的花；有些是艳红的，有些闪着白光，大自然像画家一样把其余的染成斑驳的色彩。一个人到这里来祈祷的时候，立即会相信，并非人力，并非艺术，而是只有上帝的恩泽才能使教堂成为这样，他的心飞向上帝，飘飘荡荡，觉得离上帝不远……"宗教哲学家费尔巴哈指出："……在当时祭神的祈祷室里，光线不是通过纯洁无瑕的、清澈透明的媒介物，而是通过涂上各种色彩的窗户射入的。……仿佛自然的光芒与祈祷的光芒不相容，仿佛精神只有在把自然界遮蔽起来的黑暗中才能被祈祷的烛光所激发。"爱尔兰现代诗人叶芝在《驶向拜占庭》一诗中，表明了他对于拜占庭的向往：

可是没有教唱的学校，而只有

研究纪念物上记载的它的辉煌，

因此我远渡重洋而来到

拜占庭神圣的城堡。

拜占庭建筑的中期是在 7 至 12 世纪，建筑规模大不如前，特点是向高发展，中央穹隆没有了，改为几个小穹隆群，并着重于装饰。如墓辅的圣索菲亚大教堂。

俄罗斯教堂的风格也是令人关注的。房龙说道，中世纪的时候，俄罗斯统治者对于俄国老百姓应该有什么宗教信仰发生疑问。于是派出聪明伶俐的人，组成代表团，分赴世界各地，去考察种种相互对立的教派的优缺点。圣索菲亚大教堂的宏伟瑰丽镇住了俄国人，因此他们决定信奉东正教。12 世纪末，俄罗斯形成了民族的建筑特点。如诺夫哥罗德的圣索菲亚大教堂。除俄罗斯之外，保加利亚、南斯拉夫和罗马尼亚等东正教国家，也有一些著名的教堂。这种教堂不仅给当地的基督信徒带来了一种寄托，也产生了地方性的景观。

改造为清真寺的圣索菲亚大教堂

拜占庭建筑有其特定的政治体制、思想意识和技术特点。汪国瑜指出，建筑的发展总是和政治体制与思想意识分不开的。东西罗马代表东西欧，其宗教和历史发展都不一样，自然都影响着代表性的建筑物——教堂建筑的发展，因此东正教和天主教的教堂在形制上、结构上、艺术上以及在技术上的发展都不一样，代表着两个不同的建筑体系。它们在建筑史上都做出了重大的贡献。以君士坦丁堡为中心的东罗马在教堂建筑中推行并发展的是沿袭古罗马的穹顶结构和集中式朝拜形制。它的特色是平面多为规正的圆形或正方形，然后在上面建造穹顶。从技术的角度说，拜占庭建筑形成了一种砖块与粗石构造技术，同时又有筒形拱顶、半圆形穹顶和交叉相贯穹顶三种拱顶方式。

无论是巴西利卡式的教堂还是罗马式的教堂亦或拜占庭式的教堂，都是一种艺术形式，一种审美对象。俄罗斯的 E.T. 雅科伏列夫把教堂建筑的情感化作用比做戏剧演出本身。他说道，教堂建筑变为一种把艺术作用的整个体系连为一体的必须的审美背景，拜占庭长方形大厅的森严、玲珑的神殿，罗斯托夫—苏兹达尔国令人感动、使人感觉亲切的小教堂，诺符戈罗德和晋斯科夫的严峻、雄伟的大教堂，莫斯科的宏伟富丽的五圆顶式教堂，欧洲中世纪的直耸云霄的哥特式教堂，佛教宝塔的对称的两翼建筑和朦朦胧胧的伊斯兰教清真寺——这一切有机地编入世界宗教的复杂艺术体系中，增强了那种在形象语言和舞台化戏剧演出的综合作用基础上产生的独特的审美氛围。语言和戏剧演出的审美、情感作用，倘若处在它得以实现、表现和存在的宗教建筑环境之外，是不可能被深刻地感到和理解的。值得指出的是，西方的艺术都是从教堂或者说通过教堂表现出来的，戏剧、音乐是在教堂里表现的，如中世纪的宗教剧和唱诗班的歌唱艺术和管风琴的演奏；绘画装饰艺术是通过教堂表现出来的，而教堂本身也是一种艺术。

哥特式建筑

哥特式建筑创作是一种宇宙观的反映。在人们看来中世纪是一个黑暗的时期，但是在建筑方面却有着很高的美学价值。房龙说，哥特式的建筑形式是寻求更多的光线和更大的空间的必然结果。这个我们称之为哥特式的艺术，在其流行的整个时期，始终是一篇美丽动听的童话。确实，一说起哥特式的建筑，建筑家们就会说到尖拱，装饰性窗格，相互交叉的拱肋支撑的拱顶和飞扶壁等。法国建筑史家路易斯·格罗德茨基说，哥特式建筑的特征，包括束柱、尖塔（为了增加扶壁的重量，通常在上部冠以一个小塔尖）、山花、多叶式的玫瑰窗和分隔成尖叶状的门窗。这些形式组合的变化标志着哥特建筑的民族或地区属性，以及它所处的发展阶段。正是这些特征使它成为在以希腊罗马为代表的古典艺术之外的又一个建筑传统。

哥特式（Gotische，亦译高惕式）一词，和"野蛮"的形式相联系，可以说是一种蔑称，这是 16 世纪艺术史家瓦萨里提出的。就像热尔曼·巴赞所说的，"哥特式"（"Gothic"）一词是"日耳曼"（"tedesco"）或条顿（文艺复兴时期意大利人用以贬低中世纪艺术的用词）的法语同义词。确切地说，哥特式起源于哥特族，哥特族是波罗的海和黑海一带的游牧民族，是中世纪初期入侵欧洲的"蛮族"中的主要力量。蛮族在文艺各方面对欧洲带来了新鲜血液，特别是在建筑方面。建筑是中世纪基督教欧洲的主要艺术贡献，主要代表作是一些大教堂，它们大半是哥特式的。黑格尔把中世纪艺术归为浪漫型艺术，也主要从哥特式建筑着眼的。

法国哥特式教堂

热尔曼·巴赞指出，像古代寺庙一样，教堂是城市的纪念碑，在文明所创造的全部伟大纪念碑形式中，教堂最好地表现了全社会的共同努力。但是在我们看来，教堂是城市的礼仪中心。在中世纪，教堂作为一种礼仪中心起到了一种凝聚力的作用。也就是说，哥特式教堂在一个城市中起着非常重要的宗教礼仪作用。而对于市民或者教徒来说，一个城市拥有一个宏伟的教堂，是值得骄傲的事。法国的亚眠主教堂、博韦尔主教堂、兰斯主教堂和沙特尔主教堂就成为彼此竞争的城市纪念性建筑。其中沙特尔教堂形成了一种大教堂建筑的模式。

沙特尔大教堂（chartresCathedral）原来是 9 世纪建的罗马风教

法国沙特尔主教堂

堂，在毁于一场大火后，于 1194~1260 年重建。从外部看，西侧正立面，比例和谐，但是风格迥异的两个塔楼，明显地不对称。在双塔之上是耸立的锥形塔尖，直刺云霄。从中间的正门进入，首先映入眼帘的是宽敞的中殿，两边是侧廊。砖石方柱于拱顶相接，高约 37 米，内有两个大的玫瑰窗及两个尖拱窗的侧高窗，装有 160 块 13 世纪的彩色玻璃。威廉·弗莱明说："墙壁的空间通过形式和色彩的语言和所表现的宗教题材与礼拜者进行交际。在阳光和煦的日子里，透射进的阳光将地面和墙壁变成了不断变换着色彩的镶嵌细工。神秘的光柱和天窗也使拱门、护间壁和拱顶似乎具有无限的空间和高度。由于观者的眼睛自然而然为光线所吸引，因此使人觉得内部仿佛完全是由窗构成的。"任何一个人，当他沿着沙特尔大教堂的三叶拱走动，"沐浴在宝石一样火红晶莹的液体中和先知的长袍的绿色之中时"，就会领悟到，梦是如何变为现实的，"站在教堂会产生步入天堂的感受"。（帕瑞克·纽金斯语）沙特尔大教堂建筑过程就是对哥特式建筑的探索过程，并由此形成了完善的哥特式建筑体系。

在法国似乎更有名的是巴黎圣母院，这一方面和巴黎是法国的中心有关，另一方面得益于雨果的小说《巴黎圣母院》的传播。

巴黎圣母院（Notre – DamedeParis）是在莫里斯·德·萨莱（Bishop-MauricedeSully）任主教时的 1163 年开始奠基兴建，1250 年间基本建成，直到 1345 年才全部完工。像欧洲的所有著名建筑一样，如此长的建筑时间，意味着这是在建造一座永恒的建筑，而从艺术上说，就像雨果所说的是"一部规模宏大的石头交响诗"。

法国巴黎圣母院

它的平面呈十字形，宽47米，深约125米，可以容纳万人参加礼拜仪式。中心形成一个穹隆，其上的尖塔高达90米，直刺云霄。著名的西立面下部是三个深凹的大门，中间一个是"最后的审判"的主门，左右两边是"圣母"和"圣安娜"的次门。这三个门带有连续环绕的拱券，每个拱券上都刻有圣母、圣婴、圣徒像。三个门的上方也有一排刻有法国历代29位国王的雕像带。雕像带上面有一个直径13米的"玫瑰花窗"。再上面是一连串连续的尖圆拱券，将两个高60米的方塔楼连为一个正整体。有人描绘道，当阳光照射进来，或是当夜间燃起烛光，彩色玻璃反射出奇异的光影，高大的穹隆，矢形的尖圆拱，以及教堂中混合着洪亮的管风琴、唱诗班歌声、牧师的布道声，这一切烘托出一种腾空而起的动感，一种向天堂接近的神秘幻觉，有力地体现了超脱尘俗的宗教情感。这是一种神秘的陶醉，近似柏拉图所说"最高神仙福分"。也就是说，教徒们在这样的教堂中做礼拜，会产生一种神秘的体验。也许正是由于这种神秘感应，雨果创作了《巴黎圣母院》，也正是在雨果小说的影响下，这个经历过战火和法国大革命而遭到损坏的建筑，又在维奥莱·勒迪克的主持下，花费了20年才得以修复，使得这个建筑像雨果的小说一样流芳百世。

英国哥特式建筑

英国哥特式建筑，主要是在1170至1240年间，有人称之为早期英国风格。伍德福特指出，英国哥特式建筑的特征是简单的没有窗花格的锐尖形窗口，类似于法国的哥特式建筑的窗子和入口。但是，也有不同于法国哥特式的风格。如强调水平因素正是一切英国中世纪教堂都具有的设计特征。另外就是运用复合的装饰线脚为拱券和垂直支柱式作装饰，以及用黑色的珀贝克（Purbeck）大理石装饰的柱身来与浅淡的石灰石相对照。结果这种设计要比法国流行的更为强调线条与装饰效果。英国哥特式建筑较早的有坎特伯雷主教堂，而以索尔兹伯里主教堂、威斯敏斯特教堂等最为著名。

索尔兹伯里主教堂（SalisburyCathedral）建于 1220~1265 年。这个教堂据说是因为一支箭或者一个梦而建在这个远离村落的平原上。从外面看，这个教堂是一个长而矮的，中央有座高约 123 米的塔楼的建筑。而内部中厅低矮而深，两侧各有一侧厅，可以容纳更多的教士。内部分割成横条状，南面有一个回廊及八角形的教士会堂。路易斯·格罗德茨基说，"艺术史家对索尔兹伯里大教堂有着特殊的兴趣：它位于中轴线上的矩形礼拜堂（建于 1220~1225 年间），带有与中厅同样高度的侧厅，这一侧厅又与矩形的回廊相结合。对透明、精致的追求，导致了空间的融合和各部分间的统一，这种融合与统一由于极度细长的大理石柱而得到加强。"这个教堂对于后来的教堂有着直接的影响。

威斯敏斯特教堂（WestminsterAbbey）位于伦敦议会广场西南侧，10 世纪英王埃德加于此建造正式教堂，由本笃会修士主持。1050 年英王爱德华下令扩建，1065 年建成耳堂，1163 年建成中殿。现有哥特式教堂为 1245 年亨利三世重建的，后又不断扩建。教堂采用了扇形拱顶，平面为拉丁十字形。总长 156 米，宽 22 米，大穹隆顶高 31 米，钟楼高 68.5 米。整个建筑被认为是英国哥特式建筑中的杰作。

另外还有德国的哥特式建筑，如科隆大教堂，是德国的第一座真正的哥特式建筑。意大利尽管对哥特式建筑是排斥的，但著名的米兰大教堂就是典型的哥特式建筑。

中古印度建筑

印度的婆罗门教排斥了佛教，后来汲取了一些佛教教义，得名为印度教。公元 10 世纪起，印度各地普遍建造起了大量的婆罗门庙宇。它们的形制参照了农村公社的公共集会建筑物和佛教的支提。庙宇既是神的居所，又是神的本体。

印度婆罗门教的建筑分北方的、中部的和南方的几种类型。帕瑞克·纽金斯说，北方的庙宇外形简朴，由塔门厅加上围绕的步廊

印度婆罗门斯瓦拉庙

构成，而且有一圈约 6 英尺高的墙，把圣地和世俗之地隔开。南方
的德拉维式庙宇则十分复杂，在一条轴线上建有许多院子，从外面
可以明显地看出其相互独立的部分。院落由走廊连在一起，但有各
自的入口。庙内有两种主要结构，一是基础宽大的朝拜厅，轮廓呈
又低又矮状；再一个是较小的方形神龛房间，高高覆于其上的锡哈
拉。在奥里萨邦首府巴内斯瓦尔的婆罗门斯瓦拉庙（Brameswara），
建于 9 世纪，坐落在印度东北部。它的外观为三段组合式，自下而
上由台基、华丽的雕刻带和顶部的锡哈拉组成。另外还有马哈巴利
普兰岩凿寺（RockhewnTemple，Mahabali - Puram）、科纳拉克太阳寺
（TempleoftheSun，kanarak）以及松那特普尔卡撒伐寺（KesavaTem-
ple）等。

　　耆那教（Jainism）是婆罗门教的一个分支，"耆那"（Jaina）是
这种教创造者筏驮摩那的称号，意思为"胜利者"、"完成修行者"，
因此，耆那教也称为"胜利者宗教"。但是由于耆那教否认吠陀的权
威，所以被婆罗门教认为是异端。它像佛教和婆罗门教一样，也有
自己的庙宇。

　　耆那教庙宇，主要是在印度的北部，盛行于公元 1000～1300 年

间，英国学者 A. 麦唐那指出，北印度耆那教的庙宇量显著的特点是立在修道室门口前面的一个耆那教圣哲的塑像，他如佛陀一般地盘腿坐着。这个入口门是以支持在八个柱上的圆顶屋构成的，圆顶屋的每一对相邻的柱形成一个拱门，这是由圆柱顶端的下部"柱头"所分出的"支柱"所形成的。如此"支柱"予依附在柱头的"轩缘"以额外的支持，穹隆室是以平行方向的石材构造的，一层层向中心掩砌着，直到最高的屋顶部分，然后用一块石板封闭着屋顶。无疑的最初的平行圈本是八边形的，在交角的地方横放着平直的石板，但是渐高则石板逐渐被凿成构成圆圈中的弓石状，所以形成逐渐狭小的石圈环，直到最高处始将穹隆顶封闭着。使人难以理解的是，耆那教的教义提倡苦修、禁欲，甚至残酷地自我折磨，但是其庙宇却又非常重视华丽的雕刻。其中阿部山维乌拉寺（VimalaTemple，MountAbu）是一座现存最早也是最完整的耆那教寺庙。

但是对于印度来说，印度教和耆那教都相继衰落了，而伊斯兰教却兴盛起来，莫卧尔帝国统治印度时崇拜的是伊斯兰教，建造了为数众多的以大穹顶为特色的清真寺、陵墓等建筑。清真寺最著名的是布兰·达瓦札，陵墓最著名的是泰姬—玛哈尔陵。

泰姬—玛哈尔陵（TajMahal）于 1632 年始建，于 1647 年建成，是莫卧尔王朝最杰出的建筑物，它以美丽著称于世界，号称"印度的珍珠"，为世界七大建筑奇迹之一。泰姬—玛哈尔是印度莫卧尔王朝第五代皇帝沙杰罕（1628～1658 年在位）的妃子的墓。关于这个建筑流传着一个美丽的爱情故事，即皇帝和他的妃子的爱情故事，因此，也有人又把这个建筑称之为象征永恒爱情的建筑。这个建筑是由小亚细亚的乌斯达德·穆哈默德·伊萨·埃森迪（UstadMuhammedIsaEthendi）设计建造的，是伊斯兰建筑的形式。它背依朱木那河，形成一个长 576 米、宽 293 米的长方形的大花园。一个十字形的水渠把它分为四份，中央开辟成方形的水池。水渠和水池里都有喷水口。草地之后，正中是白色大理石的陵墓，修建在高 7 米，长

印度泰姬—玛哈尔陵

95 米的正方形台基上。台基四角耸立着 40.6 米高的圆塔。陵墓本体是海边 56.7 米的正方形而抹去四角。中央穹顶的直径 17.7 米。在这个穹顶之上，一段不高的鼓举起一个葱头形外壳穹顶，它的顶端高于台基面大约 61 米，形成了一组布局完美的建筑群。诗人尼札米（Nizami）说这座宫殿"掩映在与空气和谐一致的面纱里"，它的穹顶"闪闪发亮像面镜子……里面是太阳外面是月亮"，它一天之中呈现出三种颜色……拂晓是蓝色，中年是白色，黄昏则是天空一样的黄色。这样的建筑简直可以说是一种完美的存在。

印度的古代园林并没有原物保存下来。人们是根据公元前 4 世纪希腊人的记述和印度两大文学史诗《罗摩衍那》和《摩诃婆罗多》来推断，后来又参考中国高僧玄奘《大唐西域记》记载。日本学者针之谷钟吉说道，印度的古典庭院的主要成分中，水居首位，而水常被贮放在水池中，具有装饰、沐浴、灌溉三种用途，即水池既是荡漾着清新凉爽气息的泉池，也是进行沐浴净身宗教活动的浴池，还是培育浇灌植物用的贮水池。尽管水及凉亭等使用也实现了这一目的，但他们还在庭园中创造更多的绿树浓阴。因此，作为庭园植物的绿阴树也备受重视，而不用花草造园，他们只在水池中种莲花，似乎还特别喜欢开花的树木。但是由于穆斯林进入印度，印度的园林艺术具有伊斯兰的风格。其中最有代表性的是莫卧尔帝国的创建者巴卑尔建造的"诚笃园"（1508~1509年），可惜今已不存。这个园林是方形的花圃，以十字型的水渠将花园分成四块，交叉点的中心有喷泉。花圃种有树木和花卉。以水为特色的印度的园林，具有独特的审美意义。

印度建筑的风格，首先体现在平行法穹隆建筑。A. 麦唐那说，此种平行建筑的穹隆建筑物的优点是没有横压力，而古典式与哥特式的建筑物则因用辐射式的穹隆常感到横压力的压迫。所以更细微而精美的支柱在印度建筑物中是可以用的。此型式的另一结果是在穹隆内部的顶中心使用吊钟饰物，穹隆的饰物也是向心的圈环形状，而不是罗马式或哥特式穹隆的垂直线条。此种样式可以有多种变化而不至失去良好的趣味，并且因之使耆那教穹隆成为精致屋顶的最优美的样式而为其他地方所不能见到的。而马里奥·布萨利则提出了印度建筑的三种方式，希卡罗式、维那摩式和瞿布罗式。

其次，是表现出装饰超过了建筑本身。在印度的寺庙中，装饰品占有非常重要的地位，就像伊迪丝·汉密尔顿所说的那样，"印度的庙堂是光彩夺目的装饰品的荟萃，富丽堂皇的装饰把建筑物的轮廓线条都盖没了。雕梁画栋，各种形体仪态的雕刻以及装潢点缀，重重叠叠，使人眼花缭乱，给人的印象是，它们不是一个整体，而是各种图案的汇集，内容异常丰富，使人迷惑，似乎没有设计与安排，只是如此这般地适应装饰的需要而已。"在汉密尔顿看来，"每件装饰品都是精工细刻的佳作，具有一种神秘的含义。整个庙堂外观的重要性就在于让艺术家们在它的上面镌刻真理的形征"。因此，与其说这种寺庙是建筑，不如干脆说它是装饰。

德国哲学家谢林则将印度的建筑与哥特式建筑相比，认为印度的

印度教神庙

庙宇和塔式建筑与哥特式一样，类似于植物。谢林指出："印度建筑和哥特式建筑之间的相似，饶有意味，并为人们所关注。……庙宇和塔式建筑纯属哥特风格；甚至一般建筑，也不能没有侧翼和尖顶塔。作为建筑装饰之叶片，无疑源于东方。东方情趣无处不归避所谓界限，而着意于无限；这种铺张在哥特式建筑中无疑同样有迹可寻；而且印度建筑以其宏大犹有过之。它的每一座建筑，其规模均相当于一座巨大的城堡；此情此景，同样可见于世上高大的植物。"而马里奥·布萨利则将印度建筑与巴洛克建筑相比，"印度神庙（仅限于印度教建筑）的整体性效果，在某种意义上讲很接近巴洛克风格，特别是建筑表面的动势和由此产生的光影效果。当然，这是一种夸张的、厚重的、具有异国情调的巴洛克风格，但其多样化的艺术语汇和表现方式却产生了极为丰富而含蓄的效果。与西方的巴洛克建筑相比，印度教神庙外观上的装饰和处理的确都有一种陌生的、令人费解的风格。"印度建筑的这些风格特点影响了东南亚的建筑。

东南亚建筑

　　印度文化的影响可与希腊文化的影响相比。东南亚建筑主要受印度的影响，并且以佛教和婆罗门教的庙宇为主要建筑，其中最著名的是柬埔寨的吴哥窟和爪哇的婆罗浮屠。富有意味的是，这两个神庙建筑都是在经历了极其辉煌的繁荣以后突然被人遗弃了或者说消失了，后来又被人发现以后，令世界感到震惊。

高棉人将寺庙视作他们所崇拜的神的住处，而不是信徒们的聚会之所。他们相信神确实是以其真形居住在那里的。阿尔坎杰罗·桑托罗说，神庙不仅为当地人民的宗教信仰赋予了具体的形式，也以象征的方式表达了其内涵。这些神圣的建筑物严格遵循中心式的布局，并根据四个主要的方位确定朝向；正面与主入口则面向代表生命之源的东方。主要的圣殿象征着世界的中心和众神的居所——妙高山，它建在城市中心和国王宫殿附近，因为国王正是神授权统治大地的人。这种庙宇的结构和布局方式延续了数百年，即使在建筑风格的不断更新中也没有丝毫改变。显然，这一注重精神意义的建筑类型所具有的静态特征，阻碍了其根本性的变化。但从宗教的角度看，重复却并非软弱的标志，而是显示了某种神圣仪式的重要性。这种布局的方式体现在最重要的建筑吴哥窟中。

吴哥窟（AngkorVat）由高棉帝国的国王苏利耶跋摩二世创建，为世界上最大的宗教建筑群。这是一座兼有佛教和婆罗门教意义的庙宇，也是国王的陵墓，位于吴哥城的东南部。寺基长约 1000 米，总面积 40000 平方米。最外一圈围墙东西长约 1480 米，南北长 1280 米，墙外是 190 米宽、8 米深的人工河。建筑群中心是一座金刚宝座塔。金刚宝座塔在纵横两条轴线的交点上。台基基底为 211 × 184 米，上面沿边围一圈廊子，他们和四个长方形的过厅以及中央的方形神堂又组成一个田字形的布局，把五座塔连接起来。中央神塔高约 25 米，连台基和两层平台一起总高大约 65 米。这个建筑物，曾经在 1177 年和 1431 年两次遭受战争的严重破坏，又由于宗教信仰的缘故，被冷落了 500 年。1861 年法国博物学家皮埃·洛蒂（Pier-reLoti）来到了这里，当他在寻觅珍贵的热带植物时发现了柬埔寨艺术宝藏。经过艰苦的工作，到 1873 年，终于恢复了以前的光彩。吴哥窟在中世纪的世界建筑史上占有重要的地位。

热尔曼·巴赞说道，在东方诸民族中，独独高棉人显示出真正的建筑才能。它们懂得如何依据明确的原则规划城市，如何将城市建设成和谐的雄伟的整体，创造堪与西方最优秀的建筑相媲美的寺庙型。高棉人比印度人更为自信，避免任何可能妨碍思想自由发展的精确性，他们毫不含糊地认为寺庙应是宇宙的形象，因而以山的形式创造寺庙。他们将印度的门塔对称地、一层一层地安置在角锥形平台建筑上，使整个建筑逐渐升向中心殿堂……这种带有一系列附属建筑的中心布局，使人联想起中世纪的监狱和城堡，是高棉人所创造的君主神权政治的完美象征。为自己立庙的可能性促使君王们争胜不已，同时解释了在那个国家中建筑兴旺发达的原因。巴赞对于柬埔寨的吴哥窟给予了高度的评价。

爪哇婆罗屠

爪哇婆罗屠（Brobudur）是一个由许多石塔组合而成的石构建筑，又称"千佛塔"。帕瑞克·纽金斯说，16世纪初，葡萄牙人来到爪哇时，这一建筑密密实实地覆盖在林木和丛莽之中，没有人知道它的存在。它是在很久以后，才被人发现。以前人们误认为是一个小山山顶的地方，却原来是座很大的佛教的塔。这个"佛教的塔"

就是爪哇婆罗屠，它约建于公元 800 年。它建造在默皮拉火山山麓的一千巨大的方形小丘上，由数万劳动力，用了 15 年时间，花费了大约 200 万块石头建成的。婆罗浮屠窣堵坡是印尼乃至世界的最重要的纪念性建筑之一。

1. 埃利希·诺伊曼说道，在圣殿四周，例如从埃及神殿到爪哇的婆罗浮屠，参加仪式者必须沿着一条仪式规定的道路，从外围绕到中央的殿堂。爪哇婆罗屠就是这样的仪式性建筑。朝拜者在通往婆罗屠的过程中，实际上就是灵魂涅槃的旅程，像吴哥窟一样，朝拜者沿着长长的走廊通道，不断地向上、向里走，通过自我否定的 9 个阶段——9 层佛塔——而达到领悟。朝拜者的礼仪是从塔基（欲界）开始，1 至 6 层为折角方形，象征"地"（色界），7~9 层变成了圆形，象征"天"（无色界）。每层都有佛龛，共有 432 座。每层圆台都设小塔。共有 72 座。最后朝拜者登上山顶，凝望着直径约 10 米，高 7 米的大塔，在那里存在着他们所永远期待的那种神秘事物。阿尔坎杰罗·桑托罗说，它令人联想起妙高山（位于宇宙中心的山），是"山"与"中心"的象征。他指出，有关婆罗浮屠的象征意义一直是人们广泛讨论的热门话题。一些学者认为它是一个供膜拜者冥想和受悟的地方，膜拜者以这种方式以求达到佛的量高境界；另一种观点认为它也可能是对统治全岛乃至整个宇宙的达摩具有神秘和宗教色彩的象征；更有人提出整个建筑就是一个巨大的坟墓；它除了作为宇宙的象征物之外，甚至还可能是夏连特拉的王朝纪念物——夏连特拉的君王在此被视为菩萨（Bodhisattvas）的化身。这样的建筑具有宗教仪式的意味，也可以说是人类生命的纪念碑。

伊斯兰建筑

伊斯兰建筑主要散布在广大的阿拉伯地区以及伊斯兰教影响所及的地区，包括印度和中亚的建筑。在公元 7 世纪之后，阿拉伯人建立了一个横跨欧、亚、非的帝国，后来逐步变成一些独立国家。

约翰·D·霍格说，所谓伊斯兰建筑，是指先知穆罕默德的信徒们在公元第 7 世纪至第 18 世纪、19 世纪（在有些地方甚至更晚些）之间，在先知所创宗教（它有着各种名称诸如伊斯兰教、穆斯林教、穆罕默德教等）流行的地方所建造的建筑物。伊斯兰建筑最主要的是宗教建筑。如果说，西方的宗教建筑是以教堂作为主要表征的话，那么东方的宗教建筑则是以寺庙作为主体，而在伊斯兰教中就是清真寺。

清真寺的建筑和伊斯兰教的观念和环境有关。美国地理学家森普尔指出，沙漠居民从极其单调的环境中接受了统一的观念，晴朗的沙漠天空，星体清晰，牧民们看到天空中天体有秩序地运行和重复出现，可以想象到，这些启示使沙漠中的星象观察家想到有一双支配的手在控制着这个有秩序的系统。森普尔从典型的环境决定论得出的结论是，沙漠居民"必然倾向于一神教"。确实，伊斯兰教清真寺建筑与近东、中东特有的沙漠环境有关系。徐建融说，在广大穆斯林所生存的土地上，衬着亘古长存的紫红色兼金黄色的瀚海背景，边上镶着玫瑰色的山峦，地平线处像外星球似的兀立着几座沙丘裸岩，一道小溪，数株白杨，路旁再有几间歪斜破旧的旅舍，突然，一座清凉碧绿的清真寺耸峙在我们眼前。这就呈现出一种完全出人意料之外的宗教——审美价值。其中除有不断令人想到的沙漠景象之外，还有草原上无比纯净的清新气氛，使得每一色调都更加精雅典丽。在蔚蓝色天空的衬托下，为穆斯林建筑师们所钟爱的绿色或蓝色，放射出一种异乎寻常的宝石般的光芒，它们遗世而孤立在一望无际的沙漠怀抱内。在这个宗教和它的艺术之间，"存在着一种深厚的和谐，一种超过人的因素的密切关系，它将会存在得更长久，因为这里的荒墟正与此国土呈现着同一风光，而沙漠本身也具有与它的遗址古迹相同的色调与外貌。"也就是说，伊斯兰清真寺与沙漠的环境非常和谐，因此，帕瑞克·纽金斯称其为"沙漠中的奇葩"。

伊斯法罕皇家清真寺

　　伊斯兰教的清真寺，最早是使用当地基督教的教堂，它们是巴西利卡式的。基督教堂的圣坛在东端，而伊斯兰教仪式要求礼拜时面向位于南方的圣地麦加。因此现成的巴西利卡就被横向使用。热尔曼·巴赞指出，伊斯兰一开始就创造了一种圣殿型伊斯兰清真寺，适应于不奉行仪式的宗教。这种宗教的基本活动是公众的祈祷。为了庇护参加祈祷的信徒们，伊斯兰模仿基督教教堂中殿内的巨大柱廊，并增多列柱以造成无穷无尽的印象，不过列柱呈十字交叉形排列，并不顺沿建筑物的长度。古典式清真寺有四个门廊或环柱廊，把庭院围在当中，庭院中央立着一个行净礼的喷水池。庭院尽头用作祈祷式的环柱廊，内有若干中殿，边墙与麦加的方向成直角，以拱道或壁龛为标志；内设一个木制的布道台。有时候一个又大又深的中殿通向圆顶的壁龛。一个或数个尖塔或钟楼供报告祈祷时刻的人打钟召唤祈祷者。这些尖塔形状多种多样。起初是坚实的方形塔，后来在美索不达米亚则取亚述"齐古拉"的螺旋形。9世纪起，波斯创造细塔型，细长如烛，顶上有阳台。塞尔柱波斯在12世纪创造清真寺的第二种类型——十字形布局。伊斯兰清真寺最著名的有伊斯法罕皇家清真寺、大马士革大清真寺等。

伊斯法罕皇家清真寺（Masijid—i—Shal）建于1629～1638年，创建者为国王阿拔斯，位于伊朗伊斯法罕市中心皇家广场南面，其正轴线朝向麦加，由礼拜殿、内院，正殿的高大的穹隆顶和华丽的门殿组成，左右是秀美的光塔，高44米，均饰有各色釉瓷、琉璃镶嵌。这个清真寺的造型与装饰均居波斯伊斯兰教清真寺之首，也可以说是世界一流建筑。

大马士革清真寺（TheGreatMosqueofDamascus）建于706年，于715年完工。大马士革城是穆斯林的中心城市。其清真寺长长的围墙，构成一个建筑群。中央是大清真寺的礼拜殿，在横厅的中心部

大马士革清真寺

位覆盖着木构双层壳穹顶。这个清真寺是伊斯兰世界中最主要的经典建筑之一。

穆斯林的建筑向西推移，最后在西班牙落脚，有了自己的风格，这就是西班牙—摩尔式建筑风格。最著名的是哥尔多瓦大清真寺（TheGreatMosqueofCordova）。这个清真寺是伊斯兰世界最大的清真寺之一。

伊斯兰建筑的风格，清真寺既不像希腊或埃及的神庙，也不像基督教堂。它很像教友会的聚会所，教友会的会堂。房龙说，伊斯兰教徒住帐篷，坐在地上，不用椅凳，所以集会时，要求也很简单。只要有个屋顶，有四面墙，在墙上有个壁龛，指明麦加的地理位置，使教徒每日祈祷时，知道朝那个方向匍匐在地，也就足够了。此外，有个讲坛，智者在那里每礼拜五诵经时，讲解真主的使者的教导，这是和基督教教堂的仪式有点类似的惟一地方。各穆斯林清真寺有一个特点，不同于犹太教会堂、佛教的寺院或基督教教堂，那就是清真寺有个喷泉，穆斯林在进入大厅时，须先沐浴。只有住过沙漠

哥尔多瓦大清真寺

的人，才能体会水——清凉而流动的水——对阿拉伯人多么重要。水就是生命。这是这个字的最现实的含义。世界上很少有什么东西像清真寺和穆斯林宫殿里的喷泉令人想起来就感到心旷神怡。其实，水在西方宗教中也有特殊的意义，基督教中的洗礼就具有这种意义。洗礼形式表达了双重诞生（twice—born）的神秘性。约瑟夫·坎贝尔也说，洗礼象征着人的"第二次诞生"，这是基督教的基础。"除非一个人在水与圣灵中诞生，不然他是不能进入上帝的天国的"。而喷泉，虽然在西方建筑中也是非常重要的要素，如凡尔赛宫的喷泉，但是却没有伊斯兰教建筑中那么神圣性了。

确实在伊斯兰教中，清真寺是最神圣的所在。徐建融指出，作为《古兰经》天堂说教的最高精神体现，是伊斯兰教的寺庙——清真寺建筑艺术。伊斯兰教之前的阿拉伯民族作为一个游牧民族，并不需要永久性的建筑；甚至在穆罕默德去世后的最初 50 年里，穆斯林用于祈祷的道场也是随遇而安的。它可以是占据的基督教教堂，也可以是波斯人的圆柱厅，甚至是用篱笆或水沟围起的长方形田地。这些临时的"清真寺"都有一个基本的特征，即朝向的标志：柱廊的走向必须朝向麦加，或者简单地把进口处设置在麦加相反的方向。到了 7 世纪末，穆斯林的统治者已在占领地站稳了脚跟，于是开始大规模地营造清真寺和哈里发宫殿，并试图在规模的宏大方面超过伊斯兰教之前的建筑。这些早期实物，均已湮灭无存，但据有关资料可知，当时参与营造活动的大都是一些外来工匠，有的来自埃及，有的来自叙利亚、波斯，有的来自拜占庭。他们分别袭用了各自的传统风格样式，五花八门。真正独具特色的穆斯林建筑风格，是从 8 世纪以后才逐步确立的。就像我们一看见穿着白色长袍围着头巾的人就会说他是阿拉伯

伊斯兰建筑的装饰

人一样,我们一进入伊斯兰教的清真寺就会发现它的建筑风格。热尔曼·巴赞指出,建筑师设计的结构都有一个布满实用装饰的饰面。结构成分本身很快变成装饰的主题,诸如角落的突角拱,用来使方形转化为圆顶,这一特征的分裂和繁殖,变形为钟乳石状(mukarnas),这种钟乳石嫁接在拱、穹隅、柱头、天顶、饰带、楣等之上。全是花叶饰的护墙装饰,用石膏、灰泥、木、马赛克制成,或在印度用大理石透雕细工做成,在波斯,则受萨菲王朝的影响,用彩色陶砖做成,像一件长袍裹着整幢建筑物。由此我们可以说,伊斯兰的建筑风格是鲜明而独特的。

三、近古建筑

意大利教堂建筑

意大利文艺复兴建筑可以分为:15世纪,以佛罗伦萨的建筑为代表的早期文艺复兴,代表性作品为佛罗伦萨大教堂;15世纪末和16世纪上半叶,以罗马建筑为代表的文艺复兴盛期,代表作品为罗马圣彼得大教堂;16世纪中叶和末叶的文艺复兴晚期。文艺复兴时期最重要的建筑依然是教堂。阿尔贝蒂指出:"在建筑艺术的整个范围内,除了庙宇的布局和装饰之外,没有任何东西值得我们倾注更多的思考、关注和智慧;因为,不用说,建造精美、装饰美观的庙宇,是城市能够拥有的最宏伟、装饰最高贵的建筑;它是神的栖身之地……"人们也许会诧异文艺复兴发现了人,建造的却依然是教堂。其实,在西方宗教作为人的精神信仰,一直占踞非常重要的地位,而对于城市来说,教堂则是中心,是交点。在佛罗伦萨城,佛罗伦萨大教堂就占踞着这样中心的地位。

佛罗伦萨大教堂(FlorenceCathedral),又称纯洁圣玛丽亚天主教堂。这个大教堂是13世纪末行会从贵族手中夺取政权后,作为共和政体的纪念碑而建造的。设计人是阿尔诺尔福·迪·坎比奥

（ArnolfodiCombio）。1296 年开始建造，但是阿尔诺尔福在 1302 年去世，导致教堂停工。1334 年弗朗切斯科·塔伦蒂（FrancescoTalenti）等人对这一设计进行修改后继续建造。预计建造穹顶，但要建造这个穹顶，跨度和高度的技术都有难度。布鲁内莱斯基很早就开始考虑大教堂的屋顶问题，他也意识到任何能够解决这一问题的人，必将能够获得不朽的声誉。1420 年，布鲁内莱斯基在罗马考察了万神殿等纪念性建筑之后，开始受命修建穹顶。1434 年，雄伟硕大的圆屋顶就显露在佛罗伦萨的地平线上。威廉·弗莱明说："新建成的佛罗伦萨大教堂的落成典礼使空前之多的教会高级神职人员、外交官、政治家们会集一起，步他们后尘的是著名的艺术家、诗人和音乐家。头戴三重冕，身着白色长袍的教皇欧仁四世在 7 位身穿鲜红外袍的红衣主教和至少 37 位身穿紫色法衣的主教和大主教的陪同下，浩浩荡荡地穿过旗帜林立的街道。队列中还有城市官员和行会首领以及他们的仪仗队。"教皇的唱诗班唱看由音乐家杜飞创作的圣歌，歌词的第一句是："玫瑰花，教皇的礼物"。在歌词中，大教堂被说成是"最宽敞的神庙"，布鲁内莱斯基的圆顶被称颂为"巨大的艺术品"、"艺术的奇迹"。歌词的结尾表达了佛罗伦萨人对圣母玛丽亚的恳求：

圣母啊！贞女的光荣，您忠诚的佛罗伦萨人向您恳求，谁祈祷……谁就可得到您宽厚的恩惠……

在文艺复兴时期的大主教尤利乌斯二世与莱奥十世的统治时期，文化首都从佛罗伦萨转到了罗马。1494 年随着美第奇逃离佛罗伦萨，大批艺术家，包括米开朗琪罗、拉菲尔以及布拉曼特等人来到罗马，他们的才能集中地体现在圣彼得大教堂的设计和建造中。

圣彼得大教堂（St. Peter' sBasilica）是最能代表文艺复兴盛期的建筑物。"它仿佛是天体运行轨道在地上建筑物的投影，它是宗教建筑的极致，也是建筑哲学的最高象征"。这里原有的巴西利卡，是公元 330 年在原来尼禄圆形剧场的遗址上建造的。此处是圣彼得殉道之地，因此被称为圣彼得教堂。这个教堂于 1506 年奠基，直到一个世纪以后的 1626 年才最终建成。布拉曼特设计的平面是，在一个正方形上做希腊十字形状，沿四个小十字的边做礼堂，在这之上各建一个塔。布拉曼特运用古罗马的经验创造出巨大的角柱和拱券。1514 年布拉曼特逝世，由拉菲尔，后来由佩鲁奇、桑迦洛、米开朗琪罗继续进行设计。1564 年米开朗琪罗在工程进行到穹顶鼓座时逝世，这个穹顶最后是由 G. 戴拉波特和 D. 封塔纳于 1590 年完成的。大穹顶离地面 137.7 米，成为罗马最高的建筑物。1655～1667 年，贝尔尼尼建造了教堂的入口广场。

在一般人看来，教堂的规模都应该大，而且在世界上，著名的教堂大都是大教堂，如佛罗伦萨大教堂和圣彼得大教堂都是如此。但是有时也会有例外，小教堂在世界建筑史上也有重要地位，其中有一个小教堂就是帕西小教堂。

帕西小教堂（Pazzichapel）于 1420 年建造，由布鲁内莱斯基设计，它继承了古罗马的建筑，上部曲线形直接模仿了罗马石棺，采用了科林斯式柱式。立面摆脱了哥特式传统的神秘和无限感，而代之以几何形。正中一个三角穹圆顶，同桶状拱顶一起覆盖一间长方形的大厅。明快简洁的设计使帕西小教堂成为文艺复兴时期极有影响的建筑典范。桑德拉·苏阿托妮说，小礼拜堂显得更加雄伟，展现出线条的力量，整个建筑的外形和空间结构达到完美和谐的顶峰。这座建筑无论内外，都有一种清新优雅的风格和温情脉脉的格调，对阿尔贝蒂、布拉曼特和米开朗琪罗的教堂设计都产生了影响。

意大利公共建筑

在意大利有三个城市是文艺复兴时期的范例：佛罗伦萨、罗马和威尼斯。佛罗伦萨居意大利哺育新风格的三大城市之首，其次才是罗马、威尼斯。

确实，从时间上说，意大利文艺复兴时期的公共建筑，首先是从佛罗伦萨开始的。苏珊·伍德福特等人说："从 1229 年起，佛罗伦萨人就已经在为美观和舒适而操劳烦心，规划了城市布局，拓宽和拉直了街道。但我们确实知道诗人但丁参加过那年成立的一个委员会，其目的就是加宽拉直街道，而 10 年前市政府还颁令同意购买新圣母玛丽亚大教堂前面的土地，以便扩大广场。1327 年市政府收到一份请愿书，说卡米内教堂前的区域'污秽不堪，是个垃圾场'，使邻近整个地区都蒙受耻辱。请愿书要求当局买下该地，把它改建成广场，'从而使现在卑陋不堪难以入目的地方成为行人的喜闻乐见之地。'"在佛罗伦萨，许多伟人偏爱这座城市，而他们的偏爱又促进了这座城市文明的发展。

其次是罗马。罗德．W．霍尔顿、文森特．F．霍普尔说，在意大利，罗马纪念碑得以复原，希腊和罗马雕像得以恢复。为了模仿罗马皇帝和得胜将军的凯旋仪式，"凯旋式"得以设立。在这些仪式中或步行、或坐车、或乘木筏的象征性人物代表了当时的事件、宗教仪式或古代神话里的男神和女神。公共建筑是城市建筑的主体，尤其是广场，由于罗马教廷的保护和鼓励发展到峰巅，即达到文艺复兴的盛期。在罗马，文艺复兴的期最著名的广场是罗马卡比托利亚广场（PiazzadelGampidoglio）。这个广场是由米开朗琪罗设计。米开朗琪罗要设计这个广场及周边的公共建筑物时，除了有许多建筑形式与户外空间上的研究之外，更重要的是这个广场所要表现的精神性。首先它必须是罗马的市中心，虽不是地理中心，但要是象征性的精神中心。广场坐落在罗马卡比多山上。广场的平面呈梯形，按轴线对称配置，正面是元老院和档案馆。1540 年，米开朗琪罗建造了同档案馆对称的右边的博物馆。广场深 79 米，前面宽 40 米，后面宽 60 米，尺度非常适宜。广场周围的三座建筑物和谐而完整。

其三是威尼斯。威尼斯的中心广场是圣马可广场（PiazzaandPiazzettaSanMarco）。圣马可被奉为威尼斯的护城神。这个以圣马可命名的梯形广场完成于文艺复兴时期，坐落在威尼斯的运河边。它的东端是 1042～1071 年建造的罗马式和拜占庭式混合的圣马可主教堂，是在原来被烧毁的教堂旧址上建起来的。广场的北面靠近教堂处是著名的钟楼，北侧是由彼德·龙巴都设计的三层的旧市政大厦。广场的南侧，由 J. 珊索维诺（J. Sansovino）整顿，向南加宽。1584年，斯卡莫齐设计了这一侧的新市政大厦，下面两层照圣马可图书馆的样子，加了第三层，同旧市政大厦相对称。广场西端，本是造于 12 世纪下半叶的圣席密尼安教堂，曾由珊索维诺整修。1807 年被拆掉，代之以一个两层的类似圣马可图书馆样式的建筑物，把新旧两个市政大厦连接起来，长 175 米，东边宽 90 米，西边宽 56 米。这个广场比罗马市政广场更为宏伟。彼得·默里说，对于大多数的人来说，威尼斯最吸引人之处应当是从圣马可广场向外远眺的景观。画家真蒂莱·贝利尼（GentileBellini）画了一幅《圣马可广场》以圣马可主教堂为背景，画得非常逼真和精细，使建筑历史学家在这一建筑被毁的很长时间后仍能使之复原。

第二 世界雕塑历史

一、原始雕塑

欧亚石器时代的雕塑

在欧洲西南部与中部，通过考古发现了最早的人类雕塑作品，这些地区的雕塑品主要是旧石器时代的洞穴艺术中的浮雕和一些小型雕塑品。中国的陶器艺术，尤其黑陶与彩陶艺术有 8 千年左右的历史，是原始时代最为重要的雕塑艺术品之一。欧亚地区的史前艺术品艺术价值很高，在艺术史上占有重要地位。

在欧洲发现的最早的雕塑，出自洞穴艺术和器具艺术之中。欧洲洞穴艺术主要集中在法国西南部和西班牙北部。属于旧石器时代晚期（前30000—前10000）。洞穴艺术中存在着数量很少的一些岩壁浮雕。表现的内容是女性裸体像和动物像。这些女性裸体像中保存最完整的一件是在法国罗塞尔遗址中，制作于奥瑞纳文化时期（旧石器时代晚期中一个较早的阶段）的浮雕《持号角的妇女》。这是一个高 40 厘米正面像，裸女右手拿着一个大角杯。裸女的体态丰满，乳房、下腹、臀部等女性特征被夸张性地加以强调。女像的身体上隐约可见原先所涂的红色颜料的痕迹。浮雕《拥抱像》也是罗塞尔遗址保存的较为珍贵的原始浮雕，这件浮雕中有两个头紧挨在一起，其中一个明显是女性。而另一个已经模糊难辨，据推测可能是一个男性像。

在昂古莱姆一个深溪谷中，有一个被推断为祭祀场所的长方形广场，广场岩壁上，有一片属于索鲁特文化时期的动物浮雕群。被表现的动物主要有猛犸、马、猪、鹿和牛等，它们各具形态，栩栩如生。而这些浮雕最引人注目之处一是大部分浮雕表现的是怀孕的雌性动物，二是所有的动物的形象几乎都是倒过来的。对于原始雕刻家们如此处理的原因，目前人们的解释是原始人类祈求被食动物的大量繁殖，并想借助巫术和咒语将动物捕获。在法国卡卡·布兰一个开阔广场前的岩壁上，也有类似的浮雕，其内容包括 7 匹马，还有驯鹿、猛犸和牛。7 匹马中最长的达 2.3 米，整个浮雕长 12 米，看上去十分壮观。

马德格林文化时期（前 20000—前 12000）的洞窟深处有一些粘土质浮雕，这些浮雕由于比较难以保存，而较少遗留下来。数量极少的这类作品中，以法国基库·道贝巴尔洞窟发现的粘土浮雕《猛犸》最为出色。这件作品表现了两只猛犸在即将交配前兴奋的场面。两只猛犸激烈运动的形体被表现得非常准确。这件浮雕是高浮雕，因而形象突出，具有了较强的体积感和重量感。

在欧洲非常广大的区域内通过考古还发现了数量丰富的小型圆雕，表现的是女性雕像和动物雕像。它们属于器具艺术，即原始人类在日常器具上所创造的艺术形式或是用于日常生活用途的艺术品。

器具艺术品中最著名的作品是迄今发现的 60 多个圆雕女裸体像。这些小型圆雕是制作于奥瑞纳时期。它们通常是用质地较软的石灰岩、泥灰岩等雕刻而成，如人的拳头一般大小，这样小的体积可能是为了方便携带。1909 年在奥地利的维仑多夫发现了石灰石女裸体小雕像、被称为"维仑多夫的维纳斯"。这件雕像塑造的女人虽然体积较小，但她的身体形态肥胖，显得壮硕有力，具有一种宏伟的纪念碑式的气度。它的面部没有五官。双乳硕大下垂，臀部肥胖，腹部隆起，阴部明显。整件雕刻象征着旺盛的生育力。据推测这种女神像可能是原始部落中神圣的生育神，它的存在，反映了原始人对人类生育能力的崇拜。到奥瑞纳文化后期，女裸体圆雕作品在造型风格上更趋简练，但仍然采用夸张的形式强调其女性特征。

这一时期的小型圆雕除了女裸雕像外还有许多动物雕像，其中有长毛象、熊、犀牛、马、鹿等等，它们的大小也都不足 10 厘米。有的是用砂岩、兽骨、象牙等雕刻而成，有的是用红土捏塑成形后烧制而成的。法国马达齐尔洞窟中发现了一个投矛器柄是用一个驯鹿的肩胛骨制成的，根据肩胛骨的形状，雕成了一只小羊，羊的四条腿站立在一个点上，头转过来看着自己的尾巴。这种动物雕刻具有表现性，并在动物的形体塑造的准确性上达到很高的水平。反映出原始人对于动物的身体结构和习性的深刻了解和他们高超的模仿造型能力。

在新时期时代末期，欧洲各地出现了许多引人注目的巨石构筑物。这些构筑物所用的巨石通常体积巨大，有的甚至重达百吨，它们所形成的构筑物，气势十分宏伟。这种巨石构筑物的形式繁多，多数属服务于宗教目的的原始建筑形式，而最简单的一种被称为是"门希尔式石柱"的巨石，却同雕塑的关系十分密切。"门希尔式石柱"是将细长型的天然石块垂直竖立起来，它们或被单独竖立，或成排地竖立在一起。这些巨石的作用据推测是用来标明地界，同时它们也是人们崇拜的对象。此外一些坟墓上也立有这种巨石，作为墓标。这种"门希尔式石柱"，有的未经任何加工，有的则刻有浮雕或是人形图像，刻功通常较为粗略。但这种巨石雕刻被认为是后世大型人物石雕的先驱。

中国从新石器时代起就有了较为成熟的原始陶器工艺。当时制作的陶器多是生活日用的各种器皿。但不少陶质器皿上有具象造型的陶塑装饰。还有的器皿的外形就是动物的雕塑形象。

这类陶器中较有代表性的可略举出以下几件陕西西安半坡出土的陶鸟兽形器盖钮和陶器器壁上的蟠蛇浮雕；河南陕县庙底沟出土的陶壁虎器饰残片和鸟头形器把手。这些被装饰在器皿身上的动物造型准确，神采生动。中国的陶制雕塑多表现动物。尤其是对家禽、家畜的表现更为普遍。这同中国较早发达起来的农耕文化有着密切的关系。

动物外形的陶器较为著名的有：山东宁阳县大汶口和胶县三里河出土的猪形、狗形鬶；陕西华县出土的鹰形杯（鼎）和武功出土的鸟（兽）形壶。这些陶塑器皿塑造的动物形象单纯，风格质朴，但面目传神，富于雕塑造型的体积感。并将审美功能同实用性完美地结合起来，这种特点在中国以后的青铜器上得到了发展。

陶塑器皿部件表现人物的例子不多，但也可略举出几件较为著名的作品。陕西扶风姜西村出土的一件瓮的口沿下用堆塑加锥刺的办法，塑造出一张丑陋而带着笑意的脸，造型手法非常泼辣传神；甘肃秦安大地湾一彩陶瓶的瓶口，用粗略的手法塑出一个少女的头像，在甘肃地区这种人头形器似乎比较流行；甘肃天水蔡家坪出土的陶塑人头是一件人形器残存的口部，这件陶塑人头表现的是一位年轻女性，这件陶塑的手法较为细腻，面部的体面转折相当明确，她的双目似乎在凝视着什么，嘴巴张开，表情非常自然。

中国的新石器时代也有不少独立的动物和人物陶塑。浙江余姚河姆渡出土的陶猪，憨态可掬；湖北天门石家河出土的陶羊高仅5厘米，但温顺可爱，形神表现相当鲜明。独立的陶塑人物发现较少，最为重要的作品是辽西地区红山文化遗址（距今约5000年）中发现的几件裸女陶塑。这些女裸雕像都没有头部，其中两件为孕妇立像，孕妇腹部凸起，一只手臂放在肚子上。这些女裸雕像被认为是在原始部落中受到崇拜的生育之神。

代和发展的分期。热带非洲的大部分居民至今还生活在氏族部落社会。这些原始民族可以被看作是史前社会的残留者。而他们所创造的艺术也通常被作为原始艺术来进行研究。

非洲史前时期的岩石艺术，主要在岩石上进行线刻和图绘，表现的内容多数是各种动物和人类的狩猎和战争。而几乎没有发现独立的雕塑和比线刻更进一步的浮雕形式。非洲的原始民族主要集中在热带非洲。即西非地区。在这些原始民族中传统的木雕是他们最主要的雕塑艺术形式。这些雕塑为村落和宗教服务，用于教育青年、赞颂死者、安抚凶神，表现神明，但有时也仅仅是为了娱乐。木雕主要有两种类型：一是面具，一是小雕像。

非洲的气候炎热，古代木雕保存下来的很少。考古发掘得到的古代木雕历史最长的不超过 200 年。但由于在漫长的历史年代中原始部落发展较为缓慢，古老的传统通常是被较为完整地保存了下来。因此可以推测现在可见木雕作品基本保存了原始非洲艺术的大部分特征。

非洲木雕是用一根完整的木头雕刻而成的。在创作木雕前，雕刻家要先去树林选一根合适的木头，然后到一个隐蔽的地方去雕刻，以使木雕产生神力。用刚砍下来的木料做成的雕塑，在木料变干后会产生裂纹，为了避免这种情况的发生，雕刻家要不断为雕像涂油或用烟火将雕像烤干，这样就使木雕的表面变得异常漆黑光滑。有的甚至泛出金属光泽。

木质小雕像在热带非洲被视为神物，是死者灵魂的居所。出于对死者的崇拜，雕刻家在创作这类雕刻时，心理状态可能非常紧张，他们力求以夸张。变形甚至怪诞的手法来为死者的幽灵创造一个栖身之所。

佩带面具举行宗教性质或巫术性质的仪式，是热带非洲从原始时代开始延续至今的一项重要的部落集体活动。这些面具为木质雕刻，造型奇特，夸张怪诞，通常是用程式化的手法表现的动物和人物形象。

非洲的雕塑艺术是世界上最富于创造性的雕塑艺术。它的造型简练、纯朴，具有强烈的表现力。非洲雕塑惊人地丰富多彩，从全然抽象到接近镜中人般的真实，样样俱全。

班巴拉族生活在现在的非洲马里，这个部族的雕刻人像的突出特点是乳房呈圆锥形，位于上身显著的位置，身躯呈细长的圆柱形。身体上有金属钉式的装饰。班巴拉族还有一种羚羊面具顶饰非常有特色，羚羊是班巴拉族的象征，其形象通常被班巴拉艺术家进行了各种大胆的变形。

多贡族是生活在尼日尔河流域的非洲部族，这个部族有一种叫"特勒姆"的雕像。塑造的是举起双臂的人像，这种雕像多用硬质的木料制成。较为近代的多贡祖先雕像，多用几何体构成雕像的造型。

巴加族是从尼日尔河流域迁徙到几内亚的部族，他们的雕刻概括洗炼。巴加族有一种负在肩膀上的雕刻面具叫做"巴姆巴"很有特色，它的表面光滑，有铜钉装饰，是在收获季节或在举行葬礼时佩带的。

丹族生活在几内亚湾西岸，丹族面具朴素动人，表现女性的面具比表现男性的面具制作更为细腻。

阿散蒂族也居住在几内亚湾沿岸，这个民族的文明水平较高，他们善于创作金属，尤其是黄金工艺品。科菲·卡卡里王保存的一件黄金面具有较强的写实性和表现色彩，雕塑技巧成熟，工艺细腻精湛。近代欧洲殖民者对这个民族居住的地区进行了残酷的掠夺，阻碍了这个部族黄金艺术的发展。

约鲁巴族是在尼日利亚西南居住的一个较大的黑人部族。约鲁巴的木雕非常著名。他们的木雕作品被用来装饰建筑，如作雕花柱和雕花祭祭坛，也制作独立的人物雕像。约鲁巴族的雕像通常嘴唇丰满突出，双目圆大，女性的乳房丰满下垂。

美洲和大洋洲原始雕塑

公元前30000年左右的美洲西北海岸的印第安人建立了高度的渔猎文明，他们的雕塑富于形式美感和象征意义。他们制作的木雕图腾柱、面具和社团标记，涂有色彩鲜艳的颜料，雕刻表现技巧精湛。

公元前2000年到公元前1000年墨西哥湾出现了高度发达的奥

尔麦克文化。奥尔麦克人非常擅长雕塑艺术，而且尤善制作陶器和石雕。他们在潮湿的拉温塔小岛上制作了巨大的石雕头像，这些石雕头像由整块玄武岩雕刻而成，雕刻手法纯熟。具有强烈的写实性。在圣洛伦索遗址发现的青年头像重 30 多吨，高十多英尺，表现的是一个戴着沉重头盔的青年，他的鼻子扁平，嘴唇厚重，头盔上雕刻有花纹装饰。这件作品作于公元前 800 到公元前 400 年。用于雕刻这一巨大头像的巨石来自 60 英里外的石矿。这种雕塑令人产生敬畏之感。它的具体用途现在还没有定论，但可能是与宗教有关。

奥尔麦克人的一些小型石雕像，高多为几十厘米，具有成熟的写实风格，这类雕像中男性裸体像最多。一件发现于墨西哥普里瓦塔的男性裸体像，被称为"大力士"，这是一件玄武岩雕刻。高 60 厘米，人物的姿势很奇特，他盘腿而坐，双臂作用力合抱的姿势。

发端于公元前 300 年左右的玛雅文化的建筑雕刻成就突出。玛雅浮雕是一种错综复杂的艺术，浮雕的形态包括人像、象形文字、纯装饰性纹样，以无穷的变化的图案构成，展现出一种精巧华美的风格。

阿兹特克所信奉的宗教带有某种程度的残忍性，他们的雕刻程式化，构型非常复杂，并带有某种邪恶不祥的美丽形态和神情。但

圣洛伦索遗址

一些阿兹特克雕刻也是相当优美的。例如那些刻画天真无邪的玉蜀黍女神、雅致的音乐舞蹈和恋爱之神霍契比里的雕像等。

秘鲁莫契文化的最盛期是在公元前3世纪，这种文化从公元后的头几个世纪延续至今，范围在厄瓜多尔南部和智利的北部。莫契文化最富于特色的艺术品是陶器艺术。莫契人大量制作的陶器中有很大一部分是陶制雕塑。莫契人常常将他们的日常所见和心中想到的形象捏塑成各种陶像。这些陶像有各种动物，男女老少各种人物，神像以至房屋、船只等等。这些陶塑像的表现手法都非常写实，涉及的题材几乎涵盖了莫契人生活的方方面面。其中有官吏坐在高高的台子上接受礼物。首领乘坐轿子，残酷的战争场面等等。莫契陶塑像也有一些表现了超现实的内容。而一些莫契陶器形式具有特殊象征意义。如壶口呈马镫形的陶器被认为象征了莫契人的形状。因而莫契陶塑也并不完全是一种写实性的艺术。

大洋洲的原始雕塑是生活在大洋洲大陆和众多岛屿上，至今仍过着原始渔猎生活的部落民族所创造的雕塑艺术形式。在大洋洲的众多原始部族中，毛利人的雕刻最富特色。他们用一种近于紫杉的纹理细密的木材作材料，用当地产的青石制造成的锐利工具进行雕刻。毛利人在独木舟的船首、船尾、桅桨和水斗上作装饰雕刻，这些雕刻非常细致精美。在柏林世界民族博物馆中珍藏的毛利族战舟，船头雕刻成毛利族战士的脸，战士的眼球是用贝壳镶嵌而成的。雕刻上还被绘彩。船尾的装饰是吐舌的神像，形象也很生动。这些装饰雕刻为这艘战船平添了勇猛的战斗精神。

复活节岛是太平洋上一个独立的三角形小岛。同任何大陆之间都相隔几千公里，在这个岛上发现的巨大石像是用整块的巨石雕刻而成的，这些巨石一般重4到5吨，高4到5米，最高的9.8米。这些巨像表现的是人的全身或半身像，其头部巨大，双目深陷，表情严肃。它们大约完成于公元600到1680年间，其创作者至今没有定论。复活节岛石雕是大洋洲水平最高的雕塑艺术品之一。

二、古代雕塑

古代埃及雕塑

古代埃及包括从史前时代至公元前 332 年的漫长时期，其间埃及经历了早期王朝（前 3100—前 2686）、古王国（前 2780—前 2280）、中王国（前 2040 或 2134—前 1778）、新王国（前 1570—前 1320）、后期王朝（约前 1090—前 332）几个历史时期。埃及是古代文明的发祥地之一，在文化艺术上形成了自己独立的体系。

早期王朝雕塑

公元前 4000 年埃及出现奴隶制国家，公元前 3000 年左右，上下埃及经过长期的战争，上埃及取胜建立了统一的奴隶制国家。在上、下埃及不断征战，渐趋统一的时期，埃及雕塑最初的基本特征逐渐形成。调色石板本是用来碾磨化妆颜料的工具，上面通常刻有装饰性动物图案。后来它被作为宗教献祭物和记录重大历史事件的纪念碑。现存的这种石板有《动物石板》《战争石板》《蛇王碑》等。而《那尔迈石板》（现藏开罗埃及博物馆）是调色石板浮雕的集大成者。这件浮雕高 64 厘米，作于公元前 3000 年，表现了上埃及国王征服下埃及的场景。岩壁两面的浮雕刻画了 5 个场面。其中一面上埃及国王头戴峨冠，下颏是棍状胡须，他右手高举权杖，左手压在敌人的头上，浮雕的左上方是一只鹰，站在人头底座的 6 支纸草花上。鹰是上埃及的保护神霍鲁斯的象征，6 支下埃及盛产的纸草花标志着上埃及俘虏了 6000 下埃及士兵。浮雕最上端的两个人面牛头像，是整个埃及信奉的塞特神。浮雕的下端是望风而逃的下埃及人。岩板的另一面分为 3 个部分，上部分是庆祝胜利的庆典，法老戴着上下埃及的综合王冠，在臣仆的引领下检阅被斩首的敌人尸体，浮雕的每个场面都相对完整，同时又是整个构思的组成部分。浮雕中人体的比例基本正确，通过不同的表征，如服装、头饰、形体大小，表示人物的不同身份。人物和动物的分别从不同的视点来描绘。这件象征性雕刻从内容到形式奠定了以后埃及美术的基本原则。

古王国雕塑（前2780—前2280）

古王国时期包括埃及第三到第六王朝。

古王国时代的埃及人深信国王是自古以来统治这片土地的神祇的后裔。宗教信仰在埃及人日常生活中具有举足轻重的地位。他们认为陵墓是人永久的栖身之所。它甚至比宫殿更为重要。古王国时代的雕刻几乎全部出自陵墓和神庙。埃及人认为在陵墓中仅仅保留了国王的木乃伊还不够，国王的雕像可以保证国王能够更加可靠地永远存在下去。雕刻家们用坚硬的花岗岩制成国王的头像，放进其坟墓，使国王的灵魂可以寄寓于雕像之中获得永存。在埃及的语言中雕刻家一词的本意就是"使人生存的人"。

在墓室中除了国王的雕像还有大量仆人和奴隶的小雕像。他们的形象多姿多采，共同构成了地下现实世界。起初只有死去的国王的雕刻肖像，后来王室贵族也在自己的坟墓里放置雕刻肖像以使灵魂能够安居。

古埃及的雕塑始终坚持着正面式法则：人物的脸是只看得到一只眼睛的侧面，上半身是正面形象，双臂紧贴着身体的侧面，下半身又是从侧面看到的呈行进姿势的双腿。这种正面式的造型原则，有助于将对自然的犀利观察同规整的几何形式结合起来，符合埃及雕塑所追求的从容优雅的理想，因而在整个埃及艺术发展过程中被贯彻始终。这种程式化的造型原则在古王国时代得到了初步的完善。

古王国时代的埃及雕塑具有强烈的现实主义特点，这一时期的雕塑家已经能够凭借高度的技巧。较为真实地再现人物和实物外形。古埃及雕塑家所取得的这种高度成就是经过长期探索得来的，他们最初从死者的脸上拓下模子，然后翻铸成型，再用石料摹写加工。如此逐步掌握了一套塑造人像的技巧。

　　古王国时期的雕刻所用的材料包括石头、木材、象牙、铜、陶土等。埃及雕塑家可以雕刻任何尺寸的作品，从小型木制雕刻到庞大的狮身人面像。大型雕刻多用花岗岩、闪绿岩、玄武岩等，一般雕刻用石灰岩或砂石岩，小型雕刻用木头和铜等。而各种雕像的外表几乎都涂有颜色，男性用赭红色，女性用淡黄色。

　　古王国时代的雕刻代表作有《蛇王之碑》《哈夫拉法老像》石灰岩雕像《拉胡泰普王子及妻子奈费尔特坐像》《书记像》，木雕《村长像》等。

　　《蛇王之碑》（现藏巴黎卢浮宫博物馆）是一件石灰石雕刻，高250厘米，宽65厘米，公元前3000年到公元前2900年间作，是上下埃及统一之初的浮雕杰作之一。蛇代表已故的法老，置于一个表示宫殿正面的长方形框里。蛇的下面用两个大门隔开的三座宝塔，分别象征着天堂、人间和冥府。长方框的上部是一只隼鸟。隼鸟是一种凶猛的鸟，在埃及被奉为索罗斯神，是法老的化身，尊为王权的守护神。

　　《哈夫拉坐像》（现藏开罗埃及博物馆）以带白色条纹的黑色闪绿岩制成，高1.68米，雕刻十分精致，显示了雕刻家在坚硬材料上进行加工的高超技艺。法老端坐在宝座上，两眼直视前方，双臂紧贴身体，两手放在并拢的膝上，右手握拳。略微夸张的肩膀和胳膊的轮廓线给人以扩张的力感。雕像塑造的人物身体比例准确，写实。富于力量感。整个造型和谐、简洁。法老的面容庄严，拥有睥睨一切的风度。法老的头后部有神鹰霍尔斯栖息在法老的座椅上，它张开双翼保护着法老的头。座椅的腿上雕刻着狮子，显示着法老的威严。法老极度安静的表情和端庄的姿态，体现了他永恒的统治权力。法老的宝座取整块石料，不作镂空处理，侧面雕刻着象征上下埃及统一的浮雕纹样。这件作品是集中体现埃及雕刻艺术规律的典范作品之一。埃及雕刻中出现的法老永远是年轻而理想化的。

　　《门考拉和王妃像》（现藏波士顿美术馆）粘板岩雕刻，高

142.2 米。它以写实的手法刻画了一对健康朴实的法老夫妇。人体的解剖关系准确。胸部丰满美观，四肢修长，他们左脚向前略微迈出一步，但并不是采用前进的姿态，而是将重心落在两只脚上，这种姿态具有稳定感。法老两臂垂直，双手握拳，王妃左手臂扶着法老的胳膊，右手臂围着法老的腰，这是埃及夫妇像的标准姿势。虽然法老夫妇的身体姿态有些僵硬，但他们都面含微笑，双目炯炯有神。表情非常生动，给人以安详而富于智慧的感觉。

《书记像》（现藏巴黎卢浮宫博物馆）是一件着色石灰石雕刻，高 53 厘米，约作于公元前 2680—公元前 2565 年。书记在埃及是地位相当高的官员。这个人物盘腿而坐，他的膝上展开纸草卷，面孔朝向正前方。仿佛在抬起头，凝神谛听，他瘦长的手，紧握着芦苇笔（芦苇笔已经残缺），似在振笔疾书。这座雕像的表情尤其生动，它的眼睛用铜料镶边，雪花石膏填白，黑水晶作眼球。使眼睛专注的神态惟妙惟肖，这种细腻的表现手法，反映出埃及雕塑家对逼真写实的追求。这类作品在埃及发现了很多，但这件雕刻是其中最出色的一件。

在吉萨金字塔附近的马斯塔巴中，发现了 20 个被称为"备用的头"的头像。它们均用石灰岩制成。这些头像中。尤以一些女子头像引人注目。这些头像没有千篇一律的程式化的面孔，个性鲜明，这些头像的眼睛不是镶嵌而成的，而是雕刻出来的，使头像的表情生动。这类作品反映了古王国前半期雕塑中写实倾向的发展。

在这一时期的雕刻中还有大批作为陪葬用的奴仆小雕像和从事各种劳动的组合圆雕。这些雕像由于表现的是地位低下的奴仆，因而在处理上不受固定的程式限制，显得相当自由，可以大胆、如实地表现对象。这类小雕像常常是几个一组，有时还被放置在木制的作坊模型中。现藏开罗埃及博物馆的《酿酒的女子》是其中较为突出的作品。这是一件石灰石雕刻，高 26.7 厘米，它表现一位劳动妇女，裸露着上体，她的胳膊粗壮，乳房丰满，体格结实，正在用力地揉着瓮中厚厚的面团。妇女的下身和陶瓷几乎结合在一起，使这件小雕像的结构异常紧凑。

《基泽的狮身人面像》是古王国时代最大的一座石雕像，高20米。长57米，它的面部高5米，鼻子高1.7米，耳朵高2米，是由整块石灰石雕刻而成。约作于公元前2680—公元前2565年。这座狮身人面像坐落在哈夫拉金字塔以东。它的头部是哈夫拉的雕像，身体是探出一只前爪的卧狮，两只伸向前方的巨爪是用石块砌成的，在巨爪的中间有一座小神庙。狮身人面像戴着法老的条纹头巾，它的前额雕刻着圣蛇，下颏上原有胡须，据说拿破仑侵略埃及时将其毁坏。人面像的鼻子、眼睛现已损坏，脸部的细节已经看不清楚了。但在风沙弥漫，日尽黄昏之时，从远处望去，人面像残破的脸上会现出一种朦胧的神秘感和莫测的微笑。

在法老韦塞尔卡夫祭庙发现了一件《韦塞尔卡夫头像》也是一座巨大石像，它是除了狮身人面像之外。在法老陵墓中发现的最为古老的巨大红色花岗岩巨像。

古王国时期的埃及浮雕同绘画十分相近，浮雕多为线刻，并涂有色彩，可谓是一种浮雕绘画。浮雕绘画的内容极为广泛。古代埃及的浮雕是以侧视为基础的、背衬墙壁剪影式的作品；形象的细节是用凿刀图绘式的暗示，而不用雕刻的手法。尽管如此，形象的轮廓仍非常富于表现力。

中王国雕塑（前2134—前1778）

中王国时期包括第七王朝到第十二王朝。中王国时期的正统艺术严格模仿古王国时期的传统，一些高级官员的雕像就是这种类型的作品，他们显得陈腐而空洞。而同一时期的一些肖像雕刻中流露出了不断增长的现实主义倾向，代表了这一时期雕刻艺术的新成就。

古王国时期的法老像通常是在法老去世后创作的，被安放在法老的陵墓当中。中王国时期开始为活着的法老制作雕像，放置在庙宇中，以增加法老在人们心目中的威信和影响力。这就要求雕塑家既要保持传统法老像的端庄静穆，又要用写实的手法刻画出法老的真实容貌。

这一时期最出色的肖像作品是法老谢努塞尔特三世的一系列肖像。这些作品中，古王国时代法老雕像所具有静穆。庄重、自信消失了，取而代之的是一种内心充满不安和紧张的精神状态。还有一些肖像雕刻试图刻画出人物的情绪和复杂的内心世界。

谢努塞尔特三世肖像（现藏开罗埃及博物馆）高29厘米，灰色花岗岩雕刻。仅存一个有些残缺的头部。这件雕刻没有对法老的面容进行美化。而是用写实性的手法再现了法老的真实容貌。这位法老的脸上阴云密布，他的眼睛有些肿胀，沉重的眼睑低垂着，透露出疲倦和忧郁情绪。在以往的埃及雕刻中，从没有如此大胆地将法老表现为这样一个饱经忧患。充满厌世思想的形象的先例。法老谢努塞尔特三世的其他一些肖像，如现藏华盛顿的另外一件残缺的头像和一件庄严的坐像等，都具有这种复杂的情感表现和鲜明的个性特征。

这一时期新的雕刻形式还有大量小于真人尺寸的团块式雕刻，供从奉使用。这种雕刻将人体缩入方形功圆筒形的石块，雕刻细致的头部和双脚露在外面，而身体的其他部分用石块上刻出的轮廓线指代或用围裙遮盖。这种石块上通常刻有象形文字。这种雕刻一直存在到新王国以后。《荷太普像》就属于这类作品。在这件雕刻中，荷太普的身体双膝并拢，蜷坐成一团，双臂交叠放在膝盖上，头部从石块中探出，而身体的后半部被包隐在石材当中。周像的两腿中间和左右铭刻着象形文字，铭文为"大臣荷太普"。

中王国时期的陵墓雕刻中，奴婢和侍从的雕像充满了生活气息，出现了不少佳作。此时的人物雕像的身体比例同古王国时代相比有所加长，使人物显得更加轻盈。现藏巴黎卢浮宫博物馆的一件搬运贡物的少女木雕，高104厘米，她左手扶着头顶上的斗状容器，右手提着斑鸡。似乎在款款前行，她的身上穿着紧身长衣，全身的色彩艳丽，体态十分优美。

这一时期陵墓雕刻中流行的小型木雕，有的精致写实，饶有趣味。其中发现于阿西尤特一位将军墓中的 80 个通高 40 厘米的列队战士木雕像最为有名。

中王国时期还出现了一种凹进平面的雕刻：所雕刻物体低于石板表面。这种浮雕的代表作品是卡维特王后石棺浮雕。

新王国雕塑（前 1570—前 1090）

新王国时期包括第十三王朝到二十王朝。新王国时期的陵墓雕刻反映了这个时代雕刻趋向华丽的发展倾向。这个时代的法老像仍然保持了理想化而不失真实性、严谨而不失优雅的特色。同时更加注重雕刻的细腻，将雕刻高度磨光，使人物的形体显得更加柔和。对人物服饰的细部施以线刻，以获得韵律感和装饰美，也是这一时代雕塑的重要特征。

新王国时期出现了一位倡导宗教改革的国王——埃赫那吞，他强行推行一种新的太阳神教——阿吞教，埃赫那吞在艺术方面也进行了改革。他统治时期的艺术打破了埃及千年不变的造型程式，采用了新的表现方法，这一时期的艺术被称为阿马尔奈艺术。埃赫那吞所推行的新艺术只持续了 20 多年，但却使埃及艺术焕发出崭新的光彩，并在埃及艺术史上产生了深远的影响。

《阿蒙霍特普四世像》（现藏开罗埃及博物馆）是一件砂岩雕刻，高 4 米，约作于公元前 1360 年。它被陈放在卡尔纳克的阿吞的阿蒙霍特普神庙。塑造的是埃赫那吞的形象。这件雕刻具有不对称的面容和病态的身材。雕像的躯干纤细，腹部肥大隆起。双手持象征王权的笏板和枷链，显示出国王的威仪。这件雕刻是阿马尔奈雕刻美术的代表作之一。

《那菲尔提提王后头像》（现藏德国柏林国家博物馆），高 48 厘米，石灰岩雕刻。约作于公元前 1360 年，表现了一位矜持美丽的王后。王后的头颅很重，但雕像没有底座，头部的置量都由细巧的长脖颈支撑，这样大胆的处理在埃及雕塑中是绝无仅有的一例。这位王后具有东方女性特有的魅力，她五官线条柔和，面部的结构变化丰富细腻。这件雕像涂绘了鲜艳的色彩，浅红色的皮肤衬托着浓黑的眉毛和鲜红的双唇，眼睛是镶嵌的，黑白分明。显得极为生动而美丽。而王后高高的峨冠和华丽的胸饰使她显得更为高贵。这件作品代表了阿马尔奈时期雕塑艺术的最高水平。

阿马尔奈雕刻中有不少表现了法老埃赫那吞一家的生活。在这些作品中，法老和他的家人的形象都没有被美化，而且还出现了法老同妻子亲昵或狼吞虎咽地吃东西等在传统雕刻中没有的题材内容。这些雕刻散发着强烈的生活气息，因而非常生动感人。

在被发掘出来的阿马尔奈宫廷的雕刻作坊中，发现了许多石膏模型和雕刻作品。这些作品显然是参照模特进行创作的，它们显示出了逼真传神的共同特色。在这个雕刻作坊中还发现了从人脸上拓下来的模子和根据这些模子制成的未完成作品。

阿马尔奈美术只存在了 20 年就被重新恢复的传统浪潮所淹没。在十九王朝的拉美西斯二世征服努比亚后，建造了几个巨大的阿蒙石窟神庙。在尼罗河岸的伊布桑蒲尔悬崖上开凿的石窟神庙中有四尊高 20 米的摩崖巨像，其中一座雕像已经被毁，它们表现的都是法老拉美西斯本人。这些雕像属于纪念性雕刻，但面部为肖像雕刻，具有写实的特点。雕像面向东方倚山而坐。凸出于千岩万壑之间，高踞于尼罗河最高水位的水面之上。尼罗河恰好在雕像面前转弯，河中航行的船只在很远就能从正面望见巨大的法老雕像，使过往的人们感到法老的巨大威力。法老巨像的两腿之间和旁边有法老王族的立像，其中包括王后像。巨像的脚边是神庙的入口，入口的上方雕刻着太阳神的立像。进入神庙内部，大厅中立着 8 尊高 5.5 米的奥西里斯神像柱。大厅的墙壁上是歌颂拉美西斯战功的浮雕。

阿比多斯的西提一世的神庙中保存着埃及最优秀的浮雕，被称为"埃及最华丽的殿堂标本"。浮雕遍布于神庙建筑的墙面和柱子上，色彩艳丽，浮雕中的人物凸出于背景之上，立体感很强。

新王国时代建立起来许多巨大的建筑，作为建筑装饰的浮雕和各种大型雕像也增加了。由于雕刻的数量众多，尺寸巨大，而且多为千篇一律的军事题材，这使得雕刻家们只能偏重雕刻的大效果，而疏于对细节的精心琢磨。十八王朝末到十九王朝保存下来的雕像，高度达到 5 米以上的很多。这些雕像意在夸耀法老的威仪，但由于过分夸张，反而降低它的崇高性，艺术质量也相对低落了。这一时期的著名雕刻作品有塔尼斯神庙高达 18 米的巨大神像、卢克苏尔神庙高 6 米的拉美西斯二世像等。此外在一些花岗岩、云斑岩等岩石矿上，发现了可能是正待搬运的巨像和方尖碑，其中一些尚未雕刻完工。

拉美西斯二世坐像（现藏都灵古代美术馆）高 194 厘米。黑花岗岩雕刻，是十九王朝雕刻中的精品。法老拉美西斯的形象较为写实，反映了阿马尔奈艺术的影响。他头戴峨冠。微微俯首低垂视线，似乎是在接见他的臣民，他身上穿的是一种很薄的蛇纹服装，显示出了他健美的体魄。在这件用坚硬花岗岩制成的法老坐像中，雕刻技术发挥到了极致。

在拉美捷姆神庙出土的一件石灰岩半身女雕像是十九王朝女性雕像的杰作《现藏开罗埃及博物馆），这件雕刻高 73 厘米，据推断表现的是拉美西斯的王妃。这件雕刻最引人注目的特点是雕像的王冠和冠带是用无数细密的线条雕刻出来的，胸前佩带着用象形文字排列的五层重叠的胸饰。

拉美西斯二世坐像

王妃的发髻也非常的繁复细密，而她的乳房前端露出有菊花纹样的装饰，用以显示衣服的轻柔和紧贴。如此华丽的装饰显示了这一时期雕刻的新特点。

后期埃及雕塑（前1090—前332）

随着第二十王朝的终结，埃及国势衰落，艺术也开始走下坡路。埃及第二十一王朝到三十一王朝（前1090—前332）之间国家分裂，外族入侵，国势衰危。埃及艺术也在这段时间缓慢地走向衰落，但这一过程持续了1000年，其间埃及艺术在二十六王朝即赛易斯王朝还经历了一次小的复兴。

在这1000年中埃及的若干艺术中心趋向衰落，埃及先后被亚述人，希腊人所征服。入侵的外族钦慕于埃及艺术，但埃及的造型艺术却开始大量模仿希腊艺术。同时埃及艺术对地中海东部和西亚地区发生了极大的影响。

埃及从第二十五王朝开始进入了铁器时代，随着金属铸造技术的发展，金属雕刻也有了很大发展。当时的人像和神像是经过分段铸造，然后拼接起来的。

新王国时期法老的棺木开始采用金属，其金棺表面有大量精致的雕刻，这些雕刻大多包含了死者的雕像。到二十二王朝后许多青铜像留存下来。这些青铜雕像通常是经过整体铸造，而后加以雕刻制成的。当时家家都供奉着青铜小神像，这些青铜小神像的制作也具有了商品化的倾向。

《卡罗玛玛女王立像》（现藏巴黎卢浮宫博物馆）作于二十二王朝，高35厘米，是这一时期最重要的青铜雕像。女王身着高贵的紧身服装，体型优美，端庄华丽。雕像的全身用金、银、琥珀进行了镶嵌装饰，雕刻工艺相当精湛，繁而不乱。

《塔库谢特立像》（现藏雅典国立美术馆）高69厘米，青铜和金，银混合铸造，作于二十五王朝。这件雕刻塑造了一位仪容端庄，体态丰腴的女性形象。她丰满躯体的优美起伏完全通过薄如蝉翼的衣服透露出来。这件雕刻极寓感性美。

《孟图姆哈特立像》（现藏开罗埃及博物馆）灰色花岗岩雕刻，高135厘米。孟图姆哈特是底比斯的总督和祭司，他曾奋力抵抗亚述人的侵略，但未能如愿，亚述人离开后，他修复了被破坏的纪念物。为纪念他的功绩，埃及人为他作了不少雕像。这件雕像是其中之一，它较为写实地再现了孟图姆哈特的真实形象，雕像的造型单纯简练，强悍的身躯充满力量感。孟图姆哈特双目炯炯，神色严峻，反映了动荡年代中的人物特有的性格特征。这件雕像也反映了二十五王朝埃及艺术曾开始由衰微趋向复兴，力图恢复古埃及精神的情形。

赛易斯时代埃及艺术家力图恢复古老的艺术传统，但他们的作品充满了写实精神和质朴的气息。花岗岩雕刻《祭司头像》（现藏巴黎卢浮宫博物馆）是这一时期雕刻的代表作品。在这件雕刻中充满了写实精神，祭司头有些肥胖，他紧皱双眉，脸上的肌肉处于紧张状态，神情严肃，仿佛陷入沉思。这件作品显示了作者善于捕捉对象性格和精神特征的卓越才能。

公元前332年，亚历山大征服了埃及，从此埃及艺术开始全面仿效西腊艺术。

古代希腊雕塑

公元前8到公元前6世纪，欧洲南部的希腊出现了200多个奴隶制城邦国家。其中实力最强大的是斯巴达和雅典。希腊主要包括希腊半岛及其附近岛屿和小亚细亚西部沿海地区。那里盛产色泽优美的大理石和粘土，为希腊雕塑艺术的发展提供了良好的条件。古代希腊创作了世界上最伟大的雕塑艺术。

古希腊雕塑主要是服务于宗教目的，为神庙作建筑装饰，制作安置在庙宇中用于祭拜的雕像。希腊的雕塑通常是与建筑结合在一起的，并同建筑一起被保存下来。

希腊的纪念雕刻通常被用来庆祝战争的胜利、表彰在运动场上竞技夺魁的运动员；或是纪念重要的政治事件，如两国之间缔结合约等。也有一些矗立在旷野或是家族墓地中的纪念碑，这样的雕刻通常是装饰着浮雕的大型石瓶、圆雕手法制作的雕像装饰有植物纹的石碑或是石板。

瑰丽多姿的古希腊神话世界是希腊雕刻所表现的主要题材；时代风俗和人们日常生活，如运动员竞技，勇士的战斗、照看儿童的妇女和墓碑前的哀悼者也是希腊雕塑主要反映的内容。希腊艺术通常是用神话中的战斗场面来暗示历史上的战争。著名人物的肖像雕刻，最早出现于公元前 5 世纪。这类雕像一直到希腊化时代还主要是陈列在公共场所，而不是放在私人宅邸中。

希腊雕刻的材料主要是石灰石、大理石、青铜、陶土、木头、黄金和象牙，有时也用到铁。在大量的各种材料的雕刻中，仅有石雕幸存下来，青铜雕塑多遭熔铸，铁质雕塑多因锈蚀而被毁掉了。

希腊雕刻艺术的发展过程长达一千多年，可以划分为古风时期、古典时期和希腊化时期 3 个阶段。

古风时期

希腊雕塑的古风时代大约是在前 660—前 480 年之间。

希腊的大理石蕴藏十分丰富，希腊人很早就会用大理石进行雕塑。希腊在公元前 7 世纪就产生了大型石刻。希腊早期的大型石雕中的人物的造型明显借鉴了埃及和美索不达米亚艺术的成果。而埃及雕塑对希腊最初的雕塑影响更大。埃及雕塑中一些典型人物姿态在希腊雕塑中反复出现。男青年正面立像，在古希腊被称为库罗斯，它们遵循了埃及造型的正面律，人物的肩膀比较宽阔，左脚微微向前。胳膊紧贴身体两侧，肘部微微弯曲，手或紧握或靠身躯放平。但埃及的石像身后一般都有支撑的石柱，大部分雕像腰间围有腰布，而希腊男青年像则完全是裸体；同时代的希腊女青年像被称为科雷。现藏卢浮宫博物馆的一件《科雷》（约前 650）双足并拢直立，头上垂下厚重的发辫。上身赤裸，下身穿着长裙，腰间还系着宽大的束带，这个形象也明显带有埃及雕塑的影响。

希腊雕塑家虽然最初模仿了埃及艺术，但他们很快便开始追求用自然真实的手法来表现人类的形象，并在这方面显示出杰出的才华。到古风时代中期（前580—前535），希腊雕塑家经过长时间地不懈努力。终于在表现人体及其动态的技巧上有了明显的进步。

这一时期雕塑的代表作品是发现于塞拉、特奈亚、沃洛门德拉、米洛和罗得岛的几个青年立像。这些雕像是用方石雕刻而成的，人物形体更富于肉体的质感，细部完全采用圆雕的手法，改变了以往用平面线刻和圆雕塑造体积的手法并用的做法，青年像的头部有一片装饰性的波动的发缕，引人注目。而发现于阿提卡的柏林少女立像形象更加丰满，形体和衣饰虽然属于图案式的风格，但是更富于深度感。一座失去头部的萨莫斯女立像风格虽是东方式的，但它的形象富于希腊艺术特有的优雅，立像的身体仍是笔直竖立，但它的衣纹的变化微妙。既有力地显示了形体起伏，又使整个雕塑富于韵律感。

在公元前六世纪下半期，也就是古风时代晚期（前540—前480），希腊艺术家终于能够较为熟练而自由地塑造合乎人体解剖规律的形象了。这时雕塑人物的姿态逐渐摆脱了呆板的直立模式而变得自然灵活，希腊雕塑家还将对装饰性效果的追求同对自然真实的追求结合起来，创造出一种端庄优雅的风格。这个时期末，人物的雕像开始具有了运动感，东方雕塑延续千年的正面式对称结构被打破，一些雕像虽然仍保留着正面式。但身体的两侧不再对称，头部和身体的上部微微转动，两条腿表现为负有重物的姿态。

《克罗索斯像》（约前525）阿提卡等地出土的男青年立像同早期的雕像相比胸部的体积增大，背部不再平板，有了起伏。发现于雅典卫城的少女像具有代表性，它与柏林女立像一脉相承；姿态沉静，面部表情生动，衣饰的变化尤其微妙，虽然富于装饰性，但是随人物的动作变化和身体的起伏变化，令人感到整个雕像十分优雅精致。

这一时期的建筑雕刻有了发展，神庙东西两面墙上方的三角形山墙通常装饰一组高浮雕或圆雕。这个时期末，爱吉那的阿菲娅神庙的破风墙雕塑非常有代表性。而留存至今的不是原作而是托尔瓦德森的修复品，两面破风墙可能都经过重建，但它们之间的图形一直保持了微妙的联系。破风墙的中央屹立着雅典娜，雅典娜的两旁是希腊人同特洛亚人战斗的场面，战斗双方在雅典娜两侧分别组成对称的图形。战斗者的姿态动作与倾斜者、躺倒负伤者的动作相互呼应。保存最好是海格里斯，他位于东面破风墙靠近角落的地方，正蹲着引弓射箭，形象有力，又加强了构图的和谐。

建筑雕刻的另一种形式是饰带浮雕，装饰在希腊神庙柱廊内墙的上边，也有的装饰在外墙上。德尔菲的锡夫诺斯宝库浮雕饰带，是在外山墙下边连向两侧的浮雕带。约作于公元前6世纪晚期。表现的是希腊诸神同巨人之间的战斗，这件浮雕中的人物，狮子、战车的表现都相当真实。而且这件浮雕打破了平面的局限，通过不同高度和层次的浮雕表现纵深空间，丰富了浮雕的表现力。

埃伊纳神庙雕刻是古风时代末期的雕刻，该神庙建于公元前490年前后，是为祭奉雅典娜而建，这座神庙东西山墙上各有一组雕刻，这两组雕刻大部分已经被毁掉了。现存慕尼黑的赫拉克勒斯和受伤战士是东面山墙上雕刻，这些人体雕像达到了较高的写实水平，能够准确地对人体的动态和情绪进行表现。但在表现手法上仍然保留着古风雕刻的一些特点，如战士的脸上还保留着古风式的微笑。人体的细节刻画上仍可见古拙的特点。显示了从古风向古典过渡时期的特点。

古典时期

公元前480年希腊取得了旷日持久的希波战争的胜利。雅典也随之确立了在希腊各城邦中的领导地位，希腊进入了空前繁荣的时期。古典时代早期（约前480—前450），希腊艺术家经过一个多世纪的探索，能够熟练地运用人体结构的全面知识，在雕塑中表现出了完美和谐的技巧，人物雕像的动作、表情、衣饰以及构图更加接近自然真实的人。但从他们手中出现的雕塑还有超出自然真实品格之外的堪称静穆的品格。

德尔菲出土的青铜侍者（约前470）和奥林匹亚宙斯神庙破风墙上的阿波罗像和宙斯像堪称这一时期雕塑的代表作。以往雕像依靠对称而获得的平衡，如今被自然姿态的风格取代，雕塑家大胆地用一条腿负荷整个身体的体重，处于中位线上的脊柱向一侧扭转，肩、臀、膝不在一个水平面上，而是富有韵律地向上下交错倾斜，眼睛和嘴也不再保持严格的水平，雕像的各个细节都按照自然而富于变化的原则来处理。

哈莫迪奥斯和阿里斯托基顿像是最早的运动型的雕塑，这两个人是刺杀暴君西帕卡斯的英雄，雅典人为他们建立雕像以志纪念，原作原来放置在雅典市场上，原作已失，留存下来的是罗马的复制品。这座雕像左臂高举过头，构图气势非凡，在人物躯体的塑造上第一次真实可信地表现出了强劲有力的身体动作。

据历史记载，这个时期最著名的雕塑家有卡拉美斯，毕达哥拉斯和米隆。

米隆是古典前期杰出的雕塑家，他的主要活动时期在公元前5世纪中叶，米隆的突出贡献在于他使希腊雕塑最终摆脱古拙的样式而确立古典风范。其作品主要包括各种神像和人像，此外，他还擅长于制作动物雕刻。但他的原作都没有保留下来，我们现在只能见到他几件作品的罗马摹制品。他最著名的作品是《掷铁饼人》，此外还有他为雅典卫城所作的《雅典娜和玛息阿》。米隆的另一些作品可见于文字记载。

米隆的名作《掷铁饼人》根据鲁西安的详细描写，我们可以从罗马的仿制品中辨认出几件摹制品。这件作品表现的是投掷铁饼的运动员。在运动过程中米隆选择了一个转折性的瞬间：运动员为投掷而大幅摆动双臂、快速旋转身躯，他的身体运动已达到极限，在下一个瞬间他就要掷出铁饼。米隆抓住的这个瞬间概括了掷铁饼这一动作的整个过程，显示了运动员最典型的姿态，最强烈地层示了运动员肌肉的健美和力量。掷铁饼人的双臂张开，仿佛一张拉满的弓，加强了观众对于铁饼就要被飞速掷出的联想；铁饼和运动员的头部的两个圆形左右呼应，支撑身体的右腿如同轴心，使大幅弓起的身体保持平衡。这样的构思设计显示了米隆的艺术匠心。这是一个非常难处理的动作，米隆能在构思和塑造上达到如此完美的程度，显示了他对于人体结构知识的极度熟悉和高超的雕塑技巧。

奥林匹亚神庙雕刻是古典时期前期建筑装饰雕刻，这座神庙建于公元前460年，东西山墙上各有一组装饰雕像。

伯利克里统治时期是希腊最繁荣的时期，在伯利克里的支持下，雅典开始了一系列伟大的建筑活动，在战争的废墟上，新的庙宇建立起来。雅典卫城得到整修，宏伟的巴底农神庙（前447—前432）和山门（前437）的建设也都在这一时期展开。出现了俯瞰古代市场的海菲斯坦（前450—前440）和爱琉西斯的米斯特里大厅。在这种空前的创造活动中，艺术家的热情被极大地激发起来。优秀的雕塑家应时运而生，一时如群星灿烂，而菲狄亚斯是其中最伟大的雕塑家。

菲狄亚斯被伯利克里任命为巴底农神庙的总设计师和监督人。他生于公元前490年至485年之间。传说他曾与米隆同拜阿格拉达斯为师。他雕塑的人物姿态宁静而高贵，表情肃穆儒雅。雕塑技法细腻精湛，达到炉火纯青的地步。菲狄亚斯是理想化造型的巨擘。据古代文献记载菲狄亚斯曾亲手制作过几座雅典娜神像，矗立在雅典卫城上巨大的雅典娜是他的早期代表作。列姆诺斯的雅典娜神像和巴底农神庙的雅典娜神像是他的晚期作品。列姆诺斯的雅典娜神像，等身大，青铜铸造。原作已失，从现存摹制品上约略可见其风貌。巴底农神庙的雅典娜神像是一座巨大的木头雕像，高36英尺，雕像的皮肤部分包裹着象牙，眼睛用彩色宝石制成，铠甲和衣服是黄金制成，盾牌和甲胄上还涂绘有大量耀眼的色彩。雅典娜的金盔上是一只半狮半鹫的怪兽，她的盾牌里盘踞着一条巨蛇，蛇的眼睛也用光芒四射的宝石制成。这座巨大雕像被安放在神殿的底部，当人们走入神殿时，雅典娜女神的庄严美丽将所有的人征服了。

菲狄亚斯的代表作宙斯神像，高 10 米。这座雕像的内部是木结构，身体用象牙片构成，衣服饰以金叶子，这种特殊技巧称为"克里舍列凡丁"。这件作品充分体现了菲狄亚斯宏伟的构思及完美的表现手法，但原作已不复存在，而罗马的仿制品没有传达出原作的精神。菲狄亚斯的作品古代学者曾称其为最美，但那些无与伦比的雕像早已被毁灭了。他制作的青铜雅典娜只有基座幸存下来；巴底农神庙的雅典娜流传至今的几个尺寸不等的大理石摹制品；至于宙斯神像，直到为作黄金衣饰而制的陶土模子发现之前，我们只能在罗马硬币和奖章上看到它的摹本。

巴底农神庙的装饰雕刻主要有三部分，即东西山墙上的两组雕像，柱廊内狭长的连续的饰带浮雕及外墙回檐上的间板浮雕。这三部分雕刻各具特色，又相互协调，共同构成统一而富于变化的建筑雕刻整体。

西破风浮雕表现了雅典娜同波塞东为争作雅典的保护人而进行的战争。东破风浮雕表现了雅典娜的诞生，这些浮雕大部分在 1684 年土耳其和威尼斯的战争中被炸毁。但在被毁之前它们被描绘下来，这样使我们可以知道原作的构图。东破风的构图设计大胆新奇，破风的两个角中，一头是曰神赫利俄斯驱使马从海中升起。另一头是月神塞勒涅驾驭着马正在下沉，这样打破了以往采用使人物身体倾倒来解决构图问题的办法。

回檐上的间板浮雕共有 92 块。均为高浮雕，几乎表现的都是战争场面，它们是勒屁底人的堪陀儿、神祇和巨人、希腊人和阿马戎人的战斗场面。这些间板浮雕大部分已毁，仅存南面的一少部分。

在第四个系列中，描写了特洛伊的陷落，但已经很少留存。这些场面不是直接表现，而是用象征的手法来描绘希腊战胜波斯的英风豪气。其中对于堪陀儿的栩栩如生的刻画，说明了艺术家对表现人物感情的强烈兴趣。

饰带浮雕在建筑物内部四面延展，长159.56米，高1米，现在有一百多米保存较为完整。表现的是四年一次的为雅典娜献祭新衣的节日大游行，场面宏大。饰带描绘的情况和历史记载中的情况完全相符。西南角以骑者的行列开始，沿着北面和南面出现了长长的骑马行列和驭车行列，还有托着盘子，领着牲畜的献祭者；东边是庄严的少女行列，她们正受到地方长官的接待仪式的高潮是在神祇的集会前向雅典娜献上新衣。在整个长长的构图中，运动感和静穆之美完全地结合在一起。

在这幅长构图中，我们还可以看到希腊雕塑家对于透视缩短的完美深刻的理解，形象的最远部分缩小，并用从里向外逐渐凸出的技法雕刻，凸出的部分在高度上一致，但在浮雕的深度上、形象之间，互相切割掩映，变化无穷，使人产生形象在相互运动着的意象，这样就会感到在骑马的行列中，这些骑者列队成排，铿锵有力前进的意象。运用这种连续传达的手法，标志着传统的二度空间被三度空间所取代。在布列形象方面显示出杰出的智慧和技巧。他们希望自由表现的人体姿势和动态能够反映出人的内心世界。大哲学家苏格拉底曾学习雕刻，他认为艺术家应当仔细观察感情支配人体动态的方式。从而用人体表现出心灵的活动。

巴底农神庙的雕刻历时15年才全部完成，在间板（前447—前443）、饰带（前442—前438），破风雕刻（前438—前432）中可以看到其前后发展的脉络。衣饰的变化较为明显：折襞逐渐增多而变化丰富，富于透明感而又具有深度。这个时代的其他雕刻作品上也反映出这种发展特点。到了公元前5世纪的最后25年，人物的衣饰已经薄如蝉翼，透过它似乎可以见到富于生命感的肉体的颤动。

雅典卫城内除了巴底农神庙外，一些小型建筑物的装饰雕刻也相当精美。如厄瑞克透斯神庙的6个《女像柱》（作于前417—前409）、卫城入口处的尼开神庙围栏上的《系鞋的尼开》浮雕就是其中的代表。这两处雕刻制作的时间较晚（约前420年后），其风格同巴底农神庙为同一体系。《女像柱》为大理石雕刻，高231厘米，这些头顶横梁重压的女立像，体态优美，一条腿弯曲，另一条腿负担着身体的重量。她们神情端庄安详，衣纹下垂，风韵翩翩。这种将雕刻同建筑巧妙结合的设计，使建筑物增添了优美生动而富于变化的内容。

在菲狄亚斯的时代，他的学生和助手们被他的光芒所掩盖，往往不为人们所熟识，但他们也有不少杰作传世。克雷西拉斯善于创作肖像雕刻，他曾为雅典政治家伯利克里作有胸像，线条单纯，刻画洗炼，传神地表现出了伯利克里作为大政治家坚毅而文雅的非凡气度。现有罗马摹制品传世。阿尔卡迈奈斯是菲狄亚斯的门生，他的风格抒情优美。《花园中的阿佛罗狄特》是阿尔卡迈奈斯的杰作，从仅存的不完整的仿制品中依然可见他在表现女性优美体态方面的卓越技巧。克列西拉斯，他的作品有普林尼提到受伤的阿马戎（有摹制品存世），卫城的伯利克里肖像；阿尔卡美奈斯，他的名字发现了帕加马和以弗所的两座罗马海尔姆型头像（HERM 墩通常是方的，上置头像）的铭文上。

阿哥拉里托斯曾为拉姆斯的一座神庙制作了涅美西斯像（头部断片，现藏于大英博物馆）；卡里玛科斯。他的作品有节奏轻妙、薄衣透体、丰盈娴雅的迈那德斯浮雕；斯特朗基安。以动物雕刻闻名，作品保存下来的有特洛伊木马的基座部分；而诺基德斯是伯利克莱托斯的兄弟。他的作品有站立的掷铁饼人。

派翁尼奥斯也是菲狄亚斯的学生，他作有奥林匹亚的《飞翔的尼开》（前420，现藏希腊奥林匹亚博物馆），这件雕像高216厘米，矗立在高9米的台座上，1875年它被发现于希腊奥林匹亚宙斯神庙。

这座雕像将胜利女神表现为从天而降的样子，她飘然的身姿、迎风招展的纱衣、轻盈的步恋和她脚下所刻云彩纹，显示了这位女神刚刚乘云而降。女神像的双臂和她的面部已经被毁坏，但她优美的身姿透过薄如蝉翼的纱衣，生动地显现出来。女神的胸脯丰满高挺，身躯曲线优美而富于充沛的活力，肌肤圆润而富有弹性。这件雕刻显示了派翁尼奥斯高超的雕塑技巧。

伯利克莱托斯是这个时代与菲狄亚斯齐名的伟大雕塑家。他曾创作了阿戈斯赫拉神庙的赫拉像，这座雕像用黄金和象牙制作，原作已经不存在了，我们仅可以从罗马的硬币上依稀窥见其风貌之一斑。他更擅长做战士和运动员雕像。青铜雕像《荷矛者》是他的代表作，表现的是一位希腊勇士。古希腊历史学家普林尼曾在吏书中称他的作品为艺术家们公认的典范和艺术入门必学之法典。这件作品已经不存在，一尊发现于罗马古城庞培的雕像被认定为这件作品的摹制品。这件大理石摹制品高 212 厘米，现藏意大利那不勒斯国立博物馆。塑造的是

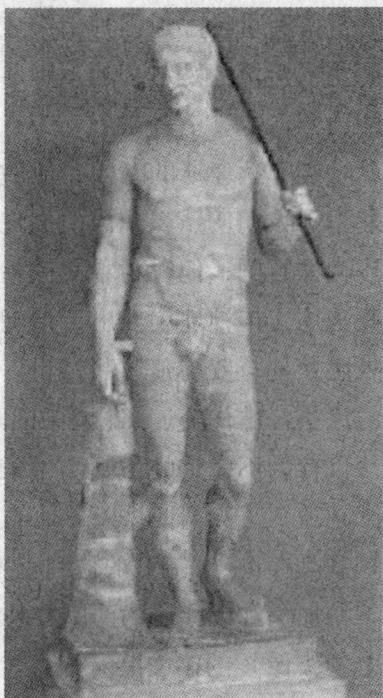

《荷矛者》

一个身体匀称，肌肉健美的青年英雄的形象。他的头向右侧，身体的重心放在右腿上，左腿向后移，脚尖着地，一只手持矛，另一只手下垂。尽管摹制品使人稍感生硬，但从它身上仍能感到原作所达到的运动中的平衡。希腊雕塑在构图上的完美统一，动作的和谐流畅达到了惊人的高度。这座雕像的身长是头的 7 倍，这个比例被认为是古典雕刻最标准的体型。传说伯利克莱托斯曾写作了一本关于

人体比例的书，还制作了青铜像《法则》来说明他的理论。

据普林尼的记载，菲狄亚斯、伯利克莱托斯、克列西拉斯、凯顿和弗拉蒙德曾会聚一堂，为以弗所的阿尔特米斯神庙制作阿马戎雕像。在创作中他们进行了比赛，结果伯利克莱托斯获得第一名。菲狄亚斯获得第二，克利西拉斯获第三，凯顿获第四，弗拉蒙德获第五。按照前三种不同的风格。艺术家又各制作了一些摹制品。

公元前四世纪的雕塑艺术承袭了公元前五世纪的艺术，人物表情肃穆，姿态端庄，衣衫简洁而又结合了繁复的折襞。公元前四世纪与公元前五世纪的雕塑往往难以区分，雅典和斯巴达为争夺领导权的伯罗奔尼撒战争。使希腊各城邦在经济上都遭受了重大损失。战争造成的痛苦使人们原有的宗教观念解体了，他们变得沉溺于个人情趣，而不再崇拜景仰那些摒弃个性的观念。这对雕塑艺术产生了巨大影响。艺术更富于人性，温柔优雅的特质体现在雕塑中。人物的面部表情空濛，双目含情，姿态旖旎，衣服的折襞厚重。这段时期的雕塑孕育着新阶段的开始。在雕塑作品中庄严崇高，均衡和谐的理想化造型渐渐被淡忘，而富于创作者个性感情色彩和个性风格的作品渐成主流。

经过这段时期。三位雕塑家崛起了，他们是雅典人伯拉克西特列斯、巴罗斯的斯克帕斯和昔克翁的里西普斯。

伯拉克西特列斯（Praxiteles。约前390—前330）是雅典人。他以优美抒情的风格见长，作有各种神像和世俗人物的雕像。其中大理石雕刻《尼多斯的阿弗罗狄德》（前350年，现仅存罗马的摹制品藏在梵蒂冈博物馆）最为著名。这座神像是为小亚细亚的尼多斯神庙而作，深受当地人的喜爱，它被竖立在尼多斯的一个广场上，供人欣赏。这件作品可能是希腊最早的全裸的女神雕像。它表现了女神脱下衣袍放在花瓶上，正准备下海沐浴。女神的右腿向前弯曲，正轻轻举步，丰姿绰约，她裸露的肌肤，光滑富于弹性，在花瓶和衣纹的衬托下更显得优美动人。这以后，阿弗罗狄德经常被塑造成全裸的形象，由此也可见伯拉克西特列斯这件作品的影响之大。

1877 年在奥林匹亚的赫拉神庙中发现了大理石雕像《赫尔墨斯》，它很可能是伯拉克西特列斯存世的惟一原作。这件作品表现了赫尔墨斯在行路的途中，倚树休憩，用一串葡萄来逗弄还在幼年的葡萄酒的发明者狄奥尼索斯。

而伯拉克西特列斯的另外几件作品《杀蜥蜴者》。《阿尔的阿弗罗狄特》、《休息的萨堤罗斯》等都只有罗马的摹制品存世。伯拉克西特列斯塑造的男性形象有甜润优美的特点，缺少雄健刚毅之气，这除了受艺术家的个人特点影响外，也是当时的审美时尚趋向于享乐主义造成的。

斯克帕斯（5copas）是公元前 4 世纪中上期伟大的雕塑家。他生于盛产大理石的巴罗斯岛，但艺术足迹却遍及希腊各地。他一生创作的作品很多，可大多没有流传下来。

斯克帕斯不仅是著名雕塑家还是一位建筑家。据史书记载，公元前 4 世纪上半期和中期的三个重要的纪念建筑：提基亚的雅典娜·阿里亚神庙，以弗所的阿而狄米特斯神庙和哈里卡纳索斯的莫索留姆陵墓，斯克帕斯都曾参与建设或为其制作雕刻。其中雅典娜·阿里亚神庙已经完全被毁，仅存几个雕像的头部，它们被认为是斯克帕斯所作的山墙雕刻的残件。小亚细亚西南部的哈里卡纳索斯的莫索留姆陵墓建于公元前 350 年，在当时因其规模宏大壮丽而被称为世界奇迹，整座陵墓在 15 世纪被毁，只有一部分墙壁浮雕饰带保存较为完整，现藏英国不列颠博物馆，这些墙壁浮雕饰带表现了希腊同亚马孙人之间的战争，是斯克帕斯所作。这些浮雕中人物。马匹动势强烈，战斗的气氛被渲染的异常激烈，那种粗犷的暴力在巴底农时期是极为少见的。

斯克帕斯的作品还有现存德国德累斯顿博物馆的《美德勒》和梵蒂冈的《墨洛阿格洛斯》等。而 1583 年在罗马发现的大理石雕刻《受伤的尼俄柏的女儿》和《尼俄柏和她最年幼的女儿》群像被认为是斯克帕斯原作的摹制品。这两件作品现藏意大利罗马特尔美博物馆。这两件雕刻表现的是忒拜王后尼俄柏因得罪女神，而受到惩罚，她的众多儿女被一一射死的神话故事。《受伤的尼俄柏的女儿》表现的是尼俄柏的女儿背部中箭，她身躯后倾，处于半跪状态，痛不欲生，她的衣裙滑落下来，即将倒下的情景。在这件作品面前人们不免产生强烈的痛苦和怜悯之情。《尼俄柏和她最年幼的女儿》表现的是尼俄柏在她最后的一个幼女即将被射杀的瞬间，向上天投出无比痛苦和绝望的一瞥，她掀开衣裙试图保护自己最后一个女儿，而扑倒在她怀中的小女孩，衣服脱落到地上，惊吓地根本不敢动弹。这两件作品都通过高度的写实技巧，营造出一种强烈的戏剧性效果，给人留下触目惊心的印象。

里西普斯（Lysippos）是公元前 4 世纪后半期最后一位杰出的雕塑家，也是雅典人。他在公元前 5 世纪的伯利克莱托斯提出的人体的标准比例为身长是头的 7 倍的基础上，开创了新的人体比例关系：头是全身比例的 1/8。这样的比例使雕塑人物显得既气宇轩昂又富于运动感。

里西普斯是一位多产的艺术家，据说他一生创作了一千五百多件雕塑，而且多数是青铜雕塑。遗憾的是这些作品没有一件留存下来，而且摹制品也非常少见。意大利罗马发现的几件裸体男子的大理石雕像被认为是里西普斯作品的摹制品。其中最著名一件是高 205 厘米的大理石雕刻《刮汗污的运动员》（现藏意大利罗马特尔美博物馆）。里西普斯的同名原作为青铜雕刻。《刮汗污的运动员》塑造了一位身材高大健壮的运动员，经过了激烈的比赛之后，正用刮具刮拭身上的汗污，他的头向右侧转。眼窝深陷，面露疲倦之色。在这件雕刻中，我们可以看到里西普斯所倡导的新的人体比例关系，使雕塑人物的身材显得更加伟岸高大。此外这件雕刻的成功之处还在于它充分展现了人物肌肉的弹性和极为舒展的动态。而双手前伸的动作加大了作品在空间中的深度，使这件作品在对空间处理上富有新意。

里西普斯的重要作品还有高达 20 米的巨型宙斯像，《休息中的赫尔墨斯》、《赫拉克勒斯与狮子》及表现 25 个骑马人物的骑兵群像等。他还曾创作过塞琉哥王的肖像及几件亚历山大大帝的雕像，这些肖像雕刻保存下来的也都是罗马的摹制品。

被定为里西普斯作品的雕塑大多并不可靠，但从这些数量很少的作品中，我们仍可以看出他是一位富于创造性的艺术家，他开创了新的人体比例体系，形体塑造写实构思磅礴，这使他的影响持续了几个世纪之久。

肖像雕刻兴起于公元前 5 世纪。到了公元前 4 世纪，雕塑家们对这一题材更加迷恋，这个时代出现了许多雕塑作品。著名的有哈利那索斯陵墓《莫索留姆像》这件大理石雕刻高 3 米，是雕刻家斯克帕斯在约公元前 350 年作。莫索留姆是小亚细亚的一位国王，斯克帕斯参与为他建造的陵墓高约 50 米，十分壮观，莫索留姆与他妻子的雕像高高竖立在王陵的塔顶，他们站立在战车上，傲视天下。《莫索留姆像》真实塑造了国王的形象，那飘逸的长发和络腮胡子为增添了粗犷豪迈的风度。而他庄重深沉的目光，又透露出他沉着冷静而多思的性格。这件雕刻现藏英国伦敦不列颠博物馆。

希腊化时期（前 330—前 100）

公元前 336 年马其顿国王菲力普击败雅典，取得了希腊的控制权。菲力普之后，他的儿子亚历山大经过连续征战，征服了小亚细亚、美索不达米亚。波斯、埃及，向东到达了印度河流域，大大拓展了希腊的疆土。也把希腊文化艺术传播到东方，同时也给希腊艺术带来了根本性的变化。

亚历山大帝国时代，希腊化艺术的中心在小亚细亚西部和爱琴海的部分岛屿及北非的埃及亚历山大和突尼斯等地。这一时期的雕塑脱寓了理想主义的古典美的表现，而日益倾向写实。雕塑家们从丰富多彩的现实生活中汲取题材，人类的痛苦、激情、欢笑；儿童和老翁，畸形残废的人，外乡异族人，愤懑绝望、酩酊大醉的人，这些以往雕塑家不太愿意涉足的领域，现在成为雕塑家们热衷去入微刻骨地表现的内容。

希腊化时期的雕塑家们常常要长途旅行，在广阔的希腊化地区带着聘书奔赴各地，在工作完成后再转向其他地方。古代学者和碑刻铭文所留下的文献记录可以证实这一点。因此在不同地区我们可以看到十分类似的风格。雕塑艺术现实性的发展倾向，在希腊化地区广泛传播，但在受希腊化艺术影响的广阔地区中，各地的风格也并不完全一致。比如有一种被称为是"烟消云散"（sfumato）的风格，特点是人物造型典雅，表情静谧。雕塑中面与面的转折柔和，这种风格同亚历山大似乎有着密切关系，因为这样的作品多发现在他活动频繁的地区。而另一种表现在帕加马王国献祭祀的雕塑品中的雕塑艺术风格，对人物的内在感情刻画细腻，雕塑的各个面之间对比显著，在表现多个人物形象的群像中，人物之间密切联系相互呼应，他们往往在强烈的运动中剧烈地扭动身体，这种风格被称为帕加马风格。而在希腊本土，传统风格的根基深厚，从题材到人物的姿态动作。雕塑的构图等等，都保留了较多古典传统雕塑的因素，但是一些绘画性的倾向也在此时悄悄渗入雕塑之中。

希腊化时期有许多雕刻幸存下来，但是对于它们的年代，创作者和风格特征等等问题给予详尽地研究结论还比较困难。

"提克"雕像或称"拟人化"的安提阿城，是厄提开德斯所作，保存有罗马的摹制品，制作时间为公元前300年之后，那时建立了安提阿城。提克高坐于岩石上，通过对其衣折，头部、躯干，肢体等各方面的刻画使雕像的姿态宁静而韵味无穷。雕像的脚上有个小巧的青年游泳雕像，是奥伦特河的拟人化形象。

属于公元前3世纪中期的普林尼曾提到的毕狄尼亚的代达尔沙斯的"洗浴中的阿芙洛蒂德"，罗马雕刻中的《蹲着的阿芙洛蒂德》（现藏丹麦哥本哈根）被认为是它的摹本。这座雕像的躯干下部和双腿在水平的方向上相对，并扭转腰身。头部也明显地朝向右方。这件雕刻的形体转折自然，对由身体运动而产生的肌肉变化表现细腻，这些都体现了希腊化时期艺术的特点。

萨莫雷斯岛上的胜利女神（现藏巴黎卢浮宫博物馆），是1863年在萨莫雷斯岛上发现的大理石原作，约作于公元前190年，据推测这座女神像原来耸立在悬崖上，面向海洋，她的右手拿着号角，在吹奏胜利的乐曲，左手拿着胜利的象征——敌船上的十字形装饰。现在这件雕刻的头部和身体都没有了，只有女神的躯体和双翼被保存下来，但它们也是由百余块残片拼凑复原而成的。雕像原高328厘米，保存下来的部分高245厘米。女神在船头昂首挺胸而立，她的身体丰腴矫健，风将她的衣裳吹向后方，飞动的衣纹令人如闻风声。

发现于米洛岛、现藏于雅典的波塞东神像，代表了希腊化晚期艺术的样式，初看之下雕像显得姿态稳重，但很快就会发现雕像身体裸露部分和衣饰折襞之间有着强烈的对比。其中传达出了一种骚动不安的情绪。

1820年发现于米洛岛的阿芙洛蒂德（现藏巴黎卢浮宫博物馆），通过残留在台座上的铭文，推断出其创作年代约在公元前2世纪晚期，也就是希腊化时代末期。这件雕刻的左臂已失，右臂也仅存半截上臂。女神的上身裸体，下身围着衣裙，她的左腿微微抬起，身体的重心放在右腿上，头部和上身稍微向右扭转，而面部转向左前侧，整个身体自然地形成S形，这种微妙的肢体动作与多重衣纹对比，产生出一种流动的韵律。这位女神身体饱满结实，姿态庄重优雅，令无数观者为之倾倒，它也被视为表现美神的典范之作。希腊化时期的美神像还发现了一些不完整的摹制品，通过这些裸体的美神像可知在当时人们不再将这些艺术品作为崇拜的偶像，而是将其作为审美的对象。

希腊化时期的雕塑家用一种生气勃勃、近乎戏剧性的特质取代了古典希腊雕塑从容静穆的品格。这种转变在雕塑的构图中表现最为明显，尤其在那些强调格斗厮杀和忍受痛苦的雕塑作品中。这类作品在希腊化时代的帕加马雕塑中最突出。

现藏卡比托里尼博物馆中超出人大的《垂死的高卢人》和特尔姆博物馆的《弑妻后自杀的高卢人》，是帕加马王阿塔洛斯一世战胜高卢人后几组献祭铜像的摹本；一些大约相当于真人2/3高的大理石像，分藏于几个博物馆，有高卢人，阿马戎人、波斯人等，它们可能都是阿塔洛斯一世在公元前200年为雅典卫城复制的铜像。

装饰在帕加马宙斯和雅典娜祭坛上的动人心魄的神祇和巨人战斗的饰带浮罐，是欧门二世为纪念其父战胜高卢而建。这个高浮雕饰带高230厘米，长120米，由115块大理石板镶嵌而成。上面雕刻着上万个人物形象和飞禽走兽，表现了神与人之间波澜壮阔的战斗。这个巨大的高浮雕饰带，无论在塑造上，构图上还是在情绪表现上，都达到了写实主义的新高峰。现在它被收藏在德国柏林国家博物馆。

雕塑家对于个性的追求，使这一时期的人物肖像作品成就突出。《演说家狄摩西尼像》中演说家被表现为双手合拢而立的样子。这件作品的希腊原作可能是雅典的波留厄克托斯在公元前280年创作的。《伊壁鸠鲁坐像》则是由被分别发现的头部和躯干重新组合而成的。《克里西巴斯坐像》作于这位哲学家去世（前206）后不久，现存的是这件雕像的复制品。这些肖像作品都体现了那个时代中写实主义的不断发展。

希腊化时期的最后一件伟大作品是《拉奥孔》（现藏意大利罗马梵蒂冈博物馆）。这件大理石群雕高184厘米。是由希腊罗得岛雕刻家阿格桑德罗斯，波利多罗斯和阿塔诺多罗斯于公元前175—公元前150年制作的。1506年，意大利人在挖掘提囤斯浴场遗址时，发现了7块这座群雕的残片，后来又发现了一块，在20世纪初。这件群雕被重新修复。《拉奥孔》表现的是希腊长诗《伊利亚特》中的一个场面：特洛伊城的祭司拉奥孔为救特洛伊城的人民泄露天机，受到天神的惩罚。作品表现了拉奥孔和他的两个儿子被巨蛇缠绕，濒于死亡的悲惨时刻。在祭坛的台阶上，两条巨蛇缠绕在他的胸腹部，张嘴咬他的腰部，并把他的两个儿子紧紧缠住。拉奥孔的身体急剧地向后躲闪，两只手紧紧抓住巨蛇，在做生死搏斗，他全身的肌肉因为紧张而鼓起，腹部深深地凹陷收缩，似乎在努力抑制着痛苦，他的头向后仰，整个脸因为剧痛而变形，他悲哀的眼神显示出了绝望。拉奥孔的长子被蛇卷住。他试图抽出腿来用力摆脱，他惊骇地看着父亲，为父亲的惨状痛苦不已。拉奥孔的幼子几乎被蛇卷倒，他举起左手企图呼救，右手无力地抓着咬住他的蛇头，脸上已满是死亡的恐怖。这件雕塑营造了高度的紧张气氛，将人物极度痛苦的情绪充分地表达出来。是历史上最伟大的悲剧雕刻之一。

世俗人像雕刻在希腊化时期也获得了特别的发展，遗世的著名作品有：《拳击者》《拔刺的小孩》《年老的女贩》，《小孩与鹅》等。

摹制以前的杰作。始于公元前2世纪，但摹制品仅仅是与原作相似，它们是用自由的手法进行的模仿，在制作过程中往往融入了模仿者的主观意志，而使摹制品同原作之间有了质的区别，两者之间通常是瑕瑜互见。

公元前2世纪末或公元前1世纪初以前，为了满足罗马人对于希腊雕像的大量需求，出现了一种用定点程序机械摹制的方法，这种方法可能是由两位公元前1世纪的优秀雕塑家帕西特勒斯和阿克西洛斯发明的，至少是他们推动了这种方法的普及。利用这种方法，意大利人从希腊雕像或浮雕上精确地制作了相当数量的较为精确的大理石摹制品，这些摹制品被用来装饰罗马的公共场所和私人宅邸。

正是借助了大量的希腊和罗马的摹制品才使我们对于希腊艺术的知识丰富起来。没有它们我们对于辉煌的希腊雕塑艺术的认识将十分浅陋，因为大多数的希腊雕刻的原作（大理石和青铜）不是被毁于石灰窑。就是被销铄在熔炉中了。

世界科技与发现
历史纵横谈

萧枫◎主编

辽海出版社

责任编辑:陈晓玉　于文海　孙德军

图书在版编目(CIP)数据

世界历史纵横谈/萧枫主编. —沈阳:辽海出版
社,2008.6(2015.5 重印)
ISBN 978-7-80711-988-3

Ⅰ.①世… Ⅱ.①萧… Ⅲ.①世界史—通俗读物
Ⅳ.①K109

中国版本图书馆 CIP 数据核字(2011)第 140261 号

世界历史纵横谈

世界科技与发现历史纵横谈

萧枫/主编

出　版:辽海出版社	地　址:沈阳市和平区十一纬路25号
印　刷:北京一鑫印务有限责任公司	字　数:700 千字
开　本:700mm×1000mm　1/16	印　张:40
版　次:2011 年 9 月第 2 版	印　次:2015 年 5 月第 2 次印刷
书　号:ISBN 978-7-80711-988-3	定　价:149.00 元(全 5 册)

如发现印装质量问题,影响阅读,请与印刷厂联系调换。

前　言

　　在人类缓缓的历史进程中，人类辉煌的往昔，是祖先智慧的创造，更是永垂不朽的传奇。追寻世界历史，不仅是对历史的尊重，同时也是对人类自身的一种高度关注。

　　大约在 2300 万年前到 1800 万年前，在热带雨林地区和广阔的草原上，就有一种古老的灵长类动物，即森林古猿活跃在那里，它们是人类最早的祖先。其中一部分森林古猿下地直立行走，迈出了从猿转变到人具有决定性意义的一步。为了生存，猿进行了劳动，劳动促进猿的体质发生改变，促使意识的产生和语言的出现。终于我们的祖先摆脱了动物界，成为了真正意义上的人。

　　伴随着人的出现，社会呈现雏形。夹杂着火的利用、工具的改进、绘图、雕刻、丧葬、艺术、建筑、文字等先后出现，文明之光洒满大地。翘然回首，从石斧、骨器到勾践的青铜宝剑，回想中世纪骑士们的铮铮铁甲，体味硝烟迷漫的火枪战场，人类历史简直是沧桑万年……

　　历史对于我们整个人类，就像记忆对于我们每个人一样，它说明我们现在做的是什么，为什么我们这样做，以及我们过去是怎样做的。因此谁要想了解世界，就必须知道它的历史。

　　历史是我们宝贵的精神财富，任何一个国家或者民族都注重用自己的历史教育和鼓励广大人民，因为历史具有无穷的智慧与魅力，这是世界各民族得以凝聚并生生不息的命脉。灿烂的世界历史文明

教育着我们每一位读者，能够使我们更加珍惜历史，并不断创造光辉的未来。

为了让广大读者全面深入地了解世界历史的光辉灿烂，感受世界各民族历史发展的博大精深，我们特地编辑了这本融故事与图片为一体的读物。本书把世界历史从单纯的帝王将相、改朝换代的框架中释放出来，结合最新的研究成果，融知识性与趣味性为一体，涵盖历史、政治、军事、文化、艺术等各个领域，全方位、新视角、多层面地重新演绎了世界五千年的辉煌历史文化，能够给我们广大读者尽可能丰富的知识看点。

本套书主要包括世界科技与发现历史、世界思想与教育历史、世界文学与戏剧历史、世界建筑与雕塑历史、世界美术与绘画历史等内容。

本套书希望通过一些通俗的语言和丰富的图片，对世界历史做一个概述。它只讲其中最重要的事件、人物和对关键阶段的描述，而且选择了一种通俗的简明形式。本书可以作为历史专著的补充读物，你可以用非常休闲的方式去阅读它，我们相信在历史人文的浪漫风景中，你不会感到乏味。

本套书用生动的文字和丰富的插图，再现了世界历史进程的恢弘画卷，堪称一部贯通整个世界历史的简明百科全书，串联起全部人类发展的瑰宝，并以其光辉不朽的价值与流传恒久的魅力，成就一部好读又好看的世界历史通俗读物，具有很强的系统性、知识性和可读性，不仅是广大读者学习世界历史知识的最佳读物，也是各级图书馆珍藏的最佳版本。

目　　录

第一　世界科技发明的历史

一、医疗卫生大发明

温度计 ……………………………………………（1）

血压计 ……………………………………………（2）

阿司匹林 …………………………………………（4）

青霉素 ……………………………………………（5）

CT 扫描仪 ………………………………………（7）

试管婴儿 …………………………………………（8）

人造心脏 …………………………………………（9）

二、数理化工大发明

压力锅 ……………………………………………（11）

化肥 ………………………………………………（13）

人造染料 …………………………………………（14）

塑料 ………………………………………………（15）

真空三极管 …………………………………… （17）

侯氏制碱法 …………………………………… （19）

人工降雨 ……………………………………… （20）

晶体管 ………………………………………… （21）

特氟隆 ………………………………………… （23）

造纸术 ………………………………………… （24）

印刷术 ………………………………………… （26）

编织机 ………………………………………… （28）

电梯 …………………………………………… （29）

打字机 ………………………………………… （31）

电冰箱 ………………………………………… （33）

变压器 ………………………………………… （34）

电影 …………………………………………… （36）

洗衣机 ………………………………………… （37）

火箭 …………………………………………… （38）

电视机 ………………………………………… （40）

复印机 ………………………………………… （42）

降落伞 ………………………………………… （43）

蒸汽汽船 ……………………………………… （44）

铁路 …………………………………………… （46）

自行车 ………………………………………… （48）

内燃机 ………………………………………… （49）

红绿灯 ………………………………………… （51）

摩托车 ………………………………………… （52）

飞机 …………………………………………… （53）

磁悬浮列车 …………………………………… （54）

三、日常用品大发明

肥皂 …………………………………………… （55）

纸币 ………………………………………………（57）

玻璃 ………………………………………………（58）

眼镜 ………………………………………………（60）

钟表 ………………………………………………（61）

镜子 ………………………………………………（63）

抽水马桶 …………………………………………（64）

缝纫机 ……………………………………………（66）

罐头食品 …………………………………………（67）

雨衣 ………………………………………………（69）

火柴 ………………………………………………（70）

邮票 ………………………………………………（72）

牛仔裤 ……………………………………………（73）

方便面 ……………………………………………（74）

白炽灯 ……………………………………………（76）

钢笔 ………………………………………………（77）

保温瓶 ……………………………………………（79）

拉链 ………………………………………………（79）

安全剃须刀 ………………………………………（80）

不锈钢 ……………………………………………（82）

魔方 ………………………………………………（83）

四、现代科技大发明

计算机 ……………………………………………（84）

电报 ………………………………………………（86）

电话 ………………………………………………（88）

电话交换机 ………………………………………（89）

无线电 ……………………………………………（90）

传真机 ……………………………………………（91）

人造卫星 ……………………………………………… （93）

鼠标 …………………………………………………… （94）

光纤 …………………………………………………… （96）

条形码 ………………………………………………… （98）

互联网 ………………………………………………… （99）

潜艇 …………………………………………………… （100）

第一　世界科技发明的历史

一、医疗卫生大发明

温度计

1592 年，伽利略利用空气热胀冷缩的性质，制造了一个空气温度计。

华伦海特设
计的温度计

伽利略设计
的温度计

他将一根细长的玻璃管，一端拉制成鸡蛋一样大小的空心玻璃球，一端敞口，并且事先在玻璃管内装一些带颜色的水，然后将开口一端倒插入一只装有水的瓶子里。当外界温度升高时，玻璃球内的空气受热膨胀，玻璃管里的水位就会下降；当外界温度降低时，玻璃球内的空气就要收缩，而玻璃管中的水位就会上升。伽利略在玻璃管上标上刻度，就可以利用它测量气温了。

意大利托斯卡纳的大公斐迪南对液体温度计的发展起了很大的推动作用。

为了使温度计不受大气压力的影响，斐迪南用各种不同的液体进行试验，发现酒精在受热以后，体积的变化比较显著。1654年，斐迪南制出了世界上第一支酒精温度计。斐迪南往一端带有空心玻璃球的管里注入适量带颜色的酒精，再把玻璃球加热，用酒精赶跑玻璃管中的空气，然后将螺旋状的玻璃管密封，并在玻璃管上标上刻度。于是，第一个不受大气压力影响的真正的温度计就这样诞生了。

酒精温度计构造简单，制作方便，准确度高，一经问世就得到了广泛应用。今天，我们在家庭中通常用的温度计都是酒精温度计。

华伦海特是德籍荷兰物理学家，他发明了水银温度计，并且是华氏温标的确立者。

由于酒精温度计受酒精沸点的限制而不适于较高温度的测量，1714年，华伦海特用水银代替酒精，从而取得了关键性的进展。他发现了一种纯化水银的方法，解决了以前由于水银中常混有氧化物，使水银容易附着于玻璃管壁上，影响准确读取刻度的难题。于是，第一个真正精确的温度计诞生了。1724年，华伦海特所做的关于温度计的报告，使其得到迅速推广。目前，英国、美国、加拿大、南非等国仍在使用华氏温度计，而我们量体温时用的也是水银温度计。

血压计

人们测量血压最先是在动物身上做试验的，英国医生哈尔斯可以说是研制血压计的第一人。1733年，哈尔斯把自己家里饲养的一匹最心爱的高头大马作为测试血压的对象。他将一根2.7米长的玻璃管与一根铜管的一端相连接，接着，他又将铜管的另一端插入马颈部的动脉血管内，然后使玻璃管竖直，让血顺着玻璃管上升，这样测得马的血压为2.1米高。哈尔斯注意到，随着心脏的跳动，血柱上升和下降5～10厘米。但是很明显，这样测量血压既不安全，也不方便，而且对血管的破坏非常严重，根本不适宜用于人类。

1854年，德国一位生理学家提出了可以通过体外测量阻止血流压力来代替直接从血管内测量血压的观点，并据此设计出了一种带杠杆的测量血压装置，但是这种装置相当笨重，而且使用起来也很不方便。

1896年，意大利物理学家里瓦罗基在哈尔斯测量马血压的试验基础上，又进行了深入的分析与研究，经过大胆的试验，终于改制成了一种不破坏血管的血压计——裹臂式血压计。这种血压计由袖带、压力表和气球三个部分构成。袖带是一条可以环绕在手臂上、且能充气的长方形橡皮袋，它一端是接在打气橡皮球上的，另一端则是接到水银测压器或其他测压器装置上的。

测量血压时，将橡皮袋环绕于上臂，然后将空气徐徐打入橡皮袋，压力升高到一定程度时，动脉血管被压扁，造成血液流动停止。然后，慢慢放气。当袖带压力低于心脏收缩排出血液产生的动脉压时，血液便开始恢复流动，用听诊器可听到脉搏跳动，此时水银柱显示出来的压力即为收缩压；当压力继续减少，直到不阻碍心脏舒张状态的血液畅通时，测得的数值即为舒张压。

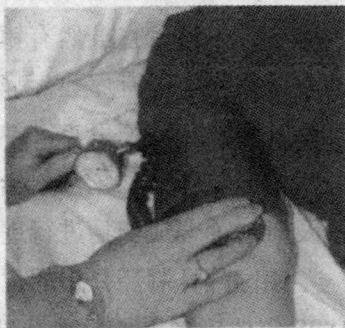

测量血压

显然，里瓦罗基的血压计要比哈尔斯测量血压的方法科学、安全得多，因此被世界各国的医生们所广泛采用，成为了重要的血压诊断工具。

1905 年，俄国人尼古拉·科罗特科夫对裹臂式血压计稍作改进，使其不用听诊，只用触诊法即可准确测定人的血压。

现在，随着医学知识的普及，血压计早已不再是医院的专用器械了，许多家庭也开始选购并使用血压计。其中电子血压计便是一种非常适合家庭使用的新型血压计，它操作简单，为很多疾病的预防和控制提供了很好的帮助。

阿司匹林

早在公元前 400 多年的古希腊，被尊为"西方医学之父"的希波克拉底就曾提出用柳树皮的浸泡液来缓解产妇的阵痛。1758 年，英国神父爱德华·斯通无意间扯了一片白柳树皮咀嚼起来。出乎意料的是他的关节痛和发热都减轻了。他用同样的方法对 50 名病人进行治疗，发现这种汁液对治疗发烧非常有效。他把实验结果报告给了英国皇家协会，但却没有得到足够的重视。后来经研究发现，这种汁液中的有效成分是水杨酸。

19 世纪 20 年代，一位瑞士科学家从一种植物的叶子内提取出了水杨酸。不过，它虽然有镇痛解热的功效，但对食管和胃部有强烈的腐蚀作用，只有那些疼痛很剧烈的人才服用它。1853 年，法国化学家夏尔·弗雷德里克·热拉尔将从另一种植物绣线菊中提炼出来的水杨酸与乙酸和乙酰结合起来，解决了这个问题，但他还没有来得及对这种合成药物进行进一步的验证，就去世了。

德国拜耳制药公司的化学家霍夫曼，在前人探索开拓的基础上，1895 年他研制出了一种经过结构转换的水杨酸的类似物，该物品与其他水杨酸药品相比，副作用要小得多。霍夫曼和同事海因里希·德雷泽一起对这种药进行了大量试验。在对这种物品命名的过程中，他们认为应该在药名中反映它与绣线菊的关系——于是，阿司匹林（Aspirin）就诞生了：A 代表了乙酰，spir 是绣线菊（spiraea）的前四个字母，in 则是拜耳公司特有的、在每一种药名上加的后缀。大写 A 字当头的阿司匹林成了拜耳公司 100 多年历史上最大的骄傲和对世界最大的贡献。

　　1899年3月6日，霍夫曼所在的拜耳公司向柏林皇家机构申报了这一专利。3年之后，这种新药的第一粒片剂诞生了，1903年4月，拜耳公司进入美国市场，并最终在美国扎下了根。

　　阿司匹林一问世，就立即成为治疗感冒、头痛、发烧、风湿病和缓解、治疗关节及其他部位疼痛的最畅销的止痛药，而且1969年7月，阿司匹林还随宇航员阿姆斯特朗登上月球，以治疗宇航员们的头痛和肌肉痛。

20世纪30年代，拜耳公司的阿司匹林进入中国市场的广告。

　　霍夫曼和当时的拜耳公司肯定没有料想到：100多年来，无数新药在风靡一时后又消失得无影无踪，而这种价格低廉、毫不起眼的白色小药片却能够久盛不衰。据有关资料统计，目前全世界每年消耗的阿司匹林达5万吨，约600亿片。仅美国和英国，一年就消耗1.1万吨。

青霉素

　　19世纪下半叶，法国人帕斯特发现有些细菌虽然能置人或动物于死地，却很容易被其他的细菌所抑制或消灭，这种现象就是生物学和医学上通常说的"抵抗作用"。据此人们自然想到，如果能将对人体无害而对病源菌有抵抗作用的细菌引入体内，不就可以防治病菌感染了吗？

　　20世纪30年代，德国研究人员发现了一种重要的杀菌药物——磺胺类药物。但人们逐渐发现，磺胺类药物只对少数几种疾病有较好的效果。而且，对于许多病人还会产生严重的副作用。于是人们愈来愈强烈期盼着一种有效而无害的杀菌剂的问世。

　　1928年，英国细菌学家亚历山大·弗莱明从青霉菌的原液里发

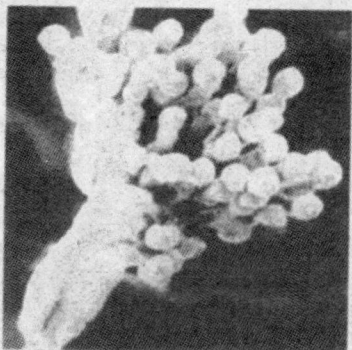

电子显微镜下的青霉素

现了青霉素。

弗莱明发现青霉素，一半靠的是机遇，而另一半则靠他聪明的头脑和严谨的科学作风。一次，弗莱明在实验室里研究葡萄球菌后，忘了盖好盖子，一个星期后，他突然发现培养细菌用的琼脂上附了一层青霉菌，原来，这是从楼上一位研究青霉菌的学者的窗口飘落进来的。令他惊讶的是，凡是培养物与青霉菌接触的地方，黄色的葡萄球菌正在变得透明，最后完全裂解了，培养皿中显示出干干净净的一圈。毫无疑问，青霉菌消灭了它接触到的葡萄球菌。随后，他把剩下的青霉菌放在一个装满培养菌的罐子里继续观察，几天后，这种特异青霉菌长成了菌落，培养汤呈淡黄色。他又惊讶地发现，不仅青霉菌具有强烈的杀菌作用，而且就连黄色培养汤也有较好的杀菌能力。于是他推论，真正的杀菌物质一定是青霉菌生长过程的代谢物，他称之为青霉素。而在当时的技术条件下，提取的青霉素杂质较多，疗效不太显著，人们没有给青霉素以足够的重视。但弗莱明坚信总有一天人们将用它的力量去拯救生命。因此，他没有轻易丢掉所培养的青霉菌，反而更耐心地培养它。

20 世纪 30 年代，澳大利亚病理学教授霍华德·弗洛里组织了一大批专家专门研究溶菌酶的效能。1935 年，29 岁的生物化学家厄恩斯特·钱恩的加盟使这个小组的科研力量立刻强大了起来。1939 年钱恩等人在一本积满灰尘的医学杂志上意外发现了弗莱明 10 年前关于青霉素的文章。弗莱明关于青霉素具有良好的抗菌作用的阐述极大地鼓舞了弗洛里和钱恩。不知经过了多少个不眠之夜，到了年底，钱恩终于成功地分离出像玉米淀粉似的黄色青霉素粉末，并把它提纯为药剂。在军方的大力支持下，青霉素开始走上了工业化生产的道路。

CT 扫描仪

CT 扫描仪的直接发明者是豪斯菲尔德，但是它的发明过程却凝聚着多位科学家艰辛的探索和不懈的努力。

在医学上，人们弄清了为什么用 X 射线透过人体，荧屏上会显出骨头的黑影。因此，通过 X 光片，医生可以了解到病人骨头的情况以及体内的一些硬质异物。X 射线诞生 3 个月后，就被维也纳医院首次用于为人体拍片。在这之后，世界各地的医院都开始了 X 射线的应用。

1955 年，美国物理学家科马克受聘到南非开普敦市一家医院的放射科工作。在医院中，科马克很快便对癌症的放射治疗和诊断产生了兴趣。当他发现当时的医生们计算放射剂量时是把非均质的人体当作均质看待时，"如何确定适当的放射剂量"就成了科马克决心攻克的难题。最后，科马克认为要改进放射治疗的程序设计，必须把人体构造和组成特征用一系列切面图表现出来。他运用了多种材料、多种形状的物体直至人体模型做实验，同时进行理论计算。经过近 10 年的努力，科马克终于解决了计算机断层扫描技术的理论问题。1963 年，科马克首次建议使用 X 射线扫描进行图像重建，并提出了精确的数字推算方法。他为 CT 扫描仪的诞生奠定了基础。

与科马克不同，英国科学家豪斯菲尔德一直从事工程技术的研究工作。他于 1951 年应聘到电器乐器工业有限公司从事研究工作，尝试将雷达技术应用于工业生产、气象观察等方面。不久，他又转向电子计算机的设计工作。

当时，他任职的电器乐器工业有限公司除计算机外，还生产探测器、扫描仪等电子仪器。豪斯菲尔德的目标是要综合运用这些技术，生产出具

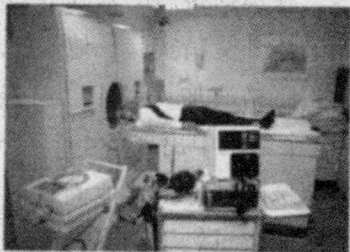

病人在用 CT 机接受检查

有更大实用价值的新仪器。科马克的研究成果给了他很大的启迪和信心。在科马克等人研究的基础上，豪斯菲尔德选择了 CT 机作为研究的课题。好在他对计算机技术的原理和运用驾轻就熟，CT 图像重建的数学处理方法可以恰当地与他熟悉的计算机技术结合起来，所以研制中的一个个难题很快便迎刃而解了。

1969 年，豪斯菲尔德终于设计成功了一种可用于临床的断层摄影装置，并于 1971 年 9 月正式安装在伦敦的一家医院。10 月 4 日，他与神经放射学家阿姆勃劳斯合作，首次成功地为一名英国妇女诊断出脑部的肿瘤，获得了第一例脑肿瘤的照片。同年，他们在英国放射学会上发表了论文。1973 年，英国放射学杂志对此作了正式报道，这篇论文受到了医学界的高度重视，被誉为"放射诊断史上又一个里程碑"。从此，放射诊断学进入了 CT 时代。

试管婴儿

早在 19 世纪 70 年代，就有科学家提出了人工授精的建议。

1878 年，一些生物学家曾对家兔和豚鼠进行体外受精的试验，但是直到 1951 年以前，所有在哺乳动物身上进行的体外受精试验均以失败告终。1951 年，一位名叫奥斯蒂恩的生物学家推测，精子似乎需要在雌性生殖管道中停留一段时间，才能穿过卵子的透明带。通过长达一年的实验，奥斯蒂恩又进一步明确地提出：精子在具备穿入卵子的能力之前，必定要经过形式的变化，这一变化可能是形态上的，也可能是生理上的。

在奥斯蒂恩的基础上，美国人洛克和门金从 1944 年开始进行人卵的体外受精实验。他们先从卵巢中取出卵子，经过 24 小时的培养后，将精液加入其中，又经过 45 小时的培养后，洛克和门金发现 133 个卵子中出现了 4 个受精卵，每个受精卵又继续卵裂到 2~4 个分裂球时期。虽然他们只得到了极少数的受精卵，但是却为试管婴儿的诞生点燃了希望之火。

20 世纪 60 年代初期，英国的两位妇产科专家帕特里克·斯蒂托和罗伯特·爱德华兹开始密切合作，他们共同向千百万年来亘古不变的人类生育史发起了挑战。

1965 年，他们提出了人卵在玻璃管内可能受孕的证据，特别明确地描述了雄性配子与雌性配子的成熟过程。此后十余年，俩人都致力于试管内受

世界上的第一例试管婴儿

孕的实验。实验包括两个主要部分，即体外受精和胚胎移植。前者在试管内进行，后者将胚胎移植到母亲的子宫中发育长大，其经过有以下几个过程：首先，用一些促使妇女卵巢排卵的药物，使妇女的卵巢按要求的时间排出卵子，然后再用特殊的器械插入妇女腹腔中将卵子取出，放入培养液中孵育，等到完全成熟后，再加入经过处理的精子，让精子和卵子在器皿中形成受精卵。浸在培养液中的受精卵逐渐开始产生细胞分裂，一个受精卵分裂成两个、两个变四个、四个变八个……渐渐发育成幼小的胚胎。这时，它就可以被移入母亲的子宫腔中，慢慢长大，直至变成婴儿。

1978 年，斯蒂托和爱德华兹的智慧终于结出了硕果。7 月 25 日这天，全世界的新闻媒体都将镜头对准了英国奥尔德姆市医院，23 时 47 分，人类历史上第一例试管婴儿路易斯·布朗健康地来到了人间，与所有正常婴儿一样，她既可爱、又美丽。

自此，试管婴儿技术成了不育症患者的最佳选择。目前，第二代、第三代试管婴儿的研究正在不断地进展当中。

人造心脏

自从 1967 年 11 月南非医生克里斯蒂安·尼斯林·巴纳德博士开创了心脏移植手术以来，心脏移植手术所遇到的难题就是：可供移植的人的心脏得之不

长大后的路易斯·布朗

易，而需要做心脏移植手术的病人却越来越多。因此，心脏移植手术必须另找出路，而人造心脏则成为一个良好的选择。

1982年12月2日，美国犹他大学的杜布利兹医师为患有心肌病的巴尼·克拉克装上人造心脏，这位美国西雅图62岁的退休牙科医生有幸成为了世界上第1个接受人造心脏移植手术的人，这颗塑料心脏在他的胸腔里跳动了将近1300万次，维持了112天的生命。他的去世是由于多种器官功能衰竭造成的，与人造心脏无关。

这颗心脏是第一代人造心脏，它是由犹他医疗小组成员罗伯特·贾维克设计的。它通过两条2米长的软管连到体外的一部机器上，压缩空气维持着人工心脏的跳动，但缺点是需要由体外装置提供动力能源。

后来又陆续给另外4名病人移植了JARVIK-7型人造心脏，结果都没有活得太久，其中活得最长的一个是620天。从此，人造心脏移植处于停滞阶段，医学界认为，这种技术还不成熟和完善，暂时不能用于人体。但是，人造心脏的研究工作并没有停止，而是继续摸索前进。

1993年，巴黎东南郊克雷泰伊市亨利·蒙道尔医院的医生在世界上首次成功地将一个轻便的电动心脏，植入一位44岁的病人体内。这种被叫作诺瓦科尔的电动心脏是第二代人造心脏，它是由金属材料、塑料合成品和牛心包组织制成的，由于胸部无法安装人造心脏，故将此心脏植入病人腹部肌内槽。它有一只气泵和一个驱动装置，蓄电池和控制器装在病人体外的包内，由一根导线与腹内相连。它只有左心房的功能，因此只是一个人造的"半心脏"，通过气泵将血液输送到全身。

这种电动心脏价格约10万美元，

贾维克和他的 JARVIK—7
型人造心脏

一般病人可望而不可及，而且它的缺点是气泵噪声较大，通过该心脏循环的血液容易造成凝结，从而导致供血不足及心肌梗塞，因此病人必须长期服用抗凝血药物。

1995 年 10 月，英国牛津史蒂夫·韦斯塔比医生给患有严重心脏病的古德曼实施了永久性心脏移植手术。

这颗植入的永久性电动人造心脏是由美国得克萨斯心脏研究所设计、美国热动力心脏系统公司制造的。这颗价值 8 万英镑的电动人造心脏大小如同拳头，两侧安装有两条导管。其中一条与古德曼的右心房相连，另一条与左心室相连。血液从左心室流出，经电动人造心脏加压后流入右心房，这样就帮助心脏完成了血液循环的任务。

古德曼接受手术后情况良好，在他手术初步成功的鼓舞下，当时英国很多心脏病患者都开始跃跃欲试了。

二、数理化工大发明

压力锅

17 世纪末，法国国王亨利四世疯狂迫害新教徒。为了逃离厄运，年轻的帕平跑到瑞士避难。他沿着阿尔卑斯山艰难跋涉，一路上风餐露宿，渴了找点儿山泉喝，饿了煮点儿土豆吃。

有一天，帕平走到一座山峰附近，他觉得饿了，于是找了一些干树枝，架起篝火，煮起土豆来。水一直滚滚开着，土豆在里面煮了很久却依然煮不熟。为了填饱肚子，他无可奈何地把没煮熟的土豆硬吃了下去。这个偶然的事件留给他深刻的印象。

在国内时，帕平曾进行过蒸汽发动机、蒸汽锅炉方面的研究，在异国他乡的大环境中，他仍然没有放弃自己的研究，正因为如此，才引发了他对压力锅的发明。

几年后，帕平的生活有了转机，他来到英国一家科研单位工作。

阿尔卑斯山上的往事令他记忆犹新，他决心寻找到其中的秘密。帕平找来许多参考书，测算了山的高度。一连串的问题在他脑子里翻滚：物理学上的什么定律能够解释这个现象？大气压与水的沸点有什么关系？经过深入的研究，帕平终于有了合理的解释：大气压与水的沸点之间为正比例关系，大气压高时，水的沸点也高；大气压低时，水的沸点也低。高山上的大气稀薄，气压低，水的沸点也低，虽然水开了，但热力不足，所以土豆很长时间也煮不熟。

在此基础上，他进一步联想到：如果用人工的办法让气压加大，水的沸点就不会像在平地上只是摄氏 100 度，而是会更高些，煮东西所花的时间或许会更少。为了提高气压，缩短烹煮时间，帕平自己动手做了一个密闭容器，里面装了一些水，他想用外面不断加热的方法，让容器内的水蒸气不断增加，又不会散失，以达到使容器内的气压增大、水的沸点增高的目的。可是，当他睁大眼睛盯着加热容器的时候，容器内发出咚咚的声响。帕平吓坏了，只好暂时停止试验。

两年后，帕平按自己的新想法绘制了一张密闭锅图纸，请技师帮着制作。另外，帕平又在锅体和锅盖之间加了一个橡皮垫，锅盖上方钻了个孔，通过改造，锅边漏气和锅内发声的问题就得到了彻底的解决。帕平把土豆放入锅内，点火，冒气，10 多分钟之后，土豆就煮烂了。

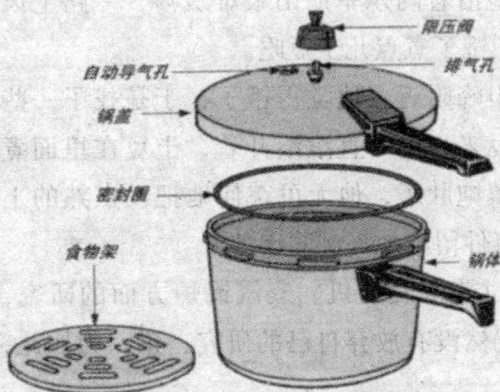

压力锅结构示意图

然而，他并不满足，又先后煮鸡、煮排骨等肉质食品，在这些成功的试验的基础上，1681 年，帕平造出了世界上第一只压力锅——当时叫作"帕平锅"。他邀请英国皇家学会的会员们前来参加午餐会，实际上是对压力锅进行鉴定。厨师当着众多科学家的面，把9只活蹦乱跳的鸡宰了，塞进压力锅里，然后架到火炉上。那些高傲、挑剔的专家们一杯茶还没有喝完，一盘盘热气腾腾、香味扑鼻的清蒸鸡上桌了。不仅鸡肉全烂熟了，而且连鸡骨头也软了。事实折服了在场的所有人。从此，帕平的压力锅就名扬四方了。

化肥

自幼酷爱化学的李比希在15岁时便离开了学校。18岁那年，他终于认识到，要想成为一名化学家，就必须有扎实的知识基础，这才进入了大学学习化学。

在埃尔兰根大学获得博士学位后，李比希回到家乡，并在一所大学教书。在那里，他开创性地建立了学生普通实验室，并以极大的热情投入到了有机化学这个新领域中。

李比希任教的学校紧挨着的一大片农田逐年减产，农民们便找到李比希，希望他能研制出一种东西，可以给土地增加营养。在翻阅了大量的资料后，李比希发现东方古老的中国、印度等地的农民为了使庄稼丰收，不断地给土地施用人畜粪便。李比希猜想，粪便中可能含有使土壤肥沃的成分，使庄稼吸收到生长所需的物质。有没有一种东西具有粪便的功能，使庄稼增产呢？

"耕地到底缺乏什么？"李比希为了找到答案，开始在自己的实验室中工作。他发现氮、氢、氧这3种元素是植物生长不可缺少的物质，而且钾、石灰、磷等物质对植物的生长发育有一定的促进作用。在做了大量的实验后，李比希开始把研制出含有无机盐和矿物质的人工合成肥料作为自己的目标。

1840年的一天，李比希研制出了世界上第一批钾肥和磷肥。他小心地将这洁白的无机化肥施在试验田里，可是，一场大雨却将化肥晶体渗入到土壤深层，而庄稼的根部却大多分布在土壤浅层。收获季节到了，庄稼没有丝毫增产的迹象。

试验田左边是没有使用化肥的，右边是使用化肥的，从中我们就可以发现化肥对农作物增产的重要作用。

下来的工作就是将这些化肥晶体变成难溶于水的物质。于是，李比希又开始了新的探索。这一回，李比希把钾、磷酸晶体合成为难溶于水的盐类，并且加入了少量的氨，使这种盐类成为含有氮、磷、钾3种元素的白色晶体。

这一次，他们选择在一块贫瘠的土地上进行试验。过了一段时间，农民们惊奇地发现那块被废弃的"不毛之地"竟长出了绿油油的庄稼。令人惊奇的是，这些施过白色晶体的庄稼竟然比农民们良田里的庄稼更为茁壮。

成功的消息像插上翅膀一样传开了，李比希成为农民们敬仰的人，"李比希化肥"被广泛应用于农业生产中。无论过去、现在、还是可以预见的将来，再也找不到任何一门其他工业比化肥工业更直接关系到国计民生了……

人造染料

1853年，年仅15岁的珀金已经是英国皇家化学学院实验室的助手。当时疟疾流行，而治疗疟疾的特效药奎宁是从金鸡纳树中提取出来的，相当珍贵。珀金在老师霍夫曼的指导下，试图从煤焦油中提取奎宁。可是实验结果不尽如人意，并没有珀金所期望的奎宁产生，只是得到了一种棕红色的沉淀物。珀金并没有因此气馁，于是他决定改用另一种新的物质。出乎意料的是，改换物质的结果竟然得到了一种更为意外的黑色沉淀物。

为了弄清原因，他就用酒精来洗这种黑糊糊的东西，没想到，那些黑色物质竟溶解到酒精里，变成鲜艳夺目的紫色，珀金为这样的发现又惊又喜，他立刻意识到，自己或许发现了一种可用作染色的物质。于是，他用这种溶液将一条素白色的围巾染成了紫色，晾干后又放在热水里用肥皂搓洗，竟然没有褪色。

欣喜若狂的珀金立刻给一家纺织工厂寄去了一些样品，结果是紫色化合物的性能良好。珀金立刻于 1856 年 8 月申请了此项技术的专利。1857 年，他又在哈罗附近建立了生产苯胺紫染料的工厂，成为合成染料工业的开拓者。

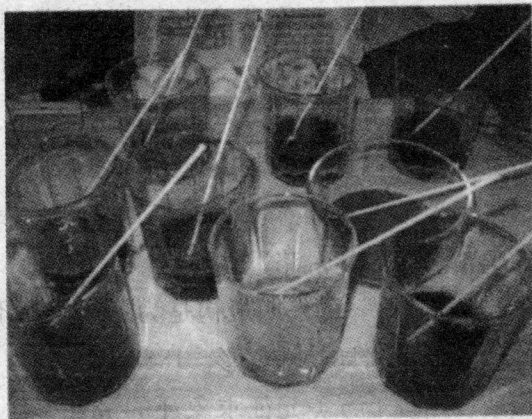

各种各样的人造染料为我们的生活增色不少

珀金发明的这种紫色的碱性染料不仅适于染毛织品，而且还可与鞣酸合用染棉织品；这种带有华贵色彩的染料不仅令太太女士们着迷，尤为重要的是，它还受到了维多利亚女王的青睐；另外，苯胺紫染料还被用在邮票的印刷上。

珀金发明的苯胺紫染料使很多有志于研制合成染料的科学家们充满了信心。在珀金这一惊人成就的鼓舞下，许多化学家都纷纷转移到合成染料的开发上来，以后人们有意识地去探求各种染料的分子结构，有意识地进行人工合成实验，人造染料纷纷问世。

染料工业发展到今天，不仅有给纺织品染色的染料，还有专门用于生物学和医学研究用的染料，有液晶染料、激光染料、变色染料、感光染料、半导体染料等，在尖端科学和工业、农业生产中都有广泛的应用。现在，我们这个五彩缤纷的世界几乎是由人工合成的染料一统天下，天然染料则早已退出了历史舞台。

塑料

最初塑料的产生是英国伯明翰的化学家亚历山大·帕克斯在暗房里实验的结果。帕克斯不仅是一位化学家，同时也是一名摄影爱好者。在照片后期制作中，常常会用到一种叫"胶棉"的溶液。

1862 年的一天，他在试验处理胶棉的几种方法时，试着把胶棉与樟脑混合，结果竟产生了一种可以弯曲的硬材料，帕克斯将其取名为"帕克辛"，并在这一年将它带到伦敦国际博览会中去展出。后来，帕克斯用"帕克辛"制成梳子、笔、纽扣等，并设立公司生产塑料。最终因他缺少商业意识而破产，但其成果被后人借鉴，制成了最早的塑料——"赛璐珞"。

"赛璐珞"的发明最初是为了娱乐而不是为了工业生产的需求，这一点似乎颇具戏剧色彩。1868 年，一家制造台球的公司抱怨象牙短缺，出资 1 万美元征求象牙的最好替代品。这种替代品必须满足台球有关硬度、弹性、抗热、防潮和没有纹理等方面的要求。来自美国纽约市奥尔班尼的印刷工约翰·韦斯利·海亚特看准了这个机会。他改进了帕克斯的制造工艺，于 1869 年用一种他称之为"赛璐珞"（意为假象牙）的物质造出了廉价的台球。

"赛璐珞"是第一种用化学方法制成的塑料。海亚特从台球制造商那里得到了一个现成的市场，后来，他又用"赛璐珞"制成各种日用产品：假牙、刀柄、镜框等。也正是用"赛璐珞"，人们造出了第一种实用的照相底片，后来"赛璐珞"塑料几乎成为电影工业的同义词。

但是早期的塑料容易着火，这大大限制了用它制造产品的范围。而第一个真正意义上的塑料——全合成塑料是在 1909 年由利奥·贝克兰用苯酚和甲醛制成的酚醛塑料，这是一种性能良好的耐高温的塑料。

1904 年，美国的化学家利奥·贝克兰开始研制能代替天然树脂的绝缘漆。通过对苯酚与甲醛之间反应的深入研究，贝克兰终于在 1907 年的夏天有了新的发现——在一定

利奥·贝克兰（1863～1944）

的条件下，这种反应会生成一种不溶不熔的树脂，在其中加入木粉后，继续在高压下加热，变得柔软可塑，而且在变硬后，模塑的形状就被永远地保留下来了；而当树脂变硬后将其研制成粉末，装入模子后，再通过加热加压就可以使之重新合为一体。此外，这种树脂还有一个特点，就是一般不受周围环境影响。1909 年，贝克兰对这种热固性材料——酚醛树脂申请了专利。

酚醛树脂问世后，人们发现它不但可以制造多种电绝缘品，还能制造日用品，爱迪生用它来制造唱片，并在广告中宣称：已经用 Bakelite 制出上千种产品。于是，一时间人们把贝克兰的发明誉为 20 世纪的"炼金术"。他也因这项意义深远的发明被称为"现代塑料工业的奠基人"。

真空三极管

德弗雷斯特读大学时参观了在芝加哥举行的世界博览会，博览会上那绚烂的灯光让他着迷，德弗雷斯特由此发现了电学的魅力，他决心把电学作为自己的终生奋斗目标。从此，德弗雷斯特如饥似渴地学习电学知识。

有一次，他在一本杂志上读到介绍无线电收发报机发明人——马可尼的文章。德弗雷斯特很佩服马可尼，梦想着拜马可尼为师。机会很快就来了，1899 年，马可尼来到美国，他要用自己的无线电装置报道国际快艇比赛的实况。马可尼在成功地报道比赛盛况之后，在美国的一艘军舰上做了无线电通讯表演。

表演结束后，德弗雷斯特抓住机会向马可尼作了自我介绍。马可尼从谈话中知道德弗雷斯特的电学基础不错，并且很有创造思想，便指着发报机里的小玻璃管对他说："要进一步增大通讯距离，必须改进金属检波器。我现在还没有想出好办法，希望你能在这方面作出贡献！"

马可尼的话对德弗雷斯特的启发很大，他为自己确定了一个研究方向。为了一心一意地做好这个课题，他辞去了原来的工作，从旧货摊上买来电瓶、电键、线圈等装置和元件，开始做实验。由于德弗雷斯特原本家境就不富裕，再加上辞去工作，因此，生活变得十分贫寒。为了维持生活，他给富家子弟补习功课，到餐厅去洗盘子……尽管艰苦，但这些都没能动摇德弗雷斯特的信心和决心。

1904 年的一天，德弗雷斯特正在实验室里做真空管检波试

德弗雷斯特（1873~1961）

验。忽然，一位朋友气喘吁吁地跑来，告诉德弗雷斯特英国的弗莱明博士发明了真空二极管的消息。对德弗雷斯特来说，这仿佛是一个晴天霹雳，经过短暂的犹豫和思想斗争，德弗雷斯特果断而坚定地选择了继续。

于是，德弗雷斯特又一头扎进了研究工作中。他请一位技师制作了几个真空管，接着，对真空管的性能进行检测，以寻找进一步提高的方法。

幸运总会垂青有毅力的人。一天，德弗雷斯特为了试试屏极距阴极远近对检波的影响。在真空二极管的灯丝和屏极之间封进了第三个电极，即一片不大的锡箔。他惊奇地发现：在第三极上施加一个不大的电信号，就会使屏极电流产生相应变化。第三极对屏极电流具有控制作用！这也正是德弗雷斯特长久以来梦寐以求的信号放大作用！

这一发现让德弗雷斯特备受鼓舞，但他很快从兴奋中冷静下来。为了验证准确，他又重复做了几遍实验，结果证实这种物理效果确实存在。德弗雷斯特还发现，用金属丝代替小锡箔，效果更好。于是，他把一根白金丝制成网状，封装在灯丝和屏极之间。就这样，

世界上的第一个真空三极管诞生了！

1906 年 6 月 26 日，德弗雷斯特发明的真空三极管获得美国专利。后来，人们把这一天当作真空三极管的诞生日。

侯氏制碱法

随着工业的发展，天然纯碱越来越不够用，于是出现了工业制碱。后来，英国卜内门公司建立了大规模生产纯碱的工厂，其生产方法采用的是比利时人索尔维创制的"索尔维制碱法"。除技术保密外，在销售上也有限制，他们采取分区售货的方法，例如中国市场就由英国卜内门公司独占。多少年来，许多国家的厂商想要探索此法的奥秘，无不以失败而告终。

然而，中国的化学家侯德榜深信，制碱技术绝不是洋人的私有财产，凭借中国人的聪明才智，一定能打破外国的技术垄断。为此，他还写下了座右铭："勤能补拙，勤俭立业。"

1921 年 10 月，侯德榜留学回国后，出任范旭东创办的永利碱业公司的总工程师。他精通业务、知识广博，在他的带领下，技师、工人们团结一心，为建成中国自己的碱厂而奋战。经过近 10 年的努力，侯德榜终于摸索出了索尔维制碱法的奥秘。为了支持我国的化学事业，范旭东支持侯德榜把其中的奥秘无偿地公之于世，使工业落后的国家不再仰仗技术大国的鼻息，不再听从大国的摆布。

侯德榜撰写的《纯碱制造》一书于 1933 年出版，该书刚一问世就轰动了整个科学界，被誉为"首创的制碱名著"，它使很多不发达的国家掌握了制碱技术。后来，侯德榜还亲自到印度和巴西，帮助建设碱厂。这不但是中国科学家对人类的一大贡献，也反映了侯德榜不求名利，一心为人民服务的高尚品德。

经过进一步的研究调查，侯德榜决定改进索尔维法，开创制碱的新路。他仔细揣摩了索尔维法的制造过程，认为这种方法的主要缺点在于：两种原料反应时只利用了一半，即食盐中的钠离子和石灰中的碳酸根结合成纯碱，食盐中的氯和石灰中的钙结合成了氯化钙，却没有实际用途。

针对以上生产中不可克服的种种缺陷，侯德榜创造性地设计了联合制碱新工艺。这个新工艺是把氨厂和碱厂建在一起，联合生产，由氨厂提供碱厂需要的氨和二氧化碳。母液里的氯化铵用加入食盐的办法使它结晶出来，作为化工产品或化肥，食盐溶液则可以循环使用。

1941～1943年抗日战争时期，环境相当艰苦，但为了实现这一设计，侯德榜仍兢兢业业地工作。他在经过500多次循环试验，分析了2000多个样品后，才把具体工艺流程定下来。新工艺不仅使食盐利用率从70%提高到96%，而且使原来无用的氯化钙转化成化肥氯化铵，解决了氯化钙占地毁田、污染环境的难题。侯德榜制碱新方法把世界制碱技术水平推向了一个新高度，赢得了国际化工界的极高评价。1943年，中国化学工程师学会一致同意将这一新的联合制碱法命名为侯氏联合制碱法。

人工降雨

20世纪40年代，人们发现在高空飞行的飞机机翼上会结冰，这对飞行是很危险的。由于战争，飞机被用到了战场上，这个问题也受到了很大的重视。为此，当时的美国纽约州通用电气公司聘请著名科学家朗缪尔博士研究解决这个问题。

年轻的文森特·谢弗作为助手，随同朗缪尔博士来到大雪纷飞的新罕布什尔山区做试验。在这里，他们惊奇地发现，周围云层的温度虽然经常低于冰点，但云中的水分却不结冰，也未形成雨或雪。谢弗是一个喜爱雪的滑雪爱好者，这个现象引起了他的浓厚兴趣。

当时，人们对雨雪形成的根本原因并不清楚。比较流行的观点有一种，认为水滴是凝聚在灰尘或其他物质的细小颗粒周围的，没有这细小的内核，水滴就无法形成。有人据此做了试验，但并没有得出确切的结论。

二战结束后，谢弗决心把雨雪形成的原因弄清楚。他用一部能够制造类似云中冷湿气体的机器进行了试验，并且往里面投入各种诸如粉尘、泥土、盐、糖之类的物质，期望能看见水滴的形成。然而，凡是能想到的材料都试过了，而试验的结果总让人失望。

一个炎热的夏日，谢弗冒着酷暑继续在制冷器中做试验。午饭时间到了，谢弗和平时一样，敞着制冷器的盖子就离开了。午饭过后，谢弗又回到制冷器前。他意外地发现冷冻箱的温度上升了。略一沉思，谢弗恍然大悟：原来，制冷器的盖子没有盖上，因而受周围热空气的影响，冷冻箱的温度也上升了。

为了继续进行试验，必须迅速降低温度。于是，他向制冷器内投入了一些干冰。在投入干冰的同时，谢弗正好向制冷器内哈了一口气。就在这时，奇异的现象出现了：在他的哈气时，谢弗看见制冷器内一些细小的碎片在闪烁发亮。他立刻明白了：这正是他望眼欲穿的冰的晶体！他不停地向制冷器内哈气，并且投入大量的干冰，但见冰的晶体变成了小小的雪花飘荡起来。

人造雪花就在这样的意外中产生了。谢弗和朗缪尔决定到空中去试验一番。他们热切地期盼着冬季的到来，因为只有在寒冷的冬天，大气的温度才足够冷。

11 月的一天，户外天气很冷。谢弗驾着一架飞机，在云层上方撒下大量的干冰。留在地面观察的朗缪尔抬头密切地注视着天空。忽然，他看见无数的雪花飘飘洒洒地从天而降。这些雪花落在他的脸上化成了水滴。

就这样，谢弗用干冰实现了人工降雨，将呼风唤雨从一个古老的神话变成了活生生的现实！

晶体管

在晶体管发明之前，电子管器件历时 40 余年，一直在电子技术领域占统治地位。但不可否认的是，电子管十分笨重，存在耗能大、寿命短、噪声大、制造工艺复杂等缺点。因此，人们一直在努力寻找新的电子器件来替代它。

19 世纪末，人们发现了一种新材料——半导体，但直到第二次世界大战爆发后，半导体器件微波矿石检波器在军事上发挥了重要作用，半导体这才引起了人们的关注。许多科学家纷纷投入到半导体的深入研究中。经过紧张的研究工作，三位美国物理学家肖克利、巴丁、布拉顿捷足先登，合作发明了晶体管——一种三个支点的半导体固体元件。它的发明开创了固体电子技术时代。他们三人也因而共同获得了 1956 年的诺贝尔物理学奖。

最初，他们采用肖克利提出的场效应概念来研究晶体管。他们仿照真空三极管的原理，试图用外电场控制半导体内的电子运动。但实验屡屡失败。经过无数个不眠夜的苦苦思索，巴丁又提出了表面态理论。这一理论认为表面现象可以引起信号放大效应。表面态概念的引入，使人们对半导体的结构和性质的认识前进了一大步。布拉顿等人在实验中发现，当把样品和参考电极放在电解液里时，半导体表面内部的电荷层和电势发生了改变，这正是肖克利预言过的场效应。

这个发现使大家十分振奋，他们加快研究步伐。谁知，继续实验时却发生了与以前截然不同的效应。新情况把他们的思路打断了，渐趋明朗的形势又变得扑朔迷离。

然而，肖克利小组并没有畏缩、泄气，他们团结一致，紧紧循着茫茫迷雾中的一丝光亮。经过多次分析、计算和实验，1947 年 12 月 23 日，他们终于得到了盼望已久的"宝贝"。这一天，巴丁和布拉顿把两根触丝放在锗半导体晶片表面上，当两根触丝十分靠近时，放大作用发生了。世界上第一只固体放大器——晶体管也随之而诞生。

世界上第一个晶体管的模型

尽管最初的晶体管原始且笨拙，但它在当时却是一个举世震惊的突破。晶体管的发明，终于使体积大、耗能多、易碎的真空管有了替代物。同真空管相同的是，晶体管能放大微弱的电子信号；不同的是它廉价、耐久、耗能少，而且在科技高速发展的今天它几乎能够被制成无限小。

1999 年 9 月，法国原子能委员会的科学家研制出当今世界上最小的晶体管，这种晶体管直径仅为 20 纳米。如果将这种晶体管放进一片普通集成电路中，就好像一根头发丝被放在足球场的中央一样。

如今，小小的晶体管正在我们生活中的各个领域发挥着它不可忽视的作用。

特氟隆

1938 年，美国杜邦公司的化学家罗伊·普伦基特博士正在开发一种新型制冷剂——四氟乙烯，这是一种无毒、不会燃烧的气体。平时，普伦基特总是在试验结束时将气瓶放入冰箱，可是，有一次他遗忘了一只气瓶，这只气瓶就这么在实验室的桌上放了几天。后来，气瓶里的气体聚合成固态，经研究这是一种被称为塑料王的碳氟树脂——聚四氟乙烯，也就是人们常说的特氟隆。

特氟隆的化学性能十分稳定，与大多数高分子材料一样具有耐酸性、耐腐蚀性等特点，另外，它还有耐热性、防水性等独特的性质，特氟隆的这些性能决定了它一旦形成表面膜之后，表面光滑、摩擦力小。起先，人们用它涂在枪筒内作为减少子弹摩擦用的"固体润滑剂"。而特氟隆能够与锅联系起来要归功于法国的格雷瓜尔夫妇。

1955 年，法国工程师马克·格雷瓜尔将特氟隆用在他的钓鱼线上，这样，钓鱼线特别滑溜，不粘水草，也不会绕成一团分不开。一次，当格雷瓜尔向正在煎鸡蛋的夫人炫耀

特氟隆喷雾剂

他那特别的钓鱼线时，正为鸡蛋粘锅而不耐烦的妻子发火了："我天天用平底锅煎鸡蛋，老是粘锅，你有本事解决吗？"

妻子的埋怨触动了格雷瓜尔。于是，格雷瓜尔把自己的想法告诉了另外一名工程师，接着俩人开始了研究。起初试验很不理想，特氟隆真是名副其实的"不粘"，它在 -260～330℃ 之间，不受化学品、水分、阳光或热力的影响，完全没有粘性，甚至连口香糖也粘不上。但是，格雷瓜尔并不气馁，经过几年的潜心研究，做了成千上万次的试验后，他终于掌握了最佳的配方、温度和操作工艺，成功地将特氟隆材料涂在锅底上，制造出了家庭用的平底不粘锅。

涂上特氟隆的不粘锅不仅美观，而且传热均匀，更主要的是，它耐酸碱，烧好的菜长期放在锅中都不会对它产生丝毫腐蚀。格雷瓜尔在制成不粘锅后不久就成立了名为"泰法尔"的特氟隆食品公司。

特氟隆不仅促成了不粘锅的发明，而且还开启了人们的发明思路，使特氟隆找到了其他许多用武之地。比如，人们将它涂在压面机的碾棍上，涂在做糕饼的模子里，那些碾棍、模子连一点面粉、糖浆都粘不上；有人还将它涂在钢笔尖上，吸好墨水的笔尖根本不需要拿纸去擦净，因为那上面滴水不粘。

造纸术

我们的祖先最初把文字刻在龟甲或兽骨上，称为甲骨文。商周时代，又把需要保存的文字铸在青铜器上或刻在石头上，称为钟鼎文、石鼓文。春秋时期，人们开始把文字写在竹片或木片上，称为简牍。另外，也有用绢帛写字的，但材料十分昂贵。在这种情况下，蔡伦发明了纸。

蔡伦总结了前人造纸的经验，带领工匠用树皮、麻头、破布和破鱼网等来造纸。他们先把树皮、麻头、破布和破鱼网等东西剪碎或切断，放在水里浸渍相当长时间之后，再捣烂成浆状物，经过蒸煮，然后在席子上摊成薄片，放在太阳底下晒干，这样纸就制成了。

古代造纸的情景

　　用这种方法造出来的纸，体轻质薄，很适合写字。公元105年，蔡伦把这个重大的成就上报了朝廷，受到了称赞。从此，全国各地都开始用这样的方法造纸。

　　纸很快取代了简、帛，广泛应用于书写或印刷。东汉安帝建光元年（公元121年），蔡伦的弟子孔丹在皖南造纸，他很想造出一种世上最好的纸为老师画像，以表缅怀之情。

　　一个偶然的机会，孔丹来到峡谷溪边，看见一棵古老的青檀树横卧溪上。由于流水终年冲洗，树皮腐烂变白，露出一缕缕修长而洁白的纤维。孔丹灵机一动，认为这种纤维是造纸的绝佳材料。事实果然如孔丹所料，经过反复试验，终于大功告成。用这种纤维造出来的纸就是历史上有名的"宣纸"。由于宣纸产于安徽泾县，古属宣州，所以就称宣纸。

　　到南唐时，宣纸的发展又进入了一个新的阶段。后主李煜在政治上是不成功的，但却热衷于文化事业。作为朝廷贡纸的宣纸在李煜的监制下显得更为名贵，澄心堂纸就是这个时期的产物。澄心堂原本是南唐列祖李弁的宫室之名，可见，这种纸是专为南唐宫廷制造的。据说，这种纸要用腊月敲冰所取的水制造，滑如春水，细密如蚕茧，坚韧胜蜀笔，明快比剡楮，长者可 16.6 米为一幅，自首至尾匀薄如一。

宋代继承了唐和五代的造纸传统，出现了很多质地不同的纸张，纸质一般轻软、薄韧，上等纸全是江南制造，也称江东纸。欧阳修曾用这种纸起草《新唐书》和《新五代史》，并送了若干张给大诗人梅尧臣，梅尧臣收到这种"滑如春水密如茧"的宣纸竟高兴得"把玩惊喜心徘徊"，澄心堂纸在唐宋时期名贵难求的程度，由此可略见一斑。

元代的造纸业开始凋零，只有在江南还勉强保持着昔日的景象。到了明代，造纸业又兴旺发达起来，主要名品是竹纸、宣德纸、松江潭笺等。清代宣纸制造工艺进一步改进，成为家喻户晓的名纸。各地造纸大都就地取材，使用各种原料，制造的纸张名目繁多，在纸的加工技术方面，如加矾、染色、洒金和印花等工艺上，都有了进一步的发展和创新。

印刷术

印刷术诞生之前，人们出版一本著作完全要靠手工抄写，质量无法保证。随着墨和纸的问世，雕版印刷术诞生了。它的操作方法是：将一篇文章用反手刻在木板上。印刷时，在版上刷墨，然后将纸盖在版上用干净的刷子轻轻刷实，纸上就会出现黑色的字迹。

20 世纪初，考古学家们在甘肃敦煌千佛洞中发现了唐咸通九年雕印的《金刚经》，它成为目前世界上标有确切雕印日期的最早的印刷品实物。

雕版印刷由兴到衰，历经了 1000 多年的风风雨雨。经过长期的摸索，活字印刷术诞生了。它的问世不但记录和传播了中国传统文化和文明，更带动了世界范围内文化艺术和科学的发展，而所有这一切，都要归功于现代印刷业的鼻祖——毕昇。

活字印刷术首先是制活字。毕昇所用的材料是胶泥，刻好字后用火焙烧，使之坚硬如瓷。其次是排版，在铁板上放松香、蜡以及纸灰的混合物和一个铁框,将拣出来的字排满一框后即对铁板进行加热,使松脂熔化,将泥活字压平,冷却固定之后,版即制好。最后,就是印刷,方法与雕版印刷一样。印刷完后,将铁板再度加热,使松香和蜡熔化,将泥活字取下放好,以备下次使用。不难看出,毕昇在近千年以前发明的活字印刷术,已经大体上具备了近代活

活字印刷的发明者毕昇

字印刷术所具备的基本原理和操作程序。

毕昇在 11 世纪中期发明了活字印刷术,但却并未得到广泛应用。400 多年后,谷登堡在东方文明的启迪下,也发明了同一原理的活字印刷术。不同的社会制度造就了截然不同的结果——谷登堡的活字印刷术开辟了印刷行业机械化生产的道路,并引领着西方文明大踏步地向前迈进。

1398 年,谷登堡出生在德国黑森的美因茨。他对欧洲古老的印刷术做出了彻底改良。在制造活字方面,他找到了铅合金。谷登堡先为每个印刷符号刻制一个凸出的字模冲头,然后进行修正直至完美。之后,用它在铜块上冲出一个凹进的印模。再在其中浇入铅水,冷却后就成了活字。使用时,工人们从字盘中拣出所需字模,把它们放入一个叫"手盘"的容器里,每两个单词之间放入铅空,然后把手盘中的活字移入长方形活字盘,并在行与行之间插入铅条。整个版面排好后,再把它放进一个钢制或铁制的排字架中,最后在架子的缝隙中敲入许多楔子,使活字牢牢地固定在各自的位置上,然后就可以付梓印刷了。

解决了活字问题之后,谷登堡又将精力投入到了印刷机的发明上。最后,他根据木制螺旋压榨机的压印原理制成了代替手工印刷

的木制印刷机。与此同时，他还发明了一种可以均匀地粘着在每个金属活字上的油墨，而这些在当时东方的印刷术中都是不具备的。1454年，谷登堡印刷的第一部书籍《圣经》问世了。很快，谷登堡发明的印刷术风靡整个欧洲，到了19世纪，西方的印刷业已经有了长足的进步。如今，伴随着电子计算机和激光技术的发展，铅字正逐渐退出印刷舞台，激光照排技术的问世使印刷业又迎来了一场新的变革。

编织机

威廉·李生活的年代，当时手工纺织十分盛行。威廉结束了剑桥大学的学业后，回到了故乡卡尔文顿，开始了他的牧师生涯，也开始了与那些几乎终日不停编织着的姑娘们为伍的生活。他是一个不适应环境的人，当他听到编织发出来的粗糙声音就感到不舒服。当他瞧着妻子的双手拿着两根针迅速地编织时，突然，他脑中冒出了一个念头：为什么不能用数百根小针代替一根大针，用许多钩子把编织的环状物提起来置于毛线之上，一次就打一排，为什么不能采用一种自动的编织机呢？

威廉·李发明的手动脚踏编织机

其实，威廉的想法并不新鲜。北非的牧民早在公元前若干个世纪就已经开始使用编织机和钩子了；织地毯的工匠使用的一种框架技术跟威廉设想的也相差无几。新鲜的只是编织机的概念和用一排钩子把编织环状物提起来置于毛线之上的简单编织动作。经过3年的努力，1589年，威廉的第一台手动脚踏编织机诞生了。

威廉以为自己找到了一条扬名发财的道路，他带着机器去宫廷谒见伊丽莎白女王，希望得到编织机的发明

权和专利权。可是女王对他的发明不感兴趣。威廉的第一台编织机
是用粗羊毛来编织的织袜机，女王认为使用这种机械会威胁大英帝
国的棉花业，她还认为用羊毛编织的袜子太土气。为了能编织丝袜，
威廉又花费了8年的时间改造编织机，可是，这回女王依然拒绝认
可他的专利。于是，威廉又和弟弟将机器带到欧洲大陆，这一发明
终于得到了法国国王亨利四世的支持，威廉就在法国里昂用编织机
生产长袜。在他的专利即将被批准时，亨利四世却被暗杀了。之后，
威廉又和弟弟四处奔走，竭力说服金融家们兴办机械编织工厂，但
终究一无所获……1610年，这位编织机的发明者在四处碰壁的绝望
中死去了。

直到威廉·李死后，编织机才时来运转，碰到了知音。威廉的
弟弟带着机器回到英国，碰到了一个从诺丁汉来的商人，这个商人
对机器很感兴趣。于是他们在英格兰中部地区的北部合伙开办了第
一个机械化的针织厂。这个冒险十分成功，致使在一个世纪之后，
莱斯特的手工编织工人向市政官员请愿，要求保护他们的利益，不
在这个县再增加编织机器。

威廉·李的手动脚踏编织机最开始用来织袜，以后逐渐延伸到
织衣裤、帽子、围巾等物件，一直沿用了200多年。19世纪初，英
国的达乌森德对这种编织机进行了改进，发明了不使用沉降片的舌
针，在舌针头部有一个像鳄鱼嘴形的能张合的部件，它能够出色地
完成模仿人手指的编织动作，进一步提高了工作效率。

威廉·李虽然抱憾死去，但编织机最终还是因它比人工编织优
越的性能而迎来了自身的春天。

电梯

18世纪末至19世纪末，欧洲和美国的工业革命带来了生产力的
飞速发展和经济繁荣。这个时期，城市化进程加快，城市人口高速
增长。为了在较小的土地范围内建造更多的使用面积，建筑物不得
不向高空发展。电梯的出现，使建筑物突破了5层的高度限制。

美国发明家奥蒂斯是一个很细心的科学家，高层建筑的大量出现引发了他改造升降机的念头。1852 年，成为奥蒂斯发明生涯中的一个转折点。纽约贝德斯泰德制造公司的老板要求他制造一台货运升降梯来装运产品。作为一名熟练的工长，奥蒂斯并没有被这项任务所难倒，他认为如果将升降梯改造得更好，建筑物就可以突破高度的限制，这是一个多么令人心动的想法啊！

奥蒂斯分析了各种类型的升降机，它们都具有一个致命的缺陷：只要吊绳突然断裂，吊篮就会呈自由落体运动急速下降。在升降梯的设计过程中，奥蒂斯就把难点放在了吊篮的控制上。他设计了这样一种制动器：在升降梯的平台顶部安装一个货车用的弹簧及一个制动杆，与升降梯井道两侧的导轨相连结，起吊绳与货车弹簧联结，这样仅起重平台的重量就足以拉开弹簧，避免与制动杆接触。如果绳子断裂，货车弹簧就会恢复原状，两端立刻与制动杆咬合，即可将平台牢固地固定在原位，以免继续下坠。

这种新设备叫安全升降梯，这项成功的发明使奥蒂斯 成为众人注目的焦点。不久，他就收到了订制两台升降梯的订单。这份订单使奥蒂斯对自己的发明进行了认真思索，他坚信这个蒸蒸日上的国家将会需要更多的升降梯。

奥蒂斯以及他创办的
奥蒂斯电梯公司

像任何企业家一样，奥蒂斯也要宣传自己的产品。1854 年，在纽约的水晶宫展览会上，奥蒂斯亲自演示了安全升降梯。他爬上电梯的平台，将平台升到大家都能看到的高度。然后，命令助手切断缆绳，在一片惊呼声中，电梯并没有掉下来。当暴风雨般的掌声响起时，站在平台上的奥蒂斯挥动着手里的帽子向人们致意！

安全与这次表演联系起来，这个词使升降梯获得了普遍承认，纽约普通公众和小实业家们很快就想到在商店利用这种升降梯来为顾客服务。

但开始时顾主们却并没有因需要购买奥蒂斯公司的升降梯而踢破门坎。1854 年只销售几台；1855 年也只有 15 台；1856 年，奥蒂斯公司的记载说明，像我们今天所称作的安全升降梯共售出 27 台，而且全部是货运升降梯。

到 1857 年 3 月，在纽约百老汇与布罗姆大街的豪沃特公司，专营法国瓷器和玻璃器皿的商店里安装了世界上第一台安全客运升降梯。该商店共五层，当时就算是相当高的建筑物了。升降梯的动力是由建筑物内的蒸汽动力站利用一系列轴及皮带驱动的。该梯可载重 450 千克，速度为每分钟 12 米，升降梯的初级市场终于起步了。

在随后的几年中，升降机总的营业情况不算很好，但也足够使奥蒂斯继续他的研究与发明工作，以便增加升降梯的需求量。令人遗憾的是，1861 年 4 月 8 日，奥蒂斯在他刚刚度过 50 岁生日后便去世了。在这短短的岁月里，他与升降梯工业结下了不解之缘，并为它的研制与发展做出了巨大的贡献。

打字机

打字机的发明者叫克里斯托弗·肖尔斯，但他跟打字机没有一点关系，他只是美国一家烟厂的工人。由于一连串的奇遇和巧合，他成了这项专利的持有人。

肖尔斯的妻子在一家公司当秘书。最初，由于妻子工作忙，经常将做不完的工作带回家，连夜赶写材料，非常辛苦。肖尔斯心疼妻子，只好帮忙抄写，有时写到深夜，两人往往都手酸臂疼。于是，肖尔斯开始有了发明写字机器的想法。经过 6 年苦心研究，他造出了一台像缝衣机那样的打字机。

机器静静地摆放在桌上，袖珍的齿轮、杠杆、螺钉、拨叉、滚筒……一排排的圆形按键，均匀地分布在机器的正面；稍有机械常识的人，都可以循着每一按键向内部观察——按键通过传动装置，连接着金属杆，而每根杆的末端，都刻写着一个美观的字母，一个

著名的"雷明顿"牌打字机

可由按键控制向前"击打"的"字母笔"。所有构思巧妙之极，现代打字机就要呱呱坠地了。肖尔斯紧张地分开十指，快速地压下一个个按键。"咔嚓，咔嚓"，听上去还是那么刺耳。

肖尔斯紧锁着眉头，按一下，停一下，纸上却印出了端正的字迹。"难道我的打字机只能一字一顿地断续打？"肖尔斯自言自语道："那简直太可笑了。"原来，问题就出在键盘上。按照常规，肖尔斯把26个英文字母，按顺序排列在键盘上，A、B、C、D、E、F……为了使打出的字一个挨着一个，这些按键不能相距太远。打字时，只要手指动作稍快，金属杆就会相互发生干涉现象。他找来一本字典，粗略地统计了英语中哪些是最常用的字母，然后重新安排了按键的位置。他把所有常用字母之间的距离，都排地尽可能远一些，让手指移动的过程尽量延长。反常的思维方法竟然取得了成功。手指、按键、金属杆，有条不紊地连续运动。"哒哒哒……"肖尔斯激动地打出了一行字母，如同印刷字一样精美："第一个祝福，献给所有的男士，特别地，献给所有的女士！"

虽然有人早就设计出更科学的键位排列，却始终不成气候。肖尔斯发明的这种键盘，从1860年一直沿用至今，由于该键盘第一行从左至右排列着WE正RTY 6个字母，所以我们把它称作"QWERTY"键盘。

与此同时，曾经是肖尔斯合作者的约斯特也在一家公司的资助下研究打字机。他通过一根控制杆使同一个键能分别打出大、小写字母，这使键盘上原有的78个键减少到52个。约斯特还作了进一步改进，使操作者能随时看到所打出的字。

1868年6月23日，美国专利局正式接受了肖尔斯打字机的发明专利。由于资金困难，他把专利卖给了雷明顿军械公司。不久，市场上隆重推出著名的"雷明顿"牌打字机。

电冰箱

哲学家笛卡儿曾说："我思故我在。"而冰箱的发明过程恰恰证明了这句话的深刻哲理：一个偶然的发现和一个简单的创意，经过许多思考的大脑后，结出了人类智慧之花。在享受冰箱带给我们方便的同时，推动它发展进程的科学家也让我们永远铭记。

哈里森是澳大利亚《基朗广告报》的老板，在一次用醚清洗铅字时，他发现醚涂在金属上有强烈的冷却作用。醚是一种沸点很低的液体，它很容易发生挥发吸热现象。哈里森经过研究，使用了醚和压力泵，于1851年研制出了第一台人工制冷压缩机，并把它使用在一家肉类冷冻加工厂和澳大利亚维多利亚的一家酿酒厂。从此，这种制冷机具有了工业价值。

1873年，德国工程师、化学家卡尔·冯·林德发明了以氨为制冷剂的冷冻机。林德采用一个小蒸汽机为动力来源，它驱动压缩泵，使氨受到反复的压缩和蒸发，产生制冷作用。林德首先将他的发明用于威斯巴登市塞杜马尔酿酒厂，设计制造了一台工业用冰箱。后来，他将工业用冰箱加以改造，使之小型化，于1877年制造出了世界上第一台人工制冷的家用冰箱。到1891年时，林德已在德国和美国售出12000台冰箱。

1923年，瑞典工程师布莱顿和孟德斯发明了世界上第一台用电动机带动压缩机工作的冰箱，也就是人类的第一台电冰箱。后来，他们把专利权卖给了芝加哥的家荣华公司，该公司于1925年生产出了第一批家用电冰箱。最初的电冰箱其电动压缩机和食物箱是分离的，后者是放在家庭的地

第一批家用电冰箱出现于20世纪20年代

窖或贮藏室内，然后，通过管道与电动压缩机连接，才合二为一。

应当看到，电冰箱的大发展，其实是从人类开始利用氟利昂作为制冷剂而转折的。

1930 年，美国工程师米德莱试制成功了氟利昂。在氟利昂发现以前，冷冻机中常用的制冷剂主要是二氧化硫和氨。这两种物质都具有臭味，对人体有强烈的刺激性，会影响人的健康。于是米德莱根据元素的周期律，寻找更适合做制冷剂的化合物。最终，他发现氟的化合物毒性小，又不易燃烧，挥发性比较大，可作为一种理想的制冷剂。他选择了一组氟氯化物作为研究对象，并成功地发现了理想的高效制冷剂——氟利昂。很快它逐渐取代了二氧化硫和氨，一直沿用了 50 多年。

氟利昂的使用，使电冰箱迎来了一个春天，这也导致了对地球臭氧层的破坏。面对新世纪，科学家们研制出了氟利昂的替代品来作为制冷剂，全面采用了无氟环保技术。现在的冰箱，容量大，耗能少，噪音小，外观漂亮，功能也越来越多。可以想象，在未来世界中，电冰箱会使我们的生活更加美好、更加丰富。

变压器

在爱迪生发明电灯时，输电距离仅在 30 千米以内，否则电压太低，电灯就不能亮。解决这一输电难题的办法，只能是在使用者附近建立发电站，而且每隔 30 千米的距离就要备有冒着痕烟、轰轰作响的发电机。

而有了特斯拉的这种变压器，就可以使发电厂建在离城市很远的郊区，用高电压输送电流，以减少电在输电线路上的损耗。等电输送到城市里以后，再用变压器降低到一定的电压后，供给工厂和家庭使用。这样就可以省去建设许多发电厂的麻烦以及减少其产生的污染。

特斯拉是一位出生在南斯拉夫的美籍发明家，自小表现出的机械学方面的天赋为他走上成功之路奠定了基础。

1884 年，不甘平凡的特斯拉决定去美国闯一闯。很快，他成为爱迪生的助手，在此期间，善于发现和思考的他注意到 1831 年法拉第在研究电磁感应定律时，曾经做过的一个实验：法拉第把两组线圈绕在同一个软铁环

特斯拉的变压器实验示意图

上，在原线圈内通电的瞬间，会在另一个副线圈上感应出电流来。断电时也会感应出电流，但是等电流稳定流动时，副线圈中则没有电流。特斯拉由此想到，如果不断地使原线圈通电断电，副线圈中不就可以不断地感应出电流来吗？由于电流瞬间的通断，人们不会轻易看出电灯的明灭闪烁，这种大小和方向不断变化的电流，就是交流电。特斯拉发现了这种装置可以提高或者是降低电压，副线圈的匝数越多，感应出的电压越高，原、副线圈的匝数比就是它们的电压比，这就是变压器的基本原理。

为了使用变压器，特斯拉还发明了交流发电机和交流电动机。在 1885 年，匹茨堡的威斯汀豪斯电气公司购买了他的多相交流电动机、变压器的专利权，这笔交易触发了爱迪生的直流电体系和特斯拉—威斯汀豪斯的交流电体系之间的竞争。因为英国的威廉·汤姆逊、美国的爱迪生等都反对研制和发展交流发电机，而特斯拉则肯定交流电才是未来发展的趋势。事实证明，由于变压器的发明使交流电的应用迅速进入实际生活领域，由于它所具有的输送优势，终于淘汰了爱迪生等人所坚持的直流电体系。

1887 年，特斯拉成立了自己的电气公司，并为交流电申请了专利，随后，他在尼亚加拉大瀑布建立了第一个水力发电厂，彻底结束了爱迪生的直流电时代。

电影

早在 19 世纪初，人们就开始了对电影发明的探索与研究。1872年，英国摄影师迈布里奇发明了一种叫"动物实验镜"的放映机。这种放映机通过一块旋转的圆形玻璃将形象投射出去，这样就使这些形象显得像在自然运动。

录有奔马影像的照片带使法国生物学家马雷博士深受启发。为了研究动物的动作形态，马雷曾经设计过一种"摄影枪"，现在，他决定效仿迈布里奇，改用照片来研究动物的动作形态。1888 年，马雷博士制造出"固定底片连续摄影机"。他用绕在轴上的感光纸带通过镜头的聚焦处时，两个抓勾机构固定住感光纸带而使其曝光。以软片（感光纸带）代替原来的感光盘，这是电影发展中关键的一步。

伟大的发明家托马斯·爱迪生 1889 年发明了放映机，这是一种展现活动物体照片的器具，它既无放映机也无银幕，爱迪生做出的一项关键性改进是使用伊斯特曼发明的条幅式"胶卷"。他循其长度拍摄了一系列相片，然后使底片以仔细调整好的速度在闪光灯前面经过，相片就能连续快速地放映在银幕上了。他的主要贡献是"使电影走出了实验室"。然而直到卢米埃尔兄弟在 1895 年将拍摄的胶片公开放映，电影才算是正式诞生。

宣传卢米埃尔兄弟放映电影的一幅宣传画

卢米埃尔兄弟的重大贡献之一，便是巧妙地解决了电影胶片如何间歇地通过放映机片门的问题。他们从缝纫机中得到了启发，他们根据缝纫机的机械原理，制造出一种抓片机构。这种机构是把一个作用类似于缝纫机上脚踏板那样的机械所产生的运动传给一个带尖爪的滑框；尖爪升到顶点时，就钻进片带两边打好了的洞孔中，来拉动片带；当这个牵引机件再次上升时，尖爪便在下端退出洞孔，而使片带静止不动。

他们还在电影胶片后面安装了放映光源——电灯，让光线透过胶片和透镜，射到银幕上，就这样，用电灯作为光源，用电动机作为动力的电影放映机终于诞生了。1895 年 12 月 28 日，在巴黎卡普西尼斯大道旁的格兰德咖啡馆大厅中，他们首次展示了魅力十足的电影艺术。这一天，也被电影史专家们定为了电影正式诞生的日子。

洗衣机

早在 1677 年，人们就把衣物放在袋子里，其一端固定，另一端用一个轮子和一个圆筒来拧，这是一种尝试性的机械洗衣法。

直到 1782 年，英国家具商西格尔设计出一种原始洗衣机。在六角形木桶内装置一个用木条制成的盒子，盒子两端有支点，可用手柄翻动盒里的衣物，注水、放水都要用手，而且得花很长时间才能把衣物漂洗干净。衣服洗净后，先放在手转绞扭器的两个木滚筒之间压干，然后再放在绳上晾晒。对于床单、桌布等大件织物，洗净晾干后，就折叠起来，卷绕在木滚筒上，用一个内装石子的 2 米长木盒轧平。

1858 年，美国匹兹堡的史米斯制成机械化洗衣桶和捣衣杵。他用一个竖立的木桶，以手摇曲柄转动桶里的捣衣杵搅动衣服。1863年，他又添加了一个回动齿轮，使捣衣杵能前后转动。

随后，英国出现了一种铸铁洗衣锅，下面装有把水加热的煤气喷嘴，但衣物必须用捣衣杵搅动。

早期的洗衣机还称不上"洗衣机"，只是洗衣的机械装置而已。到了 1874 年，美国一位玉米播种器的制造者比尔·布莱克斯特发明了一种木制洗衣机，它已经具备了现代洗衣机的雏形。这种洗衣机的主体是一个不漏水的木桶，桶中心底部的转轴上装有 6 张叶片，摇动手柄，即可通过齿轮机带动叶片，拖着衣物在木桶中翻转、相互摩擦，这样，可以靠水流的冲刷而达到洗涤的目的。

1906 年，美国芝加哥人费歇设计出了世界上第一台电动洗衣机。在原来洗衣机的基础上，费歇做这样的设计：其外形呈圆桶状，内装一部电动机和一根带刷子的主轴，电动机驱动刷子转动和搅拌，从而带动桶内的水和衣物旋转，并刷洗衣物。费歇发明的搅拌式洗衣机促进了洗衣机的发展和实用化，同时大大减轻了人力的付出。从现在的水平看，这种电动洗衣机结构非常简单，但在洗衣机发展史上，却具有很重要的意义，不过由

20 世纪 70 年代的全自动波轮式洗衣机大大提高了洗衣效能

于当时电力供应未能普及，所以直到 1927 年，在偏远的美国农村仍流行手摇洗衣机或汽油发动机带动的洗衣机。

随着机械设备精密度不断提高，科学家们也以巨大的热情投入到洗衣机的研究中去。1922 年，美国的玛依塔格公司将洗衣机改进为搅拌式，即在洗衣筒中心装一立轴，其上安有搅动叶，由传动机带动它有规律地正反向旋转，不断使水流和衣物强烈翻搅、碰撞、摩擦，以达到洗净衣物的目的。

同时，英国出现了滚筒式和喷流式洗衣机，而且一直沿用至今。如今，随着电子工业的发展，采用微电脑技术控制的洗衣机也在慢慢地"飞入寻常百姓家"。

火箭

火箭从诞生到今日的发展，经历了漫长的过程。大约在中国宋、元朝时，由于战事频繁，出现了一种利用燃烧火药产生巨大威力的军事武器，这是人类最早的原始火箭。

中国古代科学技术在世界的领先地位是毋庸置疑的，但火箭得到迅速的发展却是在西方。20 世纪初期一位科学家就曾大胆预言：

"地球是人类的摇篮，但人类不会永远生活在地球上。"他就是现代航天学和火箭理论的奠基人——齐奥尔科夫斯基。

齐奥尔科夫斯基幼年时就聪明好学、有着丰富的想象力，他对浩瀚的星空有着美丽的幻想。但在他生活的时代，宇宙航行只是一个演讲题目。尽管如此，他仍坚持不懈地从事这项看似枉然的科学研究。1903年，他发表了一篇极其重要的论文《利用喷气装置探索宇宙空间》，第一次从理论上论证了用喷气式火箭进入宇宙的可能性，并提出了宇宙航行最基本、最重要的公式，即齐奥尔科夫斯基公式。

1926年3月16日，在马萨诸塞州的奥本，冰雪覆盖的草原上，戈达德发射了人类历史上第一枚液体火箭。

他还证明了为脱离地球引力必须使用多种火箭。可惜，齐奥尔科夫斯基这些关于星际航行卓有远见的科学设想，在当时没有得到应有的重视，当时的技术也不允许实现他的构想，以至在他有生之年始终没能造出一枚他所构思的火箭。但齐奥尔科夫斯基对空间技术的未来充满了信心，先后写下了730篇论著。他的远见卓识不愧为宇航领域中的一位天才、世界公认的"宇航之父"。

现代火箭航天技术的先驱齐奥尔科夫斯基设想的液体火箭，20多年后终于由美国人罗伯特·戈达德首先研制成功。1918年11月，戈达德在马里兰州的阿伯丁测试场成功发射了一枚固体火箭。年底，戈达德又开始拟定一项使用液体燃料为推进剂的火箭计划。然而这个设想运作起来非常困难。在经过多次实验后，他决定以汽油作为燃料，并以液态氧为氧化剂。

1926年3月16日下午2点30分，在美国马萨诸塞州偏僻的沃德农场，戈达德在助手的帮助下，花了一个上午的时间，把火箭装到火箭发射架上，戈达德小心翼翼地点燃点火器，只见火箭"嗖"的向上冲入蓝天。一开始它升得很慢，接着变成高速行进，达到12.5米的高度，时速约为97千米，2.5秒之后，火箭以高速向左边又水平飞行了56米，最后坠毁在一片菜地里。

虽然整个飞行时间仅仅几秒钟，然而，在这短短的瞬间，这枚小小的火箭已经创造了历史，成为了世界上第一枚成功飞行的液态燃料火箭。戈达德一生在火箭技术方面共取得了212项专利，创造了令人敬畏的成果，成为液体火箭的创始人。

电视机

1873年，英国科学家史密斯发现，硒具有在光照下可增加自身导电性的光敏性，此后，关于电视的设想便纷纷出台。俄裔德国科学家保尔·尼普科的中学时代正处在有线电技术迅猛发展时期，电灯和有轨电车的出现、电话的普及给人们的生活带来了方便。后来他来到柏林大学学习物理学。1883年，他在思考电视构造时，想到了硒这种特殊的物质。

1884年，尼普科制成了"扫描盘"。他在一个圆盘上设一圈沿螺旋线排列的孔径。当图像投射在旋转的圆盘上，孔径便以一系列平行线扫描图像。光通过孔径落在硒光电池上，就会改变电流大小。而接收一方则与发射一方的圆盘同步，被安放在光源前，被改变大小的光源投射到接收端，图像的传输就实现了。尼普科将画面用扫描来表现的思想对现代电视技术的影响是巨大的。

苏格兰人贝尔德最大的贡献是在尼普科扫描盘上安装了放大器，使影像更清晰。1927年，他利用电话通道进行图像

法恩斯沃思与他发明的电视机

传送实验。1928 年，他将图像传送到远航大西洋的轮船上。1929年，他又成功地做到同时传送图像和伴音……上述实验，都是用机械转换装置来进行图像传送和接收的，与现代全电子式的电视技术是不同的。

在犹他州比弗，14 岁的法恩斯沃思对电子世界充满了向往和热爱。而他也注定要改变 20 世纪的命运。

后来，在布里梅姆杨大学，科学家们对法恩斯沃思出众的才华感到惊讶。他的想法是利用透镜看到影像，然后投射到感光板上，阴极管发出一束快如雷电的电子，它能够扫描感光板上的影像，并能从感光板上回弹，反映影像的明暗区域。而阴极管里的电子则会转化成电子脉冲，然后送到发射台，发出电波，这个影像就会随着电波被传送到接收器，影像或信号被扩大，放射到化学处理的阴极管里，就会跟它投射时的一样，以此完成影像的传送和接收。最终，法恩斯沃思得到了电视发明的专利权。

1930 年初，美国无线电公司拥有最大的广播网络，年轻的俄罗斯移民萨尔诺夫是该公司的领导人。他希望电视能进入大部分美国家庭。但此时最大的障碍就是传送信号不稳定、画面不够鲜明。1936 年 7 月 7 日，他利用代号"W2XBS"试验性播出。第 2 天，《前锋论坛报》讥笑那模糊的影像，《泰晤士报》则认为这次示范十分有趣，市民们纷纷购买报纸了解相关信息。

在 1939 年纽约世界博览会上，为推广这项发明，无线电公司低价出售电视并宣布在美国开始定期播出节目。

1950 年，哥伦比亚广播公司的工程师将黑白影像变成了彩色图像，他们准备击败萨尔诺夫。在彩色电视方面的竞争中，颜色是成败的关键。萨尔诺夫和他的工作人员通过废寝忘食的工作，发明了全新的程序，最终将完整连贯、五彩缤纷的电视节目呈现在了大众面前。

直到今天，彩色电视机仍被视为工业历史中最神奇的发明。联邦通信委员会别无选择，他们必须承认及宣布萨尔诺夫的标准是新标准。萨尔诺夫再次胜利了。

复印机

1938年，美国一位名叫切斯特·卡尔森的律师，为了把专利文件印得又快又好，经过努力，他利用静电电荷能将墨粉附着到纸上的原理制造出了一台复印机。

在此之前，为节省开支，卡尔森每次去图书馆都将教科书和各种参考资料辛苦地抄写下来。在工作中，卡尔森也要经常复制大量的资料，当时复制文件主要依靠照相和影印技术，不仅价格高，而且又耽误时间，给工作造成了许多不便。卡尔森常想："如果有这样一种机器，只要把图纸和文件塞进去，一按电钮就能复印的又快又好，那该多好啊！"

卡尔森有了发明的想法后，立刻有条不紊地去图书馆详细地查阅有关复印技术的大量资料，以便确定自己的研究方向。在将近4年的时间里，卡尔森在与以前的照相复制技术、热导复写技术的反复对比下，为自己选了一个研究方向：利用光电效应来进行复制。

研究方向确定以后，卡尔森开始全身心地投入到研究中去。尽管贫穷的卡尔森没有实验室，只能在自己的小厨房里进行试验，但他依然坚持不懈地完成一项项试验。终于功夫不负有心人，1938年10月22日，卡尔森的"静电复印机"制成了。卡尔森利用光电效应把图像或文字投影到一个半导体平面上，几秒钟后，有图像或文字的部位因为

切斯特·卡尔森和他的第一台复印机

光线受到黑墨水的阻挡而带有静电。随后，为该平面涂一层反光负载粉，带电荷区域迅速将这些反光负载粉吸附，由此得到一张粉图，最后将粉图移印至白纸上，加热定影，最后纸上就复现出了同样的字迹。卡尔森的第一次试验成功了。

然而，卡尔森没有料到，他的发明历经周折后才问世。1949年，世界上第一台干板式光电复印机由美国的哈曼德公司投产。1959年，哈曼德公司推出了卡尔森成熟的发明——施乐914型静电复印机。施乐复印机一经推出便大获成功，哈曼德公司也改名为施乐复印机公司，从而由一家小公司成为跨国大公司。现在，多方面用途的复印机相继出现，它们能根据需要，用不同大小的纸张进行复印、放大图像，有的甚至能进行彩色复印，但我们永远不会忘记饱含着卡尔森心血的最初发明。

降落伞

传说我国上古时代，有个叫舜的人，幼年失去了母亲，父亲瞽叟娶了后妻并生了个儿子。此后，瞽叟偏爱后妻生的儿子而不喜欢舜，甚至想杀害舜。一天，瞽叟让舜去修粮仓。当舜爬到粮仓上时，瞽叟就放火烧粮仓，想烧死舜。粮仓的火势越来越猛，情急之下，舜将两顶斗笠牢牢抓在手上，然后像小鸟张翅一样，从粮仓上飘然而下。意外的是，他竟毫发无伤。尽管这只是一则传说故事，但它表明我国早在四千多年前，就对降落伞有过尝试了。

在我国的明朝时期，一些艺人创造了一个新的表演节目——跳伞。演员站在很高的搭台上，手握张开的特制雨伞往下跳，以博取观众喝彩。这种表演后来传到欧洲，被欧洲人改进，他们利用绸制的"翅膀"，从教堂上、宫殿或塔上往下跳，进行杂技表演。

而试图凭借空气阻力使人从空中安全着陆的设想，首先是由意大利文艺复兴时代的巨匠达·芬奇加以具体化的。他设计了一种用布制成的四方尖顶天盖，人可以吊在下面从空中下降。这可以说是人类历史上初次尝试设计的降落伞。

第一个在空中利用降落伞的是法国飞船驾驶员布兰查德。1785年，他从停留在空中的气球上放下一个降落伞。降落伞吊着一只筐子，筐子里面放着一只狗。最后，狗顺利地着地。接着在1793年，他本人从气球上用降落伞下降，可是他在着地时摔坏了腿。这一年，他正式提出了从空中降落的报告。

当时的法国上流社会热衷于科学试验与探险活动，此时社会公众关注的热点是热气球升空试验。另外一个飞船驾驶员加纳林也做了类似于布兰查德的试验：让气球把人带到高空，再跳伞降落下来。他仿照当时阳伞制作了一把硕大的伞，用肋状物撑开，伞下系着一个小吊篮。他将站在吊篮里降下——因为他清楚地知道，在高空中自己会无力用手抓住这样的一顶大伞。

1797年10月22日，在巴黎的莱蒙公园上空，一只氢气球将加纳林带到了800米的高空。然后，加纳林一拉系在气球上的释放绳，他和降落伞便离开了气球，带着加纳林的吊篮缓缓下降。至少有数万人在场观看，为他欢呼喝彩，是这位英雄开创了人类从天而降的历史。

但是，此时在吊篮里的加纳林却没有半点成功的喜悦。由于降落伞中心没有排气孔，鼓足了的空气只能从伞侧逸出，这顶大伞被弄得晃来荡去，摇摆得很厉害。等这位首次跳伞的英雄落到地面时，他趴在吊篮口上呕吐不止，根本无法接受蜂拥而至的人群的祝贺。

19世纪时，跳伞几乎成了航空表演中一项不可缺少的节目。放飞气球时，气球下常带有一个吊架，降落伞松弛地系在吊架上，跳伞者被绑坐在吊架上。等气球升到高空以后，跳伞者便解开降落伞，跳下吊架。此时的降落伞已经改进，顶部开了导流孔，能够控制方向下落了，跳伞表演变得越来越自如和安全了。

蒸汽汽船

18世纪，瓦特蒸汽机被应用到轮船上。至此，一个改变世界的时代——蒸汽时代来临了。

18世纪末，法国人儒弗莱·达万设计制造了一艘木制轮船——

"皮罗斯卡菲"号。船长约42米，重达180余吨，船上有一台蒸汽发动机，用活塞连接双棘轮机构，带动明轮转动而推动船只前行。1783年7月15日，就在"皮罗斯卡菲"号正式下水试航时，锅炉却发生了爆炸，"皮罗斯卡菲"号很快沉入了河底。

　　另一个蒸汽船的探索者是美国人约翰·菲奇。1785年，约翰·菲奇开始设想制造一艘真正的汽船，周游海上世界。于是，他四处奔波，最终获得了在新泽西、宾夕法尼亚以及纽约等州建船和经营航运的所有权。1788年，这艘梦中之船"实验"号诞生了。船长13.7米，两侧各安装6把长桨，用一根铁杆连接，依靠蒸汽机的活塞推动铁杆作水平运动，便可带动长桨一起划水。这艘蒸汽船能载33名旅客，在逆风中每小时航行3.5千米的路程。1790年，他又造出一艘时速12千米的明轮汽船，但因忽视了造船成本和经营费用，因而未能显示出蒸汽推进的价值。

　　与菲奇具有同样悲惨命运的还有英国工程师赛明顿。1788年，赛明顿制造出了两侧均装有明轮的轮船"夏洛特·邓达斯"号。这艘船在首航成功后，又被加装了新型发动机，可是当这艘功率强大的庞然大物正准备在水上运输中大显身手时，却遭到了被禁止航行的厄运。陷入困境的赛明顿在悲愤中病逝于伦敦，而"夏洛特·邓达斯"号再也不曾被人理睬，它默默地停泊在河岸边那堆荒草丛中。

　　相比于前几位造船先驱的悲惨境遇，美国人富尔顿无疑是幸运的。作为世界蒸汽机船的鼻祖，他赢得了全世界人民的尊敬。1786年，21岁的富尔顿结识了高效率蒸汽机的发明者瓦特。受瓦特的影响，富尔顿对船舶推进技术产生了浓厚的兴趣，后来在美国驻法公使利文斯顿的帮助下，富尔顿如愿以偿地开始了蒸汽机船的研究。

　　1807年，富尔顿建造了一艘长45米、宽9米、排水量100吨的蒸汽轮船"克莱蒙特"号。同年8月17日，这艘用单缸凝汽式蒸汽机驱动的汽船，由纽约驶往奥尔巴尼。仅32个小时，它就完成了240千米的逆水航程。这次试航成功，意味着人类迎来了水上航行的机械化时代。

1808 年，富尔顿又造了两艘轮船——"海神之车"号和"典型"号。逆水逆风之下，时速达到 9.7 千米，各项性能也更加完善。1809 年，富尔顿组建轮船公司，广泛吸纳资金，建造各种蒸汽轮船。

1807 年，富尔顿成功地建造的蒸汽轮船"克莱蒙特"号。

富尔顿这一连串的成功，不仅震惊了世人，也震惊了美国海军。美国海军准备利用富尔顿的造船技术设计、制造新式的战舰和快速汽艇。1812 年，为了对抗英国的封锁，富尔顿受命拖着患病的身体为美国海军设计出了快速军舰"德莫洛戈斯"号。这是世界上第一艘以蒸汽作驱动的军舰，航速为每小时 11 千米。富尔顿的努力，大大加强了美国海军的实力。

铁路

1769 年，当瓦特将一种效率更高的蒸汽机发明出来的时候，用蒸汽动力取代马匹来牵引运输车辆，已成为人们的一种渴望。蒸汽动力用于陆路运输的主要标志是火车的出现，但将铁路与蒸汽机车相联系，并造出第一辆真正意义上的火车，是英国人特里维西克。

1796 年，特里维西克做出了一辆蒸汽机车模型。之后，他刻苦钻研，不断改进试制方案，终于在 1802 年，造出了第一辆真正的蒸汽机车。他用事实证明，光滑的金属轮子在光滑的金属轨道上完全可以产生足够的牵引力。像所有开创性的发明家一样，特里维西克也面临着一大堆难题：火车经常出事故，不是熄火就是喷火，要不就是翻车，铁轨也无一例外地面临铁轨断裂等问题。

尽管特里维西克的机车运行取得了成功，但由于无法克服车轴断裂、铁轨断裂的难题，因而没有唤起人们的真正兴趣。当特里维西克自己对机车失去了兴趣时，人们对于蒸汽机车的激情也渐渐地

1825年，世界上的第一条客运铁路线——斯多克顿至达林顿的铁路建成。这是交通史上第一次采用蒸汽机机车牵引，实现客运和货运的双赢。

冷却了。

特里维西克虽然没有成功，但他的发明激发了另一位英国工程师乔治·斯蒂芬逊的雄心壮志，他立志要完成这项伟大的发明。首先他运用凸边轮作为火车的车轮，以减少对铁轨的破坏；其次，他在车厢下加减震弹簧，用熟铁代替生铁做路轨材料，在枕木下加铺小石块，以减少振动。

当一切的试验都顺理成章地进行完后，1823年，由斯蒂芬逊任总工程师，主持修建了斯多克顿至达林顿之间的第一条商用铁路。1825年，他亲自驾驶自己设计制造的"旅行"号机车，在新铺好的铁路上试车，机车牵引着6节煤车，20节挤满乘客的客车厢，载重量达90吨，时速为15千米。没想到，这次隆重的试车取得了空前的胜利，人们为这一奇迹的出现而欢呼。

1830年，斯蒂芬逊修建的第二条铁路在利物浦与曼彻斯特之间贯通，这一次，他驾驶的"火箭"号机车完全采用蒸汽动力，平均时速达到了29千米，全线没有出现任何的故障。从此，利物浦到曼彻斯特这条线路就成了世界上完全靠蒸汽机车牵引的第一条铁路线。

斯蒂芬逊以蒸汽机车牵引的铁路线，召唤了一个"铁路时代"的到来。正是斯蒂芬逊的功劳使铁路迅速地扩展到全球，使世界真正认识到铁路运输的巨大的优越性。从此，巨龙奔驰在地球各地，极大地促进了世界经济的发展。

自行车

自行车发明者——德莱斯原本是个看林人，每天他都要从一片林子走到另一片林子，多年走路的辛苦，使他萌发了发明一种交通工具的欲望。就这样，德莱斯开始设计和制造它的自行车了。他先用两个木轮、一个鞍座、一个安在前轮上起控制作用的车把，制成了一个木马两轮车。人坐在车上，可以一边前进一边改变方向，但必须用脚蹬地驱动木轮运动。就这样，世界上第一辆自行车问世了。

1817 年，德莱斯第一次骑自行车旅游，一路上受尽人们的讥笑，他决心用事实来回答这种讥笑。一次比赛，他骑车 4 小时通过的距离，马拉车却用了 15 小时。尽管如此，仍然没有一家厂商愿意生产、出售这种自行车。

1830 年，法国政府决定尝试改进德莱斯的自行车，作为邮差的交通工具。于是，世界上第一批为人们生活服务的自行车开始出现了。

这种新奇的代步工具刚问世时并没有受到人们的青睐，也许连它的发明人德莱斯也没有想到，后来自行车会那么风行，以至于成为人们日常生活中不可缺少的必需品。

自行车品种繁多，按不同的方法分类，可以分为载重车、普通车、轻便车，运动车和竞赛车等；按使用对象可分为男车、女车和童车；按车轮直径大小可分为 71 厘米车、69 厘米车、66 厘米车等等，此外还有双人串列、健身、杂技等特种自行车。

1818 年，卡尔·德莱斯发明的木质两轮车，只能用双腿蹬地前进。

自行车主要由车体部分、传动部分、行动部分和安全装置组成，根据需要可增加一些附件。自行车附件有衣架、支架、气筒、保险叉、挡泥板等。

车体部分主要由车架、前叉、车把、鞍座和前叉合件等组成。前后轮中心距上、前叉倾斜角和前叉伸距是自行车的主要参数。

传动部分由脚蹬、曲柄、链轮、中轴、链条和飞轮组成。骑车人的双脚踩动脚蹬，带动曲柄作回转运动，由链轮经链条传到后轴的飞轮而带动车轮旋转。

行动部分由前后轴部件、辐条轮辋和轮胎组成。车轮的重量和轮胎的花纹、规格、质量等都影响骑行的轻快性和舒适性。轮辋和轮胎的重量一般尽量减轻，以使骑行轻快。轻质轮辋用铝合金制造，轮辋通过辐条与前后轴连接。

自行车还有一定的安全性，其安全装置主要包括指制动器，即车闸，其次还有照明设备和鸣号装置等。车闸是保证骑行者人身安全的重要装置，车闸的种类繁多，基本上分为轮缘闸和轴闸两类。

现在自行车正朝着轻、新、牢、廉的方向发展，将进一步趋向设计新颖、造型美观、色彩鲜艳和协调。

内燃机

在一个半世纪以前，萨弗里、瓦特等人所发明的蒸汽机已利用了汽缸外的热，然后由热生成的蒸汽进入汽缸驱动活塞。当时人们曾经想到可以使某种无火焰的气体和空气的混合物在汽缸内发生反应，所燃烧产生的能量便可以直接驱动活塞。假如这样的内燃机被研制出来，那么它要比蒸汽机体积小且启动速度快。于是，1859年，勒努瓦第一个设计用照明瓦斯作为燃料，制造出了第一台实用型内燃机。这台内燃机由双作用式蒸汽机改装，采用滑阀以便将煤气和空气的混合物导入装有活塞的汽缸，然后被感应线圈所产生的电火花引爆，使得活塞移动。它是一种使用煤气和混合气的二冲程发动机。

1860 年，他将这台内燃机装在一辆小型货车上，行驶了 10 千米，历时 3 小时。于是这辆车成为世界上第一辆用内燃机驱动而不再使用马拉的车子。

在勒努瓦的内燃机发明后，人们为提高它的效率做了许多尝试。1861 年，奥托制成一台煤气发动机，1864 年与德国工业家欧根·兰根共同研制

奥托

并改进了一台发动机，并在 1867 年的巴黎博览会上获得金质奖章。1876 年，奥托利用法国工程师罗沙的内燃机原理，设计制造了一台以煤气为燃料、火花点火、单缸卧式的四冲程内燃机，成为内燃机的真正发明者。

1877 年，奥托获得这一发明专利权，而且这种内燃机很快就得到了广泛应用。他逝世时，人们为纪念这位有重大贡献的发明家，就将四冲程循环系统称为"奥托系统。"

狄塞尔是四冲程柴油发动机的发明者。他出生在巴黎，但父母都是德国人，少年时代为躲避法德战乱，全家逃到英国伦敦避难。战争结束后，狄塞尔在奥格斯堡和慕尼黑工业大学接受教育。大学期间，他开始从事蒸汽机的研究，一心想发明一种新的发动机。大学毕业后，狄塞尔做起了冷藏机工程师，当时他曾打算制造利用氨气的蒸汽机，但最终以失败告终。到了 1885 年，他的兴趣转移到他称之为"合理热机"的问题上来，冷藏机的液氨压缩机在压缩过程中产生大量热量给他留下了深刻影响。

1890 年，狄塞尔回到柏林，潜心研究动力机。狄塞尔希望制造出比汽油发动机更好的柴油发动机。1897 年，他终于成功了。理论上讲柴油机效率要高于汽油机，更适合作为船舶的动力；此外，柴油机无须电子点火，它使用的柴油也比汽油更便宜。第一台发动机

的功率为 13 千瓦, 热能损耗小, 效率达 38%, 远比蒸汽机和汽油机高。很快这种机器已经成为发电厂广泛使用的固定发动机, 经过不断改进, 现在不仅在船舶上使用, 而且在大型公共汽车、卡车上也得到了广泛应用。

红绿灯

我们现在所说的红绿灯, 真正的名字就叫"交通信号灯", 它最早诞生在英国伦敦。红、黄、绿这三种全世界都通用的交通信号, 来源于对服装颜色的构想。

19 世纪初, 在大不列颠帝国中部的约克城, 妇女们对衣服的穿着与颜色十分考究。并且十分有趣的是, 红、绿装分别代表女性的不同身份, 那些结了婚、有了家庭的年轻妇女们, 为了避免再受到一些人的追求, 就会穿起红衣服来表示她们已经结婚; 而那些未婚的小姐则穿起了绿衣服, 表示自己还没有嫁人。时间一长, 穿衣无意形成了这样一种习惯。英国政府受红绿装的启示, 就将它作为交通信号灯的构思, 开始研制。

由于英国伦敦议会大厦前经常发生马车轧死人的事故, 1868 年, 一位名叫查德·梅因的警员, 提出建议: 为防止议员们被街上繁忙的车辆给撞到, 可以给英国议会大厦附近大街的交叉路口上, 安装一个交通信号灯。他的建议, 得到了英国政府的肯定。12 月 10 日, 信号灯家族的第一个成员——煤气红绿灯, 在伦敦议会大厦的广场上诞生了。

它由当时英国的机械师纳伊特设计制造。这种煤气红绿灯看起来有点像当时的铁路信号装置, 它是由信号杆和红绿两色旋转式方形玻璃提灯组成的。其信号杆高达 7 米, 杆顶挂着信号灯, 红色表示"停止", 绿色表示"注意"。在灯的脚下, 一名手持长杆的警察依照车辆的多少而牵动皮带, 转换提灯的颜色。

后来, 人们又在信号灯的中心装上煤气灯罩, 在它的前面装有两块红绿玻璃交替遮挡。不幸的是, 1869 年 1 月 2 日, 这个只面世

23 天的煤气灯突然发生了爆炸事故，致使一位正在值勤的警察因此而断送了性命。事后，城市交通信号灯被取缔。

随着城市化水平的不断提高和人们生活节奏的加快，人们不得不借助汽车这种方便的交通工具。只是，拥挤的道路造成的堵车现象越来越严重，于是，人们便呼唤一种新的交通信号装置。1914 年，红绿灯在美国率先恢复，不过这时已是"电气信号灯"了。这种信号灯由红、绿色圆形投光器组成，在俄亥俄州的克利夫兰进行了第一批安装，红灯亮表示"停止"，绿灯亮表示"通行"。稍后在纽约、芝加哥等城市也相继出现了安全的红绿灯。

随着各种交通工具的进一步发展和交通指挥的需要，第一盏名副其实的三色灯（红、黄、绿三种标志）于 1918 年诞生。它是三色圆形四面投光器，被安装在纽约市五号街的一座高塔上。至此，红、黄、绿三色信号形成了一个完整的指挥信号系统。

摩托车

距今 7000 年以前，人类从一个地方到另一个地方的唯一方法就是走路。不久，人们开始驯养牲畜来驮运东西或帮助人走路。大约在公元前 3 500 年，美索不达米亚的一位撒马利亚人绘制了一辆样子非常古怪的殡仪车，这标志着有轮子的运输工具出现了。之后，人们用不同的动力推动轮子，这种方式成为主要的交通方式。

19 世纪后期，随着汽油发动机的出现和充气轮胎的应用，德国人戴姆勒投入到汽油摩托车的研究之中。

这时，世界公认的"汽车鼻祖"——德国人卡尔·本茨，正在研制用内燃机推动的机车，这两项发明几乎是并驾齐驱的。1885 年春天，本茨开始试制一种四冲程汽油发动机的汽车。同年秋天，戴姆勒则在斯图加特附近的宅院里第一次骑上了他的摩托车。他们谁也不知道在相隔 97 千米的对方在干什么，也不知道彼此的存在，两人却在为同一个目标奋斗着：研制一种新型的代步工具。作为工程师的戴姆勒从 1872 年就一直跟着内燃机的发明者奥托在科伦工作。

那时，奥托正在研制燃气内燃机。戴姆勒这时却在想着用汽油蒸汽来代替煤气，用电子点火系统代替持续火焰点火，从而把奥托的固定发动机变成移动式的发动机。他为了实现自己的想法而离开了奥托，搬回到自己的工厂。

戴姆勒最初研制的摩托车结构粗糙，轮子是用木头制造的，排气管安装在座位下面。但是，这些并没有阻止摩托车发明的进程。当戴姆勒把摩托车的各个部位组装起来的时候，除了速度慢和噪音大以外，似乎已经很完美了。戴姆勒认为对乡下的邮递员来说，他的摩托车可能是最有用的。

摩托车在一开始还像个"丑小鸭"一样毫不起眼。当第一次世界大战爆发以后，交通工具的需求量便开始直线上升，由于摩托车的价格便宜，成为了汽车行业的一大劲敌，军警也开始广泛使用这种车来进行侦察。在第一次世界大战之后第二次世界大战爆发前的19年间，摩托车行业发展迅速，跨斗摩托车也在这时开始出现，四冲程双缸发动机也开始运用到了摩托车上。第二次世界大战之后，和平的阳光照耀着整个大地，人们开始尽情地享受生活，摩托车很快就被汽车所取代。但是，摩托车并没有因此而被抛进工业时代的垃圾堆中，高速旅行和体育竞赛开始将摩托车文化演绎得有声有色。

飞机

威尔伯·莱特和奥维尔·莱特是一位主教的儿子，住在美国俄亥俄州的代顿。兄弟俩在经营自行车工厂时所获得的钱和技术，使他们能够开始自己的航空工作。莱特兄弟从少年时代起就喜爱飞行，但威尔伯先迈出了第一步，他写信给史密森博物馆索取有关书籍和文章，后来奥维尔也变得像威尔伯那样热衷于飞行。莱特兄弟既是先驱者又是出色的商人，他们首先为其设计提出了专利申请，并在1906年得到了专利权。1903年12月17日的早晨，奥维尔·莱特进行了人类历史上第一次有动力、持续的、可操纵的飞行，在世界飞行史上留下了光辉的一页。

威尔伯·莱特

像鸟儿一样在天空飞翔，自古以来就是人类的梦想。为了它的实现，人们付出了多年坚持不懈的努力，甚至许多先驱者还付出了生命的代价。终于，1903 年 12 月 17 日这一天，世界上第一架载人动力飞机在美国北卡罗莱纳州的基蒂霍克飞上了蓝天。这架被叫作"飞行者"1 号的飞机，翼展为 13.2 米，升降舵在前，方向舵在后，两副两叶推进的螺旋桨由链条传动、着陆装置为滑橇式，并且装有一台 70 千克重、功率为 8.8 千瓦的四缸发动机。1903 年 12 月 14 日，"飞行者"1 号在美国北卡罗莱纳州基蒂霍克的一片沙丘上起飞了。但结果并不理想，飞机才升到 1 米高就出现了故障。

真正的奇迹诞生在 3 天后。12 月 17 日这天，莱特兄弟一共进行了 4 次飞行。最长的一次是由威尔伯·莱特驾机在空中停留了 59 秒，飞行了 260 米。

人们对飞行奥秘的探索并没有停止，继莱特兄弟之后，越来越多的人投身到这一创造性的事业中，越来越多的新式飞机被研制出来，应用到了广泛的领域当中。

磁悬浮列车

从轮子发明的那一天起，所有的车辆都采用车轮与地面或钢轨的摩擦使车辆向前运动，当摩擦力足以毁坏车轮或钢轨时，列车的速度就达到了极限。如果想要获得更高的速度，就得尝试通过克服车轮与钢轨之间的摩擦力来提高车速。磁悬浮列车正是克服了这种摩擦力才达到了常规无法达到的速度。

磁悬浮列车能飞驰在轨道面上，主要归功于超导新技术。1911 年，荷兰物理学家昂内斯将水银冷却到零下 40℃，使它凝固为一条线，并对它通以电流。当温度降至零下 268.9℃时，昂内斯发现水银中的电阻突然消失了。后来，人们把这种电阻突然消失的现象叫作超导现象。在温度和磁场都小于一定数值的条件下，导电材料的电阻和体内磁感应强度都突然变为零，这种特殊的导电状态就称为超导态，在很低的温度下呈现超导态的导体就是超导体。

1933 年，迈斯纳和奥森费耳德通过进一步的研究发现，金属处在超导态时其内部磁感应强度为零，即能把原来在其体内的磁场排挤出去，也就是说，在超导体内，根本不会发现任何磁场。即使原来导体中有磁场存在，一旦变为超导体以后，磁场就统统被排斥在磁场之外。正是由于超导体的抗磁性，会对磁铁产生一个向上的排斥力，这种排斥力使列车行驶时不与铁轨直接接触，人们开始研制的磁悬浮列车就是利用磁极同性相斥的原理，将超导磁体安装在列车底部，再在轨道上铺设连续的良导体薄板。电流从超导体中流过时，产生磁场，形成一种向下的推力，当推力与车辆重力平衡时，车辆就可悬浮在轨道上方一定的高度了。

磁悬浮列车与目前的高速列车相比，具有许多无可比拟的优点。它可靠性能好，维修简便，最主要的是它的能源消耗极低，不排放废气，无污染。磁悬浮列车集计算机、微电子感应、自动控制等高新技术于一体，是目前人类最理想的绿色交通工具。

三、日常用品大发明

肥皂

肥皂之所以能去污，是因为它有特殊的分子结构，分子的一端有亲水性，另一端有亲油脂性。在水与油污的界面上，肥皂使油脂乳化，溶解于肥皂水中；在水与空气的界面上，肥皂围住空气分子形成泡沫。原先不溶于水的污垢，因肥皂的作用，无法再依附在衣物表面而溶于肥皂泡沫中，最后被清洗掉。

据说古埃及国王胡夫热情好客，经常设宴招待客人。一天来往客人较多，厨房里的物品又放置杂乱，人们难以转动身子。可就是在忙乱中偏偏出了差错，食品师不小心踢翻了油灯，油洒了一地。伙夫们都赶来收拾场地，他们用手将沾有油脂的灰捧到厨房外扔掉，再到水盆里洗手。这时他们意外地发现手洗得特别干净。当国王知道这件事后，就吩咐手下人做出沾有油脂的炭块饼，放在洗漱的地方，供客人使用。这正是肥皂的雏形。

无独有偶，古罗马人的肥皂也经历了同样的命运。起初，古罗马人用羊油脂和山毛榉炭灰压制成一种称做"萨波"的物质，并用它来把头发染成浅棕红色。后来，有一次罗马人在节日里忽遇大雨，头发被淋湿了，人们却意外地发现头发干净了。从此，罗马人便将"萨波"作为清洁剂来使用。

公元70年，罗马帝国学者普林尼第一次用羊油和草木灰制取块状肥皂获得成功，罗马开始了肥皂生产。这项技术在欧洲逐渐传播开来。公元2世纪，肥皂已专门用来洗东西。到8世纪，大多数的南欧国家已生产和使用肥皂了。法国的马赛和意大利的热那亚、威尼斯、萨沃纳等都是生产肥皂的主要城市，因为这些地方有橄榄油和苛性碱，原料来源方便。公元1000年后，尤其在西班牙，制造肥皂成了一种重要的行业。

现代的卫生皂不仅能杀菌，而且还能起到润肤的作用。

各地生产的肥皂尽管销往各处，被广泛使用，但仍属价格昂贵的奢侈用品。直到19世纪，普通家庭一般自制"软皂"，把动物油和桦木灰混合起来，制造很容易。"硬皂"则是工业制品，由植物油和海藻灰提炼的碱混合而成，往往加进香料。

1791年，法国化学家卢布兰

用电解食盐的方法制取火碱成功，从此结束了从草木灰中制碱的古老方法。19世纪初，合成碱被发明出来，这就使大规模地廉价生产肥皂成为可能，等到20年代，大规模的制碱法出现了，从此肥皂价格下跌，成为普通家庭的生活必备品。

纸币

纸币的使用源于中国。早在汉武帝在位时期就出现过钞票。当时，连年征战匈奴耗尽了国家财力，私人铸钱更是使钱币大幅度贬值，曾导致钱币面值持续出现剧烈浮动。在这种情况下，武帝便下令发行每张价值为40万铜钱的钞票，收回大部分硬币。这种钞票用白鹿皮制作而成，上面印有特殊图案。

公元800年左右，中国重新发行纸币，被称为飞钱，因为它很容易被风吹跑。这种纸币不能充分交换，只是私人银行交给商人用以兑换现金的凭证。它在京城发放，商人在返回各省后可用之兑换现金。这些都不能算作真正意义上的纸币，直到北宋年间出现了交子。

北宋时期，重商思想抬头，商品经济进一步繁荣。随着各地区贸易联系的加强，交易额越来越大，需要大量轻便的货币作为支付和流通手段。北宋前期，宋王朝为了掠夺川蜀地区的财富，在此地区禁使铜钱，而使用铁钱。由于铁钱不便携带，于是有商人收取铁钱而出现一种类似存款收据的证券，正背面都有出票人的印记，有密码花押，票面金额在使用时填写，这就是交子，可以兑换，也可以流通。交子的出现正适应了商品经济发展的要求，所以很快流行起来，被商人们广泛使用，中国因此成为最早流通纸币的

北宋时期的交子，用纸币的印版印出，印版作于公元11世纪。

国家。

交子原由商人分散发行，太宗初年，成都16家富商联合建立交子铺发行交子。后来由于富商经营不善而使交子不能兑现，失信于民，引起政府干涉并收归官办。1023年，北宋政府在益州设立交子务，在次年2月开始发行官交子，规定市面上只许流通政府印发的交子，将商人个别发行的交子全部收回。官印交子有一定的发行限额和流通期限，每三年持旧交子换新交子。交子按规定可以随时兑现，属于信用货币性质。交子的票面金额开始时临时填写，后改为印固定金额。1105年，交子改称钱引，除闽、浙、湘、粤外，在国内其他各地发行。

印制纸币的思想向西缓慢传播。1292年，蒙古人在伊朗印发了中国式钞票。1661年，印制纸币传到了欧洲。当时，由于缺少银子，瑞典银行家便着手生产票据。在18世纪，许多小的私人银行家开始发行纸币，只要银行有偿付能力，这些纸币就能通用。直到1883年，英国银行才发行了合法的纸币。8年后，一项法令给了这个银行以发行纸币的垄断权，并禁止发行没有百分之百的黄金作后盾的纸币。美国在1776年脱离英国而独立之前，就制造出第一批纸币美元，并成为美国独立的一个强有力的象征。现在，世界上大多数国家和地区都已拥有自己的纸币，并习惯了把纸币作为商品流通的媒介。

玻璃

玻璃到底诞生于何时，连考古学家也说不准，但可以肯定的是，在古埃及和美索不达米亚，玻璃已为人们所熟悉。

中世纪时期，意大利的威尼斯是玻璃制造业的中心。威尼斯玻璃制品样式新颖、别具一格，因而畅销全欧洲乃至世界各地。威尼斯玻璃业有800多年的历史，15世纪到17世纪为鼎盛时期。当时，威尼斯玻璃艺术品跃为世界之冠。但威尼斯玻璃制造工艺的秘密，很快传到法国、德国、英国，到17世纪时，玻璃厂已经遍及世界许

吹制玻璃器皿

多地区了。

最古老的平板玻璃的制作是把熔化的玻璃注入内部平整的泥模中使其冷却，然后再磨光和抛光其表面。直到 20 世纪，这种生产工艺仍在沿用。但是回顾平板玻璃的历史，我们仍然会被先辈们的智慧所折服。

早在 14 世纪，人们就会使用铁管吹玻璃泡来制造小玻璃板。在吹玻璃泡时，工匠们一边吹一边尽可能快地旋转铁管，玻璃泡在离心力的作用下向外扩展，形成表面较为平整的大圆盘。然后从玻璃与铁管的接口处切断，让其冷却成圆形的玻璃板。

由于圆形的玻璃板不容易固定，后来，人们又采用一种新的方法生产方形的玻璃板，工匠们把吹制成圆柱形的玻璃管从中间切开，展平后让其自然冷却，这样，一块方形玻璃板便制成了。随着生产力的不断发展，平板玻璃的制作工艺也日趋成熟。

1947 年，玻璃的制作工艺依然很复杂。要生产像橱窗、车窗和镜子使用的高质量的玻璃，就必须以磨光的玻璃板为原料。这种玻璃是把从熔炉里流出来的熔融玻璃，碾压成一条连续不断的带子，由于带子的表面跟碾压机是平行的，因而不会留下印记。但是这种带子的两面都必须磨光，就意味着将会产生大量的玻璃废屑和花费很多的钱。

为了改变现状，英国科学家皮尔金顿冥思苦想，1952 年他有了让玻璃的熔液浮在一种天然平滑的液体的表面的想法，接着，他花了 7 年的时间和 700 万英镑开始研究一种新型的玻璃——浮法玻璃。

浮法玻璃是这样加工的：把熔化的玻璃从熔炉里抽出来，使其成为一条连续的玻璃带，让其浮在盛满锡溶液的池子表面。由于锡的分子结构比玻璃紧密，因此，锡溶液能在相当长的时间内保持很高的温度，使浮在其表面的玻璃上凹凸不平的部分熔化，这样，玻璃板变得又光又平。由于各种自然力的作用，用这种方法生产的玻璃板约有 6 毫米厚，并不能满足市场上特殊用户的需要。

眼镜

古人们早已知道凸透镜使东西看起来变大了的事实，而第一个想到用透镜来矫正视力的人，是来自佛罗伦萨的科学家索文诺·德格里·阿马迪。大约在 1280 年，他用水晶磨成一对凸透镜，制成世界上第一副远视眼镜。阿马迪将他的发明机密告诉比萨的亚历山大·迪拉·斯皮纳修道士。后来，斯皮纳将这个秘密公诸于众。于是，到 14 世纪上半叶，意大利出现了许多眼镜制造厂，许多意大利人都佩戴了眼镜，而威尼斯也成了眼镜制造中心。

至 15 世纪，用于矫正近视的凹透镜也被制造出来。拉斐尔的名画教皇利奥十世像上，就出现了这种眼镜。自此，镜片不再根据年龄分类，而是根据度数分类。

阿马迪发明眼镜的时候，还没有眼镜架。当时的眼镜，有人用手举着，有人把它缝在帽子上，有人则放在眼窝上……就这样胡乱戴了好几百年。16 世纪，德国开始制造有镜桥联结的眼镜。后来又出现了夹子式镜架，戴上 这种眼镜，鼻梁压挤得难受，当然很不舒服。有人无意中发现了耳朵的妙用，把眼镜的两条腿弯一下，让它挂在耳朵上不是很方便吗？于是出现了带镜脚挂在耳朵上的眼镜。第一副带镜脚的眼镜是在 16 世纪末，由埃尔·格雷科制成的。从此，眼镜的形状基本固定下来。

19 世纪中期，镜片设计经历了从平面镜片到双凹镜片或双凸镜片的过

1784 年，富兰克林发明的双焦点眼镜片，上半部用来远眺，下半部用于近距离阅读。

渡，最终于 1890 年左右出现了我们今天通常采用的新月形曲率矫正镜片。

值得一提的是，今天颇为流行的隐形眼镜在 19 世纪就已出现。1827 年，隐形眼镜首先由英国物理学家赫谢尔爵士设想出来，到 1887 年，瑞士苏黎世的弗里克医生研制出精度较高的镜片后而得以实现。

19 世纪后半期，对眼镜的光度研究也取得进展。1860 年，远距离视力表由屈勒和斯内伦编制出来，使视力量化。1872 年，开始使用屈光透镜来表明镜片的度数。

进入 20 世纪，眼镜得到了更全面的改进和发展。人们很早就发现玻璃并不是制作眼镜的最理想的材料，存在重量大且易破碎的弱点。20 年代，耐磨性及抗冲击性较强的水晶镜片被制作出来，由于价格昂贵，能接受的人并不多。二战期间，人们从制造飞机驾驶窗的有机材料中受到启发，经多次试验，改进制成了树脂聚合物。战后，这种聚合物开始用于镜片制作。

钟表

在古代，人类主要利用天文现象和流动物质的连续运动来计时。中国人发明制造的日晷、漏壶，以及水运仪象台都是世界上最古老的计时器。而能够持续不断工作的钟表的出现，改变了白天黑夜分别计时的传统，使一昼夜均等 24 小时的计时制得以推行。这一计时制的出现，成为时间观念史上的一件大事。

欧洲古老的机械钟，出现在 14 世纪的欧洲，它是由挂在绳子一端的重锤所驱动，绳子的另一端绕在一个轴上，随着重锤的下降，轴相应的转动，再通过齿轮带动钟的指针旋转。

1510 年，德国锁匠彼得·亨兰率先用钢发条代替重锤，创造了用冕状轮擒纵机构的小型机械钟表，然而这种表的计时效果并不理想：发条若是上得太紧，指针就会走得过快；发条若是上得过松，指针就会运行得慢。

针对这一缺点，捷克人雅各布·赫克对其进行了改进。他设计出一个锥形蜗轮，由锥形蜗轮和一卷发条共同组成表的驱动机构。当发条逐渐舒张时，它通过一条绳子带动锥形蜗轮和表内的齿轮。锥形蜗轮的形状恰好能够补偿发条出力的变化。当发条卷紧时，作用力强烈地作用在锥形蜗轮的顶端，这里的杠杆作用较弱；当发条慢慢放松时，它的拉力就减弱，作用力作用在蜗轮轮子的底部，而这里的杠杆作用则较强。因此，钟表机械得以均匀地运转。

1657 年，荷兰物理学家惠更斯首先把重力引入钟表，做成了世界上第一台精确的摆钟。摆钟不像以前的钟表要另设驱动机构来推动对称横臂，而是由地球重力推动。随着单摆被用于时钟，时钟的精度越来越高，到了 17 世纪中叶，钟表的最小误差已由每天 15 分钟，减少到 10 分钟。精确时钟的出现，使各地区的时间协调统一起来。

17 世纪后期，游丝的发明，为现代精密机械钟表的出现奠定了基础。机械钟表虽有多种结构形式，但其工作原理基本相同。它主要是由原动系、传动系、擒纵调速器及指针系式上的条拨针系条组成。到了 18 世纪启蒙运动和工业革命开始的时候，钟表制造业已逐步实现工业化生产，并且达到了相当高的水平。钟表已经充分扮演了“一切机器之母”的重要角色，成为社会生活快节奏的缔造者。

到了 20 世纪，随着电子工业的迅速发展，电池驱动钟、交流电钟、电机械表、指针式石英电子钟表、数字显示式石英钟表相继问世。1929 年，在贝尔实验室工作的英国人霍顿和加拿大裔美国人玛利森首次研制出晶体石英钟。这种高质量的石英钟在温度不变的环境中每天误差仅 0.1 毫秒或误差十亿分之一。石英钟一经问世，便引起了人们的轰动。

1942 年，著名的英国格林尼治天文台也开始采用石英钟作为计时工具。20 世纪 70 年代，石英钟的制作技术突飞猛进，应用同一原理制成的石英表亦开始风靡全球。继石英钟之后，更为先进的原子钟问世了。它是由原子振动来控制的，是目前世界上最精确的钟，即使经过 100 万年，其偏差也不会超过 1 秒钟。如今，时间观念已经渗透至每一个人的生活中，守时成为一种美德。

镜子

传说有一年的三月初三，王母娘娘开蟠桃盛会，于是，仙女们都来赴会。可是，她们用的胭脂太多了，多得流到了天河里，又从天河泻到了牡丹江上游的大山中，汇成了一个大湖，凑巧的是，不知是谁不小心把王母娘娘的宝镜也摔落下来，宝镜掉入湖中，湖水顿时变得如宝镜一样明亮，后来，人们就为这个湖起名为"镜泊湖"。传说归传说，但在某种程度上，它却真实地反映出水在镜子的发展中对人类所起到的重要启迪作用。

镜子的制造者是意大利的玻璃制造工匠达尔卡罗兄弟。兄弟二人出生在威尼斯一个专门制作玻璃的穆拉诺小岛。儿童时代，他们就经常随父亲进玻璃作坊，亲眼看见玻璃工匠们把一团稀糊糊的溶液做成有模有样的玻璃制品的奇妙过程。

长大后，达尔卡罗兄弟先后成为作坊的正式工匠。由于他们悟性高、天资聪颖，很快便得到了师傅的真传，但是达尔卡罗兄弟却并不满足。当他们看到岛上姑娘们梳妆用的玻璃效果不理想时，他们就将制作出光洁明亮的玻璃镜作为自己的奋斗目标。此后，达尔卡罗兄弟经常在一起探讨，琢磨着为什么池塘里的水是以黑暗的大地作为衬垫的？他们做出了大胆的设想——如果在玻璃的背面也加一层深色的衬垫，镜中会出现清晰的影像吗？

为此，达尔卡罗兄弟试着将矿粉、木屑、面粉、铜等涂在玻璃上，

17 世纪的意大利铜镜

但效果都不理想。有一次，他们选用熔点较低的锡作为试验对象，将熔化的锡水倒在玻璃上，然后用一根细细的滚筒将锡水碾成均匀的薄薄一层。待锡冷却后，兄弟俩翻开玻璃一看，他们挂满汗滴的脸庞清晰地映在了玻璃中。他们终于找到了合适的涂料。

可是，经过一段时间的试用，达尔卡罗兄弟发现这种玻璃镜子时间一久，背面的锡箔就会脱落。于是，他们又对制镜工艺进行改进，先将玻璃制成锡箔镜，再把水银倒在锡箔镜上。这样，水银能够慢慢地溶解锡，形成一层薄薄的锡和水银合金，制成的玻璃镜子反光能力强，而且涂料不容易脱落。

玻璃作坊的老板一直在关注着达尔卡罗兄弟的发明进展。当他得知达尔卡罗兄弟发明成功后，立即开始制作玻璃镜子，并很快将它投入市场。果不其然，达尔卡罗兄弟发明的水银镜十分走俏，成为豪门贵族的珍品。特别是威尼斯国王向法国王后献了水银镜之后，法国的贵妇人和小姐们也纷纷效仿，以拥有水银镜为荣，因此，尽管水银镜价格昂贵，但仍供不应求。

法国由于购买水银镜，大量的金银财宝流入了威尼斯。因此，法国政府决定自己创办水银镜工厂。在达尔卡罗兄弟的帮助下，法国驻威尼斯大使成功地将3个工匠偷渡出境，运送到法国。1666年，法国建造了第一个制造玻璃镜子的工厂。从此，水银镜的制造奥秘被公布于世，镜子的价格也一落千丈。就这样，水银镜渐渐地成为了普通家庭的生活用品。

抽水马桶

1595年，伊丽莎白女王的侍臣约翰·哈林顿爵士，在意大利旅行途中听说了一项令人神往的发明，即一种用水冲掉污物的厕所。当时，伊丽莎白女王上厕所时感到很不舒服，一直抱怨里士满宫殿里弥漫着未倒空的便器味儿。于是，哈林顿前来解难，在里士满宫中试修了一个抽水马桶，结果证明很成功。

哈林顿的设计只是一个超越时代的特例。当时的抽水马桶由于

早期的抽水马桶

没有任何排污的主管道、没有自来水、也没有什么钱来支付管道装设费用等因素，对大多数人而言仍是不切实际的。他们的排污方法只有一个，就是让掏粪工人将粪便集中起来用车运走，倒进化粪池，化粪池装满后，又得重新挖新的，一切依然照旧。

第一种普遍使用的抽水马桶直到1775年才由伦敦的一名钟表匠克明斯发明。这种马桶上方有一个水箱，一拉手柄，打开阀门，水就流下，同时打开滑阀，把金属马桶里的粪便冲入粪坑。

18世纪后期，英国发明家约瑟夫·布拉梅在克明斯发明的基础之上，又改进了抽水马桶的设计。他采用了一些构件，诸如控制水箱里水流量的三球阀，它能把出口封住；另外还有U形管，它能够保证污水管的臭味不会让使用者闻到。布拉梅改良的抽水马桶1778年取得了专利权。

1870年，英国陶瓷工匠泰福德设计出整体式陶瓷马桶，它的成本比金属马桶低，它有一条蛇形排水管，即S形管，或者说是下水道的存水湾，它总是保存一些水，这些水相当于一个密封垫，将管道内积存的臭气堵住。

1889年，英国水管工人博斯特尔发明了冲洗式抽水马桶，它结构简单，采用了储水箱和浮球阀，所用的阀门和杠杆比以前少，所需水压也低得多，一拉链子，水就从上面的铸铁水箱冲下来，把马桶冲洗干净，水箱水位降低后，浮球阀就自动打开，屋顶水箱里的水就把水箱重新灌满。至此，抽水马桶的结构基本上稳定下来，而抽水马桶的铸铁零件也尽可能地改成了不生锈的塑料。

直到19世纪后期，欧洲的城镇都已安装了自来水管道的排污系统后，大多数人才用上了抽水马桶。

如今，虽然许多人仍在沿用老式马桶，但随着新建住宅的涌现，城市化的扩大，有越来越多的人家都将使用抽水马桶。而曾被看作是藏污纳垢之地的厕所，也因为抽水马桶的冲洗方便和清洁卫生，消除了人们那种紧张和不舒服的感觉。

缝纫机

18 世纪中叶工业革命后，纺织工业的生产促进了缝纫机械化的发展。1790 年，英国首先发明了世界上第一台先打洞、后穿线、缝制皮鞋用的单线链式手摇缝纫机。19 世纪时，又出现了许多缝纫机械化的设想。1830 年，法国一个名叫巴瑟莱米·蒂蒙尼尔的穷裁缝成功地制成了第一台缝纫机，这台缝纫机主要是用木头做的，相当笨重。

在美国，缝纫机却得到了进一步的发展。美国人艾尼尔斯·豪和艾萨克·辛格在互不通气的情况下，都独立设计出了实用的缝纫机模型。

艾尼尔斯·豪第一个制造出用针尖带孔的针进行双线连锁缝纫的缝纫机。在童年时，艾尼尔斯·豪就喜爱各种机械，长大后，他涉足各种机械手艺，并在一些机械厂里工作过。一次偶然的机会，他从朋友的谈论中得知，如果发明一种能代替手工完成缝纫工作的机器就会发财致富。于是，从 1841 年起，艾尼尔斯·豪就将全部精力投入缝纫机的研究中。经过 5 年的努力，艾尼尔斯·豪终于在 1846 年将他的缝纫机申请了专利。

一开始，艾尼尔斯·豪发明的缝纫机由于操作比较难而没有引起美国

19 世纪 30 年代的双线连锁缝纫法，后来所有的缝纫机都采用了这种缝法。

人的注意，也没有被大规模地推广。

艾尼尔斯·豪有些失望，他在没有挖掘到缝纫机的潜力之前就草草地将缝纫机发明专利权转让给了英国人。但他并没有放弃对缝纫机的研究，后来他到英国去工作，并继续完善他的发明。一番努力的结果是，他的缝纫机不仅能加工布制品，同时也能缝纫皮革和其他类似的材料。另一位美国人，艾萨克·辛格较艾尼尔斯·豪晚数年研制出第一台实用的缝纫机。1851 年，辛格接受了修理一台缝纫机的工作，在修理时，他萌发了自己动手制造缝纫机的念头。11天后，他设计出经过改进的一台样机，并以胜家公司的名义公开出售。这种缝纫机的特点是可以连续进行曲线缝纫，用一个装有弹簧的压脚压在布料上面，使之保持好摆放位置，布料随着下面的一个牙轮的旋转而向前移动。辛格在这台机器的设计中将蒂蒙尼尔和豪的机器中的部件组合起来，既可以靠转动把手进行手工操作，也可以用一个脚踏板操作，克服了操作难度大的困难。

辛格的缝纫机很快便受到人们的青睐，不久就风行全美国。尽管获得了这样巨大的成功，但辛格后来却因为剽窃艾尼尔斯·豪的发明而被起诉。辛格为此每年要付给豪一笔巨额款项，但他并没有因此而放弃缝纫机的生产，他的缝纫机生产还是壮大起来了。

辛格的成功在很大程度上要归功于他已认识到"卖得越多，所获得的利润就越大"，因此，他所在的胜家公司开发了廉价制造缝纫机的方法，采用成批的生产工艺和分期付款销售方式，深受人们的欢迎，其业务量也不断增加。到 1860 年，胜家公司已成为世界上最大的缝纫机制造厂家。

罐头食品

18 世纪末，拿破仑率领的法国军队远征意大利、埃及和叙利亚，由于供给线过长，许多食品在运输途中就腐烂变质了，为了解决这一问题，法国政府于 1795 年悬赏 12000 法郎，征求长期保存食品的方法。看到公告，许多人马上开始研究和试验。在研究者中，出现了一个名叫尼古拉·阿佩尔的巴黎人。

阿佩尔是一个多年从事蜜饯食品加工的商人，具有丰富的食品加工知识和经验。看到公告，他立即开始了自己的试验行动。阿佩尔根据自己的实践知道，放在玻璃瓶里的食品易于保存，而且保存食品时，应当尽量隔绝空气。阿佩尔按这样的思路进行试验，但由于条件限制，始终无法将食品与空气隔绝开来。

1804年初夏的一天，阿佩尔因面粉紧缺无法制点心，便将已煮沸的果汁放入瓶中，加软木塞后放置了起来。没想到面粉到货竟在一个月后。当阿佩尔沮丧地打开果汁瓶时，他发现了一个奇怪的现象——居然没有闻到预料中的馊味，而是有一股果香冒了出来，原来，果汁没有变坏。阿佩尔兴奋极了，他决定再试一次。阿佩尔将肉装进瓶里，放到蒸锅中蒸了2小时之后取出来，又趁热将软木塞塞紧、瓶口用蜡封好。这回，瓶中的食物被成功地储存了两个月之久。

阿佩尔在兴奋之余向法国政府报告了他的"密封容器贮藏食品新技术"。法国政府如法炮制，并带到海上去考验。几个月后的鉴定结果表明这是一项非常成功的食品保存技术。很快，这种罐头被大量生产出来，并且阿佩尔的罐装食品技术也从法国传到了欧洲各国。

良好的储存性能使阿佩尔的罐头风靡欧洲，大受欢迎。不过，他的罐头材料用的是玻璃瓶，比较重，也容易碰碎。能用更好的材料来取代玻璃瓶吗？英国罐头商丢兰特解决了这个问题。最早，茶叶用木箱或竹筒盛装，后来改用锡罐装茶以防潮。

二战时的罐头海报

19世纪初，人们发明了在铁皮上镀

层锡的马口铁后，就改用马口铁来装茶叶了。丢兰特从茶叶罐的材料变迁中想到用当时流行的马口铁来制成罐头，并且他亲自动手，制出了世界上第一只铁皮罐头。铁皮罐头轻巧、密封性能良好，还不易碰坏，便于运输。1823 年，丢兰特在英国申请了专利，开办了世界上第一家马口铁罐头厂。可是由于完全用手工生产，罐头成本非常高。到 1847 年专门压制罐头的机器发明后，生产成本才降了下来。

在铁皮罐头又风行了 100 年之后，美国人莱依诺尔茨想到试用其他材料来制作罐头。1947 年，世界上第一只铝罐在莱依诺尔茨手中诞生，它用薄如纸片的铝箔制成，十分轻巧。以后，人们又将它发展成更加方便的易拉罐。

雨衣

1823 年，马辛托什到一家制橡皮擦的工厂做工。当时，生产橡皮擦的工序非常简单：把从南美运来的生橡胶，倒在大锅里熬煮，等熔化后再加入一些漂白剂漂白，然后倒在制橡皮擦的模型中，等它冷却下来就凝结成一块块橡皮擦了。

有一天，马辛托什正端起一大盆熔化的橡胶汁，往一大排模型里浇灌，一不小心，脚底下滑了一下。他急忙稳住身子，好在胶汁没打翻，虽然侥幸没被烫伤，但衣服前胸洒满了橡胶浆。无奈，他只得用手去抹沾在衣服上的橡胶液，企图把它擦掉。可是，衣服上的污点粘得牢牢实实的，根本擦不掉。由于这一天的工作特别忙，他便没有去换衣服。

下班的时候天色已晚，马辛托什没有换衣服就匆匆离开了工厂。回家的路上，忽然下起大雨来。倾盆大雨将马辛托什淋成了落汤鸡。回到家，他赶紧更换衣服。就在这时他发现，被橡胶汁浇过的地方，竟然没有被雨水湿透。这真是一个意外的发现。善于捕捉灵感的马辛托什抓住了这个机会，他联想到：如果在衣服上有意浇上一层橡胶液，不是可以做到滴水不入了吗？

马辛托什立即动手试制理想中的防水雨衣。可是在衣服上涂橡胶很难涂匀，将胶液涂在布上，再做衣服。这样做也还是不行，橡胶很容易被蹭掉。经过一番研究，马辛托什想出了一个办法。他用两层布，先在一层布上浇一层橡胶液，再把另一层布覆盖上去。这样，布面上看不到橡胶了。他用这种夹橡胶的双层布料做成大衣，先在自己身上

中国古代的蓑衣

试穿，觉得相当的舒适。下雨天，他特地穿着它到旷野里转了一圈，回到家里脱下来一看，里面的衣服一点也没湿。他高兴极了，于是，立即跑到专利局去申请专利。

接着，马辛托什便筹措资金，想办厂生产自己发明的防雨衣。一个精明的资本家看中了这个有利可图的新发明，便出资支持了他。这样，世界上第一家雨衣工厂在苏格兰诞生了。

橡胶雨衣投放市场后，十分受欢迎。马辛托什成了雨衣的发明人，以后经过不断的改进，市面上出现了许多新颖的雨衣，像塑料雨衣、尼龙涂塑雨衣等，但马辛托什最初发明橡胶雨衣的功绩是不可磨灭的。人们并没有忘记他的功劳，大家都把雨衣称作"马辛托什"。直到现在，"雨衣"这个词在英语里仍叫作"mackintosh"，即马辛托什。

火柴

火是自然界本来就存在的现象，雷电、火山喷发、森林中堆积物的自燃都会引起大火。原始人最初正是从天然火中采集火种来照明、取暖、烧烤食物、抵御野兽的袭击。但是这样的火如果不持续添柴的话，迟早是会熄灭的。天然火又不是随时都会出现的，现实迫使原始人必须设法自己能生出火来。

经过漫长的探索，大约在旧石器时代中晚期，原始人发明了钻木取火。双手搓动带尖的木棍，木棍和树剧烈摩擦，产生很高的热度，最后冒出火星来。约公元前1.2万年前后，人们又发明了击石取火。敲击两块石头或石头与铁片，就会产生火花，引燃干燥的木屑或火绒。

后来，人们又发现硫磺遇热就会燃成火焰。利用这一特性，最原始的火柴被制作出来。在麻片上蘸上熔融的硫磺，用时只要将它轻触炭火或经火绒上的火星一引，它就会迅速燃烧起来。公元前2世纪，由西汉淮南王刘安手下的炼丹术士发明的发烛，可看作是火柴的前身。

用发烛或蘸硫磺的麻片引火仍少不了打火装置，因为它们还是不能自动生火。这个难题的解决是与磷的发现与研制分不开的。

1669年，一位德国的炼金术士布兰德从人尿中分离出一种白色蜡状物质，在黑暗中发着冷光，布兰德将其命名为磷，意思是"发光者"。布兰德未公开他的发现，但磷这种自然界诱人的物质，还是幸运地在1680年被当时英国的大化学家波义耳再度发现。

在波义耳发现磷后不久就有人试图制造火柴，世界上第一根火柴诞生于200多年前的意大利。火柴梗用木棒制成，火柴头的主要成分是氯酸钾和蔗糖，使用时将火柴头接触一下浓硫磺，片刻后火柴头会剧烈燃烧。

1827年左右，英国药剂师约翰·沃克制出了最早的摩擦火柴。火柴头裹了一层加树胶和水制成膏状的硫化锑和氯酸钾。把火柴夹在砂纸中拉动便会着火。比起带浓硫磺，这种火柴要安全得多，因此也被叫作"安全火柴"。

1834年，以白磷为原料制作的火柴逐渐流行开来。但白磷是一种极易燃烧的物质，在空气中稍一受热，就会烧起来，容易引起火灾。而且白磷有毒，长期使用会致人死亡，所以，白磷火柴又叫"有毒火柴"。19世纪末，白磷被三硫化四磷取代。

1845 年，德国人施罗脱制成红磷并用于火柴制造，红磷火柴安全无毒。19 世纪 50 年代中期，瑞典制造商伦德斯特罗姆将磷与其他易燃成分分开，把无毒的红磷涂在火柴匣表面的擦面上，其他成分则涂在火柴头上，藏于匣内。这样，火柴头只有在擦面上摩擦才能点燃，这就是沿用至今的"安全火柴"。

邮票

在信封诞生之前，人们对保守信件秘密颇伤脑筋。据说，古希腊的奴隶主为了保守秘密，曾经使用奴隶的头皮来传递消息。他们先将奴隶的头发剃光，在头皮上写信，待头发长长后，便把这封"信"送出，收"信"人只要将送信的奴隶的头发剃掉，就可以读到"信"的内容。古希腊奴隶的头发也许是最能保守秘密的原始信封了。直到 1820 年，英国布赖城的书商布鲁尔在海滨度假时的偶然发现，才使世界上第一批纸质商品信封问世。原来，布鲁尔在海滨度假时发现，女士们十分喜欢写信，但多情的女士们又怕信中的内容被别人知道，于是，布鲁尔就萌发了设计一种纸糊的信封的想法。没想到，布鲁尔设计的信封投放市场后，深受妇女们的喜爱。

1844 年，伦敦又出现了第一台糊信封的机器，与此同时，法国人马凯也开始了信封的工业化印制。从此，纸质信封便风行全球。

在 19 世纪 30 年代，英国寄信的规矩是：邮资由收信人支付，如果收信人不付邮资，那他就得不到这封信，邮差便把这封信退还给寄信人。

1840 年的某一天，罗兰·希尔爵士在乡间的小路上散步，他看见一位邮差正与一位姑娘为一封信的邮费而争执。原来，邮差把信送到姑娘手中时，姑娘只是看了一眼信

黑便士

封，便把信件退还给邮差，而拒付邮费。罗兰·希尔看到这一情景，便为姑娘支付了昂贵的邮费，之后，他问起姑娘拒付邮费的原因。原来姑娘为了免付如此昂贵的邮费，又可与在外的丈夫互通音讯，便约定如果丈夫一切安好，就在信封上画个小圈，妻子只要看到这个标记就放心了，而不必把信留下。姑娘的一番话以及她的行动使罗兰·希尔陷入了深深的沉思。经过认真思考，希尔觉得有必要向英国政府建议，废除邮件与邮资付费分开邮寄的操作方式，应该发行一种邮票贴在信封上，作为邮资已付的凭证。英国政府采纳了希尔的建议，实行了新邮政法。

1840年5月6日，世界上第一枚邮票诞生了，这枚邮票的图案是维多利亚女王18岁时的侧面头像，它的底面为黑色，面值为一便士，是英国早期发行的著名的"黑便士"邮票。另一种是面值为两便士的"蓝便士"。希尔爵士虽然没有直接设计世界上最早的具有现代意义的邮票，但因他的构想得到世人的认可，因而希尔被公认为是邮票的发明人。

牛仔裤

1850年，列维·施特劳斯和数十万怀着淘金梦的小伙子一样，来到美国旧金山。起初，他开了一家百货店，给淘金者们提供小百货、布料等。热闹非凡的淘金场面、蜂拥而来的淘金工人，给列维带来了灵感，他到远处贩了一批帆布，准备高价卖给工人搭帐篷作临时住宅用。谁知在将帆布运回的路上遇到了连绵阴雨，等他把帆布运到工地时，绝大多数淘金工人已经在下雨前安营扎寨了，因此，这批帆布也就没有任何用途了。眼看所有的积蓄就要花光，而投资却一无所获，列维急得团团转。经过几天的观察，他发现工人们的衣服破得快，列维灵机一动，何不将这批结实耐磨的帆布裁制成裤子卖给那些淘金工人呢？

列维当即找到自己经营杂货店时认识的雅各布·戴维斯裁缝，向他说了自己的想法。于是，雅各布就根据工人们的体型和工作特点，将作帐篷用的帆布缝制成了几百条耐磨结实的"干活时穿的裤子"。列维把这批裤子拿到淘金工地去推销，结果大受欢迎。1853年，列维开办了自己的第一家工厂，以淘金者和牛仔为销售对象，大批量生产"列维"牌工装裤，获得了大量的利润。

为了以优质产品应市，列维购买了一批法国涅曼发明的经纱为蓝、纬纱为白的斜纹粗棉布，这种新式面料不仅坚固耐磨而且美观大方，一上市就大获成功。开始时，雅各布是自己裁剪，然后交给一些女裁缝、家庭妇女，让她们带回家缝制。但由于工装裤需求量过大，所以没多久两家专门的制作工厂便应运而生。

这种本来专门为矿工设计的劳动裤子，最初还是重体力劳动者的一种象征，但是 20 世纪 50 年代，美国好莱坞的几位男影星在一些描写西部生活的影片中穿用了它，结果创造出了一种现代的着装格式。自此，列维发明的工装裤在美国西部流行起来，成为大众的新装，尤其受到西部放牧青年的喜爱，人们给了它一个新名字叫"牛仔裤"。

1871 年，列维·施特劳斯为自己的牛仔裤申请了专利，并成立了"列维·斯特劳斯公司"，专门制作销售牛仔裤。后来，这个牛仔裤公司发展成为国际性公司，产品遍及世界各地。

20 世纪 70 年代，牛仔裤进入最辉煌的时代——出身男族的牛仔裤走进了女性衣装的天地，并在缤纷的女装世界里悄然酿造出一种中性化的青春派势：牛仔裤与各种衣衫的搭配中，创造着一种色彩沉稳优雅、款式单纯洗练、做工精致完美的风格。尽管这种做工精细的牛仔裤崇尚造型简洁和颜色温雅，但款型本身变化并不大，这反而更加体现出了牛仔裤款型的稳定和对优美感的专心追求。

方便面

二次大战后，日本食品严重不足。安藤百福偶尔经营一家拉面摊，看到穿着简陋的人们顶着寒风排起了二三十米的长队。这使他对拉面产生了极大的兴趣。

那时，安藤百福经营着一家小食品作坊，他常常盘算如何将买卖做好做大。面对这种情况，他敏感地意识到大众需求中的巨大商机。于是，他毅然决定开发"方便面条"。

1958 年春天，安藤百福在自家后院建了一个 10 平方米的简陋小屋，找来了一台旧制面机，然后买了 18 千克面粉、食油等，埋头于方便面的开发。安藤百福设想的方便面是一种只要加入热水立刻就能食用的速食面，他设了五个目标：味道好且吃不厌；保存性能良好；简便，不需要烹饪；价格便宜；安全、卫生。他每天早晨 5 点起床后便立刻钻进小屋，一直研究到深夜一两点。这样的日子整整持续了一年，没有休息过一天。

面条的原料配合有很大的学问。他把所有想到的东西全部试了一遍，但放到制面机上加工时，有的面松松垮垮的，有的黏成一团。做了扔，扔了又做。整个开发成了一个重复的过程。后来，他总算悟出了一个经验：食品讲究的是平衡。

后来，安藤夫人做的油炸菜肴启发了他。油炸食品的面上有无数洞眼，这是因为面是用水调和的，其中的水分在油炸过程中会发散掉，形成"洞眼"，加入开水，很快会变软。这样，将面条浸在汤汁中使之着味，然后油炸使之干燥，就能同时解决保存和烹调的问题。

1958 年，方便面的开发基本完成，进入了试制的阶段，安藤把全家人都动员起来，大家把研制成功的"鸡肉方便面"分发给熟人们，得到的评价是："具有和现有拉面不一样的美味，而且十分方便，能成为新商品。"

随后，安藤委托朋友把新商品样品送到美国试探一下反应，结果

安藤百福原名吴百福

美国那边立刻回信要求再订五百箱。接着安藤百福在百货店尝试销售，他以"倒上开水后两分钟便可食用的拉面"作为宣传语，大声向顾客说明，顾客显然是将信将疑，最后的结果是带去的方便面被抢购一空。

1962年，安藤百福的日清公司获得了制造方便面技术的专利权。安藤并不满足现状，他的日清公司碗装、杯装方便面，由于方便、简易的特性，深受世界人民的喜爱。经过几年发展，安藤百福的方便面销售额在逐渐增长。截至2003年，全世界消费方便面652.5亿份，产值折合人民币高达1000多亿元。如今日清公司也已成为速食食品的领头羊。为表彰安藤百福对食品业的卓越贡献，在日本大阪甚至建有"速食面条发明纪念馆"。

白炽灯

无论是油灯、蜡烛，还是后来问世的煤气灯，都无法摆脱两个致命的弱点：污染空气和容易失火。能否不用火，但却可以得到光呢？19世纪的众多科学家都为了这个设想而付出了辛勤的汗水。

1878年，19世纪最伟大的发明家托马斯·阿尔瓦·爱迪生写下了这样一段话："爱迪生要使电力照明不仅具有煤气照明的一切优点，而且还能给人们带来热能和动能。利用热能，可以烘烤面包、烧菜；利用动能，可以开动各种各样的机械……"

爱迪生

同年秋天，爱迪生的实验室已经成为了研究新式照明灯具的"战场"。当时，人们已经知道无论任何物体，只要达到白炽状态就会发光，而爱迪生和他的助手们则先从寻找适合制作白炽灯灯丝的材料入手。在试验的金属中，铂似乎是最理想的一种，它符合电阻高、散热慢的要求。但是铂的价格昂贵，不利于普及。

无奈之下，爱迪生将能想到的 1600 多种耐热材料全记在了纸上，并一一去试验。一天夜晚，工作了一整天的爱迪生边思考边心不在焉地把一块压缩的烟煤在手中揉搓着，不知不觉中，烟煤已被搓成了一根细线。他突然想试试手中的细线是否会对试验有所帮助。

爱迪生将其截下一小段，放在炉中熏了大约 1 个小时，再把它放进玻璃泡中，抽去部分空气，然后把电流接上。脆弱的细线立即释放出了耀目的亮光。细心的爱迪生发现，经过碳化后的细线变得异常坚硬。碳丝灯虽然只亮了很短的时间，但却给电灯的研究带来了成功的希望。

1879 年 10 月 21 日，在一位玻璃专家的帮助下，爱迪生使用一种新型抽气泵，将灯泡抽成几乎真空后封上了口。当电流接通后，灯丝在真空状态下发出了金色的亮光，并且连续照亮了 45 个小时。这一天，也被历史永久地记录了下来。

此后数年中，爱迪生对灯丝材料不断改进，使白炽灯的寿命达到了数千小时，白炽灯也很快因此进入到了寻常家庭。毫无疑问，爱迪生的这一伟大发明在科学史上开辟了一个新纪元，将人类带入了一个崭新的电光世界。

钢笔

最早的蘸水笔并不是鹅毛管笔。其实，5000 年前生活在尼罗河畔的古埃及人就已经开始使用芦苇笔蘸着墨水在纸莎草纸上书写了。它和后来出现的鹅毛笔有着同样的缺点——容易磨损，必须经常削切。于是，英国人哈里斯开始寻找更结实耐用的材料替代鹅毛管。

1780 年，哈里斯制出一枚铁笔尖，并将它绑在木杆上使用。但这种铁笔尖太硬，容易划破纸，因此并没有得到推广，但他的发明却引起另一个英国人詹姆士·斐利的注视。斐利对笔尖的制作材料和方式做了改进，使之具有一定的硬度和弹性，笔尖略弯一点，容易书写又不会划破纸。随着锻造压力机的诞生，这种价格便宜、制作方便的笔尖使人们彻底告别了鹅毛笔。

蘸水笔在不断改进，但它们仍需要经常蘸取墨水以维持书写。于是，人们开始尝试在笔杆里灌进墨水。英国人约瑟夫·布拉玛在此方面取得了小小的成功。他用薄薄的银片做成空心钢笔杆，在里面灌进墨水。不过，墨水不能自由流动，使用前要压一下笔后尾的活塞。

真正的"自来水钢笔"是美国人艾奇逊·沃特曼发明的。他是一家保险公司的业务员，1880年的一天，他好不容易才谈妥一大笔业务，但当他请客户在合同上签字时，不料从笔尖上滴出了几滴墨水，合同上的许多字都无法再辨认，沃特曼只得请客户稍等一下，他再重新拿一份合同来。就在沃特曼离开的那一会儿，另一家保险公司的业务员乘机以更优惠的条件抢走了这笔生意，沃特曼既气愤又无可奈何。他决心发明一种不需要蘸墨水的笔。随后沃特曼就辞去工作潜心钻研自来水笔，他从植物都是通过内部的毛细血管吸收水分这样的现象中受到启发，花了4年时间，终于用橡皮管制成了世界上的第一支自来水笔。

他所发明的自来水笔，尾部可以卸下来，用小滴管把墨水从尾部加进去，再利用毛细管作用，通过一段钻有一条非常细的通管的硬橡皮，连接笔管里的墨水储管和笔尖。笔管内有少量空气，书写时墨水会在空气的压力下，顺着小细通管慢慢流到笔尖。在笔尖的内侧加有一个开着许多小槽的笔舌头，流下来的墨水就会吸附在上面，不至于一下子就流到纸上。沃特曼自来水钢笔是钢笔发展史上的重要一步，这种钢笔一上市立刻受到热烈欢迎，很快便畅销美国及世界各地，他本人也被誉为美国的"钢笔大王"。

在沃特曼之后，又有不少细心的人对钢笔进行改良，派克钢笔的发明人派克就是其中一位。派克原来是一个钢笔店里的小伙计，他把当时圆柱形钢笔杆改为美观的流线型，后来又将套入式笔帽改为插入式笔帽，这些小小的改良，使钢笔不仅美观大方，而且使用方便，结果他的产品获得了世界声誉。

保温瓶

有关保温瓶的概念很简单：瓶有内壁和外壁；两壁之间呈真空状，空无一物。热不能穿过真空进行传递，所以凡是倒入瓶里的液体都能在相当长的一段时间内，保持它原有的温度。这就是为什么保温瓶能够冬天保持饮料暖热，夏天保持饮料冷凉的。许多参加过多次旅游的人觉得很难想象，没有保温瓶会是一种什么样的情形。

但是保温瓶直到 1892 年才被发明出来，尽管那时它的发明者——苏格兰科学家詹姆士·杜瓦，也并没有意识到它会有多大的用途。

1892 年，英国物理学家詹姆斯·杜瓦爵士正在进行一项使气体液化的研究工作，气体要在低温下液化，首先需要设计出一种能使气体与外界温度隔绝的装置。于是，杜瓦爵士请玻璃技师伯格为他吹制了一个特殊的双层玻璃容器——夹层内壁均涂上水银，然后抽掉夹层内的空气，形成真空，这种真空瓶便以发明者的名字命名，叫作"杜瓦瓶"。它可使盛在里面的液体不论冷热、温度都在一定时间内保持不变。由于杜瓦瓶的这种特殊的保温功能，它至今还常被用来装低温的液态气体等实验用品。

杜瓦瓶发明后不久，德国玻璃技师伯格认识到这种容器所具有的商业价值。霍尔德·伯格又是柏林一家科学仪器公司的股东之一，1902 年，伯格开始推销保温瓶，1904 年，他以自己的名义获得了保温瓶专利，而且制订了把它投入市场的计划。伯格甚至举办了一次给他的保温瓶起个好名字的比赛，结果他挑选的获胜名字就是希腊词"thermos"，"thermos"意为热，因此，保温瓶也被称作热水瓶。

拉链

1893 年的一天，美国芝加哥市有一个名叫惠特科姆·贾德森的工程师，他看到妻子做衣服钉纽扣钉得手指都磨破了，感到很心疼。为减轻妻子的痛苦，他利用凹凸齿错合的原理，设计出一种可快速

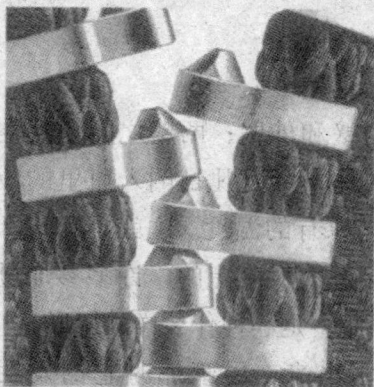

1893 年，贾德森利用凹凸错合原理，设计出早期的拉链。

滑动的关启系统。他的方法是：在两条布边上镶嵌一个个 V 形的金属牙，再利用一个两端开口、前大后小的元件，让它骑在金属牙上，通过它的滑动，使两边金属牙啮合在一起，从而发明了"滑动绑紧器"。同年，他把样品送到哥伦比亚博览会上展出，得到参会人员的一致好评，人们把贾德森的发明叫作"可移动的扣子"，这就是早期的拉链，比起传统的连接方式来，拉链的出现无疑是一个很大的进步。

一位名叫路易斯·沃尔特的上校军官对拉链的情况特别注意，他坚信这是一项伟大的发明。当他离开陆军后，就找到贾德森，并与他一同办起了"宇宙绑紧器公司"和"新泽西郝伯肯钩眼公司"，由贾德森担任技师，开始生产拉链。贾德森又投入了数年时间，努力研制，终于在 1904 年获得成功，1905 年获得与此有关的第 5 号专利。

1912 年，贾德森公司聘请的瑞士工程师森德巴克对贾德森的发明进行了改造，在拉链牙齿背面设计了一套子母牙，才使拉链扣得结实可靠，也精细美观了许多。同年，又研制出把金属齿夹在布条上、排列成行的拉链机，从此开始进行拉链的商业化生产。而拉链的推广却是从一个偶然的机会开始的。在一次飞机飞行表演中，驾驶员的一只扣子不慎滚落到机器中造成了机毁人亡的恶性事故。具有商业头脑的森德巴克立刻抓住这一时机，与军事部门联系，建议缝制装有拉链的新军装，从此，美国的海军和空军率先在军服上使用了拉链，拉链至此才被推广开来。

安全剃须刀

1855 年，吉列出生在美国的芝加哥城。16 岁那年，一次意外的火灾使他的全部家产毁于一旦，吉列被迫出走在外地做工。有一个雇主发现这个爱好修理机械的孩子很有才华，于是，就建议他发明一种人们既常用而又是消耗品的东西，这样，顾客便会不停地购买。这样的建议虽然非常有效且容易实施，但对市场缺乏了解的吉列实践起来还是显得有点盲目。

1895 年，作为推销员的吉列在一次推销商品的过程中认识了发明家佩因特，在与佩因特的交往中，他逐渐学到了一个发明家所应具备的素质——对生活的细心观察和对社会需求的认识。推销员是一种非常注意形象的工作，谁都不希望敲开自己门的推销员有一副邋遢的形象。

一天早上，吉列在刮胡子的时候，发现剃须刀是一种人们常用而且消耗量非常大的东西。此后，吉列辞掉推销员的工作，开始潜心研制一种使用更加安全的剃须刀。他设计出了一个安全剃刀"T"型夹持柄，但却找不到一家能够生产薄刀片的钢铁厂。当他遇见机械师尼卡森时，一切问题都迎刃而解了。

1901 年，投资 5000 美元的"吉列安全剃刀公司"成立了。吉列剃须刀从上市到推广至美国的大部分市场再到实现大众化需要，整整耗费了 8 年时间。吉列做的第一笔买卖是 1903 年，销售了 51 把剃刀架和 168 个刀片；第二年，售出了 9 万把剃刀架和 1 240 万个刀片。机会无所不在，但机会又转瞬即逝，善于抓住机会往往会成为一个企业转机和一个人制胜的关键。

1914 年，第一次世界大战爆发了，吉列认为这是一个很好的机会，他决定把安全剃须刀以最优惠的价格供给战场上的将士使用，只要将士们使用了安全剃刀，传统的直柄

吉列

式剃须刀将会被安全剃须刀替代；等到战争结束，这些将士必然成为吉列公司最忠实的顾客和最有说服力的义务宣传员。事情果然不出吉列所料，战争结束后，一个现成的、稳固而又广阔的吉列剃须刀市场便形成了。

20世纪20年代，吉列又通过广告、赠品等多种促销方式，使安全剃须刀特别是刀片的销量大幅度上升。第二次世界大战时期，吉列公司再次把安全、便捷的剃须刀作为军需品供给政府，从而使安全剃须刀在战后备受青睐；与此同时，吉列公司在世界各地大量投资，建立工厂。这样，吉列剃须刀的销量如酷暑下的水银柱——不断升高，产品销遍世界各地。

不锈钢

不锈钢是一种防腐和耐高温的合金，它不容易生锈，这与它的组成有很大的关系。不锈钢的成分中除了铁以外，还有铬、镍、铝、硅等。钢加入铬等元素后，就能使钢的结构更均匀，从而改变钢的性能，这样腐蚀物入侵就变得困难，再加上不锈钢表面又附着一层氧化物保护膜，就像给钢铁穿上一件盔甲一样，自然就不容易生锈了。

最先认识到不锈钢具有抗腐蚀性能的是德国的两位科学家蒙纳茨和博尔斯特。蒙纳茨于1911年在德国获得了生产不锈钢的专利。然而说到不锈钢真正的发明者，蒙纳茨似乎比不上英国的冶金学家亨利·布雷尔利。

第一次世界大战期间，布雷尔利受英国政府军部兵工厂委托，研究武器的改进工作。那时，战争需要大量的枪支，但是由于技术条件

亨利·布雷尔利

的限制，士兵们用的步枪膛极易磨损，而且容易生锈。于是，布雷尔利想发明一种不易磨损和生锈的合金钢。后来，他往钢中加入各种各样的元素，做了若干试验。但多次的试验都未获得理想的效果。有一次，他把铬掺入到炼钢的原料里，新材料出来后，外表亮闪闪，十分吸引人。他高兴地把这种钢制成了枪管。可惜，这种钢质地太脆了，在第一次射击试验中，它就"粉身碎骨"了。

布雷尔利在锈蚀的废铁堆中发现，大部分废铁都锈蚀了，只有几块掺入铬的钢管碎片仍然亮晶晶的。这一发现使布雷尔利十分惊喜，他急忙拾回这些"宝贝"详细研究。

经试验分析发现，这些铬钢任凭日晒雨淋也不易生锈，又不像一般钢铁一样"怕"酸碱。由于铬钢太脆、太贵，不能造枪管，于是布雷尔利把这种不生锈的钢介绍给了一家餐具厂，生产出各种不锈钢刀、叉等，使不锈钢顿时轰动了欧洲。1916 年，布雷尔利取得不锈钢的专利，人们也尊称他为"不锈钢之父"。

后来，许多发明家也都做出过重要贡献。法国科学家吉耶和波特万发明了耐高温、抗震的奥氏体不锈钢，用于食品工业领域。1911～1914 年，美国的丹齐发明了不锈钢中的另一大类——铁素体不锈钢。现在，不锈钢已发展成为一个合金大家族，品种不下数百种。

魔方

鲁比克是个肯动脑筋的人，在布达佩斯美术学院任教期间，他总爱借助自制的各种教具来加强教学效果，学生都喜欢听他生动而直观的讲课。

1974 年，鲁比克设计出一种新型的教具：用一些小正方体拼成一个大正方体，然后把小正方体的每一面都涂上不同的颜色，再稍稍转动，小正方体的位置就变化了。这时，大正方体的每一面上都出现了一些不同颜色的小方块。但敏锐的他马上发现问题来了，这些稍加转动的小方块，已经很难还原了，也就是说很难把大正方体

鲁比克的魔方原型

的每一面都调成同一种颜色。他极力想还原它，可是越扭越乱。鲁比克简直是着了魔，无论是走路，还是吃饭，甚至连做梦的时候都在琢磨还原这种立方体。

来回不停地扭啊扭，整整花了一个月的时间，鲁比克在仔细研究了各小正方体之间的关系后，最终摸出了规律，成功地将立方体各方的颜色还原了，他兴奋异常。为了让更多喜欢挑战的人都能分享到这样的乐趣，鲁比克决定将这种教具做成玩具，推荐给世人。由于这些小而神奇的方块蕴藏着千变万化的玄机，可以使拿到它的人着魔，所以鲁比克叫它"魔方"。

在这以后，经多次改进，1977年，鲁比克发明的魔方便可在3个轴线上自由转动了。他认为这个魔方已达到满意的程度，就将它交给匈牙利国家贸易公司。开始该公司对它并不怎么感兴趣，认为人们不会对这么个不起眼的小玩意"着魔"，但还是做了几个样品让人试试，结果谁试谁着魔，而且怎么也还原不了。该公司发现魔方很吸引人，且有利可图，就大批生产了。

就这样，魔方传到了世界各地，所到之处都大受欢迎。魔方以它的变幻和神秘吸引着世人，据不完全统计，自魔方发明以来，已在全世界售出了约1亿多只。

四、现代科技大发明

计算机

追溯先驱者的足迹，计算机的发明也是由原始的计算工具发展而来的。中国在2 000多年前的春秋战国时期，劳动人民就独创了一种计算工具——算筹。从唐代开始，算筹逐渐向算盘演变。到元末明初，算盘已经非常普及了。随着人类社会生产的不断发展和社会生活的日益丰富，人们一直希望发明出一种能自动进行计算、存贮和进行数据处理的机器。因而，许多先驱者踏上了发明计算工具的艰难历程。1642 年，法国著名的数学家帕斯卡率先迈出了改革计算工具的重要一步，成功地创造了一台能做加、减法的手摇计算机。

帕斯卡的加法器并不先进，但是这项工作是开创性的。在帕斯卡思想启发下，很多科学家开始向自动化、半自动化程序计算机发起挑战。

直到 19 世纪中叶以后，计算器同纺织技术的重大革新——程序自动控制思想结合起来，一些功能较全面的计算机器这才纷纷登上历史舞台。

奇异的天才、英国数学家巴贝奇于 1822 年设计完成的差分机就是其中一个佼佼者。这是一种顺应计算机自动化、半自动化程序控制潮流的通用数字计算机。

而真正揭开电子计算机新篇章的应该是"埃尼阿克"（ENIAC）的诞生。但"埃尼阿克"却没有真正的运控装置。大量运算部件是外插型的，每一步计算都要花很多时间先将程序连接好，准备工作繁琐，大大影响了运算速度。

后来，美籍匈牙利人冯·诺依曼提出了新的改进方案，这个方案所设计的计算机被称为"离散变量自动电子计算机"（英文缩写EDVAC，中文译为"埃迪瓦克"）。

新方案中，冯·诺依曼提出采用二进制和存储程序的设想，从此，诺依曼博士毅然投身到新型计算机设计的行列中。

"埃尼阿克"还没问世，冯·诺依曼就洞察到它的弱点，并提出制造新型电子计算机"埃迪瓦克"的

冯·诺依曼与"埃尼阿克"

方案。和"埃尼阿克"比起来,"埃迪瓦克"这个长达101页的划时代文献是目前一切电子计算机设计的基础,虽然"埃迪瓦克"是集体智慧的结晶,但冯·诺依曼的设计思想在其中起到了重要作用。他的名字将永远铭记在人们心中。

从"埃尼阿克"诞生时起直至20世纪50年代末,是第一代计算机的快速发展时期。在60年代初期,美国突然出现了计算机的"爆炸性发展"的局面。从1951年到1959年,美国装机总数为3000多台。而从1960~1962年,短短3年即安装了7500台计算机。这段时期,为适应计算机工业生产和用户的大量需要,一些计算机厂家开始开发计算机族,即系列产品。例如,久负盛名的计算机公司——IBM公司相继推出了以科学计算为主的大型计算机族、大型数据处理机族和中小型通用计算机族。计算机的应用领域由此普及开来。

电报

1822年,俄国外交官希林受到当时种种电学发现的启发,全身心地投入到电磁电报机的研究中。1829年,希林研制出了人类历史上的第一台电磁式单针电报机。这台电报机用6根导线传递信号,接受信号的一端根据6根磁针偏转情况的组合,译出传输方的信息。1837年,沙皇下旨按照希林的建议,在圣彼得堡和皇宫之间设立了电报线路,可惜希林此时已不在人世了。

使希林电报机投入使用的是英国人库克和惠斯通。1836年,他看到了一位名叫蒙克的教授用一个指针检流计在做一些电报试验,便联想到能否将这个试验结果变为能服务于大众的商品!不久,他与伦敦皇家学院的教授惠斯通合作,于1837年发明出第一台双针电报机。这台电报机采用了五根磁针,表盘上印着20个字母和10个数字。随着电线输送电流的方向的改变,每根磁针都产生摇摆,而它的摇摆方向最终停留在一个数字前,字母则由两根磁针指向确定。

继库克和惠斯通之后,欧洲的许多科学家们致力于磁针式电报

机的发明和改进。其中，尤以美国
人萨缪尔·莫尔斯的贡献最为杰出。

青年时代的莫尔斯本是一位才
华横溢的画家。1832 年，莫尔斯赴
法学画后乘船回国。那是一次神奇
的旅行，因为它改变了莫尔斯的命
运，也推动了人类通信史的进程。

在船上，莫尔斯结识了一位医

1846 年，莫尔斯制造的电报机。

生，这位医生拥有一件名叫电磁铁的神奇物件，通电后，它便能吸
起铁质物品。莫尔斯被这个新颖的玩意所吸引，随即他那丰富的想
象力在脑海中凝结出了一个惊人的构想，他打算以电磁学为基础，
设计制造一部可进行远距离通信的工具。然而，莫尔斯却面对着极
大的困难，因为他对电磁学一无所知。于是，他买来各种书籍，决
定要系统地学习电磁学知识。

半年后，莫尔斯已经掌握了电磁学的基本原理。在电学家约瑟
夫·亨利的帮助下，他开始实施下一步的计划。5 年夜以继日的勤奋
努力终于结出了硕果。1837 年，莫尔斯研制成功了一套传递莫尔斯
电码的电报机。它是靠电流有规律地中断来实现信号传递的。而莫
尔斯电码则由点、画和空白组合而成，具有简单、准确和经济实用
等特点。1844 年，一条位于华盛顿和巴尔的摩之间的长途电报线架
设成功。在 5 月 24 日的典礼上，莫尔斯用激动的手指向 70 千米外发
出了人类历史上的第一封长途电报："上帝创造了何等的奇迹！"其
实，这所谓的上帝正是人类自己。随后，莫尔斯电码和莫尔斯电报
机很快传到了欧洲。电码被人们沿用下来，而电报机则不断得到
改进。

今天，在世界的任何一座城市中，人们都能轻松便捷地使用电
报服务。所以，让我们感谢这些为通信事业做出巨大贡献的先驱
者吧！

电话

1847 年，贝尔出生于英国苏格兰的爱丁堡。17 岁时他进入了爱丁堡大学学习语言学。在校期间，贝尔系统地学习了语音和声波振动等知识，为日后发明电话打下了良好的基础。

早在 1869 年，贝尔在一次偶然的实验中发现了一个有趣的现象：当电流接通和断开时，螺旋形的线圈会发出噪声，这声音和电报发送莫尔斯电码时的"滴答"声相似。于是，贝尔设想可以利用一根电报线发送不同音高的电报信息。当他向一位有名的电学技师请教时，对方否定了他的想法。那位技师认为他缺乏最基础的电学知识。于是，贝尔决定学习电学知识。然而，两年后，随着贝尔对电学的逐渐熟悉和了解，他却更加坚信电波可以传递声波。于是，贝尔开始潜心于电话的设计和实验中。

随后，贝尔在两位赞助人的资助下，开始了他的研究。但是，在研究过程中，贝尔一直不满意自己的动手操作能力，而电器专家托马斯·沃森的出现则给贝尔带来了巨大的帮助。

1875 年 6 月 2 日，贝尔和助手沃森在一间阁楼大的工作室里忙碌着。当时，沃森手边的一块衔铁停止了振动，于是，他就用手指拨动了起来，被拨动的簧片发出了微弱的声音。大多数人或许对此根本不会在意，但是这一微小举动却引起了贝尔的深思：如果轻拨簧片能产生声波状的电流，那么人声也应该能做得到。当天晚上，贝尔就将电话的草图画了出来：有话筒的一端紧紧地和膜片连接着，讲话人发出的声波能够引起膜片振动，这种振动导致送话器上的簧片随之振动；簧片恰好在电磁铁的一极振动，由于电磁感应的作用，就会产生一股电流。电流的强度随意变化，就好像声音在空气中传播会让空气的密度随之变化一样，这时，把一只耳朵贴近另一端的膜片，就能听到讲话者的声音了。

科学的道路是艰辛的，但智慧的火花最终还是转换成了伟大的创举——3 年之后，世界上第一部电话机终于诞生了，它传递的第一句人声是："沃森先生，快到这边来，我需要帮助。"电话的出现成为扩展人类感官功能的第一次革命。电话的专利被批准后不久，贝尔在费城的百年展览会上展示了它，这架神奇的装置引起了所有参观者的兴趣。1877年7月，贝尔和伙伴们成立了自己的公司，即美国电话与电报公司的前身。电话取得了无与伦比的商业成功，而贝尔的公司也最终成为世界上最大的私营公司（现已被分为数家规模较小的公司）之一。

电话交换机

电话网是开放电话业务、为广大用户服务的通信网络。最早的电话通信形式只是两部电话机中间用导线连接起来便可通话，但当某一地区电话用户增多时，要想使众多用户相互间都能双双通话，便需要一部电话交换机。

电话交换机是一种使许多电话用户在需要时能及时进行通话的专门设备，它的功能是连接用户与用户之间或与另一交换系统之间的电话电路。这时，便形成了一个以交换机为中心的简单的电话网。在某一地区，随着电话用户持续增多的势头，便需建立多个管理电话交换机的电话局，然后由各局间的中继线路和交换机将各局连接起来，形成多局式电话网。这种交换机有许多弊病，其中最明显的缺陷是：工作效率低和保密性差。

阿尔蒙·B·斯特罗杰

1891年，一种新式的自动交换机问世。用户操纵电话机上的两个按钮完成自动交换。需要寻找受话人时，按照对方的电话号码按动这两个按钮，自动交换机里的一个金属杆就会运动，这种自动接通受话人的线路。通话结束后，金属杆自动复位。自动交换机的发明人是美国的阿尔蒙·B·斯特罗杰。

令人惊奇的是，这位发明家并不是专业电器研究者，而是一名专门承办丧葬的生意人。他发现，电话局的话务员不知是有意还是无意，常把他的生意电话接到他的竞争者那里，使他的多笔生意因此丢掉。为此，他发誓要发明一种不要话务员接线的自动接线设备。

1889～1891 年，他潜心研究一种能自动接线的交换机，结果他成功了。1891 年 3 月 10 日，他获得了发明"步进制自动交换机"的专利权。1892 年 11 月 3 日，斯特罗杰发明的接线器制成的自动交换机在美国印第安纳州的拉波特城投入使用，这便是世界上第一个自动电话局。

无线电

1894 年，20 岁的马可尼从杂志上读到，赫兹在实验室里做过电磁波传送试验之后断然否认了利用电磁波进行通信的可能。他并没有迷信权威，而是认为利用电磁波跨越空间传送通讯将远远优于通过电线传输。

为了证实自己的设想，马可尼开始搜集资料进行试验。结果，马可尼成功地看到了赫兹所观察到的现象。第二年，电波信号已经可以发射 2.7 千米了。这一成功使马可尼心中产生了一个使无线电网络布满全球的梦想。

为增大信号接收距离，马可尼研制了检波器。他还自制了一个更大的电感线圈，并接上了天线，以使信号传到更远的距离。经过试验，信号传到了 1.6 千米以外的地方。就这样，马可尼发明了自己的无线电报。

1896 年，马可尼向意大利政府申请资金来制造更大的发报机，遭到了当地政府的拒绝。但这一发明却得到了伦敦科学界和实业界的高度重视，他于 1896 年获得了无线电通信发明的专利并成立了马可尼无

马可尼

线电报公司。当时，马可尼的无线电波已经可以传播至160千米远的距离。在赢得了经济支持以后，他在英国西海岸修建了一座2.5万千瓦的发射站。

1901年12月11日，马可尼在加拿大的纽芬兰，将天线固定在风筝上，再将风筝系在一条电缆上，当风筝飞到122米的高空时，接收到了预先设定好的三点信号。这一成功立刻引起了全世界的轰动，这也成为以后出现的无线电通信、广播等技术广泛发展的起点。

1910年，马可尼接收到了大约9 600千米外发出的信息。1916年，他又利用短波使发射机功率增大了100倍。

不仅如此，马可尼还在1932年用抛物面天线为微波定向；1934年，他又亲自演示在雾中应用微波导航，次年，他还建议用微波传播电视。

为表彰马可尼在无线电领域的杰出贡献，1909年，他与德国物理学家布劳恩共同分享了诺贝尔物理学奖。

在对无线电的研究中，还有一位佼佼者，就是和马可尼同时代的俄国的波波夫。波波夫于1859年出生于俄国的一个牧师家庭，曾就读于彼得堡大学。1888年，波波夫对电磁波产生了很大的兴趣并开始致力于试验研究。

6年后，波波夫研制成功了一台电磁波接收机。1895年，在彼得堡的物理学会分会场，他完成了一次成功的演示，这使他备受鼓舞。此后，他又改进了这架机器，使无线电收报机更加完善。1896年，波波夫成功地在距离250米左右的地方清晰地收到了世界上第一份无线电报，内容是纪念电磁波的发现者海因里希·赫兹。1897年，波波夫的无线电通信距离扩展到了640米。夏季，其距离进一步扩展到了5千米。在波波夫的不断努力下，无线电通信在俄国也逐渐普及开来。

传真机

传真技术的起源说来很奇怪，它不是有意探索新的通信手段的结果，而是从研究电钟派生出来的。1842 年，苏格兰人亚历山大·贝恩研究制作一项用电控制的钟摆结构，目的是要构成若干个互联起来同步的钟，就像现在的母子钟那样的主从系统。他在研制的过程中，敏锐地注意到一种现象，就是这个时钟系统里的每一个钟的钟摆在任何瞬间都在同一个相对的位置上。这个现象使发明家想到，如果能利用主摆，使它在行程中通过由电接触点组成的图形或字符，那么这个图形或字符就会同时在远距主摆的一个或几个地点复制出来。

根据这个设想，他在钟摆上加上一个扫描针，起着电刷的作用；另外加一个由时钟推动的信息板，板上有要传送的图形或字符，它们是由电接触点组成的；在接收端的信息板上铺着一张电敏纸，当指针在纸上扫描时，如果指针中有电流脉冲，纸面上就出现一个黑点。发送端的钟摆摆动时，指针触及信息板上的接点时，就发出一次微小的电流。信息板在时钟的驱动下，缓慢地向上移动，使指针一行一行地在信息板上扫描，把信息板上的图形变成电流传送到接收端，接收端的信息板也在时钟的驱动下缓慢移动，这样就在电敏纸上留下图形，形成了与发送端一样的图形。这便是一种原始的电化学纪录方式的传真机。

随着人们生活水平的提高，人们对发生在自己周围的事情越来越感兴趣，因此，对新闻照片和摄影图片的需求也是很广泛的。许多科学家都曾致力于相片传真机的研究。

爱德华·贝兰是法国摄影协会大楼里的工作人员，他所在的法国摄影协会大楼下正好是法国电信线路从巴黎——里昂——波尔多——巴黎的起始点和终点。这为贝兰的研究提供了得天独厚的条件。

1907 年 11 月 8 日，爱德华·贝兰在众目睽睽之下表演了他的研制成果——相片传真机。成功并没有使贝兰陶醉，他继续在已有的基础上进行研究。1913 年，他制成了世界上第一部用于新闻采访的手提式传真机。次年，法国的一家报纸首先刊登了通过传真机传送的新闻照片。相片传真机主要是利用了电子元件感光的特点，把指针接触式的扫描改变成光电扫描，不仅使传真的质量大大提高，而且光电扫描和照相感光制版的配合，使相片传真得以实现。

1925 年，贝尔研究所率先研制出高质量的相片传真机。1926 年，美国电报电话公司正式开放了横贯美国大陆的有线相片传真业务，同年还与英国开放了横跨大西洋的无线相片传真业务。此后，欧美各国和日本等国相继开放了这项业务，从此，相片传真被广泛应用于传送新闻照片，随后扩展到军事、公安、医疗等部门，用来传送军事照片、地图、罪犯照片、指纹、X 光照片等。

人造卫星

1955 年的一天，前苏联航天设计局负责人科罗廖夫忽然灵机一动：既然火箭可以把核弹头射到数百千米远的地方，为什么不可以把核弹头取下，换上卫星呢？经过几个月的酝酿，前苏联政府终于在 1956 年 1 月 30 日做出了决议，批准发展一颗重型人造卫星，并从 R—7 导弹上开发一种派生型火箭，将卫星送入太空轨道。1957 年 10 月 4 日，前苏联拜科努尔发射场格外肃静，一枚三级运载火箭傲然矗立在发射台上，火箭上载着世界上第一颗人造卫星“斯普特尼克 1 号”。伴随着“轰”的一声巨响，大地猛地颤动起来，火箭带着长长的焰尾冲上了云霄。几分钟后，卫星终于从火箭上弹出，以每秒 7.9 千米的第一宇宙速度，进入了环绕地球飞行的轨道。卫星内的无线电发射机通过星外天线发射出无线电波，地面监控人员很快便收到了来自太空的无线电信号。“成功了！”所有的工作人员都欢

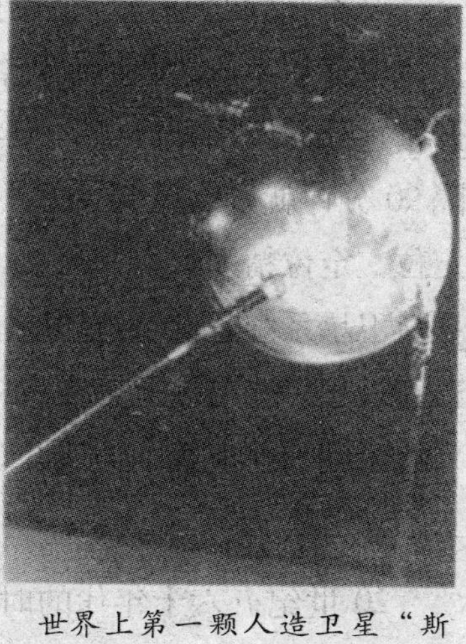

世界上第一颗人造卫星“斯普特尼克 1 号”

呼起来。由此，人类迈向太空的桂冠，理所当然地落在了前苏联人的头上。

从地球上有了第一颗人造卫星至今虽然仅40余年，但各国的空间技术都有了迅猛的发展。1960年8月12日，美国国家航空航天局成功地发射了一颗实验性的无源通信卫星"回声1号"，它实际上是一只由聚酯薄膜制成的气球，直径达30米，有10层楼房那么高，但球壳却极薄，同报纸的厚薄差不了多少。人们从此实现了"地球——人造卫星——地球"的空间无线电通信。

俗话说"天有不测风云"。传统的气象观测系统一直用直接测量法，即利用各种测量仪器直接测出大气的温度、湿度、气压、风力等数据。而面对占地球表面80%的海洋、极地和人烟稀少、难以建立气象站的地区，则无法保证观测数据的完整性和准确性。1960年4月1日，美国发射了世界上第一颗气象实验卫星"泰勒斯"号。该卫星重约128千克，用两台电视摄像机进行地面摄影并传递云层照片，使气象学家可追踪、预报和分析风暴。

到目前为止，美国、俄罗斯（包括前苏联）、日本、欧洲空间局、中国、印度等国共发射了100多颗气象卫星。

几乎在同时，美国发射了世界第一颗"子午仪"导航卫星，传统无线电导航系统从此被取代。此系统主要由美国海军使用，到1967年开始正式向民用开放。它由4颗卫星组成导航网，全球的舰船平均每隔90分钟就可以看到一次"子午仪"，并接收其自动发射的信号进行定位，定位精度约为30～40米，每次定位约需8～10分钟。"子午仪"导航卫星系统是低轨道导航卫星，它集中了远程无线电导航台全球覆盖和近程无线电导航台定位精度高的优点，仅用4颗卫星就能提供全天候全球导航覆盖和周期性二级（经纬度）定位能力。

鼠标

20世纪五六十年代的时候，计算机还只是科学研究人员才能使用的"大家伙"，可年轻的恩格巴特当时几乎是凭直觉就认为计算机

会成为一种工具，他深信计算机将
在屏幕上显示需要的信息。当时的
人们并没有太多在意这个年轻工程
师的想法，甚至有人告诉他计算机
只是用于商业，不用花费学术资源
研究它。

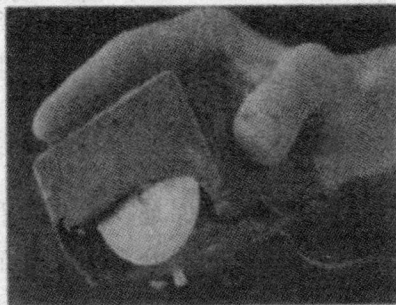

恩格巴特的鼠标内部

然而这些都没有阻拦这位年轻
工程师的梦想之路，随后的一段时
间里，恩格巴特带领一组工程师设计了称为 NLS 的操作系统，虽然
今天看来，该系统显得粗糙，但正是这个系统，迈出了图形操作系
统的第一步。而这个系统的某些思想和性能甚至现在仍可以应用于
微软的文字处理系统（Word）中。

1968 年，恩格巴特在美国旧金山举行的计算机秋季年会上，向
与会者公布了他的研究成果：用一个键盘、一台显示器和一个粗糙
的鼠标器，远程操作 25 千米以外的一台简陋的大型计算机。由于这
项成果是图像界面、鼠标、高级链接和电子邮件的第一次与世人的
公开展示，因而轰动了当时仍用穿孔卡输入的电脑领域。

恩格巴特鼠标的原型有一个木头精心雕刻的外壳，仅有一个按
键。其底部安装着金属滚轮，用来控制光标的移动。1970 年，这个
小装置获得专利，名称为"显示系统 X—Y 位置指示器"。它工作原
理是由底部的小球带动枢轴转动，并带动变阻器改变阻值来产生其
位移信号，再经过微处理器的处理，计算出其水平方向及垂直方向
的位移，屏幕上的光标可随之移动，产生一对相对于屏幕的坐标。
用它取代键盘上的使光标移动的上、下、左、右键，使用户可以方
便地使用计算机。

鼠标发明之初并没有引起众人太多的关心，直到 4 年以后才逐
步引起了人们的重视。首先，一些曾经是恩格巴特学生的施乐公司
帕洛阿托研究中心所的科学家们，将恩格巴特所发明的鼠标配置在

这个公司刚刚研制成功、具有图形界面的 Alto 微电脑上，结果让人们感到非常惊奇，有了这只"小老鼠"的帮助，使这台微电脑的操作变得异常的方便和快捷。

鼠标的英文原名是"Mouse"，提到它名字的含义时，恩格巴特曾向人们介绍说那是因为它的形状与老鼠相似，而且也像老鼠一样拖着一条长长的尾巴，所以，在实验室里被恩格巴特和同事们戏称为"Mouse"。然而，人们广泛使用鼠标已经很多年了，到如今还没有人能够给它想出一个更恰当的新名字，只好让它屈尊继续使用这个不太雅观的名字了。

1983 年，苹果电脑公司也把经过改进的鼠标安装在 Lisa 微电脑上，从此，鼠标在计算机业界声名显赫，它与键盘一样成为电脑系统中必不可少的输入装置。此后，微软公司的 Windows 操作系统和各种版本的 Unix 操作系统也纷纷仿效，鼠标成了这些图形化界面操作系统必不可少的人机交互工具。随着 Windows 操作系统的成功普及，人们在使用电脑的时候已经离不开这只"小老鼠"了。

光纤

1960 年，美国人梅曼发明了红宝石激光器，使人类获得了性质与电磁波相同、且频率和相位都稳定的光——激光，但当时这种激光器还不能在室温条件下连续工作。

由于激光频带宽、纯度高、不易扩散，具有很好的方向性，因而很快便在通信领域找到了用武之地。

在光纤的传输介质方面，人们发现了透明度很高的石英玻璃丝可以传播光。这种玻璃丝叫作光学纤维，简称光纤。光纤一般由两层组成，里面一层称为内芯，直径一般为几十微米或几微米；外面一层称为包层。为了使光纤在施工的过程中不易被拉断，通常把千百根光纤组合在一起进行增强处理，制成像电缆一样的光缆，这样既提高了光纤的强度，又使光纤系统的通信容量大大增加。光纤的突出优点，是它可以在同一条通路上进行双向传输，利用这一特性，用户可以通过交互信息系统与对方对话，这就是我们所说的光纤通信。

光纤通信是运用光反射原理，把光的全反射限制在光纤内部，用光的信号取代传统通信方式中的电信号。但初期的光纤，光在其中传输时损耗很大。因此，要想用它来通信是不可能的。

1966 年 7 月，英国标准电信研究所的英籍华人高锟博士和霍克哈姆就光纤传输的前景发表了具有重大历史意义的论文，论文分析了玻璃纤维损耗大的主要原因，大胆地预言，只要能设法降低玻璃纤维中的杂质，就有可能使光纤损耗从每千米 1 000 分贝降低到每千米 20 分贝，从而有可能用于通信。这篇论文鼓舞了许多科学家为实现低损耗的光纤而努力。

1970 年，美国康宁玻璃公司的卡普隆博士等三人，经过多次的试验，终于研制出传输损耗仅为每千米 20 分贝的光纤。这样低损耗的光纤，在当时是惊人的成就，使光纤通信有了实现的可能。

1970 年，美国的贝尔研究所研制出能在室温下连续工作的半导体激光器，这种激光器只有米粒大小。尽管最初的激光器的寿命很短，但这种激光器已被认为是可以作为光纤通信的光源。由于光纤和激光器的重大突破，使光纤通信有了实现的可能，因此，1970 年被认为是值得纪念的光纤传输元年。

1970 年，突破了光纤和激光器两项技术难题，光纤通信从理想变成可能，各国电信科技人员，竞相进行研究和试验。光纤通信开始进入实用阶段，而且此后的发展极为迅速，其应用系统也已经多次更新换代。20 世纪 70 年代的光纤通信系统主要应用光纤的短波波段进行传输；80 年代以后逐渐改用长波波段；到 90 年代初，光纤的通信容量扩大了 50 倍。到了 90 年代后期，传输波波长更长，并且开始使用光纤放大器等新技术以增强信号、扩大传输容量。这时，光纤广泛地应用于市内电话以及长途通信干线中，成为通信线路的骨干。甚至美、日、英、法等 8 国已宣布，今后铺设长途通信干线不再使用电缆而改用光缆。

条形码

早在 1952 年，伍兰德就获得了一项类似"牛眼"的商品标识码的设计专利，这种商品标识码由一组同心圆环组成，通过每个圆环的宽度和圆环之间距离的变化，来标识不同的商品。但是由于当时计算机技术水平的限制，伍兰德的设计未能实现。进入 20 世纪 70 年代后，商品流通得到了迅速的发展，商品的种类日益增多，无论是制造商还是经销商，都想找到一种简单有效的商品管理方法，而解决这个问题的最佳途径就是建立统一的商品标识码。当时以 IBM 公司为首的计算机公司，在计算机和激光扫描技术方面日益趋近成熟，因此利用统一的商品标识码对商品实行计算机管理的时机已经到来。为了选择一种快捷、简单、准确，并可以用激光扫描仪读取的商品标识码，美国于 1971 年成立了标准码委员会负责这项工作。伍兰德代表 IBM 公司加入了这个组织。

当时，IBM 公司在激光扫描技术和商品标识码的研究中处于领先地位，伍兰德在研究中发现，他起初所设计的"牛眼"码在实施上存在着许多困难，因此他又设计了一种条形码，也就是现在普遍使用的条形码。这种新设计率先在辛辛那提的一家零售店实施和推广。试验发现，条形码比伍兰德原来设计的"牛眼"码有很多的优越性。因此，IBM 公司向"标准码委员会"推荐将条形码作为统一的商品标识码。伍兰德先生向委员会阐述了条形码的优越性和可行性，指出"牛眼"码在实施上存在的困难，伍兰德先生的报告得到了委员会的认可。于是，委员会于 1972 年做出决定，将 IBM 公司推荐的条形码作为统一的商品标识码，从而使

条形码扫描器

千姿百态的商品有了统一的识别标准。条形码的使用，为商品流通业实现计算机管理奠定了良好的基础。

互联网

20世纪60年代，随着美苏冷战的加剧，美国国防部害怕仅有的一个集中军事指挥中心被前苏联的核武器摧毁，那样的话，全国的军事指挥将会陷入瘫痪状态，其后果不堪设想。因此，有必要设计一个由多个分散的指挥点构成的指挥系统，某些指挥点遭到破坏后，其他的指挥点则不会受到影响，而这些分散网点的相互连接则要通过某种形式的通信网。为此，美国国防部组建了高级研究规划署（英文为ARPA，音译阿帕），其核心部门之一叫作信息处理技术办公室。从此，对阿帕网的研究开始了。

1962年10月，美国国防部请来了科学家约瑟夫·兰克里德担任高级研究规划署信息处理技术处的负责人。他把一大批专家学者团结到阿帕网周围，戏称银河网络。这些人后来都是研究网络的中坚力量。

1966年，33岁的鲍姆·泰勒接任信息处理办公室的主管，他的办公室有3台电脑终端，必须使用不同的操作系统和上机步骤，使用十分不便。这个时候，泰勒从高级研究规划署申请到100万美元的经费，准备实施不同类型电脑主机联网的试验。

到了1969年，联网工作开始了实质性的进展。联网试验在位于加州大学洛杉矶分校和斯坦福大学等地的四台高级计算机上开始。通过招标，罗伯茨把项目交给了BBN公司。当这个项目完成后，电脑网络具有历史意义的时刻便来临了，相

文特·塞尔夫

隔数百千米的两台主机成功地进行了第一次对话。

1972 年 10 月，第一届国际计算机通讯会议在华盛顿开幕，网络先驱者一致决定成立国际网络工作组，计划以阿帕网为基础连接全球大大小小的网络，已在斯坦福大学任教的文特·塞尔夫博士当选为工作组主席。他和卡恩的研究成果 TCP/IP 协议为互联网的成功实现提供了有力的理论依据，随后，互联网便以极快的速度向全世界的各个角落渗透。

为了表彰塞尔夫和卡恩为发展因特网作出的杰出贡献，1997 年 12 月，克林顿总统为他们颁发了"美国国家技术奖"，而塞尔夫则被后来的人们尊称为"互联网之父"。

潜艇

早在公元前 4 世纪，波斯帝国就出现了最早的职业潜水者，专门从破损的沉船中打捞财宝。而在 13 世纪法国的一部《亚历山大历史》著作中，描述了亚历山大大帝（公元前 356 ~ 前 323）乘坐玻璃圆筒进行的一次非真实性的水下冒险。

最早提出潜艇设想的是英国科学家威廉·伯恩，他在 1578 年设计了一艘完全密封、可以潜到水下并在水下滑行的船。整个船只是由木架构成，外面由防水皮革包裹着。下潜时，手钳收缩舷侧以缩小体积。但他并没能真正建造出这种潜艇。

40 年后，科尼利斯·德雷贝尔在英王詹姆斯一世的支持下，很快就制造出了世界上第一艘人力潜艇。在 1620 年到 1624 年间，德雷贝尔进行了多次航行试验，证实了水下航行的可能性。

1775 年，美国人戴维·布什内尔设计建成一艘单人驾驶的，以手摇螺旋桨为驱动力的木壳潜艇"海龟"号。它的沉浮通过排注海水来控制。在艇底还装有一圈重锤，危急时，可抛掉重锤迅速上浮。

1897 年，美国籍的爱尔兰人约翰·霍兰在新泽西州造成一艘以汽油机为水面航行驱动力、以蓄电池电动马达为水下航行驱动力的双推进动力系统潜艇。

世界上第一艘核动力潜艇"鹦鹉螺"号

霍兰潜艇是现代潜艇的鼻祖，45 马力的汽油机能使潜艇以 7 节航速在水面航行 1000 海里，电动马达则能使潜艇以 5 节航速潜驶 50 海里。潜艇上装有 1 座鱼雷发射管，携 3 枚鱼雷，首尾各置 1 门机关炮。霍兰因而得到了"现代潜艇之父"的称号。霍兰还主持研制出世界上第一艘双层艇壳的潜艇，而且完成了从美国诺夫克至纽约的航行，开创了潜艇进行公海远航的首次记录。

1939 年，美国海军实验室的技术顾问罗斯·冈恩最早提出采用核能充当潜艇推进动力的大胆设想。他向美国海军当局呈递了第一份关于研制核能动力潜艇的报告，详细论证了这种新潜艇的巨大优势。但这时海军当局得到了德国正在研制原子弹的消息，冈恩博士的报告并没有引起充分重视。直到二战结束，美国当局才意识到冈恩博士报告的重要性。1946 年初，美国海军精心挑选出里科弗等 5 名优秀军官送往著名的橡树岭核物理研究中心学习核技术。后来，里科弗成为著名的潜艇专家。1954 年 1 月 21 日，美国海军建造了世界上第一艘核动力潜艇"鹦鹉螺"号。新建成的"鹦鹉螺"号在 1955 年 1 月 17 日进行了核动力推进的首次试航，创造出历时 84 小时航程为 1 300 海里的当时世界潜航最高记录。

1960 年，美国海军又建成"乔治·华盛顿"号战略导弹潜艇，使潜艇具备了核攻击能力；1982 年 10 月，中国用潜艇在水下向预定海域发射运载火箭获得成功。这说明中国拥有自己独立开发研制的潜地弹道式战备导弹和战备导弹潜艇的能力；1996 年，瑞典"哥特兰"号常规潜艇建成服役，它是世界上首艘 AIP 动力潜艇，标志常规潜艇又进入了一个新时代。

世界美术与绘画历史纵横谈

萧 枫◎主编

辽海出版社

责任编辑:陈晓玉　于文海　孙德军

图书在版编目(CIP)数据

世界历史纵横谈/萧枫主编.—沈阳:辽海出版
社,2008.6(2015.5 重印)
　ISBN 978-7-80711-988-3

　Ⅰ.①世…　Ⅱ.①萧…　Ⅲ.①世界史—通俗读物
Ⅳ.①K109

　中国版本图书馆 CIP 数据核字(2011)第 140261 号

世界历史纵横谈

世界美术与绘画历史纵横谈

萧枫/主编

出　版:辽海出版社	地　址:沈阳市和平区十一纬路 25 号
印　刷:北京一鑫印务有限责任公司	字　数:700 千字
开　本:700mm×1000mm　1/16	印　张:40
版　次:2011 年 9 月第 2 版	印　次:2015 年 5 月第 2 次印刷
书　号:ISBN 978-7-80711-988-3	定　价:149.00 元(全 5 册)

如发现印装质量问题,影响阅读,请与印刷厂联系调换。

《世界历史纵横谈》编委会

前　言

　　在人类缓缓的历史进程中，人类辉煌的往昔，是祖先智慧的创造，更是永垂不朽的传奇。追寻世界历史，不仅是对历史的尊重，同时也是对人类自身的一种高度关注。

　　大约在2300万年前到1800万年前，在热带雨林地区和广阔的草原上，就有一种古老的灵长类动物，即森林古猿活跃在那里，它们是人类最早的祖先。其中一部分森林古猿下地直立行走，迈出了从猿转变到人具有决定性意义的一步。为了生存，猿进行了劳动，劳动促进猿的体质发生改变，促使意识的产生和语言的出现。终于我们的祖先摆脱了动物界，成为了真正意义上的人。

　　伴随着人的出现，社会呈现雏形。夹杂着火的利用、工具的改进、绘图、雕刻、丧葬、艺术、建筑、文字等先后出现，文明之光洒满大地。翘然回首，从石斧、骨器到勾践的青铜宝剑，回想中世纪骑士们的铮铮铁甲，体味硝烟迷漫的火枪战场，人类历史简直是沧桑万年……

　　历史对于我们整个人类，就像记忆对于我们每个人一样，它说明我们现在做的是什么，为什么我们这样做，以及我们过去是怎样做的。因此谁要想了解世界，就必须知道它的历史。

　　历史是我们宝贵的精神财富，任何一个国家或者民族都注重用自己的历史教育和鼓励广大人民，因为历史具有无穷的智慧与魅力，这是世界各民族得以凝聚并生生不息的命脉。灿烂的世界历史文明

教育着我们每一位读者，能够使我们更加珍惜历史，并不断创造光辉的未来。

为了让广大读者全面深入地了解世界历史的光辉灿烂，感受世界各民族历史发展的博大精深，我们特地编辑了这本融故事与图片为一体的读物。本书把世界历史从单纯的帝王将相、改朝换代的框架中释放出来，结合最新的研究成果，融知识性与趣味性为一体，涵盖历史、政治、军事、文化、艺术等各个领域，全方位、新视角、多层面地重新演绎了世界五千年的辉煌历史文化，能够给我们广大读者尽可能丰富的知识看点。

本套书主要包括世界科技与发现历史、世界思想与教育历史、世界文学与戏剧历史、世界建筑与雕塑历史、世界美术与绘画历史等内容。

本套书希望通过一些通俗的语言和丰富的图片，对世界历史做一个概述。它只讲其中最重要的事件、人物和对关键阶段的描述，而且选择了一种通俗的简明形式。本书可以作为历史专著的补充读物，你可以用非常休闲的方式去阅读它，我们相信在历史人文的浪漫风景中，你不会感到乏味。

本套书用生动的文字和丰富的插图，再现了世界历史进程的恢弘画卷，堪称一部贯通整个世界历史的简明百科全书，串联起全部人类发展的瑰宝，并以其光辉不朽的价值与流传恒久的魅力，成就一部好读又好看的世界历史通俗读物，具有很强的系统性、知识性和可读性，不仅是广大读者学习世界历史知识的最佳读物，也是各级图书馆珍藏的最佳版本。

目　录

第一　世界美术历史

一、古代美术

埃及美术 ……………………………………………………（1）

爱琴美术 ……………………………………………………（17）

罗马美术 ……………………………………………………（24）

二、中世纪美术

拜占廷美术 ……………………………………………………（38）

罗马式美术 ……………………………………………………（44）

哥特式美术 ……………………………………………………（50）

伊斯兰美术 ……………………………………………………（57）

早期美洲美术 ……………………………………………………（63）

三、文艺复兴时期工艺美术

陶工艺 ……………………………………………………（71）

玻璃工艺 ……………………………………………………（73）

金属工艺 ………………………………………………………（74）

染织工艺 ………………………………………………………（76）

木工艺 …………………………………………………………（78）

四、巴洛克时期工艺美术

染织工艺 ………………………………………………………（81）

木工艺 …………………………………………………………（83）

玻璃工艺 ………………………………………………………（87）

第二 世界绘画历史

一、古代绘画

古代西亚绘画 …………………………………………………（89）

古代埃及绘画 …………………………………………………（94）

古代希腊绘画 …………………………………………………（99）

第一　世界美术历史

一、古代美术

埃及美术

公元前 3000 年左右，非洲东北部的尼罗河两岸和下游的三角洲地带，出现了初期奴隶制国家。此后 3000 年间，古代埃及人民在这块土地上创造了光辉灿烂的文化艺术，古埃及成为世界著名文明古国之一。

古代埃及文明是"尼罗河的恩赐"。它的定期泛滥和冲积沃土，给两岸居民带来了繁荣的农业。古代埃及的社会生活，就是在高度发达的水利灌溉技术要求下形成的高度组织化、系统化的劳动生活。为了维持严格的社会秩序，埃及的奴隶制国家机器和宗教制度渗入到社会生活的各个角落，"玛特"（Maat），统治着生活的一切方面，所谓"玛特"，意为真理、真谛，即认为现实的社会秩序是永恒的、亘古不变的，实质上它是帝王意志和宗教观念的结合体。这些影响，必然决定了古代埃及美术的第一个特点：明确的秩序。严明的等级制度、图案式的象形文字、规整的建筑等等，都反映了这种秩序观念，它也是埃及文明协调一致的表现。

古代埃及的地理环境是相当封闭的，它北临地中海，东侧的大部分为红海所切断，只留下狭窄的苏伊士地峡与亚洲相通，利比亚沙漠和撒哈拉沙漠封锁了它的西陲，南方尼罗河上游，是高原山地和热带雨林。在这片国土以外，自然条件恶劣，人口稀少，几乎不存在可以与之抗衡的力量和国家。因而这也造成埃及美术的第二个特点：稳定的形式。除了公元前 15 世纪阿赫纳顿的宗教改革期间，曾出现短暂的自由样式以外，整个说来，埃及艺术在形式上是由一种严格的理想化的装饰风格所左右的。埃及艺术家并不在自己的作品中致力于追求视感的真实性，而更重视形式的精神力量，并归结为严格的形式规范。

社会对于艺术的看法，基本上认为是属于神和奴隶主所专有的一种手艺（handicraft），它的任务，一方面是宣扬永恒不变的"玛特"，另一方面在于为一定的实际用途服务。因此，在艺术中出现的形象，也要求按照"玛特"观念，描绘事物固定不变的常态形象，而不注重特定环境下的瞬间形象，即只画他们认为"理应如此"的形象，而不论它们"实际如何"的样子。他们所描绘的事件，没有特定的真实环境，以埃及人所达到的数学和几何知识，埃及艺术家不可能不懂得透视的道理，但是他们绝不将透视的规则应用于绘画，因为他们认为绘画的任务不在于再现一种真实的环境，而是表现一种永恒的理想和秩序，或者使坟墓、宫殿符合这种理想秩序的要求。他们用上下分行的办法表示空间的远近，用连续排列的办法表示时间的延续，艺术家或工匠，只能按照这些固定的格式和规范去做，不能够把个人的感情注入自己的创作过程，因此，除了阿赫纳顿的自由化时期外，埃及艺术的独特风格在数十世纪中保持相当的稳定，任何古老的埃及艺术品，在许多不同类型的作品中令人一望而知，这也是埃及艺术的第三个特点：理想化的手法。

埃及古代历史的分期，史学界有不同的看法，在美术史中通常采用"埃及古代史"一书所载法国学者特里亚东的分期，从公元前3000 年纳美尔王统一上下埃及，到公元前 332 年希腊马其顿亚历山大王征服埃及，其间 31 个王朝，3000 年的文明，可以分为；

1. 前王国时期：第 1—2 王朝（公元前 3300 年—公元前 2680 年）

2. 古王国时期：第 3—6 王朝（公元前 2680 年—公元前 2260 年）

3. 中王国时期；第 11—13 王朝（公元前 2130 年—公元前 1790 年）

4. 新王国时期：第 18—20 王朝（公元前 1570 年—公元前 1085 年）

5. 后王国时期：第 21—31 王朝（公元前 1085 年—公元前 332 年）

纳美尔王盾形碑　　开罗埃及博物馆

　　前王国时期的遗物已甚少见，著名的《纳美尔盾形碑》（公元前 3200 年）记录了据传上埃及纳美尔王（即美尼斯王）征服下埃及的伟大功绩，反映了埃及奴隶社会形成时期的征伐戮杀。石碑正反两面均有浮雕画面，正面表现头戴王冠的纳美尔王，手持权杖，打击敌人的场面，背面表现纳美尔王在待臣伴随下处死俘虏、检阅胜利的场面。王、待臣和敌人，均以不同的大小表示其等级，分层排列的构画，头侧身正的独特的埃及式造型均已形成。手法相当成熟，比它更早的类似作品尚未发现，它同史前埃及粗糙陶器上的稚拙彩绘之间，似应有过渡性的作品存在。

　　就美术而言，它的黄金时代是从第 4 王朝至 20 王朝的 1500年间。

　　古王国时期的美术

　　第 4 王朝（公元前 2600 年—公元前 2480 年）是埃及美术发展史上的第一个高峰。它创造了至今矗立在吉萨的沙漠与蓝天之间的胡夫、卡夫拉、门考夫拉三大金字塔和巨大的狮身人面雕像，它是埃及古代文明的精华。

金字塔　埃及吉萨

金字塔，是埃及国王的坟墓。埃及宗教相信死后世界的存在，因而把国王的坟墓看作他在另一个世界里生活的场所，设法保存住国王的尸体（木乃伊）。模仿其生前的豪华，以雕刻壁画和各种工艺品来装饰墓室。最早的这种坟墓是一个方形平台，叫做“马斯塔巴”（阿拉伯语“凳子”），后来，为了显示国王的权威，在单层平台上又叠加上几层，成为阶梯形的金字塔。现在萨卡拉的金字塔群，多为这种形式。据记载，第3王朝时的一位著名大臣、建筑家伊姆霍蒂普（Imhotep）是萨卡拉最早的阶梯形金字塔——乔赛尔王之墓的建造者，历史上把他作为金字塔的发明人，也是埃及历史上有记载可查的第一位美术家。

与萨卡拉的阶梯形金字塔相比，吉萨的正三角锥形金字塔具有显著的进步，它的造型更加简洁和谐，底面是正方形，按东、西、南、北的方位布置。然后以每边长度构成四个正三角形，结顶处形成的角度均为51°52′，象征太阳照射的光芒。最大的胡夫金字塔，垂直高度达147

马斯塔巴

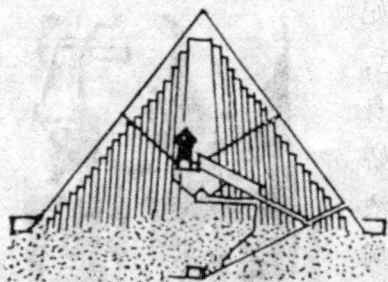

胡夫金字塔内部

米，每边长度为 230 米，以每块重约两吨半的巨石（一说为人造石）270 万块砌成，石块与石块之间没有粘合剂，全靠精确的砌叠和压力组成牢固的整体。它那宏大、稳定、崇高、威严的形象，象征着国王至高无上的权威。金字塔的内部，有国王和王妃的墓室，中间有通风孔道，保持内部干燥，使国王和妃子的木乃伊保存完好。胡夫金字塔的设计者据说是胡夫王的弟弟霍蒙。

卡夫拉金字塔前的狮身人面巨像（古希腊人把它称做希腊神话中的妖怪"司芬克斯"），是利用一座小山头雕成它的头部，然后在地面上砌出匍匐的前足。整个雕像高 20 米，长 57 米，面部长约 5 米，那头戴国王的披巾、额上有蛇的标志、双目凝视远方的方形面容，与卡夫拉王在金字塔内的雕像十分相象，说明埃及匠师的天才技艺。

国王的雕像是金字塔内的主要角色，围绕着它布置着各级官吏、仆役和奴隶的雕塑。其大小、质材，均按照严格的等级制度排列，国王的雕像一般较大，多以闪绿岩、玄武岩制作，也有的做成铜像。眼球用玛瑙镶嵌，身上着色，显得栩栩如生，最著名的有：开罗埃及博物馆所藏以闪绿岩雕刻的《卡夫拉坐像》及《门考夫拉及其二妃立像》，前者具有纪念碑式的庄严，后者柔美自然，

狮身人面像　埃及吉萨

洋溢着生命的活力。《拉霍台普及其妃涅菲尔特坐像》的着色技巧十分出色，王妃的白色薄纱长裙，紧贴着优美的身体，颈部装饰着美丽的项链，肤色是娇嫩的黄色；国王则是深赭色的肤色，浓黑的头发，眼球用宝石嵌入，显得炯炯有神。

大臣和仆役的雕像一般比国王要小，而且质材较差，大多是石灰石、木、陶等雕成，但是，雕刻家在创造这些形象的时候，显然比雕刻国王的像获得了较大的自由，因而往往突破传统的

门考夫拉及其二妃
开罗埃及博物馆

僵死程式，创造出具有鲜明的现实主义光彩的作品。其最出色的代表是巴黎卢佛尔美术馆所藏的《书记卡伊》（石灰石），它表现盘腿端坐在国王面前，凝神静听国王的命令，随时准备记录的勤勉臣僚的生动形象，为了强调他抬起的双目，用水晶做成黑眼珠，镶在滑

书记卡伊　巴黎卢佛尔美术馆

王子卡阿培尔　开罗埃及博物馆

石做的眼白上，并且用铜条做成眼睑的轮廓。开罗埃及博物馆的《王子卡阿培尔木雕像》，通常以《村长像》闻名，那是因为出土时参加发掘的埃及民工惊讶地叫道："这不是咱们的村长吗？"而来，

可见其写实功力的高超。这是一座立像，全身圆润肥胖，大腹便便，一手拄杖，一手贴身，双腿自然迈步，盛气凌人，悠然自得。

奴隶俑，虽然质材低劣，数量很多，但其艺术性并不因之减色，它的表现更加自由，题材范围很广，牛耕、船驶、织布、舂米、和面、庖厨……无所不包，形象生动自然，富有浓厚的生活气息。它们围绕在国王的棺室附近，意味着永远为国王的生活服务。这些作品代表着埃及艺术现实主义的一面。

金字塔内墓室的四壁，均有浮雕或绘画的画面，它们担负着两项功能：其一是说明死者生前的业绩和死后的祝福，其二是装饰巨大而空廓的墓壁，以符合埃及人追求丰满的审美理想。浮雕壁画具有明显的绘画效果，它是在平面的石板上先将人物形象的轮廓线雕出，然后在凹入的轮廓内作浅浮雕表现，和埃及绘画的勾线涂彩属于同样的造型体系。绘画一般为胶粉画，有干画和湿画两种（视底子的情况而定），色彩是较持久的矿物性颜料，主要品种除黑、白外，尚有红、绿、蓝、黄、褐等几种，敷彩方法是勾线和平涂两种，基本上是概念化的固有色相的平涂，很少表现光线和立体的效果。古王国时代的壁画，从开罗埃及博物馆所藏第4王朝时的著名《野雁》，便可看出其掌握形象的能力。而最为精采的还是萨卡拉附近出土第5、6王朝替易和布特哈列菲拉墓中浮雕着色的巨大壁画。壁画的内容是表现墓主人带着妻子和儿女们在芦苇丛生的尼罗河上猎雁和

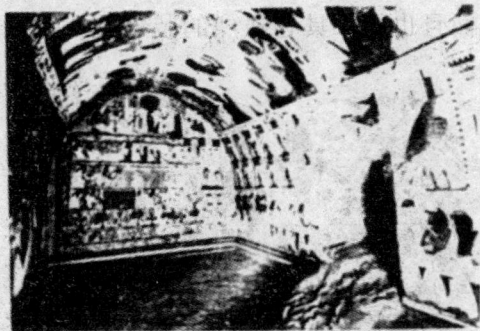

奴隶像
黎卢佛尔美术馆

墓室壁画实景　埃及底比斯

· 7 ·

野雁　开罗埃及博物馆

捕鱼的场面。埃及艺术家善于把形象的真实性和灵活自如的装饰化手法巧妙地结合起来，创造了独特的艺术语言。其特色表现在以下几个方面：

平面展开：埃及艺术家未必不知道透视的法则，但在作画时，却并不依照透视的法则作画，而是自由地将各部分展开来画。例如壁画中表现两个奴隶到一个周围种着一圈树木的方形水池中去汲水，就采取如右图那样的鸟瞰方法，平面展示这整个场景，这是任何写生角度都无法表现的。

汲水图

充满画面：墓室壁画不但为了说明事件，而且也要求具有强烈的装饰性。所以一般要做到构图丰满、疏密均匀，如果出现了空白，也要写上独特的象形文字，以显示平面的装饰效果。

多层排列：这也是变三度空间为两度空间的办法，尤其是在表现人数众多的广阔场面时，他们便把前后之间的深度关系变成上下之间的平面关系，以上为远，以下为近。例如公元前2000年左右托蒂荷太

河上狩猎　伦敦英国博物馆

普墓室中的《运输巨像》场
面，众多的拖曳巨像的奴隶均
上下展开，显得场面十分宏伟。

大小处理：从纳美尔王的
盾形碑浮雕开始，埃及艺术家
就以画面上大小不等的形象来
表示埃及社会的等级制度。国
王、墓主人画得最大，其次是
大臣和侍从，奴隶则最小。

多面造型：为了显示对象

吉萨的列佛尔蒂亚墓壁画摹本

的特征，埃及绘画中的形象处理也采取了理想化的手法。丹麦考古
学家朗格（Lange）把它称做"正面法"，实际上是正面、侧面的灵
活运用。一般头部是侧面的，以充分显示形象和表情；肩以下到胸
部，是正面的，以使左右臂的动作都能表现明白；而腹部、臀部和
左右脚又都是侧面的，这样又把下肢的动作充分表达出来，这种手
法一方面是为了充分展现动作，另一方面也是为了达到一种装饰美、
图案美的效果。

至于埃及壁画的色彩，也适应上述"理想化"的要求，而流行
着基于物体固有色的概念色彩。例如男子的肤色，不论是国王还是
奴隶，一概用赭色，女子的肤色，也不论是王妃还是奴隶，一概用

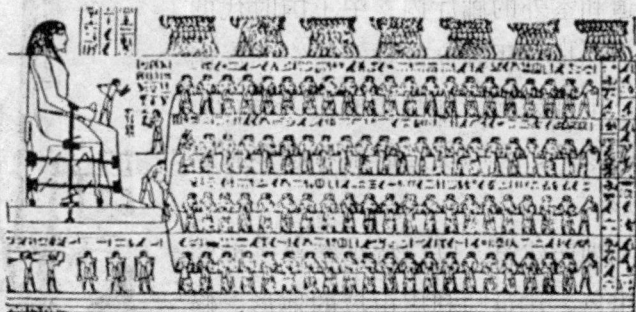

托提荷太普墓中的壁画：索蒂希代布巨像的迁移

黄色。色彩均为平涂，多直接用颜料作画，极少调配，以保持画面的鲜明效果。这时已经被采用的颜料大致有 7 种：红（土红与硃砂）、黄（土黄）、蓝（孔雀石）、绿、褐、黑、白。

整个古王国时代的美术，围绕着金字塔出现，所以也被称为"金字塔时代"。整体地去观察，其总的特点是严谨、工整、宏大、稳定。反映了埃及奴隶制社会上升阶段的健康、积极的审美观念。

中王国时期的美术

第 7 王朝至第 9 王朝的 200 年间，埃及陷入内乱和混战，直到第 11 王朝，由门特霍蒂普二世（Mentehotep Ⅱ 公元前 2133 年—公元前 1992 年在位）重新统一。虽然由于商业经济发达和利比亚黄金的开发，埃及经济一度复苏，但政治上却出现了中央集权的削弱，地方贵族拥有强大的力量，他们各自为政，竞相斗争，出现了各式各样的地方风格。

建筑方面，国王的金字塔越来越小，贵族的金字塔却越来越大。而且由于盗墓者的威胁，和建都底比斯后，狭仄的丘陵谷地不宜建造大规模的金字塔，所以，坟墓的形制也从金字塔转变为就岩壁开凿的崖窟墓。这种崖窟墓把墓室放在深深的岩洞之中，然后在外面建造享殿和神庙，规模也相当宏大。在倍尼—哈桑，这样的崖窟墓有 39 座之多，在墓室、甬道和室外的廊厅内，中王国时代的建筑家们广泛地使用独立的柱子，它的形制上细下粗，中部鼓起，柱身作成正 16 边形，显出清晰的棱角，可以说是后来希腊多利亚柱式的雏形。

享殿和神庙建筑，以门特霍蒂普一世的陵墓最为出色，建筑师利用山坡的地形，修建了两层柱廊，第三层是墓室，从山下到墓

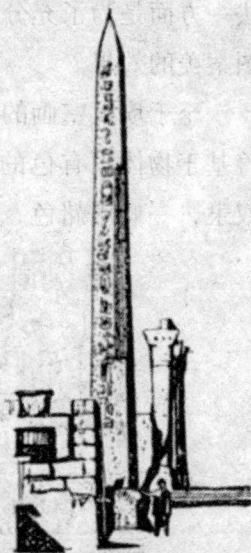

赛弗赛尔特一世方尖碑

室是一条长 1200 米、宽 32 米的大道，道旁排列着一对对狮身人面的守墓神兽。

首都底比斯的建设在 12—13 王朝时即已开始，到公元前 1580—1167 年间，达到它繁荣的顶点。据希腊古代旅行家霍米罗斯的记载，它是当时古代世界最光荣的城市。它位于尼罗河中游的河岸上，宫殿和神殿建筑在尼罗河的东岸，取太阳升起的谐意，而诸王和贵族的坟墓，在尼罗河西岸的谷地上，称为"死之城"，亦取太阳落下去的谐意。东岸的王城，据说有 100 座城门，以王宫为中心，雄伟的卡尔纳克庙和卢克索尔庙分列两旁。虽然这两座神庙的最后完成是在新王国时期，但这时的阿门霍蒂普一世和托突米斯一世，均已在卡尔纳克兴修太阳神庙。在太阳神庙前，还有赛弗赛尔特一世献给太阳神阿蒙的方尖碑，碑高 30 米，由一块完整的花岗石雕成，顶端的尖棱用金箔包裹，在阳光下闪耀着刺眼的光芒。碑身刻有用象形文字组成的颂词，它像一把利剑直插云霄，象征着积极进取的精神力量。

雕像艺术这时比较沉寂，俗称"梅农巨像"的阿门霍代普三世及其后的一对坐像，已经严重风化，剩下巨大的几何形体块，矗立在空旷的废墟之中。开罗埃及美术馆所藏的赛弗赛尔特一世的著色石像，则具有写实的特点，尤其是美丽的著色；白色的长袍、红色的王冠、褐色的皮肤，形成响亮的色彩对比。赛弗赛尔特三世之后，各地方贵族的墓室中出土的雕刻，具有新鲜的风格，它们有的具有戏剧性的表情，有的具有英雄式的姿态，陶制和铜制的小型雕像非常发达。例如法尤姆地区为纪念它的开发者阿门霍代普三世所建的雕像，显示着国王对自己职责的忠心。在不少地区还发现了生动的动物雕刻，猫、狗苗条细瘦，精神矍铄，著名的陶塑《青色的河马》，在身上画了水草的图画，表示它生活在沼泽中的习性。

中王国时代美术中，壁画是特别繁荣的领域，倍尼—哈桑的30 多所墓窟，几乎都画满了壁画，上面提到过的大臣托蒂荷太普

青色的河马　开罗埃及博物馆

墓中，表现他督造国王索希代布的坟墓，数百名奴隶牵引着国王的巨像，艰苦前进的《运输巨像》，就是说明性与装饰性的巧妙结合的出色例证。第16州州长哈努霍代普二世墓中的《河上狩猎图》，表现墓主夫妇，带着孩子，乘坐细长的小艇，在尼罗河上猎取野鸭的场面，用笔自由奔放，色彩生动美丽，线条和形的组织富有节奏感，虽然有着不同风格的存在，但它们总还是过去传统的继承，特别在国王的墓室中，壁画和浮雕的严谨工整，令人想起古王国时代的作风，例如在代尔·埃尔·巴哈里的门特霍代普之妃卡维德石棺上的浮雕画面，表现王后一面啜饮着美酒，一面让美容师为她梳理头发，造型典雅优美，构图疏密得当，线条工整有力，人物形象比古王国时代更趋于苗条瘦长，因而更显得秀美。鉴于这种作风，也有人把12—13王朝的美术称之为"新古典时代"。

新王国时代的美术

第18、19、20王朝，是埃及古代文明最繁荣的时代。这期间，埃及疆土扩大到西亚和中非，对两河、爱琴等地的文化交流频繁，王室和贵族的财富急速扩大，他们对于美术的要求也必然出现新的高涨。这就形成新王国时代美术作为对前代美术成就的总结和汇聚的特有的华丽风格。这时的美术不仅作为宗教和王权的宣传工具，而且是奴隶主贵族欣赏和玩味的内容，因而追求豪华，追求装饰效果，甚至走上矫揉造作与纤细柔弱的道路。在这个转变过程中，19王朝阿赫纳顿（即阿门霍蒂普四世）的宗教改革所带来的艺术上的新鲜空气，也发挥了很大的作用。公元前15世纪时，年轻的国王阿门霍蒂普四世废除传统宗教对阿蒙神的崇拜，推行新教，崇奉以圆

阿赫纳顿王 开罗埃及博物馆

盘为代表的大神阿顿（太阳）为唯一的神。他封闭旧神庙，赶走反对改革的僧侣，借此打击旧贵族的势力。他自封为"阿赫纳顿"（阿顿之子），迁都到尼罗河下游的代尔·埃尔·阿马尔那，史称"阿马尔那时代"。在这里，用露天的祭坛代替过去奢侈豪华的神庙，王宫也十分简朴。

阿马尔那美术样式的特点是从传统程式的束缚中解放出来的自由风格，不论是雕刻和壁画都着眼于写实性的流利笔法。例如发现于阿马尔那阿顿神坛遗址中的《阿赫纳顿像》，冠服庄严，神色安静，细瘦清癯的面貌，没有一点概念化的成分；其余还有几个国王和他的王后额菲尔提提的头像雕刻，也十分优美动人。浮雕和壁画，在阿马尔那的王宫遗址亦有所发现，其中如《阿赫纳顿家族》，表现国王和王后与子女们欢悦娱乐的场面，充满家庭的温暖；壁画《公主》，用鲜艳的暖红色调表现裸体的少女在宫苑的帷幔中玩耍的场面，色彩明朗，造型优美，线条圆熟，十分富有诗意。阿赫纳顿在位6年，遗留的作品不多，但它们对后来的影响是显著的。这表现在：第一，和历来艺术中将国王神化的理想倾向不同，阿马尔那艺术把国王当作普通的人来描绘，甚至连他们的病态和畸形也毫不避讳；第二，和历来埃及艺术中的程式化手法不同，阿马尔那艺术充满浓

额菲尔提提王妃 柏林博物馆

郁亲切的生活气息，写实手法受到重视，渗入传统的埃及风格，19
王朝以后的艺术就是这种写实与程式、生活与理想的巧妙结合。第
三，形式的创造更加自由，更加多样，特别是在造型手段的主要因
素线和色的方面，有着新的进步。

卡尔纳克神庙巨柱　埃及卡尔纳克

　　整个新王国时代历经 3 朝，绵延 500 年，在此期间，无论建筑、
雕刻、绘画，都出现了足以跻身于世界文化光辉顶峰的伟大作品并
昭垂千古。

　　建筑方面，12 王朝时始建的卡尔纳克神庙，历代法老均有扩展，
而在 19 王朝的拉美西斯二世时，达到它光辉弘丽的顶点。整个神庙
包括太阳神殿、月神殿、吐特摩斯二世纪念堂、拉美西斯二世纪念
堂等，占地 2000 余亩，建筑面积 400 余亩，相当于欧洲最大的三座
基督教寺院——罗马圣彼得大教堂、米兰大教堂和巴黎圣母院的总
和。最大的太阳神殿，可以把整个巴黎圣母院放入它的大厅，现在，
这些建筑虽已倾圮，但屹立在尼罗河岸的雄伟柱群，仍显示着它当
年的英姿。埃及建筑技术和古代希腊一样，是以用列柱承托屋顶的
承柱式为基础的。卡尔纳克的列柱，造型优美稳重，最大的圆柱高
达 22 米，顶端可以容 100 人站立。柱身有优美的凸出的弧度，有的
模仿苇束的样子刻出一束一束的装饰线，柱头造型如待放的花蕾；

有的柱身刻满象形文字和浮雕画面；有的以尼罗河的莲花或纸草花构成柱头，柱身苗条而细长。

卢克索尔神庙是阿门霍蒂普三世和拉美斯二世两个王朝时兴建的，它的规模仅次于卡尔纳克，总长度为 240 余米，

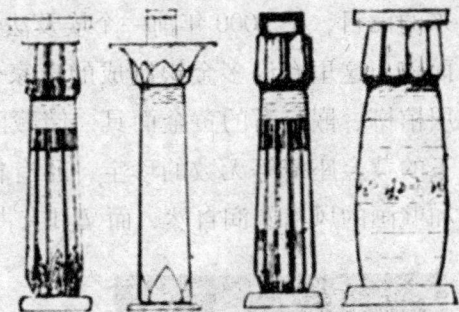

埃及柱式

它的柱式多为苇束式，秀美而端淑。虽然由于阿赫纳顿的宗教改革，使卢克索尔的工程曾一度中断，但整个绵延 200 多年的建筑工程，其艺术风格仍然是统一的。陵墓建筑，金字塔形式彻底绝迹，崖窟墓规模日渐宏大，它除了开凿在岩洞中的墓室以外，往往在外部还建有祭庙和神殿，形成一组完整的建筑群。这里我们举出两个代表，一个是代尔·埃尔·巴哈里的 18 王朝哈特谢布斯特女王的陵墓，它依山凿墓，外面建有优美的多层柱廊和古典式的享堂，比例和谐，节奏鲜明，与周围环境协调一致；另一个是阿斯旺的阿部·辛倍崖窟庙，建于拉美西斯二世时，门口 4 尊 20 米高的拉美西斯二世坐像，面容和蔼，姿态端庄，每天迎接着初升的太阳，内部结构紧凑，由有列柱的大厅、圣所和两间仪仗室组成，由于阿斯旺高水坝建成，水位升高，将淹没神殿，1966 年由联合国出资，将它迁往较高的场所。

1922 年，在底比斯的国王墓地发现了阿赫纳顿的养子都坦卡门的坟墓，他在位之日曾背弃了父亲的新教，恢复以前的神殿，并把首都迁回底比斯。他的坟墓完整地保持了原

特谢布斯特女王墓　低尔·埃尔·巴哈里

来的面目，把3000年前一个埃及法老的豪华葬仪完整地再现在我们面前。这里有许多金银制成的皇家仪仗和用具，雕着国王头像的3层棺椁、嵌宝石的黄金面具，储藏国王内脏的雕镂精致的木龛，国王的黄金座椅等无数的珍宝，还有精致的雕像和华丽的壁画。雕刻和壁画的风格圆润自然，而又具有古典的工整。

都坦卡门金面
开罗埃及博物馆

都坦卡门座椅的椅背浮雕
开罗埃及博物馆

新王国时代的壁画十分繁荣，在锡提一世、阿门霍蒂普二世、拉美西斯二世之妃尼菲塔涅，贵族庇多—阿门阿普特和涅克特等许多墓窟中，均发现精美动人的壁画，画风流畅，色彩绚丽，多方面地反映了古代埃及的现实生活。其中最为人们所熟悉的作品如《宴饮图》（庇多—阿门阿普特墓）那一对围绕着丰饶的粮囤跳舞的裸体女奴，姿态自然生动，使人仿佛听到她们舞步的节拍。《三个奏乐女》（庇多—阿门阿普特墓）姿态各不相同，富有音乐的韵律；《河上猎雁图》（涅克特墓）构图庞大，主题突出，色彩鲜明生动。它们都具有很高的艺术价值，是古代艺术中的精美之作。

20王朝以后，埃及陷入长期的动乱和内战之中，直到希腊马其顿亚历山大王的军队入侵埃及，使地中海两岸的两种不同风格的奴隶制文明互相融汇，出现了托勒密朝（公元前332年—公元前30年）希腊化的埃及风格，实际上是希腊文明在埃及的表现。罗马帝国时代，埃及也是帝国的一个行省。尽管外来文化大量渗入，具有深厚传统的埃及艺术并未因此泯灭。相反，他吸收了希腊——罗马艺术的营养，丰富了自己，同时又以自己独特的成就影响了希腊、罗马、甚至中世纪拜占廷文明中的一部分作品。

爱琴美术

地中海的东北部，巴尔干半岛和小亚细亚之间的一片海域，希腊人称为"爱琴海"。其中分布着大大小小数百个岛屿，南端的克里特岛是最大的一个。在创造希腊古典文明的主要民族多利亚人和爱奥尼亚人未曾到达希腊本土之前，这里就生活着原始的土著居民，在经历了石器时代、铜器时代之后，公元前2500年左右，他们先后进入早期奴隶制城邦国家。此后的1500年间，他们创造了有独自的民族特色的优秀文化，是后来的希腊古典文明得以茁壮成长的肥沃土壤。

著名的荷马史诗《伊利亚特》、《奥德赛》，曾经描述过城邦时代希腊诸民族间的战争，它吸引了许多学者到这一带来发掘"海伦娜的宫殿"和"特洛耶的城墙"。其中最为成功的是德国的舍利曼和英国的伊文思，前者发现了属于迈锡尼时代的文化层，后者使米诺斯王的"迷宫"重见天日。大量的遗物证明，小亚细亚沿海与希腊本土之间的基克拉迪斯群岛和它周围星罗棋布的许多岛屿，都在古代文明中做出了重要的贡献。基克拉迪斯群岛出土的早期陶器和雕刻，大约是公元前2500年至公元前1400年左右的遗物，它可算是希腊文化最早的起源。公元前2000—1000年间，克里特岛上的米诺斯王朝成为这个范围内最强盛的国家，称为"米诺斯文化"。当这个王朝由于至今没有弄清的原因而突然消亡的时候，它在希腊半岛沿海的殖民地迈锡尼一度繁荣，直到多利亚人的来到。虽然以3个不同地区为中心的文化各有其自己的特色，但它与埃及、两河相比，却可以明显地看到它们共同的特点——为海洋性生活所决定的优美活泼的风格。

基克拉迪斯美术

基克拉迪斯群岛象一条项链，挂在优卑亚和阿提卡半岛之间，它除了得天独厚的农业和渔业之外，还盛产石材———一种坚如钢铁的黑曜石，早期人们用它作武器，并远销克里特等地。

基克拉迪斯美术的典型代表，是一种大理石雕刻的小型人像，它被夸张成抽象的几何形状，表面光滑，身体扁平，两臂交叉在胸前，头部呈卵圆形，面部只有鼻子，眼和口都被省略，有的人认为这是这一带人们祀奉的一种"母性与丰收的女神"，但很难看出女性特征。也有人设想它是一种当地古代弦乐器的顶端装饰，无论如何，它的变形和概括能力是极其巧妙的。不少当代雕刻家如布朗库西等，都曾经从中吸取营养。后来也有一些描写日常生活的小雕刻，如弹琴的女子坐像等，造型也是极其简练的。

几何形雕像
英格兰奥格福德
博物馆

基克拉迪斯美术的另一领域是陶器，这里有造型优雅的各种壶、瓶和歪、罐等容器，器形有饱满的曲线，十分优美。器面的彩绘纹样大多是直线或曲线组成的几何形。也有的杂以花朵或鸟、鱼的纹样，但均经过了图案化的变形处理。

由于基克拉迪斯美术中这种强烈的几何化风格，人们也把它称做"几何样式时代"。

克里特美术

克里特岛地处地中海中心。1900年英国考古工作者在这里进行发掘，发现了最早为公元前2600年的好几个文化层。1958年世界史

克诺索斯宫殿遗址　克里特岛

前学会把克里特文化划分为四期：公元前 2600 年—公元前 1900 年
为前宫殿时期；公元前 1900 年—公元前 1700 年为旧宫殿时期；公
元前 1700 年—公元前 1450 年为新宫殿时期；公元前 1450 年—公元
前 1150 年为后宫殿时期。在旧宫殿时期的后期，克诺索斯的米诺斯
王朝成为全岛的中心，也是克里特文明最繁荣的阶段。

　　建筑上的最大成就是克里特的宫殿，旧宫殿时期在克诺索斯、
法依斯托斯都有大量贵族宅邸和宫殿的兴建，公元前 18 世纪中，毁
于火山和地震。其后的米诺斯王朝建造了希腊神话中著名的"迷宫。
这是一个庞大而复杂的建筑群，占地约两公顷。据传说是希腊建筑
师第达罗斯设计的，曲折迷离的路径使人进得去出不来，杀死怪兽
米诺托的希腊英雄提修斯靠着公主阿莉阿德涅赠送的线球，才找到
了出口。不过，它也可能不是按照一个统一的设计建造的。无论如
何，它不愧为建筑史上的光辉篇章，其着眼点，与其说是为了外观
上的协调，毋宁说是为了内部的舒适。围绕国王的住室，有浴室、
凉台，仆役的房间，还有下水道和通风设备，是近代建筑的先驱。
这座宫殿还有着世界上独一无二的柱式：上大下小的圆柱。这种柱
式使迷宫看上去总象是俯视条件下看到的样子。

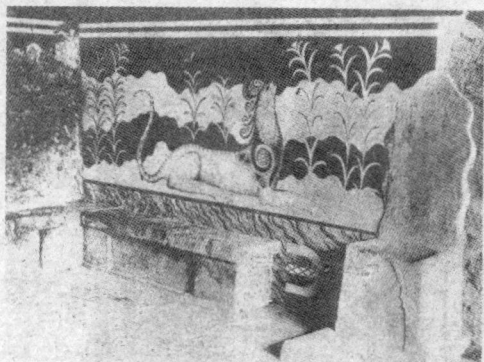

迷宫壁画 克里特岛

克诺索斯宫殿内的壁画，是克里特绘画风格的代表作品，它以流利的曲线、鲜明的色彩描绘着优美的人物形象和装饰图案。最出色的作品如《百合王子》，描绘一个头戴羽饰，身穿华丽的紧身服装，在花丛中捷步蹦跶的少年男子；而被戏称为《巴黎女郎》的画面，那浓艳的粉黛，高高的发型，既表现了当时居民的服饰习俗，也体现了克里特民族的审美观点和绘画技巧。在"迷宫"的"宝座厅"上，还绘有蹲在草丛中的怪兽，它有孔雀的头，猫的身体。其余还有大量海洋生物题材——海豚、鱼和各种水草的图案，都十分生动美丽。

雕塑方面，克里特没有发现过大型雕塑，主要是一种小型彩绘陶俑，被称做"持蛇女神"，严格说来只能是一种工艺美术品。她身穿漂亮的褶裙，头戴有饰物的花环，双目圆睁，面带微笑，双手持蛇，可能与象征丰收的含意有关。她的服饰与壁画中的女子服饰完全一致，也是后来中欧各国历代妇女的传统服式。

工艺美术，是克里特文明最突出的领域。在卡马瑞斯发现的陶器，最早制作于公元前2000年，是一种用辘轳制作的器壁薄而且坚的罐、瓶、壶、杯等等，上面用白、黑和土红色

持蛇女神
雅典国家博物馆

绘制各种图案，比基克拉迪斯的纹样更为流畅华丽，被称为"卡马瑞斯风格"。公元前 1700 年以后的新宫殿时期，与"迷宫"同时，存在着十分富丽的陶器，造型多样，长颈、单耳、细腹、尖底的典型中欧民间水具造型，这时已经形成。装饰纹样华美复杂，多取鱼、乌贼、海藻与花朵意匠，夹以多变的几何图案，优美豪华，被称为"宫廷风格"。公元前 1500 年左右的《收获者之杯》是一件农民随身携带的小口水瓶，它的腹壁雕有一圈收割庄稼的农民形象：他们那载歌载舞，热情洋溢的欢乐气氛，非常生动感人，浮雕技巧上已可看出克里特艺术家对真实人体肌肉结构的谙熟。在克里特赖以繁荣的对外贸易中，金银首饰工艺和陶器，是他们主要的出口物资。

卡马瑞斯式单耳壶
克里特地方博物馆

章鱼纹陶瓶
克里特地方博物馆

克里特美术与其它地区相比较，具有两个显著的特点：第一是它的世俗性，人们至今尚未弄清克里特人的宗教，从发现的遗物来看，这里的美术都是明白易懂，具有显著的世俗特点的，所以如果有宗教的话，也是一种类似后来希腊神话"神人一体"的人间性宗教，这反映在美术上，便产生比较写实、追求生动、歌颂生活的艺术较多，而带有神秘的威严和压力的神像，几乎是没有的。第二个特点是它的享乐性，这个岛上几乎没有什么军事设施和战争的痕迹，虽然壁画中有交叉的双斧图案，但它与其是表示战争，毋宁说是一种仪仗。美术作品中表现战争题材的内容几乎没有，宫殿和壁画都着眼于生活的便利和欢悦，基于这种享乐的生活而产生的审美趣味，反映在华丽的色彩和柔美的线条之中。这些，在后来的希腊艺术中得到继承和发展。

迈锡尼美术

希腊古代旅行家波桑尼亚在他的游记中曾经记述迈锡尼的古迹："雄伟的狮子门，有双狮雄踞，阿德里乌斯的宝库是阿德里乌斯和他的子孙埋藏宝物的地方，还有被埃葵斯托斯杀死的阿加梅农和武士们的墓，他的御者欧涅麦顿的墓也在旁边。而阿加梅农的妻子克吕泰涅斯特拉和埃葵斯托斯的墓则被置于墙外，因为人们认为他们不配与阿加梅农同在"。1876 年，德国考古家舍里曼在迈锡尼的发现证实了这一系列记载。从而使多利亚人来到希腊之前的迈锡尼历史，

狮子门　迈锡尼

得到确实的证据。早期的城堡大约建于公元前 2000—1400 年，它们属于帕赛德人的地盘。而阿加梅农的故事则是来自亚洲的比洛皮德人，多利亚人大约在公元前 1100 年左右来到这里，使迈锡尼纳入希腊文明的范围。

早期的狮子门说明迈锡尼人的军事能力，它是在山头上建立的一座城堡，三角楣上雕着将前足搭在中央柱础上的一对雄狮这柱础上所立的，正是出现在迷宫中的上粗下细的圆柱，这说明迈锡尼文化与克里特的关系。

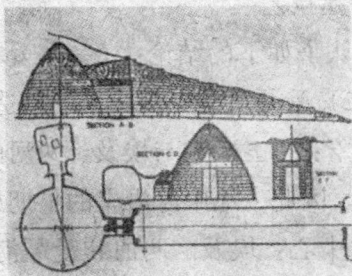

阿德里乌斯宝库剖面图　迈锡尼

黄金面具　雅典国家博物馆

瓦腓欧金杯
雅典国家博物馆

迈锡尼最重要的建筑，是著名的阿德里乌斯宝库，在通过一段隧道之后，里面有一个直径 14 米的穹窿形墓室，像这样完整、统一、技术成熟的穹窿建筑技巧，在建筑史上具有里程碑意义，是欧洲至今发现的、最早的圆顶建筑。

阿德里乌斯宝库中发现的黄金面具，是用金箔打制的死者面像它在其它墓葬中也有发现，它们都双目紧闭，神色平静。在传说为阿加梅农的墓中发现的嵌银丝青铜宝剑，也具有很高的水平，上面用银丝

青铜剑　雅典国家博物馆

勾出敏捷奔跑的动物的生动形象；此外还有在瓦腓欧发现的黄金杯，外壁有野牛堕入网中和驱牛耕田的浮雕画面，风格与克里特的《收获者之樽》相近，但更为细致工整，特别是牛的动态，十分生动有力。这些都说明迈锡尼金工艺师们的高超技艺。

从现今已有的发现，学者们普遍承认了如下的结论：（一）爱琴文化是希腊古典文化的直接的发源；（二）爱琴文化是多民族的创造，其成就，并不在埃及与米索不达米亚之下；（三）它与埃及、两河的关系，虽然有所交流，但并未盲目模仿。因此，地中海沿岸的早期奴隶制文明，恰恰构成了鼎足而立的3个中心：埃及、两河和爱琴海。正如雷纳克所说："如果说亚述的艺术表现了力的观念，米诺斯的艺术则除了力还赋予了生命。埃及新王国时期冷静而优美的艺术，在这里也找不到一丝影踪。虽然它们之间的贸易和交往早已开始，他们从埃及所得，似乎只是技巧的处理上出现的装饰意匠而已"。

罗马美术

由拉丁民族的罗马人创造的罗马帝国，是西方文明更加实际的基础。它在政治、法律、国家组织、城市建设、文化艺术、风俗习惯等方面，更加直接地成为后来西方社会的模式。因此，认识和研究罗马历史，一直是西方学者十分重视的事情，艺术也不例外。

大约在公元前2000年左右，许多语言不同的原始部落散居在狭长的亚平宁半岛上。公元前8世纪左右，西北部的埃特鲁里亚地区、中部的拉丁姆地区和南部沿海的希腊殖民地，成为文化比较发达的中心。从公元前8世纪到公元前5世纪，居住在台伯河、阿诺河之间的埃特鲁里亚人创造了高度的文化，他们曾一度南下，侵占罗马。公元前5世纪初，罗马人强盛起来，他们将埃特鲁里亚人逐出台伯河，联合附近城邦组成拉丁联盟，并着手制定法律，缔造共和政体。此后，罗马人一方面致力于内部的政治改革，一方面积极向外扩张，在征服高卢后，通过3次布匿战争，击败强敌迦太基人，取得对中东和地中海区域的统治权。在这以后，由于奴隶与奴隶主的矛盾日趋尖锐，大规模奴隶起义不断爆发，在战争中谋取权力的军人领袖逐渐把共和政体转变为寡头独裁。公元前146年，罗马人击败希腊，公元前133年侵占小亚细亚地区，此后，一个接一个把马其顿亚历山大的泛希腊帝国置入自己的版图之中。公元前27年，奥古斯都·屋大维称帝，史称罗马帝国。到公元2世纪皇帝哈德良和马可·奥里略斯执政时，帝国的疆域北到不列颠岛，南到非洲中部，东接波斯，西迄大西洋。地中海成为它的内湖，是当时世界上与东方的汉朝时的中国遥遥相对的两个大帝国。

罗马人获得巨大成功的基础，是他们的高度组织性、纪律性和忠于集体、忠于国家的献身精神。他们提倡坚毅，反对柔弱；提倡力量，反对纤巧；提倡宏伟，反对浮华；提倡实用，反对虚饰。由此决定罗马美术重实际、重个性、重写实的特点。

罗马人也以讲求实际的态度对待一切外来文化。从一开始，他们就对北方的埃特鲁里亚文化和南方的希腊文化兼收并蓄。罗马的宗教崇奉着希腊诸神却采用埃特鲁里亚人的宗教仪式，罗马的建筑兼有埃特鲁里亚人的穹窿和希腊的柱式，罗马的雕刻在希腊的古典规范中注入了埃特鲁里亚式的强烈个性……，诸如此类，从总的方面来看，罗马美术并非这二者的折衷，其基本立足点仍在于拉丁民族的写实风格。即埃特鲁里亚人所开创的艺术传统。因此，在介绍罗马美术之前，先简单说明埃特鲁里亚美术的要义，是十分必要的。

埃特鲁里亚美术

18世纪时，在意大利北部城市塔尔魁尼、韦伊、佛罗伦萨、波伦尼亚等地的发掘，使人们对罗马之前的文化获得了新的认识。从前，罗马早期的历史是被一些荒诞不经的传说掩盖着的。现在从许多碑文和坟墓遗物中，建立起系统的关于埃特鲁里亚历史的知识，直到现在地下发掘和遗址考察仍在继续，新的发现不断出现。

公元前7世纪，埃特鲁里亚人所建的富裕城市，同希腊、埃及、小亚细亚和腓尼基人有着频繁的贸易往来。这从这一时期的坟墓中出土的许多精美的希腊陶器可以证明。而且同当时的希腊一样，这里也流行着东方化风格的艺术。公元前7世纪末，埃特鲁里亚美术又受到爱奥尼亚式希腊艺术的影响，出现了公元前6世纪时的大规模绘画作品。直到公元前6世纪后半叶，在南部的韦伊地方兴起了具有民族特点的雕刻。这是一些以陶土为材料的陶塑制品，可能与葬礼有关。到目前为止，主要的发现乃是从公元前7世纪到公元前3世纪间的许多坟墓，其中的艺术品表明，他们并没有屈从于希腊艺术的影响，顽强地创造着自己独特的面貌。

埃特鲁里亚建筑的完整遗物是坟墓，它在地面上的部分是一个圆形的大丘，而地下的部分则是用穹窿构成的筒形墓室，与迈锡尼的阿德里乌斯宝库相比，它的拱券式砌造技巧要比迈锡尼更为成熟。后来的罗马建筑正是发扬了这种技术形成自己的体系的。埃特鲁里

埃特鲁里亚人的神庙模型

亚城市的遗址,可以看出他们对城市规划的研究,城市一般建立在险要的高地上,按罗盘方位从东向西安排住宅区,城周筑有高墙,城门大而坚固。波伦尼亚附近的马尔扎波特遗址说明,城内有南北向的主要街道,宽15米,住宅分为一个一个的街区,中间有3座神殿。据罗马建筑家维特鲁威记述,神殿建造在方形基台上,屋顶是木结构的,和希腊的"围柱式"不同,埃特鲁里亚的神殿三面是墙壁,只有正面为柱廊。其柱式是一种表面没有凹槽的光滑圆柱,顶端的托盘和柱础也都是圆盘形的,称为"托斯干式"。

雕塑的发展和埃特鲁里亚人的殡葬风俗有关,他们很早就实行火葬,把死者的骨灰盛在铜或陶制的罐中安置在坟墓里。骨灰罐的顶上,有死者的肖像(最初是头像,后来是全身像),邱希出土的一个陶制骨灰罐上,死者的头像虽然雕制得十分粗陋简单,但却有着漫画式的生动性,宛如刚刚脱离世俗生活的苦难似的,安详地闭起眼睛。多尔切亚诺出土的铜制骨灰罐有一个带屏风的圆形底座,双耳高足的球形骨灰罐放置在底座上,顶上的死者头像有一圈齐眉的卷发,双目紧闭,神色安详。切尔维尼出土的公元前6世纪的陶棺,上面塑着一对中年夫妇的全身像,二人并肩倚卧在棺盖上,面部五官清晰,表情亲暱。这些作品表现真实的普通人物,大多出自土著的民间匠师之手。而作为神殿中的神象雕刻,则显然受到这个时期希腊古风雕刻的影响,但也不像希腊同时代作品那样拘谨。这方面的代表作要算是公元前6世纪末由一位名叫乌尔加的陶塑家为菲奥的波尔特拉屈神殿所作的两件作品了。其一是赫尔美斯的一个头像;各部分

铜骨灰罐
邱希埃特鲁里亚博物馆

菲奥的阿波罗
罗马维拉—奎尼亚博物馆

轮廓坚实有力，口角如同"古风的微笑"一般，出现一种"埃特鲁里亚的微笑"。出于同一作者的另一作品《菲奥的阿波罗》，是一组群像的一部分，这组群像表现的是阿波罗与赫拉克列斯争夺一头牝鹿的故事，阿波罗整个身体向前倾，双臂前伸（左臂已失），似乎正要去捕捉牝鹿，胸部与腿部的肌肉坚实有力，衣纹作了装饰性的加工，头发编成整齐的发辫自然地垂在肩部，脸上也是谜一般的微笑。双腿之间的一块装饰柱，由对称的两个涡状线组成，令人想到希腊陶瓶上的莨苕花图案花边。整个作品的风格是希腊的理想手法和埃特鲁里亚写实作风的结合。与这种希腊倾向不同的作品也不少，例如著名的青铜作品《卡比多列诺之狼》（Capitolinewolf）和《布鲁特斯像》等。

绘画是埃特鲁里亚美术最突出的领域，在塔尔魁尼等处发现的墓中，差不多都有壁画。属于公元前6世纪的《牡牛之墓》是最早

卡毕多列诺之狼
罗马维拉—奎尼亚博物馆

的壁画墓，它取材于希腊神话中的阿奚里斯故事，表现阿奚里斯与特洛伊罗斯的战斗，用线勾出骑马的侧面形象，用线十分随便，树木是图案式的，画得十分富有韵律感。公元前530年的《鸟之墓》壁画，表现占卜和丧葬的仪式，两边的墙上画有竞技、舞蹈的场面，最生动的是左边墙上的一对摔跤手，矮壮的个子，用力的肌肉，用黑线勾画出眼睛、鼻子、头发和胡须。这个时期的画中还有狩猎、钓鱼和风景场面，都很真实生动。属于公元前5世纪的壁画是由一批被称为"严格样式的大师"们画的，水平相当高。如公元前470年左右的《豹之墓》，后壁上画着在灌木和花草中饮酒、舞蹈的男女，人物姿态生动，色彩鲜明，体现出一派春天的欢乐，手中的酒埠完全是希腊式的造型。公元前4世纪以后的《鬼之墓》，可能受到关于冥府世界的宗教影响，出现了鹰嘴、赤发、全身青黑的恶鬼。壁画采用明暗法，具有凸凹的效果，这是绘画技巧的重大进步。

渔射（鸟之墓壁画）意大利塔尔奎尼

共和时期的美术

罗马共和政体起于何时，已经没有明确的资料，早期的艺术，似乎与埃特鲁里亚文化并没有直接的继承关系，但至今发现的遗物甚少。所以罗马美术史一般都从共和末期开始。共和末期的罗马社会是极不稳定的，奴隶起义不断冲击着奴隶主的统治，贵族之间的内讧和争权夺利延续不断。罗马美术几乎都直接为这种政治斗争服务。建筑在宣扬统治阶级权威和直接服务于国家方面，显得特别重要。早在罗马城形成的时候（传说它是由被一只母狼哺育成人的孪生兄弟罗慕洛和利姆尼建成的），帕拉丁山的圆形住宅就有筒形的天井和合理的下水道系统。公元前5世纪初的一些有意大利特点的神殿也多倾圯无存。公元前4世纪，为了应付战争的需要修建了从罗马南下布林狄西的阿皮亚大道；公元前3世纪纵贯南北的道路网把首都罗马和各主要城市直接连接起来；公元前2世纪罗马城内的政治中心承袭泛希腊时代的习惯以

捧着双亲头像的罗马人
罗马卡毕多利亚博物馆

广场为中心，广场周围是公会堂、演说台、僧院和神庙。它的遗迹至今犹存。公元前179年建造的蓬·罗德大水渠，证明罗马人把拱券技术用于桥梁和渠道的技巧，为了满足罗马贵族的享乐生活，这时还兴建了许多豪华的住宅和别墅。

雕塑方面，罗马人同埃特鲁里亚人一样，为死去的祖先作雕像。公元前146年罗马征服希腊以后，罗马贵族大量收集和复制希腊时代的雕刻，同时也模仿希腊的样式雕刻纪念像和墓碑，这些肖像不仅外形酷肖，而且能够揭示人物的性格和精神状态，强调个性和气质特点。在庞拜城遗城中发现的许多雕像均具有这种特点。现在可以见到的作品如：《凯撒》、《庞拜城某人头像》、《演说者》及《捧着双亲头像的罗马人》等。

共和时期的绘画，大约亦出自希腊画师之手，在庞拜城遗址中发现不少宅邸内均画有美丽的壁画，内容题材十分广泛，技巧相当成熟，虽然庞拜城的覆没是在帝国时期，但其中不少作品年代较早，此外罗马、拿坡里等地也都存在一些有共和时期壁画的古老宅邸，

风格亦与庞拜的作品相似，将在帝国时期的绘画一节中一起来介绍。

帝国时期的美术

公元前 27 年，执政官屋大维击败安东尼之后，就任罗马帝国皇帝，元老院授予他"奥古斯都"的称号，从此结束了罗马的共和制度，开始了集权制的帝国时代。帝国时代的艺术，明确地表现出歌颂皇帝的武功和威力，夸耀皇帝的威势和力量的社会作用。因而在艺术形式上也反对柔弱纤细的作风而表现出注重宏大气魄的特点。屋大维本人曾力图以古典盛期的希腊为楷模，要创造伯里克利斯的雅典那样繁荣的艺术，因而表现出古典主义的再生，此后的哈德良（公元 117—138 年）和谢维略斯时代（公元 193—211 年）也由于皇帝个人的提倡，出现过希腊古典的复兴。但总的来说，罗马艺术仍坚持其自身的特点，与希腊有着显著的区别。

首先在建筑方面，帝国的罗马出现了一系列足以与帝国的伟大业绩相辉映的宏伟巨构，围绕着罗马市中心的帝国广场，历代皇帝都在这里留下了自己的业绩。至今还可以看到著名皇帝提图斯的凯旋门、谢维略斯的大凯旋门、万神殿、图拉真纪念柱和马可·奥里略斯的纪念像等作品屹立在荒凉的废墟之中。以下我们就几件著名作品看罗马建筑的特点：

《科西姆竞技场》，始建于皇帝威斯巴桑时代，完成于提图斯时

提图斯凯旋门浮雕：抬回希伯莱王的七星圣灯的罗马士兵

代（公元80年）。原先的设计是两层，后来改建为四层。外墙高达48.5米，内部划为5个座区，60排座位，能容纳8万观众。它是罗马传统建筑技巧——拱券结构的典型作品，内部由筒形拱券和交叉拱券组成，外部可看到四层连续拱券，每层为80个券孔，底层用多利亚柱式，二层是爱奥尼亚亚柱式，第三层是科林斯柱式，最上一层是紧贴壁上的方形装饰柱，二、三层立有100多尊雕象，现均佚散，每当节日，在四层的顶上升起鲜艳的彩旗，奴隶主贵族在这里观看残酷的斗兽和角斗表演。

凯旋门是帝国时代十分流行的纪念性建筑。在马克西米大水渠和维斯塔神庙之间至今还保留着奥古斯都大帝的凯旋门，它在一个单拱壁面上又嵌上一对科林斯式假柱和一个希腊式的三角破风，显示出奥古斯都时代的希腊趣味。修建于公元90年的《提图斯凯旋门》是帝国前期著名作品之一，它是为纪念提图斯皇帝远征犹太人的胜利而建的，在门洞内的浮雕上，表现了罗马士兵把犹太人的国宝——七星圣灯抬回罗马的情景。《谢维略斯凯旋门》（公元203年）和《康士坦丁凯旋门》（公元312年）均为三孔门，富丽堂皇，体现了帝国后期的矫饰倾向。

图拉真（公元98—117年罗马在位）皇帝在位时修建的图拉真广场建筑群，包括议事堂、图书馆、神殿和至今仍耸立着的高36米的图拉真纪念柱。它的设计者为中东出生的阿布罗德洛斯。纪念柱建于公元113年，盘绕柱面的浮雕饰带总长195米，表现图拉真皇帝远征达西亚人的故事，柱顶原来有图拉真皇帝的铜像，后来被基督教会改为圣彼得的像。

哈德良（公元117—139年在位）

图拉真纪功柱

纪功柱浮雕

时代最伟大的建筑是罗马的万神殿。据说奥古斯都时曾由其女婿、大将阿格里巴建造过，但后来毁于兵火。由于哈德良也是一个醉心于希腊古典的皇帝，这个建筑完全承袭了奥古斯都的设计，体现了希腊与罗马的融合。它的门厅由希腊式的三角山墙与列柱构成，正殿则是罗马式穹窿形筒状圆顶大厅。直径33米，高42米。圆形墙壁分上下两段，下段有列柱与壁龛，上段则有假窗，壁厚达6米。其内部空间之广大、宏伟，在西方建筑史上是空前的。

帝国后期，皇帝们争相修建豪华的宫殿和别墅，夸耀自己的富有，在建筑上也出现了被称为"罗马巴洛克风"的倾向。其代表如卡拉卡拉浴场、谢维略斯的别墅及贵族们的宅第和宫苑，都增加了优美华丽的装饰性，呈现出一定的颓废倾向。

雕塑方面，奥古斯都时代的作品中最重要的纪念性雕刻是作于公元前13至19年间的《和平祭坛》，据说这是奥古斯都在完成了对高卢人和西班牙人的征战，奠定了罗马帝国的牢固基础后，为表示和平时代的到来而建的。祭坛上部浮雕的内容是帝国功臣、元老和皇室的祭祀行列，庄严的步伐、优美的线条，显然可以看出巴底农饰带浮雕的烙印。正面的浮雕被称为《大地之母》，表现慈爱地抚育儿童的和平女神安详地端坐在禾苗、家畜、水流和土地之间。祭坛下部的蔓草花纹，华丽丰富，弯曲缠绕的花草图案富有东方色彩。

奥古斯都的雕像现存的有好几

万神殿

件，都反映出古典的趣味。例如《作主教姿势的奥古斯都》完全是古典前期表现在米隆和波留克莱妥斯作品中的那种漠然的表情。《戎装的奥古斯都》（因其出土于普列马波塔，亦名《普列马波塔的奥古斯都》）表现全身武装的皇帝举手向军队发出号令，脚边有带翅的胜利神紧紧跟随，构思和手法都令人联想到菲狄亚斯在巴底农神殿内的《戎装的雅典娜》。

万神殿内部　罗马

　　《马可·奥里略斯骑马像》，表现了帝国历史上艰苦的一页。这位皇帝在位时（公元161—180年），罗马正处于内忧外患之中，身为哲学家的皇帝以斯多噶学派的内省、无为，消极地对待现实的矛盾。这座铜像虽然表现他骑在马上的雄姿，但简朴的衣著，瘦削的面容，俯身下望而满含忧郁的神色，都深刻揭示了人物的性格和内心世界，是人像雕刻中的杰作。文艺复兴大师米开朗基罗对这件作品评价很高，由他设计的卡比多列诺广场，就将这件作品放在中央，至今迄立在罗马市内。

　　肖像雕刻是古罗马美术中取得最大成就的领域，它一方面是由于埃特鲁里亚艺术的传统，一方面是罗马艺术重视现实的指导思想共同作用的结果。帝国初期肖像雕刻的杰作如《阿格里巴》《维斯帕西安》均显示出对人物个性的深刻揭示。后来，在一般贵族和普通人的形象中，肖像艺术也不再象过去那样粗陋，出现了不少好的作品。尤其在2世纪的一些普通老年、儿童、少女的头像中，个性的表现具

戎装的奥古斯都
罗马梵蒂冈博物馆

卡拉卡拉
罗马梵蒂冈博物馆梵蒂冈

马可·奥里略斯骑马像
罗马卡毕多利亚广场

有十分出色的技巧,《高发妇人》《少女》《黑人》等人物的矜持、娴静、痛苦的情感,均溢于颜表。3世纪以后,肖像雕刻失去了初期那古典式的严正和2世纪时的细致。由于帝国政治的混乱,帝王的肖像中流露出他们残暴、狠毒、奸诈的性格,出现了如《卡拉卡拉》《达札》等有代表性的作品。

据米海里斯在《美术考古一世纪》中的考证,在4世纪初的罗马,公共雕刻之多简直令人不能置信:30米以上的巨像有两座,帝王和将军的骑马像有22座,还有80座镀金像、73座黄金象牙像,3785座铜像,普通的大理石像不计其数。从庞拜和赫尔库列姆遗址的发掘中,贵族宅邸有时一家就存有200座雕像的事实来看,这种描述是真实的。后来,由于东罗马拜占廷的需要、中世纪蛮族的掠夺,以及历代罗马统治者的摧残,到15世纪时,整个罗马就剩下5尊大理石像和1座马可·奥里略斯骑马铜像了。

绘画的遗物有镶嵌画和湿壁画两种主要品种。1748年被发现、1860年全面发掘的古城庞拜和赫尔库列姆的遗址,提供了罗马共和时代晚期和帝国初期壁画原作的珍贵资料。这两座濒临第勒尼安海的小城,是罗马贵族休憩的场所。公元79年8月24日,附近的维苏威火山爆发,喷发的岩浆掩埋了包括这两座城市在内的附近村镇,许多建筑和雕刻珍品被埋入地下。直到18世纪才被发现。

万神殿内部　罗马

高发妇人
罗马卡毕多利亚博物馆

在庞拜和赫尔库列姆的宅邸中，绘有大量壁画，题材包括人物故事、林木鸟兽、花卉图案和静物风景等等。一般是在墙壁上以花边组成一个外框，在里面安排画面，墙面均有底色，构成强烈的装饰效果。从事这种工作的多为希腊画工，使用的也多为希腊粉本，除在希腊一章中已经述及的几幅根据确有姓名的希腊画家作品制作者外，在赫尔库列姆还发现一幅画在大理石板上的素描稿，记有"阿特纳伊的亚历山大"的署名。这幅画上画了5个玩球戏的妇女形象，前面两位蹲着，后面3位站着，除头发和衣服的部分花纹用浓重的调子外，全画均为线描，线条优美娴熟，造型准确生动，说明希腊罗马画师的造型能力已相当精确。庞拜发现的壁画《酒神的秘仪》，是一幅长卷，在深红底色上画出施行法术的各种姿态的男女形象20余人，基本上以明暗技法来表现结构。《采花的妇女》在一片绿色的草地上，身穿淡黄色长裙的妇女，背向观众，伸手采摘花朵，她那优美的姿态，配合着清淡的色调，增加了室内清爽宜人的气氛。还有一幅取材于希腊神话的《赫拉克列斯与依法》，表现英雄赫拉克列斯在司掌文艺与音乐的仙女面前受到感化的故事，这些作品据古罗马文献记载，不少出自希腊画家之手，或搬用了希腊绘画的粉本。

其中，最能为我们提供希腊绘画的真实模样的作品，是拿坡里博物馆所藏的镶嵌画《亚历山大在伊苏战胜波斯国王大琉斯三世》，画面的总长度约4米左右，希腊骑兵与大琉斯的骑兵正面摆开，两军对垒。年轻的亚历山大大帝

庞拜城遗址　意大利庞拜

采花的妇女
意大利庞拜

赫拉克列斯与依法
意大利拿坡里

从左方策马奔驰，直取大琉斯三世，而站立在双轮战车上的大琉斯
则掉转马头，仓皇而逃。整个画面充满了紧张而真实的战斗气氛。
除了构图上巧妙地利用长矛林立以表现战场之广大外，人物形象的
表现也极生动。波斯士兵头上裹着长巾，特点十分显著；希腊士兵
头戴盔帽也很有特点，大琉斯的驭手慌慌张张地一手拉紧缰绳，一
手拚命扬鞭，神情十分真切。此画的原作者之一的菲洛萨努斯，据
说曾随亚历山大远征，亲身参加过伊苏之战，所以能画得如此生动。

伊苏之战　意大利拿坡里

同上局部

镶嵌画另一个较为出色的场所是罗马郊外的卡拉卡拉浴场，不过其题材大多是动物和花草图案。

这个时期还有用蜡画法来作壁画的说法，画法是将颜料溶入烧融的蜡液中，画家手持长柄铁勺，随时可以置于火上融化，这也可以说是油画技法的最早的雏形。

总起来看，罗马美术的各个领域，均表现出如下几方面特色：

1. 建立在奴隶制专制政体上的罗马帝国，生产力发展水平比希腊有更大的提高，统治阶级对于美术的要求更加明显地表现为宣扬个人权威的目的，因而罗马美术的第一个特点便是它的功利性和实用性。

2. 立足于这种功利的和实用的需要，罗马美术重视写实和个性的表现。这一点尤其在肖像雕刻中表现得十分明显，艺术家对他所表现的人物，从姿态、动作、表情、衣著，直到发式都经过认真的斟酌和推敲。雕刻家对眼的表现，也不象希腊那样忽视，他着力表现瞳仁，以传达眼神，而洞察人物的性格。

3. 由于奴隶主奢侈豪华的生活需要，罗马美术在 3 世纪以后日益重视华丽的色彩和繁缛的装饰效果，创造了许多精美的图案，对后来欧洲封建宫廷影响很大。因而罗马美术第三个特点便是它的装饰性。

二、中世纪美术

拜占廷美术

当西罗马帝国被日耳曼诸部落瓜分之际，以拜占廷为首的东罗马帝国仍然统治着东欧、西亚和北非一带广大的疆域。这时奴隶制度在西欧消亡，东罗马帝国由于采取了隶农制而得以保持其经济的稳定，并且在这一地区的政治发展中发挥了重要的作用。它左右逢源，将欧、亚、非三大文明熔于一炉，创造了独特风格的文化，对东欧、俄罗斯、希腊诸国，有深远的影响。

基督教在拜占廷帝国并未超过世俗政权，教会对文化的控制远远不及皇帝的权威，皇帝身兼宗教领袖，政教一体。为区别于罗马天主教而把拜占廷帝国境内的基督教称为"东正教"。公元787年至813年，受伊斯兰教的影响，拜占廷的帝王们掀起了"偶像破坏运动"，用树木禽鸟图案和没有装饰的十字架代替圣像。

拜占廷美术以东罗马帝国的首都拜占廷为中心，流行于小亚细亚、希腊、南斯拉夫、巴尔干半岛、俄罗斯及意大利的部分地区。它开始于4世纪康士坦丁大帝将拜占廷更名为君士坦丁堡时，到提奥多尼乌斯二世（公元401—450年）时代开始繁荣，查士丁尼大帝（公元483—565年）时达到高潮。经历了偶像破坏运动（公元726—843年）时期的停顿，在巴塞尔一世开始的马其顿王朝（公元867—1056年）至科穆宁王朝（公元1081—1185年）又得到复兴。

拜占廷美术的基本特征是辉煌、抽象、光与色的充分使用、两度空间的平面造型手法、人物与背景间的韵律感等等。它表现在建筑、镶嵌壁画和圣像画艺术等方面。

教堂建筑

公元330年前后，最早的东罗马教堂差不多均采取初期基督教的巴雪利卡式构造。5世纪开始，在拜占廷修建了一系列纯拜占廷风格的大教堂，其典型代表，当推公元532—538年兴建的圣·索菲亚大教堂。它的设计者据传为小亚细亚人安太留斯和伊索道罗斯。它以用砖和三合土砌成的墙壁构成主体，逐渐上升到庄严的圆顶，圆顶直径33米，由4根支柱与4个大圆拱支持。侧面回廊向中央集中，使视线自然引向巨大的穹窿形圆顶，圆顶下面有一圈通光窗口，阳光从这里投入教堂内部，把大理石柱和壁面的镶嵌画照耀得金碧辉

圣·索菲亚大教学 土耳其伊斯坦布尔

煌。抬头仰望，透过光线的迷雾，蓝色穹顶上闪烁着图案的光彩，造成一种虚幻飘渺的神秘境界，出色地体现了作为宗教建筑所要求的精神感召力量。诚如君士坦丁堡的大主教卡尔莫斯所说："教堂是尘世间的天国，神们在这里生息活动"。这个教堂在土耳其人占领君士坦丁堡后被改为伊斯兰教的清真寺，外面加了4座高高的尖塔，里面画上了阿拉伯图案和文字装饰。

索菲亚大教堂内部土耳其
伊斯坦布尔

查士丁尼大帝西征时在拉文那修建的圣·维塔里教堂，也是穹窿形结构，不过外部采取八角形。它的镶嵌壁画《查士丁尼与随从》和《西奥多拉皇后与女官》远远超过它在建筑上的成就。

镶嵌壁画

拜占廷美术中的镶嵌画，以其独特的风格在艺术史上写下了光辉的一页。这种起源于古代美索不达米亚而繁荣于罗马帝国时期的艺术手段，以其灿烂的色彩吸引了拜占廷艺术家的兴趣，几乎在所有拜占廷时期的重要建筑内，都留下了它的杰作。而堪称"杰作中之杰作"者，当是拉文那圣·维塔里教堂的《查士丁尼及其随从》

查士丁尼与随从　意大利拉文纳

和《西奥多拉皇后与女官》。这是东罗马皇帝查士丁尼（公元527—565年在位），西征意大利时留下的纪念。这两幅7米长的壁画，占据了教堂正厅的东西两面。拜占廷艺术家舍弃了罗马绘画的古典手法，以平面的装饰手法处理画面。两画均有漂亮的外框，像两块美丽的挂毯，遵循着"等高律"的原则，两排人物，垂直站立，如同二方连续图案。这种构图，使画面产生静止的效果，人物缺乏个性描写，姿态僵直，表情呆滞，全靠色彩的巧妙配合以及材料的闪烁，形成优美的节奏和生动的感染力。

　　差不多同时兴建的新阿波里纳尔教堂，在两侧廊的上檐，有着长长的使徒行列，风格相同而规模更大。

　　公元8世纪的将近100年间，拜占廷帝国境内出现了偶像破坏运动。皇帝利奥三世（公元717—741年在位）宣布不准用人的形象

圣·维塔里教堂　意大利拉文纳

表现上帝和圣者。这种做法遭到罗马教皇的反对，因而在西欧影响甚微。利奥三世的儿子继续推行偶像破坏，禁止一切圣像。直到特奥罗斯（公元829—842年在位）时代仍未开禁，特奥罗斯死后，他的妃子特奥娜为圣像复兴不懈斗争，终于在843年的宗教会议上通过废除偶像破坏令的决议，东正教徒至今将通过决议的这一天——3月1日，作为"正教会的祭日"来庆祝。

结束了圣像破坏运动之后的第一个基督教艺术的提倡者是巴塞尔一世，由他开始的马其顿王朝，一直继续到11世纪，被人称为"马其顿文艺复兴期"。不过这个时期的艺术，并非模仿希腊罗马的古典样式，而更多的是关心圣像破坏之前的风格和异教艺术。例如尼西亚的科伊米西斯教堂的众使徒镶嵌画，不过是把圣像破坏前的画面重新作出而已。著名的《约瑟画卷》和《巴黎诗篇》等细密画，比以前更显得生气盎然。此外还有达芙尼修道院的镶嵌壁画，也比较自然生动。与此不同的是一种严峻简练的装饰风格，主要是希腊赫西奥斯·路加斯修道院和巧斯岛的尼亚·莫尼修道院中的图案式镶嵌壁画。

到巴列奥洛王朝（公元1261—1453年），艺术中的叙事性逐渐压倒了装饰性，像在伊斯坦布尔的卡里·伊卡密教堂和特萨尼奇的圣尼古拉教堂的镶嵌画，已经进入一种与拜占廷精神不相一致的新的审美领域了，在后来的西欧艺术中，这种精神得到了充分的发扬。即晚期哥特式和文艺复兴艺术中的叙事性基调。

正如公元787年尼西亚宗教会议所指出的那样："宗教对于艺术有至高的裁判权"。"画家的责任只限于技艺方面，至于内容，应当由神学家来决定。"这是贯彻整个中世纪艺术的一贯原则。

与镶嵌壁画同时存在于教堂的，有不少湿壁画，它的内容与风格同镶嵌画十分近似，但色泽远逊于镶嵌画，它不可能使用大面积的光泽色，但却可以用晕染的方法，烘托出较强的立体感和浓淡变化。

圣像画

圣像画（Icon）是流行于俄国和东欧各国的一种画在木板上的蛋胶画（Tempera）。它也是在否定了偶像破坏运动后，于 9 世纪起从古代希腊肖像画和抄本插图演变过来的。圣像画一般幅面不大，常常被安放在公共场所、教堂和家庭里，也可以捧着它参加宗教游行。它那挺拔的线条、变形的轮廓、忽紫忽绿的色彩，简洁而均称的构图，受到现代画家的推崇，成为欧美旅游者在俄国和东欧到处搜求的艺术珍品。不过，现今存在的 11 世纪以前的原作已经很少，即使 12 世纪的作品，也只有君士坦丁堡的《符拉基米尔圣母》等寥寥数件。

《符拉基米尔圣母》的显著特征是：它已经摆脱了同时期壁画中的圣母那威严、呆板的面容，而稍稍带上了母性的慈祥和温柔。

从巴列奥洛王朝以后，圣像画进一步发展，图像也日趋复杂。有的被画于教堂主堂与侧廊间的隔板上，更促进了圣像画的普及。直到 14、15 世纪鲁勃辽夫、戴奥尼西和史特罗格诺夫画派在俄罗斯兴盛繁荣之后，才逐步衰退下去。

雕刻与工艺美术

拜占廷雕刻受圣像破坏运动的影响最甚，9 世纪以前的作品几乎湮灭。所剩均为植物和动物题材的装饰雕刻。手法也差不多都是浅浮雕，效果颇近于绘画。唯一的例外是米兰美术馆所藏的一件头像，它可能是雕的西奥多拉皇后，微妙的表情显然来自真实的面容，眼睛大大的，带有一点忧郁的样子；此外，圣·维塔里教堂内 6 世纪的石棺上所刻的浮雕《马其的礼拜》也堪称杰作，上面的各种人物均已与背景显著地脱离开来，自然地分布在侧壁板上。

工艺美术，包括象牙雕刻、金银细工、木雕、织绣和细密画等，拜占廷工匠的成就也令人注目。4 世纪以后，拜占廷是地中海一带的手工业中心，其技艺一直指导着周围地区。它的黄金时代是 9 至 10 世纪，蒙萨大教堂所藏《斯蒂尼科二连象牙板》是这时的著名杰作，与这个教堂所藏的《圣格列哥利二连象牙板》（加罗林朝）相比，后者的趣味纯在图案方面，而前者则着重刻画了圣母和使徒的栩栩如生的形象，面容、手足和衣纹均十分写实，浮雕的技巧非常高明。

罗马式美术

经过5—10世纪间的社会动荡，欧洲，特别是西南欧，到11世纪初年，终于渐趋稳定。这片土地，像越过严冬而经受到春风的抚慰，绽开了新的艺术花朵。正如一位名叫格留尼的法国教士所说："从公元1000年以后之第三年，不少地方，尤其是法国和意大利，发生了一种变化。那便是：人们都很关心教堂的建造。笃诚的善男信女们纷纷为修建大规模的新教堂捐款，从僧院里的礼拜堂到穷乡僻壤里的小教堂，都被修茸一新。世界脱下了古老的衣衫，穿上了用新教堂构成的白色袈裟……"

出现这种新气象的社会基础，是欧洲封建社会政治和经济形势的稳定。这便是：匈奴人的入侵最后被击退，日耳曼人的领地逐渐恢复，农业稳定，交通与商业的繁荣给城市注入了新的血液，封建秩序已经牢固地树立起来，宗教的狂热一步步上升，许多威名远扬的教会和主教大人，在政治、经济、文化各方面发挥着很大的影响，其中不泛深谙建筑、雕刻和绘画的有才能的艺术家。

在这样的形势下，社会思想潮流要求有一种突破狭小的地域局限的新的价值观念与时代精神，所谓"罗马式的艺术"便应运而生。

"罗马式"（Romanesque）一词，是19世纪初由法国历史学家德热维尔开始使用的，他当时主要从语言的意义上使用这个名词。该词从"罗曼的"（Romance）一词发展而来，指的是使用罗马语（即拉丁语）系的各个国家，当时包括使用法兰西语、西班牙语、普罗旺斯语的西南欧各国。

就其作为一种艺术风格而言，有如下几点值得注意：第一，它首先在法国和伦巴第出现，然后普及到全欧，几乎遍及所有不曾受到拜占廷艺术影响的国家。而最典型的样式存在于法国、西班牙和英国。第二，它虽然具有共同的倾向和特征，但并没有什么固定的规范、理论或程式，它是各个地区、各个作品的共同的传统精神的结合；第三，它主要以教堂建筑为中心，在教堂中集合着雕刻、绘画和工艺美术的成绩，服从于把宗教的力量化为形象，以便对缺少文化的信徒们宣讲教义的目的。

建筑

如前所述，在罗马式艺术中，建筑，尤其是教堂建筑，占据了绝对的优势，这一点是其它艺术样式所无可匹敌的。公元 1000 年之前，社会动荡不安，教会散布上帝将在第 1000 年令世界毁灭的荒谬论调以欺骗群众，到了公元 1000 年，世界毁灭的事并未发生，教会又宣扬说这是上帝的恩赐。为了感谢主的恩典，教会到处征税募捐，大兴土木，建造宏大的教堂。

罗马式建筑主要追求均衡安定的效果，它以饱满的力度、疏密均匀的节奏和宏大的体积感而备受赞扬。从表面上看，罗马式教堂似乎回归到初期基督教的巴雪利卡式构造，但本质上，它们并不相同。它基于完整的规划，将各种建筑置于统一的结构与配置之中，它利用砖砌的交叉拱顶，在回廊的中央互相衔接，使教堂的容积得以大大扩大。

比萨大教堂　意大利比萨

为了防止火灾和体现牢固的观念，这时的教堂差不多通体以石材建成。为了对付中世纪到处横行的强盗，教堂和堡垒结合在一起，一般均筑有高大的围墙、坚固厚实的大门和碉堡式的塔楼。

从教堂的内部来看，由于大量使用立柱和拱券（最初是古罗马的半圆形拱券，后来有樽形拱券、马蹄形拱券和伊斯兰式的尖顶拱券，直到交叉的或重叠的组合式拱券），使室内光线黯淡朦胧，处于一种神秘、幽暗的气氛之中，增强了宗教宣传的心理效果。

法国罗马式教堂的主要代表是图鲁兹的圣沙宁教堂（建于1080—1120年）和安古拉姆的大教堂（建于1105—1128年）；英国的达拉姆大教堂，是12世纪上半叶罗马式建筑的精华；意大利罗马式建筑最杰出的代表是比萨大教堂（建于1063—1174年），它由圆顶的洗礼堂、宏大的十字形正堂和著名的斜塔所组成。正堂的设计者是希腊籍的建筑家鲍斯桑达斯，洗礼堂的设计者是蒂奥狄弗，而斜塔的设计者是布兰诺。这座斜塔由于地基的计算错误，盖成后不久便开始倾斜，至今已偏离中心4.4米，1590年伟大的物理学家伽里略曾经在这座斜塔上做过著名的自由落体试验。此外，在德国，著名的罗马式建筑还有沃尔姆斯大教堂、美因斯大教堂和莱茵河中游的阿特尔拉赫的圣母修道院（1093年兴建，13世纪完成）。

雕刻

虽然在罗马式艺术中，雕刻和绘画都是从属于建筑的，但是，在公元11至12世纪间，教堂的宗教雕刻也显示出巨大的进步。它的主要任务虽然不能不是把人们心目中的神化为具体的可视形象，但同时也借助于大门上、柱楣上大大小小的雕刻，向没有文化知识的信徒们传授了农业节气、天文、气象、商业和纺织等等方面的知识，恰如是一本给穷人看的插图本百科全书。这种朴素的自然科学的普及教育，简直像是在漆黑的禁锢世界中飞来一线造化的光明。

以上各种题材的雕刻，一般均由民间匠师来完成，因而具有强烈的民间艺术的传统特色，如丰富的想象，稚拙的造型、装饰性的

扁平结构和巧妙的构图等等。教
堂的门券、额板便是罗马式雕刻
艺术的主要作品。例如，差不多
所有罗马式教堂的大门上都要有
的半圆形额板浮雕（tympanum）、
柱头和柱础雕刻、圆雕柱身及圣
坛或座椅上的装饰雕刻等等。

最后的审判　法国奥顿大教堂

　　额板浮雕，正门中央通常取
圣经中"最后的审判"为题材，表现各种灵魂在上帝面前接受上帝
的裁判，明辨善恶，或升天堂，或入地狱。法国奥顿教堂的额板浮
雕《最后的审判》，具有特殊的艺术价值。它的整个构图富有明确的
区间划分：中央是立于蚌形光环中的上帝，他右手指着天堂，那里
是整日跳舞唱歌、礼拜神明的幸福生活；左手指向地狱，魔鬼正依
照罪孽的轻重，给恶人以种种严厉的惩处。这块浮雕在艺术手法上
最出色的地方是它的人物造型，上帝和天使那细长而扭曲着的身体，
采取了大胆的夸张手法，有的甚至达到十一个头长的、蚯蚓一般的
身材，充分显示了作者巧妙的构思和大胆的想象。这块浮雕的下方
是横贯门顶的水平浮雕饰带，由各种各样善善恶恶的灵魂所组成，
起到了稳定画面的重要作用。在著名的沙特尔教堂，虽然已经是哥

称量善恶的天平
（最后的审判局部）　法国奥顿大教堂

特式与罗马式互相混合在一
起，但建于 1145 至 1155 年间
的西侧正门——"王者之门"，
可算是法国中部罗马式雕刻艺
术中最洗练的作品。中间的庄
严基督支配着整个画面的构
图，周围环绕着传道者的寓意
性形象。

　　柱身圆雕大多以人像为

主，它抛弃了拜占廷艺术的纤弱形式，出现了有一定力度的饱满的造型；虽然，同希腊古典艺术中的人像柱相比较，它主要是通过线条而不是通过体块来达到这种力度的。例如，法国利姆沙恩旧修道院教堂门廊内，两边各有三列这样的人像柱支撑着拱门，人物以双手努力托起楣石，浑身攒聚着即将爆发的力量。

柱头和柱础雕刻，除少数模仿拜占廷样式用植物纹样来装饰之外，大多数也是以宗教人物和圣经故事为题材。民间匠师们没有放过机会，在这样的作品中表达他们对统治者的憎恨，如法国亚眠教堂的柱础上，就雕了一个戴王冠的王公贵族，被压在柱子下面，同妖魔鬼怪一样永远不得翻身。

其它装饰雕刻亦不乏精彩之作。如圣尼古拉斯朝圣者教堂中著名的《巴利的宝座》，作于1098年左右，通体以大理石雕成，座椅的4条腿是4个奴隶（或罪恶的灵魂）的雕像，技巧相当高明。这所教堂的洗礼堂还有一座大理石圣水盘，也雕刻得非常精致。

绘画

绘画在罗马式艺术中远不如建筑和雕刻那样受到重视。这大约是因为它远不如建筑和雕刻那样具有坚牢的体积和逼人的力量，对于欣赏水平极其平庸的信徒们来说，一个实体要比一片平面的"符号"生动得多。

罗马式艺术中的绘画，主要是教堂内有限的湿壁画和大量的手抄本书籍的细密画插图，这两者都不是这个时期的发明，但都在此期间获得较大的发展。

教堂内的宗教画，此时一般较少使用拜占廷时期的镶嵌技法，而运用湿壁画来画。由于材料的限制，保存完好者极少，有许多是后代修补或重绘的。例如意大利加泰隆尼亚地区所发现的便是。

布利圣经插图　英格兰

勃艮第境内的贝尔则拉维尔圣雨果礼拜堂壁画，尚可见到一部分12世纪时的真迹，其色彩已经十分黯淡了。罗马式壁画的风格大约在12世纪才摆脱拜占廷的影响，形成强有力的独立风格，它特别强调感情的表达，不惜采取扭曲而夸张的形式。较常见的是画在教堂两翼镶板上的一个接一个的受难场面。如1138年所作的查尔萨拉大教堂的磔刑图、1228年所作的布拉维杜教堂的磔刑图、1235年所作的佛朗西斯卡生平图等等。

手抄本圣经插图的制作中心，仍然在继承蛮族艺术传统的中欧地区，尤其是英国。12世纪英国工匠制作的《朗贝斯圣经》和《布利圣经》，采用了装饰性的、图案式的方法来表现衣纹，人物造型优美，具有完整的体积感，色彩鲜明丰富。和雕刻中一样，绘画中的人物也被画得把衣纹紧紧地贴在身上，如同从水中走出来一般，被称做"湿衣褶风格"（Damp－fold Style）。

工艺美术

这一时期，手工艺匠的许多宝贵创造，也大多为教堂服务。现今不少教堂里珍藏着价值连城的手工艺品，例如英国肯特郡巴游教堂所藏的"巴游织锦"，全长约10米，以彩色毛线绣在亚麻布上，内容描述诺曼底的威廉公爵1086年入侵英国的一次战争，周围装饰着一圈动物图案组成的花边。

教堂窗户上的彩色玻璃嵌画，最初是从加罗林朝开始的，只是在罗马式教堂中才开始得到广泛的使用。但是，真正属于12世纪以前的作品已不多见。夏特勒教堂比较完整地保存着12—13世纪的彩色玻璃嵌画，成为至今众多旅游者向往的地方。此外在巴黎的圣麦佩尔教堂、圣丹尼教堂、德国的奥格斯堡和莱曼等处教堂中，还部分地保存下来一些精彩的作品。

其它小工艺如象牙雕刻、金银细工、珐琅彩器皿，以及用精巧的雕刻技巧做成的圣物箱、十字架、牧杖、圣餐盘等等，都空前发达。如伦敦阿伯特美术馆所藏的格罗斯塔的烛台、柏林美术馆所藏的维斯多尼亚的镀金十字架、科隆大教堂所藏的刻有"马其的礼拜"浮雕画面的著名圣物箱等等。

罗马式美术在欧洲中世纪美术史中的意义和地位，我们可以从如下几方面来看：

1. 罗马式美术产生于欧洲封建社会进入成熟阶段的时期，它从规模上、风格上，体现了欧洲封建社会前阶段的文化成就。就基督教美术的发展而言，有人依照初期——盛期——晚期的公式，把早期基督教艺术作为初期的代表，把哥特式美术作为晚期矫饰风格的典型，而罗马式艺术，则被作为盛期的样板而具有重要的价值，这种说法也不是没有意义的。

2. 罗马式美术反映了封建经济稳定时期的宗教艺术风格，它既是宗教的，又具有一定的广泛意义，因为它主要面对广大缺少文化的信徒，而且其作者也大多是民间匠师，因此，也必然具有相当成分的人民性。

3. 罗马式美术同拜占廷美术之间，不但在时间上有一定承继关系，在观念上也比较相近。它同其后的哥特式艺术之间，也具有衔接的关系，从这一意义上说，它起着承上启下的作用，在中世纪美术中占有重要的地位。

哥特式美术

进入 13 世纪，由于工商业的进一步发展，欧洲各地的城市建设更加兴盛。无论在各封建王国的交通要道上，或是多瑙河，莱茵河沿岸，大小城市星罗棋布，宛如灿烂的群星，点缀在中世纪"黑暗的"夜空之中。为了发展工商业的需要，市民与国王结成联盟，市民替国王为打破诸侯间的封建割据而举行的战争提供金钱和武器，国王为市民提供一定的自治权和低税率优惠，并通过战争开辟新的市场。

城市的发展促进了手工业的发展，大量能工巧匠集合于各种行会之中，为民族文化的发展尽心竭力，就在这样的前提下，封建社会盛期的另一文化形态——哥特式艺术，在欧洲各国发展起来。

"哥特式"（Gothic）一词，是文艺复兴时期著名画家拉斐尔在他给教皇利奥十世的信中首先被使用的。它本来含有轻蔑的意思，用来批评文艺复兴之前北方野蛮民族（哥特人）的建筑样式。但是，拉斐尔并未亲眼见到过法国的这种类型的教堂，他是凭主观把它描写为非理性的野蛮文化的。实际上，哥特式艺术与哥特人毫无联系，它既非哥特人所创造，也并不发源于哥特王国。它是罗马式艺术之后的一种新的艺术形式，是中世纪经院哲学在艺术上的反映。

哥特式艺术大约在 12 世纪末产生于法国巴黎周围地区。它本来是体现在一种新的建筑风格之中的，后来变为泛指 12 至 14 世纪间服从于这种风格的一切美术形式。

1137 年，阿伯特·苏哲神父着手将巴黎郊区的圣丹尼教堂改建成新的样子，苏哲神父要求在建筑中体现光、高、数三个理想，于是试探着以一种向高处延伸的、增加窗户和改变比例的做法，创造一种新风格。经过两世纪的实践，到 1430 年英国诺里奇大教堂竣工，方才实现一种定型化的哥特样式。欧洲各国并不是普遍都肯定这种样式的，在意大利，它始终居于次要地位。由于各自的民族传统、各地区技术与材料的差异，以及与罗马式艺术的继承关系不一等等原因，各地的哥特式建筑也有所不同。但是，在大多数情况下，可以看出它们本质上是一致的，只是各自采取着不同的方法去解决同一个课题的差别而已。总的来看，哥特式是通过向垂直方向的推挤，而不是象罗马式那样向水平方向的展伸，来求得革新的。从而它打破了罗马式的静态的体块，创造了哥特式的动感的旋律。哥特式建筑的典型特点是垂直线的使用和尖顶的拱券结构，这两者使建筑出现了锐角的组合，造成灵巧、上升的力量，从而牢牢地抓住信徒的感情。哥特式建筑是中世纪建筑的最高成就。

哥特式建筑首先在法国得到发展，是因为法国在路易第八、第九统治下，封建王权得到加强，政治安定，经济和文化进一步繁荣，巴黎代替罗马成为基督教世界的中心。文化从修道院转向大学，提供了哲学和工程方面强大的后盾。使苏哲院长的理想得以顺利实现。法国哥特式建筑成熟的标志是巴黎圣母院（1163—1250 年）。它的正面是左右对称的两座高 63 米的钟楼，排列着一排排矢状尖拱，下层 3 座大门，环绕着一层层使徒和天使的雕像。大门上面是一排精致的雕像，再往上，巨大的放射状中心圆窗，正处于整个教堂正面的中心。上下 4 层之间的比例，

巴黎圣母院　法国巴黎

按照严格的数据，每一层的高宽比也严格按黄金律计算，十分和谐协调，总体效果朴素而又庄严。鲁昂大教堂（1160—1230 年）的规模略小于巴黎圣母院，但也完美地体现了初期哥特式建筑的特点。

13 世纪时，法国的哥特式建筑得到进一步发展。从教堂的外观来看，细长的尖顶长窗和密密麻麻的雕刻，使建筑物披上了满身锦绣，巴黎以北的兰斯、亚眠、鲁昂等处的大教堂尤其如此。巴黎以南的勒芒、夏特勒教堂则比较简练一些。

夏特勒大教堂，从 9 世纪以来就是法国各地的信徒们向往的圣

夏特勒大教堂　法国麦特勒

地。1020 年，原先的教堂遭受火灾，1024 年着手重建，1037 年基本完成，1134 年建起了北侧的塔楼，11 年后建成南侧塔楼。1194 年 6 月 10 日，夏特勒全市大火，大教堂也被烧得只剩下双塔的底层。在僧侣、贵族和商人们的支持下，1215 年又开始重建，直到 1220 年基本竣工。建成后的教堂东西长 130.2 米，正面宽 47.65 米，南塔高 106 米，北塔高 111 米，主教堂高 37 米，是巴黎以南地区规模最大的教堂。它通身以细长的线状柱形成密密的垂直线条，从而增加了它的高耸之感。夏特勒教堂正门内雕象密布，其最出色的作品有《庄严基督》、《圣母子》、《攸底亚王与王后》等，是早期哥特式雕刻中最有代表性的。彩色玻璃窗画也很出色。

使徒（夏特勒大教堂门券雕刻
法国麦特勒

玻璃窗画（夏特勒教堂
法国麦特勒

兰斯大教堂（1225—1299 年）也是在一次火灾之后重建的，1220 之前的第一期工程，受夏特勒教堂的影响很大，1240 年以后的第二期工程，则又较多地受到亚眠大教堂的影响。其正门门券内的雕刻《天使与圣徒》是哥特式雕刻成熟期的典型作品，尤其内侧的带翅膀的天使，面容纯朴天真，充满人间感情，面部甜蜜的笑容被称做"兰斯式的微笑"。

亚眠大教堂（1220—1270 年）是法国哥特式教堂中最大的一

兰斯大教堂（法国兰斯）

座。长 145 米，高 44 米，从 1220 年到 1270 年，花了半个世纪的时间完成了正堂工程，双塔则到 14 世纪和 15 世纪才完成。其门券内的雕刻也十分出色，额板大浮雕《最后的审判》中，在下地狱的人群里也有身著道袍的神父和教士。浮雕装饰《十二月令》，表现了各个季节的农事活动，生动地再现了中世纪法国农民的劳动和生活。

14 世纪中叶以后，由于英法百年战争（1337—1453 年）的影响，教堂建筑陷于停顿，15 世纪英军撤出巴黎之后，才重新发展起来，这时出现了火焰式（Flambayant）窗饰。

英国的哥特式教堂建筑，以 1178 年坎特伯雷大教堂开始，至索尔兹伯里教堂而臻于成熟。此后，英国的建筑师们又创造了"垂直式"的哥特教堂，他们竭尽全力加强垂直上升的效果。细长的窗户几乎从地面一直升到天顶。其代表为科罗斯达大教堂的中殿。

德国的哥特式教堂开始得较晚，1248 年开始修建的科隆大教堂才是真正哥特式建筑的开端，但是它一直拖了 6 个多世纪，到 1880 年才最后完成。它的钟塔高达 157 米，正面宽 61 米。14 世纪时，受法国火焰式影响，出现了奢华琐细的装饰，整个教堂似乎被包围在一种闪烁着神秘光彩的玻璃窗花中，布满透雕棱饰的尖塔，嶙峋矗立，构成一片"锦绣森林"。意大利的米兰大教堂即属此类，它始建于 1386 年，直

天使与圣徒（兰斯大教堂门券雕刻）
法国兰斯

亚眠大教堂正门　法国亚眠

到 1645 年才竣工，一簇簇高高耸立的尖塔和两边的支撑拱架，形成如同一件象牙雕刻的精致工艺品一般，但它却是一座全长 148 米，宽 87 米的宏大建筑。

科隆大教堂　德国科隆

称隆大教堂内部　德国科隆

哥特式教堂中的雕刻与罗马式时代相比，显然是萎缩了。法国兰斯大教堂有 13 世纪最高水平的雕刻作品。门券里的圣母玛利亚和基督的立像，形象生动，有丰富的衣纹。虽然中间有过保守主义倾向的出现，但整个说来哥特式的雕刻艺术是向着重视人性表现的现实主义方向前进着。13 世纪末和 14 世纪初年所建的法国斯特拉斯堡教堂中的《聪明的和愚蠢的圣处女》雕像，更带有浓烈的地方风韵，明显地摆脱了宗教的束缚。法国亚威农的维勒夫教堂的圣母子像也十分富有特色，它利用象牙的弯曲度把人像雕成扭动的姿态，所以被称为"哥特式摆动"（GothicSway）。

在哥特式教堂中，由于窗户的扩张，壁面所剩无几，已经无法提供壁画和浮雕的面积，所以彩色玻璃窗画大为发展，成为哥特式教堂不可分割的一部分。玻璃工匠根据画稿先用铅条做出图画的轮廓线，然后割出小块彩色玻璃镶嵌而成。玻璃色彩种类很多，但基本色调是红、蓝、紫三色，夏特勒教堂和布鲁日教堂的玻璃窗画是这方面最杰出的作品，阳光透过这样的窗户射进教堂，五彩缤纷，光彩缭绕，飘忽宛如仙境。它的制作技巧和色彩艺术上的成就，即在今天也令人惊叹不已。遗憾的是14世纪以后，这个光彩夺目的艺术形式，由于雕刻的复兴而失去了早期的活跃力量。

对于中世纪艺术的评价，历来有着十分矛盾的说法。文艺复兴时期自然主义抬头，反封建的人文主义者们把中世纪艺术看做是"野蛮的"、"原始的"、"低劣的"，这种否定虽然有几分片面性，但也正由于这种批判，才促进了进步的人文主义抬头。因此，在历史上，这种批判的作用是积极的。19世纪初期的新古典主义者也反对中世纪艺术，这是出于对希腊罗马古典艺术的崇敬心理，19世纪末至20世纪初的不少新兴流派，如立体主义者毕加索、德国表现主义的卢特鲁甫、野兽主义的拉奥等人，却对中世纪艺术中出于宗教宣传的需要而采取的夸张变形手法大加赞扬，推崇中世纪民间艺术匠师丰富的想象力和独出心裁的表现手法。并从中探索丰富的形式规

米兰大教堂　意大利米兰

律，运用于他们的创作之中。

这里用得着高尔基的一段话："文化史告诉我们，中世纪的石匠、木匠、木刻家和陶器匠等手艺集团所建筑的房屋和创造的物品都精美无比，那是个体艺术家所不能胜过的。欧洲中世纪的大教堂是这样，西欧和苏联博物馆里那许许多多的陈列品也是这样。如果你仔细看一看这些作品，就会感到，人们创造它们的时候是对劳动怀着极大的热爱的。'渺小的'人们是伟大的匠师——博物馆里的文物和欧洲各个古城的庄严寺院，都给我们说明了这一点"。

伊斯兰美术

公元 7 世纪时，在地中海东岸和南岸的广大地区，伊斯兰文明崛起，从而给这个地区统一的基督教体制带来了新的对抗因素。

"伊斯兰"的意思是顺从。伊斯兰教是由"先知"穆罕默德（公元570—632 年）创始的、信奉全能的真主安拉的"一神教"。穆罕默德生于麦加，以麦地那为传教的中心，《古兰经》（意为"诵读的经文"）是伊斯兰教的最高法典。斋戒、诵经、礼拜、朝圣等，都是他们的修炼形式。其寺院在中国称为"清真寺"（"清"为清净，"真"为唯一），是伊斯兰建筑艺术的结晶。

伊斯兰教最初主要在贫困而缺乏文化的阿拉伯游牧民族如贝都印人中间得到传播，反映了阿拉伯民族要求进一步实现政治上的统一和形成集权国家的迫切愿望。穆罕默德在世之日，就致力于建立以伊斯兰教为最高信仰的统一的阿拉伯帝国。他的形象被描绘为一手拿《古兰经》、一手持剑的英雄，意味着信仰与征服。在他死后的50 年间，历届哈里发（阿拉伯政教合一的领袖，意为"继承人"）不断向外扩张，他们从拜占廷帝国夺取了叙利亚和巴勒斯坦，把拜占廷式的基督教教堂改造成为清真寺，征服伊朗高原，击败波斯的萨珊朝（中国古籍称"安息国"），在乌玛雅德朝（公元 661—750年）进一步扩张，向东深入中亚地区，占据阿富汗和印度北部，并一度威胁中国西部边境，唐史称之为"大食国"。向西进入非洲，沿埃及、突尼斯、阿尔及利亚，越过直布罗陀海峡，进入西班牙（公元711年），从而踏上了欧洲的领土。

乌玛雅德王朝建都叙利亚的大马士革，在那里建造了宫殿和清真寺。后来，阿巴斯王朝（公元750—1258年）迁都于今伊拉克的首都巴格达，在这里兴建的宫殿和寺院，明显地受到萨珊朝波斯艺术的影响。阿巴斯朝阿拉伯王国经济繁荣、文化昌盛，是伊斯兰建筑和绘画艺术的黄金时代。

清真寺

在建筑方面，伊斯兰世界突出的贡献是清真寺。它通常由长长的柱廊、举行净身仪式的水池和宽广的正厅组成。还有一个或几个尖塔，阿訇站在塔顶按时呼唤教徒们举行礼拜仪式。这样的设计是按照宗教仪式的要求产生的。

耶路撒冷的石头清真寺

以色列耶路撒冷

大马士革的大清真寺

叙利亚大马士革

清真寺，作为伊斯兰特有的建筑形式，其特征有两方面：第一是构造上的特征，即从建筑的角度讲，它具有简朴、轻便、合理的特点，它的有效空间很大，几乎没有什么多余的东西，马蹄形的尖头拱门是伊斯兰建筑特有的样子，它合理地分散了上部结构的压力，中央教堂的圆顶是向拜占廷建筑学来的，但清真寺的圆顶多以木构架做骨骼，以减轻顶部的重量。第二是艺术上的特征，即从艺术风格上讲，它也有自己的特色，清真寺内没有祭坛，没有圣像，更没有关于真主和先知的生平故事绘画。他们这种反对偶像崇拜的传统，曾经影响过拜占廷帝国的偶像破坏运动。由于这个原因，清真寺内的装饰多是变形的图案装饰，绝大部分是几何形和花草图案。色调大部分是冷色调，明朗清净，与炎热的沙漠景观形成强烈的对照。

早期的清真寺在小亚细亚一带是以罗马的巴雪利卡式教堂改建的，没有什么独立的特点。到乌玛雅德朝，在大马士革、麦地那、依尔撒拉姆、阿勒颇及富斯塔特（即今日之开罗），建造了不少清真寺，其中最壮丽的，是公元691年在耶路撒冷所建的有"石头圆顶"的奥玛尔哈清真寺。它的八角形正厅，是以拜占廷建筑为榜样建造的。另一个杰出的作品是大马士革的大清真寺，它建于公元705—711年，有一连三个主厅，拱门是半圆形的。

阿巴斯朝是清真寺建筑的繁荣时代，从突尼斯的魁拉旺清真寺、开罗的苏丹·哈桑清真寺（公元877—879年），到遥远的土耳其边境撒马拉城现已成为废墟的清真寺，均为阿巴斯朝所建。阿巴斯朝清真寺的特征，是尖顶圆拱的出现和螺旋形尖塔的采用，它们都是进一步解决承重问题的需要。

拜占廷帝国消亡后，土耳其奥斯曼帝国征服了君士坦丁堡，1453年改名为伊斯坦布尔（伊斯兰之城）。1609—1617年，遵照阿胡米特苏丹的旨意，在已经改为清真寺的圣索菲亚大教堂的

苏丹哈桑清真寺　埃及开罗

旁边，修建了著名的"蓝色清真寺"。

16 世纪时，萨瓦维德朝在波斯地区兴建了许多重要的清真寺。其中以伊斯法罕有绿色乌釉尖顶穹窿的大清真寺最为出色，被伊斯兰世界赞誉为"清真寺之王"。

在西班牙地区，最早的清真寺建于公元 785 年，它的高大正面布满西班牙风格的抽象装饰图案。正厅拥有 10 排列柱，开创了使用双重拱券式立柱的先例，在面向圣地麦加的壁龛上，雕刻着精致的抽象图案，可以看出明显地受到拜占廷镶嵌艺术的影响。同样的结构也应用于托勒多的有 9 个圆顶的清真寺，这个清真寺后来又改成了基督教堂。

西班牙南部地区 12 世纪时是阿拉伯阿尔摩拉维德王朝的辖地，在科尔多瓦、塞维利亚和格拉纳塔等地，兴建了许多水平很高的清真寺，如 1171 年建成的科尔多瓦大清真寺，通体布满弧形线条组成的连续图案，是伊斯兰艺术与西班牙摩尔人的艺术互相渗透的范例。

科尔多瓦大清真寺的拱柱　西班牙科尔多瓦

在格拉纳塔，作为伊斯兰对抗基督教征服的最后一块领地，留下了纳尔兹朝（公元 1232—1492 年）的无数艺术品，最著名的是 14 世纪的阿尔亨布拉宫殿，它具有堪称尖端的伊斯兰装饰图案，在南国的阳光下放出耀眼的光辉。这是一座富有传奇色彩的阿拉伯宫殿，被人们以克里特迷宫相称，分为"米诺牛之宫"与"狮子之宫"两个有柱廊环绕的宫殿。中间是"狮子喷泉"，三者处于一条轴线上。这两个宫室和塔楼，外观均纤细轻盈，内部装饰华丽而又明朗。此外还有"两姐妹之室"中的蜂房式天花板、"诸王之厅"中钟乳形饰板，都具有特殊的美，是阿拉伯艺术最高水平的代表。

阿尔亨布拉宫
西班牙格拉纳达

阿尔亨布拉宫的回廊
西班牙格拉纳达

西班牙的伊斯兰统治以 1492 年格拉纳塔为基督教徒所收复而告结束，但伊斯兰风格的建筑和装饰风格，在西班牙仍影响很深。

装饰艺术

伊斯兰教义不允许表现人物和动物，所以雕刻和绘画的发展受到很大的限制。结果，伊斯兰艺术家们在工艺美术领域中发挥了自己的聪明才智，创造了各种美妙的装饰图案。线条的疏密曲直、色彩的微妙变化，组成和谐优美的节奏，这是伊斯兰艺术家对世界艺术宝库的伟大贡献。

伊斯兰工艺匠师们在图案创造中表现出他们无限的创造才能。从单独的几何纹样到复杂庞大的建筑装饰，有连续、间隔、穿插、自由发挥，挥洒自如。图案组织是那样严密，而运用起来又如此轻松。加上那回曲的阿拉伯文字穿插，直线和曲线的几何纹样、缠绵不断的蔓草花叶……，流畅、舒展，进止自如，充分说明阿拉伯艺术家使用线条的才能。

伊斯兰美术的装饰风格，在圣、俗诸方面均得到巧妙的应用。建筑上的彩釉砖面装饰、嵌瓷壁画、大理石或木雕细工、织毯、刺绣、首饰、服装……各方面都呈现这种风格。特别是那种垂幛式的装饰纹样，其构图如同倒挂的钟乳石一般，在欧洲的华丽宫廷里也得到了应用。

大马士革大清真寺嵌瓷壁画
叙利亚大马士革

金银细工和陶瓷方面，匠师们创造了各种秀美造型的铜或银制的壶、罐、酒杯、盘子等等。陶瓷造型丰富，色釉质量高超，尤其是青花釉的发展，在以瓷器发源地著称的中国亦不逊色。织毯方面，阿拉伯工匠的产品，以"波斯地毯"的名声，远销世界各地。

细密画

公元1258年，阿巴斯朝灭亡后，不准描绘人物动物的禁令有所放松。这时，出现了附属于伊斯兰传奇文学作品的细密画插图艺术。画面色彩丰富，形象和构图体现出写实与想象的巧妙结合。透视法则也是按照东方的习惯自由处理的。巴格达是出产细密画的中心。14世纪时，在波斯地区的大不里士，也出现了水平很高的作品，13世纪时成吉思汗率蒙古人西下，带来中国文明，阿拉伯细密画家们兴致勃勃地从中国绘画中学到了东方手法。例如风景中的山川和树木画法，往往都归纳为几种

细密画抄本插图
伦敦国会图书馆

简练的笔法。

土耳其奥斯曼帝国（公元 1290—1922 年），是伊斯兰世界最后的光荣篇章。13 世纪奥斯曼从土耳其南下的时候，埃及的阿拉伯马姆鲁克王朝尚在强盛中，他们在开罗建造了豪华的巴桑苏丹的清真寺。1453 年奥斯曼帝国征服拜占廷，再度统一阿拉伯世界，16 世纪时，在伊斯坦布尔修建了阿胡米特一世的蓝色清真寺，在印度的莫卧儿帝国领袖们，则修建了著名的泰姬陵庙（1632—1653 年）。这是伊斯兰艺术最后的光辉。

早期美洲美术

美洲人种的发源，至今蒙着许多神秘的迷雾。由于美洲大陆没有较高级的灵长类动物存在，也没有发现过猿人或类人猿的化石，所以有人认为美洲原始居民是在 4 万年前经过白令海峡的陆桥进入美洲的亚洲人。圣地亚哥曾发现两块头骨的化石，经鉴定距今约 38000 余年，可惜它太不完整。石器时代的遗物有发现于加拿大的克洛维士矛头，约为 1 万年前的遗物。地下发现的各种农作物种籽和果实，说明这里有相当发达的农业经济。16 世纪初，当欧洲的探险家登上这块土地的时候，他们看到的是许多从未见过的农作物，如玉米、薯类、花生、大豆、胡椒、咖啡、可可、烟草、棉花和蕃茄等等。陶器的制作大约在公元前 3000 年左右即已开始，早期玛雅人把陶制的人形俑击碎以代替活人殉葬，这与中国以俑殉葬的习俗颇相近似。

早期印第安人的社会形态，没有明确的资料佐证，但是从现存的大量建筑、雕刻遗物的规模和内容来看，至少在公元前 1000 年左右，即已进入奴隶制社会，方能展开那样大规模的、有组织的、具有明确的精神内容的伟大工程。早期美洲美术，不论建筑、雕刻、绘画，都与宗教有关，虽然各地区崇奉的神祇不同，但都有隆重的祭祀仪式和支配社会生活的力量。

依照史前人类从白令海峡进入美洲的假设，他们在沿西海岸南行的道路上，出现了三个主要文化中心。这就是：位于今日墨西哥南部的阿兹特克文化；位于中美洲犹卡坦半岛至洪都拉斯、危地马拉的玛雅文化；和南美洲安第斯高原上的印加文化。一般史学界均按此系统介绍美洲文化。

阿兹特克文化

墨西哥南部地区的阿兹特克文化，包括许多不同部落在不同时期的作品。公元前1000年左右，奥尔麦克人在这里创造了最初的文明，后来，4至7世纪时，靠近西海岸的萨波特卡人繁荣起来，他们同奥尔麦克人共同建造了伟大的特迪华堪城。公元7世纪至11世纪，中部的托尔特克人又一度强盛，他们曾经侵入玛雅人的地区，和玛雅人共同创造了奇成易萨新城壮丽的庙宇。直到12世纪，阿兹特克人在墨西哥中部崛起，很快控制了高原地区，14世纪时形成奴隶制国家，创造了高度文化。首都特诺奇特兰，是墨西哥城的前身，曾到达10万人口，指导农业生产的历法、植物和动物的分类，都是阿兹特克人的伟大创造。

奥尔麦克人的头像
墨西哥人文博物馆

在这里创造的建筑、雕刻、绘画等等艺术作品，显然是服务于宗教的要求的，虽然各个时期各个部落所崇奉的神不同，但反映在艺术上都具有一种威严、冷酷，甚至有些阴森恐怖的基调。奥尔麦克人崇拜美洲虎神，这是一种外形与豹相似的猛兽，可能被视为代表力量和勇猛的品格而被作为图腾崇拜。反映在奥尔麦克人的雕刻中，常常巧妙地把美洲虎的特征和人结合起来，许多雕像的面容看上去十分像美洲虎：短鼻、巨口，厚厚的嘴唇向左右急遽下垂。1938年在委拉克鲁斯省特拉斯泽波特村发现的巨石头像，高达2米，重约

16 吨，头戴盔帽，具有向下弯曲的口角和扁平的鼻子，显然属于亚洲人种的特征。1939 年又发现了处于沼泽之中的拉范达城，这里有 4 座巨大的头像和高达 33.5 米的粘土堆成的金字塔。它建成的时间被测定为公元前 800 年前后。这是美洲发现的最早的文化中心。

公元 4 世纪至 10 世纪时，墨西哥西海岸的奥阿哈卡州附近，萨波特卡族人接受了奥尔麦克人的宗教，在蒙底阿尔班修建了庙宇和金字塔。后来，他们在墨西哥中央高原建造了宏大的特迪华堪城，它的庞大的金字塔群，是墨西哥最壮观的古迹。特迪华堪显然是一个经过精心规划的城市，有一条宽阔的大道贯通全城。道旁有著名的太阳金字塔、月亮金字塔和供奉羽蛇之神魁特塞科特的神庙，金字塔和庙都是多层平顶建筑，每层的外墙上有许多巨大的羽蛇之头突出着，其造型是颇与中国的龙头相似的。在这个金字塔群的周围建有许多祭司和贵族的住宅，大多是土木结构，现在只有地面和一部分墙壁还残留着，墙上往往画有华丽的壁画，有一幅《雨神的天堂》最为著名，中央和两端交缠的羽蛇纹，与中国的龙纹也极其相似，画面表现雨神达拉洛克使死者在天堂里过幸福的生活，许多小人在蝴蝶和花草丛中游戏、唱歌和跳舞。红、绿、蓝、黄等颜色至今仍很鲜艳。

托尔特克人的文化中心是公元 9 世纪时兴起的杜拉城，它的位置在今日墨西哥城西北约 80 公里。杜拉城的建造者是墨西哥古代传说中的英雄托皮尔兹金，他也崇奉羽蛇之神魁特塞科特，神殿和雕刻都表现出凶残和力量，目前除存有一座不高的金字塔外，精彩的遗物就是塔旁残存的 4 根 4.6 米高的雕成战士形状的方柱。战士头戴盔帽，身穿铠甲，表情呆板而严肃。托尔特克人在 10 世纪时将自己的力量扩展到犹卡坦半岛，在那里与玛雅人一起建设了伟大的玛雅文明的中心奇成易萨城和乌斯马尔城。关于这两个城市，我们将在玛雅文化中介绍。

阿兹特克人崇奉的神叫做维兹洛波奇特，意思是笨拙的蜂鸟，

玛雅总督府墙壁
黑西哥乌斯马尔

雨神查克—穆尔斯
墨西哥

据说他从母亲身体内跳出来时就是一个成人，手执闪电杀死了他的400个兄长。祭祀维兹洛波奇特的仪式非常残酷，祭司把活人的心奉献给这个嗜血的神。1325年阿兹特克人在特克斯科科湖中的岛屿上建设坦诺奇特兰城，这就是墨西哥城的前身。到1519年西班牙人侵入这里的时候，已成为一个华丽宏伟的城市，据西班牙殖民者的描述，它比当时的伦敦大5倍，估计有30万市民，堂皇的金字塔高高耸立，豪华的住宅、繁荣的商业区与运河互相交叉。最大的金字塔高约30.5米，塔顶有祀奉战神和雨神的庙宇，墙上和地面都布满直线组成的各种复杂的浮雕图案。内容大约是恶鬼、羽蛇和一种猛禽（食肉的鸷鸟）的变形。

玛雅文化

玛雅人在公元前1000年左右形成稳定的农业经济，公元1世纪时在犹卡坦半岛和洪都拉斯西部形成几个奴隶制城邦，4至9世纪的500年间，玛雅文明达到最高峰，13世纪托尔特克人征服玛雅，此后逐渐衰落。

陶桶

墨西哥人文博物馆

丰收之神

黑西哥人文博物馆

玛雅人有自己的象形文字，他们在石碑上记载重大事件，有准确的历法，把 1 年分为 18 个月，每月 20 天，外加 5 天 "忌日"，共计 365 天，指导农事的节气都分布在 18 个月内。玛雅人也是技艺高超的艺术家，他们建造了华丽的庙宇、精美的绘画、生动的雕刻和精致的手工艺品。玛雅宗教崇奉着众多的神，祭司穿着华丽的长袍，戴着有羽饰的高帽子，从小就把额间的肉捏成一块隆起的疙瘩，用贝壳和银子做成的首饰布满全身。祭神的仪式可能不像阿兹特克人那样残酷，但对于俘虏和罪犯，则毫不留情地在神殿中处死。

建筑方面，玛雅人在广大范围内建造了许多著名的城市，早期的城市如危地马拉的狄科尔，洪都拉斯的科朋和犹卡坦半岛的拉布那，这些城市明显地表现出玛雅社会的严谨结构，有着陡峭阶梯的金字塔上，刻着复杂的象形文字，金字塔周围是神庙与宫殿。12 世纪时，由入侵的托尔特克人与玛雅人共同建造了著名城市乌斯马尔与奇成易萨，这两座城市的建筑带上了托尔特克人冷酷的风貌，乌斯马尔 "总督府" 正面精美的墙壁，布满了类似编织纹样的图案，中间穿插着雨神的头像。回纹和双回纹结构的几何图案，也令人想到东方风格。托尔特克人用骷髅和交叉的人骨图案装饰着祭坛的底座，显得十分森严可怖。奇成易萨的金字塔前有 100 多根圆柱组成的战士之庙遗址，庙前有屈身躺卧的"查克—穆尔斯"雕像，双手捧着腹部的圆盘，可能是放置祭品的地方。这里汇聚了玛雅文化的宁静欢乐和托尔特克文化的凶残暴戾，形成一种不调和的格局。

玛雅的制陶艺术开始于公元前 1000 年左右，他们用陶制的人物殉葬于死者的墓穴，这些俑都做得十分生动，它们再现了日常生活的丰富多姿，舞蹈、击鼓、奏乐、哺乳、磨面、烤饼，种种姿态，简练而又传神，实在是古代艺术中的珍品。

玛雅文字：八鹿之书·墨西哥人文博物馆

玛雅的绘画，以 1946 年在墨西哥南部丛林中发现的博纳柏克（玛雅语"画墙"之意）最为著名，那是画在一座有拱顶的房屋内的墙壁上的壁画，记述一个游行仪式的始末。房屋共分 3 间，所画内容也不同，第一间表现仪式前的准备，14 名穿白袍的酋长，头戴不同的帽饰，观看游行和舞蹈的行列；第二间叙述游行后的玛雅战士攻入一个村庄，捕捉俘虏以作祭神的牺牲；第三间画着献祭之后的酋长和祭司悠闲地在乐队簇拥下走回村庄。绘画技巧基本上是单线平涂，色彩鲜明，线条简朴有力，人物的面容没有明显的个性区别，只是依靠不同的服饰道具显示其不同的身分。

玛雅人的象形文字可以说是一种精心设计的图案，他们在比例匀称（接近黄金比）的矩形内，巧妙地绘出动物、植物和线、点的图形，用以表示日期和事件。字有部首，按竖行排列。

现今研究美洲的学者们普遍承认玛雅美术中独特的几何化风格和他们的风俗习惯，更接近中国古代文化的传统，甚至有人认为玛雅人实际上是被周武王驱逐的殷商后裔飘洋东渡到美洲落户的。

印加文化

印加文化的地域范围，包括南美洲西海岸和中部安第斯高原地

纳兹卡人的彩绘陶器
华盛顿人文博物馆

区。南北长达 4000 公里，分布在今日从厄瓜多尔经秘鲁、玻利维亚到阿根廷和智利的狭长地带。

从公元前 1000 年左右这里就开始出现制陶、金银细工和玉石雕刻工艺，公元 10 世纪以前，属于早期印第安文化的中心地有三：第一个是北方的奇莫查族，在今日的哥伦比亚、厄瓜多尔地区建造了简陋的砖造金字塔和工艺品，陶器的制作已相当精致，有塑成人头形或动物形的陶壶及有镫形把柄的杯子等等。金银细工表现在首饰的制作上，奇莫查人在木雕的模具上敲击出很薄的金制首饰，并且镶以宝石珠玉佩在手、足和颈部。第二个中心是秘鲁西南沿海的纳兹卡族，他们在陶器、纺织品和金银制品上创造了美丽的几何形图案纹样，还有一种人形彩绘陶，就在陶罐或陶壶的外壁画上人物的身形，巧妙生动，个性鲜明，是上古艺术中的精品。第三个中心是居住在高原中心的列库安族，他们的才能在建筑上表现的十分突出，加工精细的石块，在建筑物上坚牢美观，这里早期陶器往往采取极度夸张的人和动物的形状，常见的是猫。和奥尔麦克人一样，早期印第安人崇拜美洲虎，在以上三地区的遗物中均可看到虎和虎形人的图形。

公元 10 世纪以后，在秘鲁与玻利维亚国境上的狄狄喀喀湖周围地区，发展起以首都狄华那科命名的文化。虽然其遗址现在已是一片废墟，但仍给人以深刻的印象。建筑物（神庙或堡垒）以精细打磨的石块砌成，石与石之间

奎姆人的金银工艺品

往往用工字形的铜钉铆入接缝，最著名的是一块巨石雕成的人形庙门——太阳之门。这是一个以美洲虎的侧面头像作帽子的男子立像，表情刻板，方形面孔上有滚圆的泪珠从瞪着的眼睛里流出来；可能这便是狄华那科人崇拜的神。门上有简略的雕刻，门前立有许多朝拜者的小型石头立像。这里的陶器和刺绣也很出色，其内容多是抽象几何形图案和美洲虎与秃鹫的形象。

印加人的村落遗址
秘鲁马楚皮楚克

印度人的石墙
秘鲁库兹卡

公元 1300 至 1438 年，北方的奎姆文明取代了奇莫查人，奎姆艺术家的才能主要在工艺品的制作上，这里出产着一种有人物浮雕和镫形把柄的球状陶壶，还有从事各种日常劳动的小陶俑人形；金银细工的制作也很发达，腰带、首饰、酒具、人像、葬具和假面等，不胜枚举。有一种美洲虎形的黄金佩锁，形制很像中国民间儿童佩带的项链上的"长命锁"。

印加文明最后的光荣是巴库查提于公元 1438 年大力扩张的印加帝国。他率领士兵沿亚马逊河东进，占领了肥沃的乌鲁班巴盆地，然后顺着终年积雪的安第斯山脉，进军卡哈马卡，向南扫荡了狄华那科，直达爱玛拉，把北起厄瓜多尔，南到阿根廷的印第安诸部落都置于他的统治之下。巴库查提亲自建设了位于海拔 900 多米的安第斯山上的首都库斯科，这里的建筑简练宏伟，结构精密，没有什么多余的装饰，多边形的石材，全靠精确的计算巧妙地拼接在一起，中间的接缝连刀片也插不进去。山顶城市马楚皮楚克，海拔位置在1500米以上，占地40余公顷，层层阶梯和道路把宫殿、兵营、住房连接起来，不少堡垒中储藏了大量的金银器皿，显示出印加工艺匠人的高度技巧。1532年西班牙军队用阴谋手段消灭了印加帝国，掠夺了那里埋藏的大批财富。

与其他几个文明古国的艺术相比，可以看到，早期美洲的文明是丰富多样的，虽然由于殖民者的残暴，我们对它的认识还充满着不解之谜。但是，从呈现在我们面前的这许多艺术作品来看，可以看到一种受到严厉宗教精神支配的精巧的才能，它所表现的与其说是和平与幸福，不如说是战争与死亡，与其说是希望，不如说是痛苦，与其说是热情，不如说是冷酷，因此，它同西方古典文明的传统是根本对立的。但印第安伟大艺匠所具有的高超的表现力和精湛的技巧，却和任何古典文明一样，是卓越的、富有积极进取的伟大精神的。

三、文艺复兴时期工艺美术

陶工艺

文艺复兴时期，由于陶制品材料自身价值的低廉，迎合了新兴市民阶层的广泛需求，从而获得了大力发展。这个时期的陶器工艺首先是在意大利繁荣发展，并影响欧洲诸地的。当时的意大利，陶器工艺已取代了中世纪贵金属工艺的重要地位，各地陶器生产兴旺发达。佛罗伦萨、锡耶纳（Siena）、博洛尼亚（Bologna）和卡拉拉（Carrara）等地都是制陶业盛地，这些地区生产的陶器不仅满足国内的需要，还远销欧洲其他国家和地区。

文艺复兴时期意大利陶器一般被称作"马略卡式陶器"。马略卡

彩绘鸟纹单耳陶罐

（Mallorca）是地中海的一个岛屿，西班牙瓦伦西亚（Valencia）的赭色釉陶曾经过此岛大量输入意大利，可见意大利陶器是受到伊斯兰陶器工艺影响的。但意大利的所谓马略卡式陶器在制作和装饰上与瓦伦西亚的赭色釉陶相去甚远。马略卡式陶器制作工艺首先是成型素烧，然后施白色陶衣，干后绘饰，再二次烧成。绘饰色彩以黄、青、绿、紫为主。绘饰内容早期多为图案化的植物、鸟兽和文字组合、纹章等等，还保留着晚期哥特式装饰的痕迹。晚期主要是表现神话故事、寓意人物和日常生活情景，手法写实，造型严谨。器形常见的有把手壶、大盘、敞口瓶和药瓶，另外还有用于铺地的陶砖等等。

意大利马略卡式陶器在文艺复兴时期对欧洲不少国家影响甚大。早在 14 世纪时，法国宫廷就曾招聘意大利陶工烧绿与紫色的陶砖。1512 年，马略卡式陶器的制作，开始由意大利传入法国。1530 年前后，法国的马略卡式陶器便已流行起来，而且各地陶窑都具有相当大的规模。

16 世纪后期，法国的陶器工艺呈露出独自的风格特征。著名的法国陶艺家伯尔拉尔·巴利希（1335—1590 年）经过多年的探索，创造了所谓"田园风味的陶器"。这种类型的陶器以浮雕式的装饰手法代替了马略卡式陶器装饰的绘画

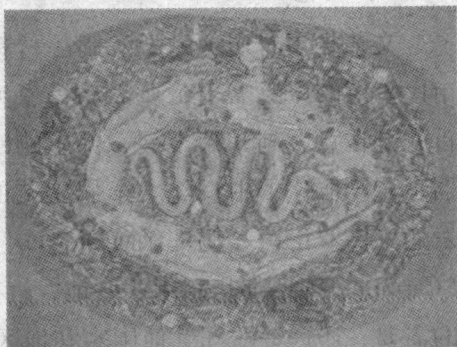

椭圆形陶盘

性。常见的装饰题材是鱼、贝、昆虫、螯虾、蛇和蜥蜴等，表现手法写实，却趣味奇特。巴黎卢浮宫藏的《椭圆形陶盘》是巴利希的代表作。陶盘的长达 53 厘米，在盘的平面上用高浮雕手法表现了蛇、蛙、昆虫和其他动物植物形象，再加上黄、蓝、绿等色的透明铅釉，使整个陶盘装饰呈现着特殊的效果。

马略卡式陶器在德国和奥地利的影响并不大，这可能是因为马略卡式的日常陶器用品在这里不受重视，而制陶工艺发达的主要原因是生产大量的砌壁炉或其他火炉用的陶砖。文艺复兴时期德国陶器工艺的两项重要成果是出现了带有盐釉高温烧制的炻器和通常被称作"哈夫拉式陶器"的色泽丰富的铅釉陶器。哈夫拉式陶器的主要产地是纽伦堡，这种陶器多以深蓝色器壁为主，其上饰以浮雕式的多彩人物形象。这种装饰手法曾在莱茵河流域，尤其是北方各地流行一时，出现过不少仿哈夫拉式陶器的作品。

玻璃工艺

文艺复兴时期意大利玻璃器生产的中心是威尼斯，这里不仅全面地继承了古罗马以来业已形成的制作玻璃器的传统工艺，而且大量生产中世纪壁面镶嵌装饰所需要的材料。尤其是威尼斯因地理因素，受到伊斯兰先进的玻璃器工艺的影响。但严格地讲，文艺复兴时期玻璃器的生产并不在威尼斯城，而是在受到威尼斯共和国庇护的穆拉诺岛（Murano），所以文艺复兴时期意大利的玻璃工艺是以"穆拉诺式玻璃器"著称于世的。

早期的穆拉诺式玻璃器的装饰是在成型的器皿上加以彩绘，然后二次烧成。常见的有玻璃高脚酒杯、碗和盘等等，在器形上显示着对金属器或陶器的模仿。在装饰上是以彩绘形式

威尼斯玻璃酒杯

嵌网纹玻璃盖罐

表现神话故事、寓意人物、以及现实生活中的骑士、淑女，也偶然可见以抄本装饰画为范本的宗教绘画内容，壁地多呈深蓝或赤紫的半透明色。

至 15 世纪末和 16 世纪初，这种带有绘画性装饰和珐琅式技法的玻璃器逐渐为透明程度完好的玻璃器所代替。这种玻璃器质地细腻，造型优美，器壁很薄，色彩自然而变化丰富，充分发挥了玻璃器自身材料和工艺的性能。另外，还出现了一些模仿大理石或玛瑙纹样与色彩的玻璃器，效果或高贵典雅，或富丽华美。

威尼斯玻璃制品常常以涂金、上釉等方法装饰，但也有其他装饰技术与制品实际制作更紧密联系在一起。透明的玻璃中可以嵌入不透明的白色线条以形成一种"嵌线玻璃"（Vetro a fili）或者另一种更为精致的"嵌网玻璃"（Vetro a reticello）"另外，尚有一种起皱的"冰纹玻璃"和"罗马式玻璃"具有新奇而独特的艺术效果。

金属工艺

金属工艺在文艺复兴时期虽然已不占有像中世纪那样的重要地位，尤其是贵金属在刚刚兴起的市民阶级中缺少市场。但是，金属工艺在此期还是取得了显著成就。在文艺复兴时期，不少优秀的艺术大师都曾涉足金工行业。

在意大利，金属工艺到了 15 世纪后期和 16 世纪随着市民阶级生活的富裕有了相当的发展。据记载，1474 年仅佛罗伦萨就有 44 个金银细工师的作坊。当时最著名的金工师是贝维努·切利尼（Benvenuto Cellini，1500—1571 年），他出生在佛罗伦萨，对米开朗基罗的艺术十分倾心，由他撰写的自传和技法论是研究文艺复兴时期金属工艺的重要文献。他的杰出代表作是为法兰索奥一世制作的《金

制御用盐缸》，缸体全部由黄
金做成，在椭圆形的台座上雕
刻着两个相对而坐的神像（地
神和海神），周围还有象征着
四季的浮雕大象，作品豪华而
精致，形成了与中世纪贵金属
工艺风格迥异的装饰特征。

金制御用盐缸

在欧洲其他国家，文艺复
兴时期的金属工艺发展并不平
衡。有些地区因不断的战乱使金属工艺发展受到阻碍，当时比较兴
盛的是法国和德国。这两个国家的金工技艺较之陶器或玻璃器似乎
较少受到意大利的影响，但就其自身而言，这种影响仍然是明显存
在的。如切利尼就曾应法兰索奥一世之邀，在法国逗留过四五年时
间，他有 30 多个弟子，其中多数是外国人，以至他被看作是具有代
表当时欧洲最高金属工艺水平的金工师。

螺形水壶

在阿尔卑斯山以北的欧洲国家里，
法国是贵金属工艺的中心，这是与法国
王室势力的强大和资力的雄厚分不开的。
在这里与中世纪贵金属工艺呈现出不同
岁月的是器物种类和装饰内容。法国文
艺复兴的金银制品多为餐具、烛台、摆
动件，以及刀剑甲胄和壁炉的装饰等等。
在装饰内容上虽然也常见对哥特式建筑
物局部的模仿，但更多的是装饰着人物
或动植物形象，题材有历史故事和神话
传说。

在德国，纽伦堡是银器制作的最大
中心，丢勒就是以银器工匠的身份跨进

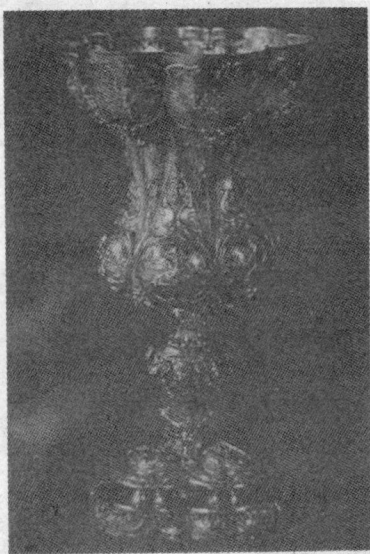

豪华银杯

艺术殿堂的。当时在纽伦堡有一大批技艺精湛的金工师，其中声名极高的文策尔·雅姆尼策（Wenzel Jamnitzer，1508—1585）深受皇宫贵族的欢迎，他的作品大多为宫廷所藏。据说，他发明了一种旋转的印戳用来制作线脚和重复的缘饰，丰富了金属工艺的装饰技法。这种用印戳压印出的缘饰不仅出现在他自己作坊的产品上，也出现在受他影响的作品上。从现藏于阿姆斯特丹国立博物馆的《银制台饰》和慕尼黑莱奇蒂宝物馆的《螺形水壶》两件代表作品上显示出，雅姆尼策不仅具有完美的金工技艺，而且在装饰手法上也吸取了"田园风味陶器"的某些特点——以写实工细的手法表现了昆虫或其他爬虫类，从而形成了趣味别致的装饰效果。

约翰·泰纳也是文艺复兴时期纽伦堡著名的金工师。《豪华银杯》即出自他手。作品造型富于变化，充满着动势，洋溢着华贵高雅的宫廷气息。装饰则以繁复多变的植物纹样为主，布满器皿每个部位，增加了纤秀豪华之感。显然，这是在银——这一单纯的材料条件下，匠师为了不产生乏味的感觉而追求的丰富肌理效果。

染织工艺

文艺复兴时期意大利的染织工艺相当发达。佛罗伦萨、锡耶纳和米兰等城市都是当时机织业的中心，有的工坊规模颇为可观。从现存的织物来看，无论是制作工艺，还是图案设计都受到东方的影响。在这些织物中以织锦较为出色。这类织锦既有红或蓝等单色的，也有双色、三色或加金丝的花锦。在装饰题材上有宗教、神话故事和中世纪的骑士、淑女，以及各种花卉图案，表现手法写实，与同

织物·爱的礼物

时期的造型艺术具有共同特点。15 世纪意大利织物纹样中最有特色的是石榴纹，花、叶形状复杂，构图充实，制作精细，效果富丽华贵。16 世纪织物纹样的特色不很明显，表现手法渐趋图案化，常以对称的构图和大结构的花卉纹样构成明快安定的效果，色彩更加强烈，机织技艺也愈加精巧。

织锦工艺是 14 世纪后期才在欧洲各地广泛流传的。除了意大利以外，法国的巴黎和巴德兰的布鲁塞尔、安特卫普等城市也都有较大规模的织锦作坊。尤其是当时的皇宫邸宅都时兴以织锦作壁面装饰，需求量颇大，导致了织锦业的兴盛，同时也形成了各自的地方特色。巴黎织锦的装饰题材多以英雄传说或骑士故事等人物为主，并配以景物，追求一种色调淡雅、风格清新的装饰效果。布鲁塞尔织锦的装饰题材以宗教故事或历史传说为主，在表现手法上带有绘画式的特点，当时不少绘画大师的壁画作品已成为粉本。

另外，文艺复兴时期用作服装面料的染织工艺也有很大发展。海上新航道的开辟和新大陆的发现，使东方古国的织锦、丝绸和印花棉布等高档面料源源不断地输入欧洲，从而也促使欧洲本土的毛料和天鹅绒等纺织品的奢华程度不断升级。有些面料还在织锦和天鹅绒里织进了闪闪发光的金丝银线，效果华丽而奇特。

木工艺

欧洲文艺复兴式的木工艺主要体现在各类家具的设计制作上，最早兴盛于 15 世纪后半期的意大利，并在其后的一百多年时间里风靡法国、英国、德国和尼德兰等国。在这些国家里，同时期的家具设计和制作工艺也各具特色。

文艺复兴时期意大利木工艺的 3 大中心地是佛罗伦萨、罗马和威尼斯。

佛罗伦萨是意大利文艺复兴时期的重要城市，这里的木工艺在当时的意大利也是首屈一指的。佛罗伦萨制作的胡桃木柜子名闻遐迩，这种柜子正面呈长方形，带有高高的底座，四角柜架常采用半附柱或螺旋形支柱的形式，顶盖有檐板。正面常绘饰或雕刻着神话传说、寓言故事、风俗活动和祝福等情景。

文艺复兴盛期时佛罗伦萨的扶手靠椅相当流行，它常由四根平

婚礼用木器

直方腿组成，前腿正面和椅背刻有华美的图案，有的甚至用天鹅绒或皮革加以装衬。其实，自16世纪中期以后，佛罗伦萨的家具设计已基本上失去了早期简洁单纯的特征，而日趋豪华精美。当然，普通市民所用的家具还仍然不失原有的风格。

罗马是文艺复兴时期意大利的另一个木工艺中心。这里是教廷的所在地，同时又是人文主义者活跃的场所，但仅从家具的装饰工艺上可看出教皇的权力是至高无上的。教皇当时倡导罗马的家具装饰应模仿古代大理石雕刻和浮雕艺术，结果是罗马的家具装饰大多成了古代雕刻艺术的复制品，这与佛罗伦萨家具注重材料特性，结构性能和形式的多样化相比，显然是未能获得充分的发展。

威尼斯是文艺复兴时期意大利的一个富足的商业和手工业城市，威尼斯人的享乐主义倾向在工艺美术的各个方面都有所反映，木工艺也同样如此，就总的样式而言，它是哥特式窗格装饰与文艺复兴式装饰的结合，而其特色则是各种装饰手法的广泛运用。常见的有石膏浮雕、贴金、漆绘、骨片和象牙的镶嵌、嵌木细工，以及天鹅绒衬垫等等，从而形成了一种豪华精美的风格。

法国文艺复兴时期木工艺的中心是巴黎，在这里，家具设计和制作工艺都取得了丰硕成果。仅以巴黎的碗橱为例，这种碗橱尽管在造型上还保持着旧式双门结构的某些特点，但在装饰手法和形式上却是新颖的。橱面常以线条简洁的半附柱分割，顶端雕有檐板、带饰和下垂状的花草纹样，橱门上则以浅浮雕的手法表现寓言人物和神话故事。尤其是

镶有黄金与宝石的柜子

后期制作的胡桃木的碗橱还采用了大理石镶嵌的装饰手法，石膏浮雕的纹饰也大多贴金，从而显得华贵精巧。

文艺复兴晚期法国的木工艺也像意大利似的流于装饰的繁缛琐碎，早期简洁而典雅的装饰纹样已为女像柱或扭曲半附柱的装饰所替代，似乎已预示着巴洛克式家具的出现。

英国文艺复兴式的木工艺装饰更多的是表现了一种该民族固有的单纯而明快、刚劲而严谨的风格特征，即使是伊丽莎白（Elizabeth）王宫或贵族邸宅里的家具装饰也基本如此。这种风格较为明显地反映在碗橱、长桌、四柱床和供桌等家具中。桌子和床多采用方基柱头和回栏式的支柱，有的还采用巨型瓶状的支柱，柱体通常刻有漕纹和莨苕叶图案，腰部造型略嫌臃肿。带有旋腿、高背的座椅同样给人以粗拙和厚实的感觉，尤其是一些追求纯粹直线造型的橱柜，完全体现了英国文艺复兴式木工艺的特征。不过，到了16世纪末和17世纪初，斯图亚特（Stuart）王室和查理一世宫廷的家具装饰已日趋豪华，带有天鹅绒坐垫和帷盖的大椅子、四柱床已完全失去了原有的风格特征。从而也在一定程度上反映了英国文艺复兴式木工艺风格的多样性。

德国文艺复兴时期木工艺的中心是纽伦堡。这里的木工艺早期接受意大利影响比较明显，如在半附柱和檐板等装饰手法适用十分广泛，一般碗橱的正面常采用一组、两组或三组的柱头装饰，有的还在顶柱部位的山墙形中嵌以小型壁龛，以至成为一个建筑物的缩景。这类碗橱以枞木为主要材料，多以木纹细腻的桦木（白蜡木）作贴饰，兼或也以菩提木和橡木作雕刻装饰。纽伦堡家具装饰晚期趋于精巧繁复，所谓的耳形装饰和涡卷花饰都足以证明。

除纽伦堡以外，德国木工艺的繁盛地还有法兰克福、巴赛尔和奥格斯堡（Augsburg）等城市。这些城市的大型碗橱、供桌、座椅和雕壁装饰等相当出色，其中尤以奥格斯堡的装饰橱柜最为著名。这种装饰橱柜是由传统的珍品橱和箱形的台座组合而成的。橱柜的正面和台座分别饰以精美的圆柱和生动的人物，全身遍布黄杨木雕刻和镶饰，另外如象牙、大理石和金属镶嵌，铜质浮雕，镀金人像、漆画和玻璃背面镀银等工艺手法都在这件作品上发挥得尽善尽美。

"尼德兰"（Netherland）意即低凹之地，相当于现在的荷兰、比利时、卢森堡和法国东北的部分地区。早在中世纪时这里就是北欧主要的国际贸易中心之一，文艺复兴式木工艺的发展要比德国北部的某些地区更为先进。布鲁塞尔、安特卫普和里格是文艺复兴早期木工艺的三大中心，它们以高超的雕刻技艺和叶簇装饰的形式形成独特的风格，并曾影响过德国北部的家具装饰。

四、巴洛克时期工艺美术

染织工艺

17世纪欧洲的织锦壁毯工艺在追求豪华奢侈生活的富裕的王公贵族的提倡下，由无数优秀的画家和织物师共同努力取得了辉煌的成就，它的繁盛地是法国巴黎、佛兰德斯的安特卫普和荷兰的阿姆斯特丹等城市。

路易十四世的宰相戈培尔曾于1662年将分散在巴黎的织锦壁毯作坊集聚起来，成立了宫廷性质的"戈贝兰织物所"，负责人是宫廷画家夏尔·勒布伦（Charles Lebrun，1619—1690），闻名于世的"戈贝兰式花壁毯"（Gobelins tapestry）即由此而来。路易十四世时期的法国艺术活动均受到宫廷的制约，织锦壁毯工艺也不例外，当时戈贝兰织物所的设计样稿均由宫廷画家制作，其中尤以勒布伦的样稿为最。他的

大法官的壁毯

样稿内容包括希腊神话、宗教故事和历史事件，其中以表现路易十四世生涯的十四幅《国王的故事》和三幅《亚历山大的故事》，以及《十二个月》等最出色，历来被看作是巴洛克织锦壁毯工艺的珍品。当然，有些样稿是在其他画家协助下完成的。

壁挂·路易十四加冕式

现藏巴黎戈贝兰博物馆的《路易十四加冕式》是国王的故事中的一幅壁毯。作品中人物众多，场面壮观。中央前部的地面是在蓝底上以金丝织成象征波旁家族（Bourbons）的纹章；右前方是身着红色外套的马萨林（Jules Mazarin，1602—1661）枢机主教，其后是路易十四世的母亲和奥地利的王妃；居中的路易十四世也身着带有象征性纹样的服装，周围人物多着浅色服装，并在同类色中显示着明暗、浓淡的变化。作品的样稿设计和制作工艺虽然都很成功，但一味模仿大型装饰壁画的表现而使织锦壁毯固有的艺术特征丧失了，这也是同时期织锦壁毯工艺共有的特点。

巴洛克时期大型的织锦壁毯是用竖机制作的。经线一般多用麻或锦，纬线则是丝或毛，并加金线或银线。从作品中可以看出纬线起花的工艺已极为成熟，它较之经线起花更便于模仿绘画的效果。尤其是当时的织物师已考虑到因壁毯质料的不同而造成光线反射的因素。在戈贝兰织物所里还制作了大量的写实花卉纹样的织锦壁毯，它同样是以著名画家的作品为粉本，构图繁密，色彩丰富。特别是壁毯边缘部位的装饰纹样更加华丽，与中世纪和文艺复兴时期的壁毯形成了风格迥异的艺术特点，其目的显然是为了增强建筑物室内装饰的效果。

17世纪佛兰德斯和荷兰的织锦壁毯工艺也相当兴盛。绘画大师鲁本斯（R. Rubens，1577—1640）也为壁毯制作设计过精彩的样稿，现藏维也纳艺术史博物馆的织锦壁毯《罗马皇帝的故事》就是他所设计的。荷兰画家弗美尔（J. Vermeer，1632—1675）取材于罗马神话设计的样稿也很有特色。可见，当时织锦壁毯工艺所取得的成就是与17世纪欧洲高水平的绘画艺术分不开的。

木工艺

在欧洲艺术发展史上，就整体而言，巴洛克时期的艺术在形式上比文艺复兴时期要繁丽、豪华得多。然而，在木工艺方面，特别是家具的设计制作上，则表现出与巴洛克式风格不尽相同的特征。

具有巴洛克式风格特征的木工艺制品首先是在17世纪20年代的佛兰德斯出现的。尽管早期的橡木四门碗橱和双门供桌等家具仍采用文艺复兴晚期的半附柱或螺纹托架等作为装饰，但从其他一些家具广泛利用天鹅绒或皮革包衬的情况来看，已具有巴洛克式家具的装饰因素。特别是采用黑檀、红木或其他染色木材制作镶板、竖柜、横木或山形墙，更显示出巴洛克式家具工艺的某些特色，同时在接榫、剞槽、雕刻和涡卷装饰、莨苕叶饰上也都标志着巴洛克式家具风格的成立。

较之佛兰德斯，荷兰的巴洛克式家具在外形设计上更显单纯、严谨，但在细部装饰上仍然具有丰富华丽的效果。早期家具仍以橡木为主要材料，不过在框架装饰部位已开始采用磨光的紫檀木和红木等进口的贵重木材。后期家具以胡桃木代替橡木而成为主要材料，装饰工艺也渐趋华丽，其中甚至不乏象牙等高级材料的镶嵌装饰，模塑带饰等手法时而可见。另外值得注意的是，中国的漆绘家具和

胡桃木小桌

雕刻屏风等家具已于 17 世纪末期在荷兰出现，当时不少荷兰家具的设计显然受到中国明式家具的影响，其中最为突出的是表现在对中国式家具弯腿形式的模仿上。这样的情况在欧洲同时期其他国家的家具设计上也并不鲜见。

17 世纪的路易十四世时期是法国家具工艺的鼎盛时期，在欧洲家具史上此时的所谓法国"豪华型家具"已在装饰形式的发展上超越了巴洛克式的界限。

"豪华型家具"的种类繁多，其中常见的有碗橱、珍品橱和桌、椅、床、柜等等，其上装饰的纹样有爵床叶形、槲橡、狮、羊和王家标记及路易十四世的文字组合等等。家具的边、角多采用包铜处理，它不仅可以保护精致的贴木面，也具有较强的装饰性。贵重的家具还利用象牙、龟甲、金属和珍木等材料进行镶嵌装饰，有的甚至还采用人体浮雕或青铜铸像加以装饰，效果精细奢丽。

安德列·夏路·布尔（Andre Charles Bourd，1642—1732）是路易十四世时期最优秀的家具工艺家，长期在宫廷任职。他早期的作品常采用五彩木片作花鸟图案镶嵌装饰。1680 年左右，他创造了一种所谓"布尔镶嵌法"，即将金属片和龟甲重叠在一起，刻成一样的图案，然后镶嵌在橱柜家具的表面。这种镶嵌法曾对法国其后的家具工艺产生了深远的影响，甚至连邻国的家具工艺家也纷纷仿效。作为一个优秀的家具工艺家，布尔不仅擅长镶嵌技法，同时也掌握了完美的木工和包铜技艺。

路易十四世时期"豪华型家具"在桌、椅、床的设计反映最

橱柜

中国式小橱柜

为明显。当时椅子的设计样式繁多，在宫廷里要按地位和身份来规定椅子的样式。总之，17世纪法国的家具工艺是取得了独特成就的，尽管它是更多地表现了宫廷工艺美术豪华繁缛的某些特点，但在设计或制作工艺方面都是相当卓越，并具有一定的影响。

德国巴洛克式家具工艺风格的确立是在17至18世纪之交的阶段，南部家具不仅在设计上注重优美曲线的运用，而且实木和贴木的模塑技艺都已达到较高水平，著名的法兰克福式碗橱就集中体现了这样的成就。北部的汉堡式双门或四门大型碗橱也很有特色，它模仿建筑式半附柱、柱头，饰带和山形墙作为主要装饰手段，但都以莨苕叶饰和花果雕饰破除了装饰的沉重感。此类橱柜在北部地区的流行相当广泛。

另外，德国家具在17世纪末期也与荷兰一样受到中国明式家具的影响，其最为明显地表现在传统的后扭式直腿为中国式的弯腿所代替，同时也出现过一些受中国家具启示而创作的漆绘家具。

英国巴洛克式家具工艺的兴起和繁盛的时期是在英王查理二世（Chades Ⅱ，1630—1685）和安妮皇后之间的半个世纪中。早期的家具一方面是受荷兰影响在民间流行的风格素朴的胡桃木家具，另一方面是具有奢华精美风格的宫廷家具，二者都获得了一定的发展。尤其是宫廷家具多用珍木制成。并采用透雕细工、贴金花饰或垂花雕刻等精致的装饰手法，而且大多以天鹅绒或织物包衬，从而在装饰繁华的程度上绝不亚于法国的家具。

威廉三世（William Ⅲ）和安妮皇后时期英国巴洛克式家具更多

地呈现出独特的民族风格，其中以贴术技术和镶嵌细工最为杰出。此期的镶嵌细工有两种主要形式：一种是在黑白底子上的黄褐色木或象牙为材料，作各种花鸟纹样的镶嵌装饰；另一种是以黄色贴木为底，用深褐色木材作精细的蔓藤花饰镶嵌，两种镶嵌形式的共同特点就是纹样繁密、色彩高雅和技艺高超，往往是镶嵌纹样与底水平高，毫无凸凹、粗疏之感。

多门橱柜

英国巴洛克式家具的种类相当丰富，除了常见的橱式写字台、四门碗橱、五斗橱和珍品橱以外，还有圆形折叠餐桌和八腿门廊陈列桌等等。

17 世纪，作为巴洛克风格发源地的意大利已在政治、经济和文化艺术的各个方面都逐渐丧失了昔日的全欧中心地位。尽管如此，意大利的巴洛克式家具工艺的发展还是具有一定意义的，它最明显地表现在兴盛时间较早，从而对阿尔卑斯山以北的巴洛克式家具工艺产生了一定的影响。如许多艺术家曾应聘在各国宫廷任职，它创造的典型的巴洛克式装饰纹样，即卷轴和莨苕叶形装饰等在各国都有效仿；尤其是以罗马为中心的宫廷巴洛克式家具风格直接影响到法国路易十四世家具的设计和制作。另外，意大利巴洛克式家具也具有独自的风格特征，它常常利用外形的对比、技艺的工细和效果的豪华来获得较强的装饰性。

西班牙的巴洛克式家具是在菲利浦四世（Philip Ⅳ）和卡洛斯二世（Carlos Ⅱ）的宫廷中展开的，并直接受到意大利和法国巴洛克式家具工艺的影响。但同时也在一定程度上反映出伊斯兰工艺的豪华风格。

玻璃工艺

进入 17 世纪以后，欧洲的玻璃工艺仍然以威尼斯和德国等地为中心，呈兴盛未衰之势，尤其是威尼斯继续保持着对其他国家的影响，但各国独自的特色却较以前更为显著。

威尼斯的玻璃工艺在 13 至 14 世纪是以珐琅彩绘式的玻璃器为特色，多装饰着神话或寓言故事以及肖像等。15 世纪中期和 16 世纪初它便为吹制技术较高的透明玻璃器所代替，之后又兴起刻花玻璃，其工具最初出现的笔杆状的金刚钻。17 世纪

高脚玻璃杯

仍然以刻花玻璃器为主，但已改变了过去点状纹样的表现，而刻画出结构复杂，手法精巧的缠枝纹，已具有巴洛克艺术的明显特色。然而，此期的威尼斯玻璃器在欧洲的影响和销售市场已开始受到德国和英国的冲击。

德国的玻璃器，直到 17 世纪纽伦堡等地仍然保持着珐琅彩绘这

彩绘玻璃酒杯

一传统的制作工艺。一般玻璃器皿上都装饰着笔法细腻的风景画。不过此时德国玻璃工艺的主要成就还是透明玻璃器，它把旋盘式宝石研磨的技术作为装饰手段，在透明玻璃器上作出浮雕式的装饰效果，题材多以肖像，城市徽标或几何纹样为主，从而形成了与威尼斯刻花玻璃不同的风格特征。现藏纽约科尼克玻璃美术馆的《磨花玻璃高脚盖杯》，是德国纽伦堡的产品。自 1622 年将宝石研磨的技术运用到玻璃磨花上以后，使纽伦

刻花玻璃盖罐

堡的玻璃装饰由原来的珐琅彩绘迅速转向以刻花工艺为主的生产。在制作工艺和装饰水平上足可以与同时期威尼斯的产品媲美，并在欧洲争得了广大的市场。

在英国，文艺复兴时期的玻璃工艺主要是受到威尼斯和德国的影响。17世纪以后，英国的玻璃工艺逐渐出现了自己的特点，特别是著名的玻璃工艺家乔治·列维兹克罗托创制成一种含铅的特种玻璃，它比威尼斯玻璃器透明度更强，并不易破碎，曾为欧洲不少国家所仿制。

在法国，威尼斯玻璃工艺的影响是明显的，里昂和南特等地都曾大量生产过威尼斯式的透明玻璃器和珐琅彩绘式玻璃器。特别是1669年，戈培尔招聘威尼斯玻璃工匠在巴黎成立了王室制镜所，后来该所成为法国最大的玻璃工场。

在佛兰德斯，具有威尼斯式浮雕装饰的玻璃器曾盛行一时，安特卫普和布鲁塞尔等地生产的玻璃酒具等直到17世纪后半期仍然保持着威尼斯影响的痕迹。在荷兰，以阿姆斯特丹为中心的玻璃工艺也受到威尼斯的影响，但从一些作品上来看，它把威尼斯式的金刚钻刻花工艺发挥得更加完美，特别是17世纪后半期出现的带有肖像或徽章等图形的刻花玻璃器已与威尼斯的趣味迥异。但是到了17世纪末，荷兰和佛兰德斯的玻璃工艺同时都受到德国的影响，其中尤为明显地表现在对德国旋盘式浮雕装饰的模仿上。

第二　世界绘画历史

一、古代绘画

古代西亚绘画

两河流域是指在亚洲西部纵贯今伊拉克境内的幼发拉底河和底格里斯河之间的地区，古希腊人称它为"美索不达米亚"。意即两河之间的地区。这里是人类文明的发祥地之一。

从公元前 3000 年左右，这个地区逐渐出现了一些奴隶制国家，到公元前 538 年这一地区被波斯征服为止，前后有近 3 千年的历史。这一地区在绘画上曾有重大的成就。由于战乱和洪水侵袭，古代文明大多被毁，但从考古发掘的文物中，仍可以看出这一地区古代美术的深厚造诣和民族特色。

两河流域的艺术背景

1. 两河流域的古代史是一部战争史

美索不达米亚是个富饶广阔的平原。半圆形的陆地，它的东北部为亚美尼亚与伊朗高原的群山所环绕，西方与叙利亚草原、阿拉伯沙漠接壤，波斯湾位于两河入海的南方，所以又有人称它为"星月平原"。由于它没有自然的屏障阻挡来自北部和东部山区的入侵者，也无法阻挡来自贫瘠的叙利亚和阿拉伯高原的游牧民族的干扰，历年战争比较频繁。

在地理上，这里喜怒无常的河流对农业灌溉毫无价值，┐经常泛滥成灾。两河流域从地理上自然被分为不同的两部分，下游是巴比伦地区，系冲积平原，河床平坦，土地肥沃，物产丰富，经济繁荣。上游是亚述高原，土壤贫瘠，游牧部落习俗粗野残暴，善于狩猎，他们不断向平原地区迁移、侵扰，造成这块无险可守的土地连年战争不断。这块富裕的星月平原对于和平的漫游者和敌对的入侵者都是畅通无阻的。所以两河流域的历史是一部战争史，也是一部各民族互相渗透、互相征战和互相融化的民族发展史。这里的王朝不断更迭，先后经历了苏美尔人的乌尔王朝、拉伽什王朝、阿卡德王朝、巴比伦王朝、亚述王朝、新巴比伦王朝和波斯帝国的统治时期。在这一系列王朝的盛衰过程中，形成了四种杰出的文化：苏美尔文化、亚述文化、伽勒底文化、波斯的阿契美尼德文化。

早在公元前4000年左右，美索不达米亚就出现了定居的农业民族，到公元前3500年苏美尔人从中亚经伊朗迁徙到此，建立了最早的城市。从此。这一地区先后出现了许多奴隶制国家，直到公元前538年被并入波斯帝国为止。在美术史上，一般把这一地区的历史大致划分为四个时期：

苏美尔—阿卡德王朝时期（公元前3500年—公元前2000年）

巴比伦时期（公元前1900年—公元前1600年）

亚述时期（公元前1000年—公元612年）

新巴比伦时期（公元前612年—公元前539年）

2. 两河流域的绘画艺术与宗教紧密相联

美索不达米亚的宗教就像其文化一样，并不受民族迁徙的影响，民族迁移并没有引起宗教的变异，那里的宗教已经形成了自己的传统。美索不达米亚的宗教经历了三个阶段：第一阶段，大约在公元前4000年，神的形象是非人类的奇特样式。第二阶段在公元前3000年左右，神的形象以人的外形为主，神与神之间组成原始的民主政体。每个神代表着自己特有的功能和职责。第三个阶段是出现拟人化的宗教，这大约在公元前2000年到公元前1000年之间特别盛行。

在古代美索不达米亚人的思想中，诸神也组成了一个民主政体的国家，拥有自己的神庙和城市。众神中最高权威的天神是"安"，阿卡德人称之为"阿努"神。第二个主神"恩利尔"是尼尔普城的守护神，也是风和农业主神，是锄头的创造者。第三个主神是与恩利尔神同等重要的"尼玛克神"，她是石地女神，主管东部和西部多石沙漠地区，保护那里的居民和野驴野山羊等动物，她也是生育之神。与这三个主神有联系而地位低于他们的是第二阶层的神。有"恩基"神，阿卡德人称之为"埃"神。他象征着河流中的甜水，是最聪明的神，是排除各种困难和纠纷的伟人。其他神都是"恩利尔神"的子女。

古代美索不达米亚最古老的文学材料是苏美尔的神话故事。其美术品也大都与神活有关。

西亚地区的绘画

1. 苏美尔—阿卡德王朝时期的绘画（公元前 3500 年—公元前 2000 年）

苏美尔人是古代近东文明的开创者之一，是最早成为两河流域美术的骄子。他们发明了楔形文字，建立了有组织的神权社会。他们的智慧首先在建筑上表现出来，雄伟的宫殿、神庙和寺塔成为后世效仿的典范，绘画也颇有成就，造型古拙而富于风趣。

现存的苏美尔人的绘画代表作为乌尔城出土的军旗。即在刷有

《乌尔的军旗》西亚地区

沥青的木板上用贝壳、闪绿石、粉红色的石灰石镶嵌成的战争和庆祝胜利的场面。画面共分三层，根据故事情节的发展逐步展开，人物、动物、器物的安排有条不紊。人物形象以侧面、正身、侧足为主，倾向于平面的描绘。整幅作品色彩对比鲜明，四周和各层之间用几何形装饰。很像一幅挂毯，具有浓厚的装饰性。

2. 巴比伦绘画艺术（公元前 1900 年—公元前 1600 年）

巴比伦人在文化上继承了苏美尔人和阿卡德人的传统，但迄今为止所发现的巴比伦美术作品却为数不多。这一时期最著名的是汉谟拉比法典石碑。

汉谟拉比法典刻在黑色的玄武岩石碑上，上部为浮雕，下部为文字。浮雕刻画了汉谟拉比王肃立在太阳神的宝座前，听他口授法典。太阳神的威严和汉谟拉比的谦恭形成有力的对比，整个画面充满了宗教的虔诚和严肃。我们由这一浮雕画面的处理可以看出巴比伦绘画艺术成就的端倪。

3，亚述绘画艺术（公元前 1000 年—公元前 612 年）

亚述人是生活在美索不达米亚北部高原上的一支游牧民族。自公元前 1000 年至公元前 612 年，亚述人建立了强大的军事帝国，统治两河流域。其间于公元前 817 年，将埃及北部并入亚述帝国的版图。

亚述的文明是古代美索不达米亚地区最宝贵的财富之一。亚述王国本身存在的时间虽然不长，但它对古代世界文化却留下极其深刻的印迹。

亚述人的艺术为世俗生活服务，具有很强的现实性。其主要类型是浮雕和壁画，由于其浮雕具有很强的绘画性，并有助于我们进一步了解亚述绘画，在此也作简单的介绍。

亚述人不重来世，不修筑陵墓，他们的建筑艺术仅见于豪华的宫殿。围绕着宫殿建筑，浮雕和壁画发展起来。

亚述王宫用大量的大理石浮雕板来装饰，每一个王宫都有高达 2

米的浮雕来记载历代亚述王的军事讨伐、重大事件。按时间先后排列，表现了美术史上最长的历史浮雕场面。既有纪念意义，又有装饰墙面的作用。

亚述壁画也像浮雕一样是五彩的，公元前 800 年—公元前 700 年在特勒·巴尔喜布修建的宫殿内的壁画，可以作为范例。壁画上所描绘的题材是国王的生活与战争场面，色彩用得比较夸张。壁画与瓷砖装饰一般都在墙壁的上部。在霍尔萨巴德的萨尔贡王宫的小厅堂内，有一些壁画的残迹，反映了亚述壁画的内容和风格。其中有一幅装饰壁画画了一些带翅膀的人物，被整齐地排列在上下两行，中间是一些圆形的植物图案夹杂着动物形象。这些图案或带翅膀的人物图像如二方连续图案一样，做横向展开。最上面是一幅带拱形花框的彩画，国王站在亚述神的跟前。这幅画用的颜色是红、蓝、白、黑四种，用黑色勾勒轮廓。可惜这些壁画绝大多数都未能保存下来。

亚述的美术，从浮雕到壁画，都给以后的新巴比伦王国、波斯帝国提供了极其丰富的养料和坚实的基础。

4. 新巴比伦绘画艺术（公元前 612 年—公元前 539 年）

新巴比伦的建立虽然不过百年，却建造了两河地区最豪华的都城。其美术成就也集中体现在巴比伦城的建筑上。

新巴比伦王国建筑的巴比伦城是古代世界最伟大的城市。新巴比伦的主要艺术遗物是附属于这座建筑上的装饰，如浮雕和上釉的彩色瓷砖。

著名的以釉面彩砖砌成的"伊斯达尔城门"是巴比伦城最重要的主门，它由四座方形高大望楼组成，望楼与望楼之间用拱形过道相衔接，用有浮雕的瓷砖来修饰大门的墙垣，瓷砖上的浮雕刻画着处于深蓝色背景上的狮子、野牛，还有幻想出来的黄色与白色的生物。墙垣上部是瓷砖构成的饰带和制作釉瓦与精密的绘画，具有很强的装饰效果。城内王宫内墙同样用彩色瓷砖装饰，并镶嵌着植物图形和狮子图案。

古代埃及绘画

对埃及古代文化的研究已经成了一门独立的学问，称为"埃及学"。

古代埃及有 5000 多年的悠久文明，而发现它还是近百年的事情。真正的发现者是拿破仑。拿破仑当年远征埃及时，对埃及的文物很感兴趣。他在部队里成立了一个"百人学者司令部"，一面打仗，一面研究埃及。"百人学者司令部"中著名学者兼画家德农，发掘了金字塔。

1799 年，炮兵军官布沙尔率工兵在尼罗河三角洲罗塞特村挖掘堑壕时，发现了上刻三行古埃及象形文字"德摩缔克"（这是公元前 8—公元前 5 世纪埃及通行的一种通俗书写体）和一块上刻希腊文字的黑白玄武岩铭文石板。这一发现十分重要，它是解读古埃及文字的主要物证。

19 世纪在埃及学上有突出贡献的学者，首先应该提到的是象形文字专家，德国的考古学家夏德·莱普西乌斯（1810 年—1844 年），他查清了埃及 100 多座金字塔的历史，把古埃及的古、中、新王国的历史梳理弄清了，并把 100 多个金字塔的各种图片按历史朝代排了出来，写成了一本埃及帝王的编年史。

第二位学者是法国埃及学权威玛克埃特（1821 年—1881 年）。他在埃及 30 年，发现了许多神庙和木乃伊。经拿破仑批准，他在开罗建立了博物馆。

第三位对古代埃及美术的发掘有突出贡献的人是马斯伯乐（1846 年—1916 年）。他一生注重文献研究，他了解了撒哈拉金字塔的历史的前后状况，在埃及的巴哈里，他发现了一个地穴，里面有三十余具法老的木乃伊。是 18 和 19 王朝的几位主要法老的尸体。

现在埃及的主要文物大部分在法国，研究埃及文物要去法国才行。

埃及20世纪50年代才有本国的考古学家，他们也有很多成果，但最早的成果是法国及其他国家的考古学者开创的。

古代埃及的历史分期

古代埃及经过了三十多个王朝，历史学家将其分为

古王国时期（公元前3000年—公元前2300年）

中王国时期（公元前2150年—公元前1700年）

新王国时期（公元前1071年—公元前332年）

其繁盛期是古王国时期，18和19王朝是最鼎盛时期，也是开始走下坡路的时期。在古埃及最高的统治者称为法老，其主要文物有：金字塔和庙宇。

古埃及艺术的特点

艺术是为法老和少数奴隶主服务，并受到宗教的重要影响。其艺术形式和表现程式处于稳定少变的状态。埃及艺术门类之间相互关联，作品具有纪念性的外观。从艺术题材上看，埃及艺术有多样化的特点。在表现程式上的一个重要特色就是其艺术作品谨守正面律。

古王国时期的绘画艺术（公元前2780年—公元前2280年）

古王国时期的美术以金字塔建筑和雕刻为主，绘画还处在初期阶段。但也有重要的成就。古王国时期的绘画主要是墓室壁画。在古王国时期，埃及陵墓的装饰中，浮雕和壁画是不可缺少的组成部分，这些浮雕和壁画在古王国时期已经奠定了基础。它们在表现形式上有着程式化的共性。在许多情况下，浮雕和壁画是没有严格的区别的，不妨说是浮雕壁画。它们有着共同的程式：

《纳米尔石板》埃及地区

（1）正面律，表现人物头部为正侧面，眼为正面，肩为正面，腰部以下为正侧面；

（2）横带状排列结构，用水平线划分画面；

（3）根据人物尊卑安排比例大小和构图位置；

（4）填塞法，画面充实，不留空白；

（5）固定的色彩程式：男子皮肤多为褐色，女子为浅褐色或淡黄色，头发为蓝黑色，眼圈黑色。

古王国时期的主要浮雕代表作有《纳米尔石板》，《猎河马》等，它们有很强的绘画性。

古王国时期以前的墓室就有壁画，但很原始。进入古王国时期后，绘画艺术有了很大的发展。在古王国为数不多的壁画中，发现于美杜姆地方的纳丹尔·马阿王后陵墓中的第四王朝初的《群雁图》是一件卓越的作品，它揭开了埃及绘画史上的第一页。这幅壁画是墓室壁上的一条边饰，是在涂有一层石膏的墙上绘制的彩色壁画。高 27.5 厘米，宽 173 厘米。壁画至今色彩辉煌如初，艺术技巧相当娴熟，体现了惊人的以线条结构为主的写实能力。壁画描绘六只雁在水边草地上漫步觅食。3 只向左，3 只向右，地上长满肥美的水草和野花。画面均衡对称，成对的雁和单个啄食的雁安排有疏有密，相互衬比，形成一种节奏。大雁的动作有仰有合。其身上的羽毛雌雄可辨，虽然以写实手法刻画了禽鸟的主要特征，但却又明显地经过图案化的处理，既有平面装饰感，又不妨碍形态的生动性。构图别致，设色和谐动人，使整个画面富有诗意。这幅作品代表了当时的绘画水平。

中王国时期的绘画艺术（公元前 2134 年—公元前 1778 年）

此期的美术就整体而言，远不如古王国时期。但墓室壁画逐渐流行，有了很大的发展。中王国时期，中部诸州反对法老的中央集权，在政治、经济、文化上执行独立的政策，这些领主也像皇帝一样，兴建神庙陵墓，招募良将贤臣，广聚艺术人才，各州的首府成了当时的文化艺术中心。

在中王国时期，各州州长修建的石窟陵墓中，保存了大量的壁画和浮雕。由于这些艺术形象新颖和丰富多彩，以及明显的现实倾向，往往使中央法老及贵族的陵墓艺术反而显得苍白无力了。

《群雁图》埃及地区

由于石窟墓的兴起，使墓室的装饰逐渐由壁画代替了浮雕。再加上壁画比雕刻制作方便，造价低廉，因此逐渐流行起来，并有了新的艺术追求。

这一时期的壁画和古王国相比，其基本程式仍遵循古王国的艺术传统，但是风格显得更加活泼，圆润和优美。在一部分作品中，摆脱了生硬的程式，对画面的横带状排列有所突破，对州长等上层人物的描绘也不再拘泥于端庄严肃，而表现出动势多样和自然真实的追求。

霍姆荷太普王子墓室壁画可为此时的代表作。这一墓室壁画，表现了尼罗河滨的狩猎生活，参差交错的纸草花，不同种类、姿势的禽鸟，在画家笔下得到活泼生动地表现。在笔法上没有过去壁画那样工整，而是粗犷自然。在设色上不再是以往的几种基本颜色，而是使用了一些如灰黄、深黄、红褐、草绿、淡蓝等新的颜色，表现了色彩的过渡，出现了某些阴影关系并注意了色调的逼真。由于色彩的丰富多彩，增加了生气，表现出作者很高的艺术造诣。其中有一幅《饲养羚羊》的壁画片段是中王国时期墓室壁画中的著名作品。羚羊在当时是王子的象征标记，在宫廷中特别受尊敬。所以画上的人与兽之间洋溢着一股亲昵之情。在这幅画中，其主体部分是两个仆人在饲养羚羊，旁边还有一个人在抚摸大雁。在古王国的画中，所有人物都站在同一底边作地面。现在画师用了第二条底线，后排的人物稍稍提高。结果两组人物互相连接，正好与正常人的视线平行，只不过略带俯视而已。画家处理空间的方法，从两个人物肩膀的缩短距离上看，再不是平面的处理，而是人物和羚羊完全生活在立体的空间中了。

新王国时期的绘画（公元前 1570 年—公元前 1320 年）

从 13 王朝开始，埃及重新陷入地方割据状态，并出现了由亚洲入侵的游牧民族"喜克索斯人"政权，文化遗存也很贫乏。历史上称这一时期为"第二中间期"。公元前 1567 年左右，埃及人在雅赫摩斯王率领下，攻克了喜克索斯人的最后一个据点，建立了第 18 王朝，进入新王国时期。大规模的对外掠夺战争，使埃及成为包括北非和西亚在内的幅员辽阔的大帝国。首都底比斯成为古代中东最繁荣的城市。埃及人怀着强烈的自豪感和自信心，努力重建昔日的辉煌。埃及美术在建筑、雕刻、绘画、工艺美术方面都取得了重要的成绩。

新王国时期在建筑和雕刻方面有着突出的成就，在建筑方面，以哈特谢普苏特女王享殿最为杰出，享殿沿代尔·埃里·巴哈里山脚地势高低分布成三层建筑，各层前面有柱廊，中间有斜向通道连接各层。垂直的山崖与白石构成的柱廊相互映衬，形成统一的整体。另外，卢克索神庙和卡纳尔克神庙也是新王国时期的著名建筑。在雕刻方面，新王国时期的雕刻也开始出现古王国时期的繁荣。埃哈那顿法老实行宗教改革，写实主义艺术出现。代表作有《埃哈那顿法老像》、《纳菲尔提提王后像》等。

伴随这新王国建筑和雕刻的发展，新王国时期的绘画也出现了前所未有的繁荣，这主要表现在壁画艺术的发展上。

壁画在新王国时期，主要用来装饰宫殿、庙宇和陵墓，其中保存多的是墓室壁画；相比古王国和中王国时期，这一时期的墓室壁画有了新的变化。在内容上具有明显的世俗性，出现了许多追求生活享受的内容。如歌舞、欢宴、渔猎、游戏等。出现这种变化的主要原因是，在新王国时期，奢华之风遍及埃及上层社会，尤以达官贵戚、宫廷要人为甚。与这种风气相适应的是对女性人体的描绘，以致追求感官的刺激。在形式上，继承了古、中王国的传统，但也有所新的变化。

第 18 王朝末期担任阿蒙神祭祀之职的王族纳赫特的陵墓的壁画就很有代表性。这一墓室的壁画中，不仅有描绘墓主人带着家人、驾着小舟渔猎游戏的场面，而且有表现歌舞欢宴的场面。其中著名的作品有《三个女乐师》、《渔猎图》、《舞乐图》等。《三个女乐师》描绘的是三个女乐师正在演奏的场面，中间一个妇女几乎是赤身裸体，其他两个妇女虽然穿着衣服，但画家着重刻画的还是女子轻盈婀娜的体态。从这里不难看出当时贵族们精神生活上的追求。还值得注意的是，从这个画面上可以清晰地看到，这时的绘画也突破了传统的表现手法。过去画人物的下半身总是画正侧面，而这时期所画的角度则接近正面，这说明古埃及绘画技巧越来越走向成熟。

古代希腊绘画

古代希腊是欧洲文明的发源地。它位于地中海东部，地理范围包括希腊半岛、爱琴海诸岛以及小亚细亚西部沿海。公元前四世纪末，它的势力范围曾经东达印度西部，南达埃及和北非诸国，西达意大利南部，北达北海。

古代希腊的历史，最早可以追溯到克里特—迈锡尼文化，史称爱琴文化。公元前 146 年，古希腊被古罗马灭亡，古希腊的历史宣告结束。

爱琴文化时期的绘画

在创造希腊古典文明的多利亚人和伊奥尼亚人到达希腊本土之前，在地中海东北部的爱琴海地区存在过相当发达的文化，包括从氏族社会到奴隶制社会初期的国家，在艺术史上这一文化被称为"爱琴文化"或"克里特—迈锡尼文化"。

关于爱琴文化。现在我们所知的资料主要依据以下两个考古学家的发现：德国考古学家施利曼和英国学者伊文思。他们俩在 19 世纪末 20 世纪初由于受希腊神话《荷马史诗》的吸引先后来这一带考察。

《荷马史诗》是古希腊荷马时代在文化方面的重要成就，它有两部史诗《伊里亚特》和《奥德赛》构成，以史诗的形式描绘了希腊远征特洛伊城的战争。其中《伊里亚特》描写的是希腊将领阿喀琉斯打死特洛伊主将赫克托的故事；《奥德赛》描写的是希腊英雄奥德赛在远征胜利后渡海返乡，历经艰险的过程。

施里曼和伊文思按照荷马史诗所描绘的地址进行考古发掘，发现了迈锡尼文化古迹。米诺斯王宫遗址以及大量的文物。这些发现证明了：克里特文化是爱琴文化的发源地，迈锡尼文化是克里特文化的继承者。

克里特—迈锡尼文化中的绘画艺术主要是装饰壁画。其壁画主要集中于米诺斯宫。米诺斯宫是庞大而复杂的建筑群，占地约两公顷，宫殿内部结构复杂，层次多变。被人称为"迷宫"。宫殿墙壁上有壁画装饰，壁画以流畅的曲线、鲜明的色彩描绘出富有装饰性的人物和图案。手法上与埃及艺术有联系。其中以《巴黎女郎》、《交谈的妇女》、《侍女图》等最为著名。

希腊本期的绘画

古代希腊美术在建筑、雕塑和绘画方面取得了辉煌的成就，其历史原因是多方面的。首先，在社会历史方面，城邦国家的奴隶主民主政体的自由与民主，为文化艺术的发展提供了有利的条件。其次，在民族特点方面，贸易和航海业的发展造就了希腊人的坚强意志、机智灵活以及勇于追求理想的积极性格。第三，希腊神话为希腊艺术的生长提供了深厚广阔的土壤。希腊神话中"神人同形同性"的特点使神具有人的面貌和情感，使希腊美术家敢于按照现实生活中的人的形象来塑造诸神，成为促使艺术与生活患患相通的有利因素。第四，在自然条件上，温和的希腊气候使希腊有广阔的露天活动和运动场所。四年一度的奥林匹克运动会为艺术家提供了健美人体的条件。第五，希腊哲学影响了艺术的产生和发展。古希腊哲学家亚里士多德认为美与和谐具有一致性。数学家毕达哥拉斯为首的学派认为最智慧的是数，最美的是和谐，人的比例是由数决定的。比例对，才是和谐的。总之，古代希腊的美学思想可以用一个词来概括，即是"和谐"。

古希腊美术史通常划分为四个时期，它们是荷马时期、古风时期、古典时期和希腊化时期。

荷马时期的绘画（公元前 12 世纪—公元前 8 世纪）

荷马时期处于在氏族部落盛行的社会阶段，铁器时代和铜器时代的交替的时期。由于多利亚人先后毁灭了克里特文化和迈锡尼文化，希腊美术很多都要从头做起，所以，此一时期的美术相当贫乏。其绘画尚处于萌芽期，主要集中在陶瓶的图案装饰上。

荷马时期最早的造型艺术作品是几何风格的陶瓶，造型简朴，大小不一，用于敬神和陪葬。这些陶瓶上画满了各种简单而有规则的几何画饰，这是希腊本土构成性装饰的表现，这一类型的作品起初都没有人物的装饰图案，直到公元前 8 世纪才有明确的人物形象出现。

除几何形陶瓶外，此期陪葬用的小雕像也是几何形的，没有细节刻画，因此，这一时期又被称为"几何风格时期"。

古风时期的绘画（公元前 7 世纪—公元前 6 世纪）

这一时期是造型艺术的形成期。其主要绘画成就是陶器上的绘画——瓶画。

此期的瓶画先后出现了 3 种风格，即东方风格，黑绘风格，红绘风格。

东方风格瓶画流行于公元前 7 世纪至公元前 6 世纪初，它的主要特点是绘画装饰纹样以动植物纹样为主，有时则直接采用东方国家喜爱的纹样，如埃及的莲花纹，两河流域美术中常出现的怪兽等，同时增强了纹样的装饰趣味。

黑绘风格瓶画流行于公元前6世纪初至公元前5世纪。这是指在红色或黄褐色的陶器的泥胎上，用一种特殊的黑漆描绘形象的艺术风格。这种风格的瓶画多表现情节性的场面，以神话题材和日常生活为主。其著名的代表作品是《阿喀琉斯与埃阿斯玩骰子》；特洛伊战争中的两个英雄阿喀琉斯和埃阿斯，利用战斗间隙玩骰子。两人弯腰的动作和器形的曲线完全一致，使画面的构图与器形取得了高度的和谐。

红绘风格瓶画流行于公元前6世纪末至公元前4世纪末，它与黑绘风格恰好相反，那陶器上所画的人、动植物的各种纹样用红色，底子则用黑色。

古典时期的绘画（公元前5世纪初—公元前4世纪末）

古典时期是希腊艺术的繁盛期。其主要成就集中体现在建筑和雕刻上，对后世影响也最大。绘画作品由于保存要比雕塑和建筑困难得多，除了大量的陶器彩绘以外，至今仍未发现这一时期的绘画作品。

应该承认在这个雕塑和建筑相当发达的时期。绘画当然也不会落后。虽然我们没有发现此期除瓶画以外的绘画作品，但在古希腊和罗马的一些文献或哲学著作中，提供了一些有关这一时期的绘画资料。

（1）陶器彩绘　古典时期的陶器与同时期的建筑和雕塑一样。也达到了它的发展高峰。在这一时期红绘风格的瓶画已经完全取代了上一时期占统治地位的黑绘风格陶器，并达到了很高的水平。公元前5世纪中后期又出现了"白底彩绘风格"。

此期的红绘风格陶器彩绘，已达到古代希腊陶器彩绘的最高水平。这突出地表现在深入人物性格的刻画和意境的表达上。俄罗斯列宁格勒爱尔米塔什博物馆收藏的画有《春燕图》的双耳陶瓶，以及慕尼黑古代工艺美术馆收藏的画有《送别出征战士》的双耳陶瓶，可算作此期陶器彩绘中红绘风格的代表作品。

《春燕图》双耳陶瓶，画了3个不同年龄的人物：少年、青年和成年人。他们的目光都集中在一只象征春天来临的正在飞翔的燕子身上。有趣的是，陶瓶上还刻着他们3人简短的对话。最早发现燕子的青年人说"瞧，那是燕子!"成年人接着说："我以赫克里斯的名义起誓，这是真的!"少年则以兴高采烈的心情欢呼："春天来到了!"从这一陶瓶的彩绘上可以看出，古典时期的陶器彩绘作者已经不再满足于一般现象的描绘，而是力求通过人的活动，去表现某种特定的意境。

彩绘《送别出征战士》，是前5世纪下半期的作品。这一作品最引人注目的是送别出征战士场面中的妇女形象。她给即将走上战场的丈夫斟酒送行，丈夫端起酒杯将要一饮而尽，她则痛苦地低下了头。表现出一种复杂的心情。整幅作品在线条的运用上熟练、简洁、准确而流畅，使得所表现的希腊妇女更加优美动人。它充分体现了古典时期希腊绘画艺术的高度技巧和典雅的艺术风格。

（2）文献所记载的画家和绘画古希腊和罗马时期有一些历史著作和文艺理论著作，记载了古希腊古典时期的绘画和画家。他们分别是波利格诺托斯、阿波罗多罗斯、宙克西斯、尼西亚斯、阿佩莱斯等。对于这些画家及其作品，我们只见于文献记载，没有见到其真正的作品，但通过文献记载我们也可以窥知古典时期绘画的繁荣。

希腊化时期的绘画（公元前4世纪—元1世纪）

希腊化时期一般是指公元前334年马其顿国王亚历山大开始东侵波斯，到公元前146年希腊本土被罗马所征服。这个时期，马其顿国王亚历山大率军征服希腊各城邦，建立了亚历山大帝国。随着帝国的扩张，希腊文化向东方传播并与东方文化交流融合。西方历史学家习惯将此期称作"希腊化时期"也称为"泛希腊化时期"。

此期的美术，包括希腊本土、小亚细亚、埃及和叙利亚等地。它们既有共同的特点，又因地区、民族、文化传统的不同等原因，具有各自的特点。这一时期的美术上的主要成就集中体现在雕刻和建筑艺术上，但绘画也有了很大的发展。

由于绘画不易保存，现存的希腊化时期的作品仍然很少。但据历史记载，此一时期绘画的成就同样是值得注意的。有关材料曾谈到这时的两位著名画家，普罗托格尼斯和尼科马科斯。普罗托格尼斯以精心作画而闻名于世。尼科马科斯以描绘神话题材而著称。

现已发现的希腊化时期的作品有壁画和镶嵌画两种。壁画主要是墓室壁画。1978年在古希腊北部萨落尼卡城附近发现的一座马其顿贵族墓，墓内也保存着部分壁画，壁画内容取材于希腊神话故事，其人物形象比较生动。是现已发现的保存较好的希腊化时期的墓室壁画。

镶嵌画是一种用诸如玻璃、大理石、陶片等碎块镶嵌而成的绘画艺术品。古希腊最早的镶嵌画，主要用于建筑物的地面装饰。早期的镶嵌画只用黑白两色，而且以卵石为主，镶嵌成极为简单的图案或人物、动物等形象。后来镶嵌画逐渐向精细和绘画方面发展。最为典型的是1957年在培拉遗址发掘出土的两幅著名的镶嵌画《猎狮图》和《骑豹的狄奥尼索斯》。这两幅镶嵌画都是公元前300年左右的作品，保存完好，现存希腊培拉考古博物馆。其中以《猎狮图》尤为精彩，不仅画面宏大，而且画面上出现的人物和狮子，其神态和表情极为生动，所用嵌块都是色彩丰富的小卵石，计有暗红、紫色、蓝色、绿色等。那一颗颗小卵石镶嵌在一起，画面的色调非常协调而雅致。

世界思想与教育历史纵横谈

萧 枫◎主编

辽海出版社

责任编辑:陈晓玉   于文海   孙德军

图书在版编目(CIP)数据

世界历史纵横谈/箫枫主编 . —沈阳:辽海出版

社,2008.6(2015.5 重印)

ISBN 978-7-80711-988-3

Ⅰ.①世…   Ⅱ.①箫…   Ⅲ.①世界史—通俗读物

Ⅳ.①K109

中国版本图书馆 CIP 数据核字(2011)第 140261 号

世界历史纵横谈

世界思想与教育历史纵横谈

箫枫/主编

出　版:辽海出版社		地　址:沈阳市和平区十一纬路25号	
印　刷:北京一鑫印务有限责任公司		字　数:700 千字	
开　本:700mm×1000mm　1/16		印　张:40	
版　次:2011 年 9 月第 2 版		印　次:2015 年 5 月第 2 次印刷	
书　号:ISBN 978-7-80711-988-3		定　价:149.00 元(全 5 册)	

如发现印装质量问题,影响阅读,请与印刷厂联系调换。

前　言

　　在人类缓缓的历史进程中，人类辉煌的往昔，是祖先智慧的创造，更是永垂不朽的传奇。追寻世界历史，不仅是对历史的尊重，同时也是对人类自身的一种高度关注。

　　大约在2300万年前到1800万年前，在热带雨林地区和广阔的草原上，就有一种古老的灵长类动物，即森林古猿活跃在那里，它们是人类最早的祖先。其中一部分森林古猿下地直立行走，迈出了从猿转变到人具有决定性意义的一步。为了生存，猿进行了劳动，劳动促进猿的体质发生改变，促使意识的产生和语言的出现。终于我们的祖先摆脱了动物界，成为了真正意义上的人。

　　伴随着人的出现，社会呈现雏形。夹杂着火的利用、工具的改进、绘图、雕刻、丧葬、艺术、建筑、文字等先后出现，文明之光洒满大地。翘然回首，从石斧、骨器到勾践的青铜宝剑，回想中世纪骑士们的铮铮铁甲，体味硝烟迷漫的火枪战场，人类历史简直是沧桑万年……

　　历史对于我们整个人类，就像记忆对于我们每个人一样，它说明我们现在做的是什么，为什么我们这样做，以及我们过去是怎样做的。因此谁要想了解世界，就必须知道它的历史。

　　历史是我们宝贵的精神财富，任何一个国家或者民族都注重用自己的历史教育和鼓励广大人民，因为历史具有无穷的智慧与魅力，这是世界各民族得以凝聚并生生不息的命脉。灿烂的世界历史文明

教育着我们每一位读者，能够使我们更加珍惜历史，并不断创造光辉的未来。

为了让广大读者全面深入地了解世界历史的光辉灿烂，感受世界各民族历史发展的博大精深，我们特地编辑了这本融故事与图片为一体的读物。本书把世界历史从单纯的帝王将相、改朝换代的框架中释放出来，结合最新的研究成果，融知识性与趣味性为一体，涵盖历史、政治、军事、文化、艺术等各个领域，全方位、新视角、多层面地重新演绎了世界五千年的辉煌历史文化，能够给我们广大读者尽可能丰富的知识看点。

本套书主要包括世界科技与发现历史、世界思想与教育历史、世界文学与戏剧历史、世界建筑与雕塑历史、世界美术与绘画历史等内容。

本套书希望通过一些通俗的语言和丰富的图片，对世界历史做一个概述。它只讲其中最重要的事件、人物和对关键阶段的描述，而且选择了一种通俗的简明形式。本书可以作为历史专著的补充读物，你可以用非常休闲的方式去阅读它，我们相信在历史人文的浪漫风景中，你不会感到乏味。

本套书用生动的文字和丰富的插图，再现了世界历史进程的恢弘画卷，堪称一部贯通整个世界历史的简明百科全书，串联起全部人类发展的瑰宝，并以其光辉不朽的价值与流传恒久的魅力，成就一部好读又好看的世界历史通俗读物，具有很强的系统性、知识性和可读性，不仅是广大读者学习世界历史知识的最佳读物，也是各级图书馆珍藏的最佳版本。

目 录

第一 世界思想历史

一、古希腊罗马哲学

米利都学派 …………………………………………… （1）

毕达哥拉斯学派 ……………………………………… （6）

赫拉克利特 …………………………………………… （9）

苏格拉底与柏拉图 …………………………………… （13）

亚里士多德 …………………………………………… （32）

怀疑主义 ……………………………………………… （50）

二、中世纪的西方思想

中世纪的政治思想 …………………………………… （53）

中世纪的历史观念 …………………………………… （59）

中世纪的法律思想 …………………………………… （62）

中世纪的伦理思想 …………………………………… （64）

三、近代西方思想

文艺复兴时期的西方思想……………………………（68）

启蒙运动时期的西方思想……………………………（81）

英国、法国和美国革命时期的西方思想……………（93）

第一　世界思想历史

一、古希腊罗马哲学

米利都学派

泰勒斯

泰勒斯（Thales，鼎盛年约在公元前585年）出身于米利都的名门望族，早年曾到巴比伦、埃及等地游学，并将巴比伦的天文学、埃及的几何学介绍给了希腊人。他曾经准确地预测了公元前585年的一次日食，确定了365天为一个太阳年，运用几何学定理来测量海上船只的距离，并且由于预见到来年的橄榄大丰收而乘机租借榨油机以至于发财致富。由于知识渊博，他与雅典城邦的立法者梭伦等人一起被列为当时希腊的"七贤"之一。据说泰勒斯有一次观察星象时不慎跌入一个坑里，他的仆人就嘲笑他能够认识天上的事物，却看不见脚下的东西。这个轶闻倒是反映了哲学家们往往更关注超越日常经验之上的事物而不是眼前的东西。

泰勒斯没有留下什么著作，我们是通过古代文献的转述而知道他

泰勒斯

的基本思想的。他之所以被誉为"哲学之父"，只是由于他表述了这样一个观点：水是万物的本原。这种关于万物本原的说法在今天看来是非常幼稚可笑的，但是它却是突破传统的神话宇宙论而用自然物质本身来说明万物木原的第一个尝试。在泰勒斯提出水是万物的本原之前，希腊人对于宇宙起源和自然演化的理解都是依据神话的生殖原则。亚里士多德认为，古代人在神话中将水当作最古老、最受尊崇和最神圣的事物的传统观点，例如海神夫妇是诸神和万物的始祖的观点，以及诸神把大海和冥河（斯提克斯河）作为发誓的见证的观点，对于泰勒斯提出水是万物本原的哲学思想是有一定的影响的。对于把海洋视为生存的命脉的希腊人来说，这种看法再平常不过了。泰勒斯的伟大创见则在于，他第一次摆脱了神话宇宙论的传统藩篱，试图在自然界的范围之内，用作为日常自然物质的水来说明万物的根源。

自然界的物质形态万千，泰勒斯为什么要把水说成是万物的本原呢？泰勒斯通过观察发现，"一切种籽皆滋生于润湿，一切事物皆营养于润湿，而水实为润湿之源"。在泰勒斯那里，水是具有运动变化的本性的，它不仅是万物由以产生的源泉，而且也是万物运动变化的原因。泰勒斯曾经说过"磁石有灵魂，因为它吸动铁"这样的话，他把灵魂理解为某种"具有引起运动的能力"的东西，并且主张万物都具有"灵魂"。但是泰勒斯所理解的"灵魂"不是一种精神性的东西，而是水所产生的湿气，这种湿气弥漫于宇宙中，构成了万物运动的原因，万物的质料因和动力因在他这里尚未分化。那种把物质性的本原看作是惰性的和被动性的，而将能动性归结于某种独立的精神实体的观点，是在较晚的希腊哲学中才产生的。

当泰勒斯把水当作万物由以产生的根源时，他第一次以哲学的方式（而非神话的方式）表述了关于本原的思想（尽管"本原"这个概念是由他的学生阿那克西曼德首先使用的）。他由此被看作希腊哲学的创始人。

阿那克西曼德

阿那克西曼德（Anaximander，鼎盛年约在公元前 570 年）是泰勒斯的朋友和学生，他对天文学、地理学均有过较为深入的研究，发明了日晷和天球仪以测定太阳的轨迹和昼夜平分点，绘制了第一张陆地与海洋的轮廓图。他也是第一个用文字来记录自己思想的人，他写过一部名为《论自然》的著作，可惜早已失传。阿那克西曼德还以一种朴素的方式表达了进化论的思想，他认为生物都是从太阳所蒸发的湿元素中产生的，而人则是从鱼进化而来的，因为人在胚胎状态时很像鱼。他建立了一种宇宙论模型，认为世界的形状像一个圆筒，地球处于圆筒的中间，被大气和火圈所环绕，人们透过气孔而看到的火光就是日月星辰。

"本原"（αρχη，又译作"始基"）这个概念据说是由阿那克西曼德最先使用的，而且他使得"本原"概念具有了一点抽象的和形而上学的意味。阿那克西曼德显然对于他的老师泰勒斯单是将水说成万物本原的做法不满意。在他看来，泰勒斯之所以要把水作为本原，是由于水的"无定形"的性质；但宇宙间无定形的不单只是水，所以本原应当是一切"无定形之物"（απειρον，即"无定形"之意，又译作"无限"，或音译为"阿派朗"）。阿那克西曼德认为："在火、气、水、土之中任何一种都不能生成万物。除此而外的其他事物也不能，如某种介乎气与水或气与火之间的中间物。"总之，任何单一的或单纯的自然物均不能成为万物的本原，只有各种无定形之物所构成的原始混沌体，才是万物的本原。尽管阿那克西曼德并没有具体说明"无定形"究竟是什么，但是他却明确地表示它不是任何一种具有固定形态的东西，因为任何单纯的和有形的东西都是有生有火的，而只有无定形的东西才是不生不灭的，一切生灭变化的东西都是从中作为结果而产生出来的。如亚里士多德所解释的："它作为本原，是不生不灭的。凡是产生出来的东西，都要达到一个终点，然而有终点就是有限〔有定形〕。所以说，无限者〔无定形者〕没有本原，它本身就是别的东西的本原，包罗一切，支配一切。"可以说，"无定形"是阿那克西曼德对万物本原的一种否定式的表述，黑格尔认为，阿那克西曼德"把原则规定为'无限'，所造成的进步，在于绝对本质不再是一个单纯的东西，而是一个否定的东西、普遍性，一种对有限者的否定。"这意味着哲学思维层次的提高。

"无定形"作为一种原始混沌体，包含着一些对立的东西于自身之中，这些对立物就是冷与热、干与湿，由于它们的作用，从原始混沌的"无定形"中分离出万事万物。与泰勒斯不同，阿那克西曼德认为事物的产生不是由于某种基本元素（如水）的转化，而是由于永恒的运动把对立物从"无定形"中分离出来，因此，所谓产生即是对立物的分离。辛普里丘在介绍阿那克西曼德的哲学思想时写道："万物由之产生的东西，万物又消灭而复归于它，这是命运规定了的。因为万物在时间的秩序中不公正，所以受到惩罚，并且彼此互相补充。这是他以颇带诗意的语言说出的话。"这种以朦胧的诗意语言表达的哲学思想，与表现"命运"主题的希腊悲剧具有内在的相似性，都反映了一种由神秘的"命运"所主宰的对立面冲突和因果报应思想。这种关于"命运"的决定论思想，稍后我们在与阿那克西曼德有过师承关系的毕达哥拉斯的哲学中也可以看到。

阿那克西美尼

阿那克西美尼（Anaximenes，鼎盛年约在公元前546年）是阿那克西曼德的学生，我们关于他的生平情况所知甚少。与米利都学派的前两位自然哲学家一样，阿那克西美尼也对自然现象作过一些研究，他认为地球和日月星辰都是从空气中产生出来的，并且被空气和一种神圣性的"嘘气"（或"精气"）所包围着，他因此而提出了气是万物本原的观点。

阿那克西美尼关于气是万物本原的观点显然是对泰勒斯和阿那克西曼德思想的一种综合，如果说泰勒斯的水是对万物本原的一种肯定性的表述，而阿那克西曼德的"无定形"是对万物本原的一种否定性的表述，那么阿那克西美尼的气则是对万物本原的一种否定之否定的表述。气一方面是一种与水一样的自然物质，另一方面却比水更加具有无定形的特点，它是一切无定形之物中"最"无定形的一个，因而能作为一切尤定形之物的代表；它一方面实实在在地存在着，另一方面却不可测量和无边无际，无孔不入也无所不包。因此将气说成万物的本原似乎更加顺理成章，既超出了泰勒斯的局限性，也克服了阿那克西曼德"无定形之物"的笼统性。气本身具有无定形的属性，正是它的聚散离合构成了宇宙万物。气具有冷与热两种性质以及与之相对应的凝聚与稀散两种运动。阿那克西美尼认为："使物质集合和凝聚的是冷，使它稀薄和松弛的则是热。"作为万物本原或基质的气"借稀薄和浓厚而形成不同的实体。当它很稀薄的时候，便形成火；当它浓厚的时候，则形成风，然后形成云，而当它更浓厚的时候，便形成水、土和石头；别的东西都是从这些东西产生出来的。"由于冷、热这两种对立性质的相互消长，气就随着凝聚和稀散这两种相反的运动而分别转化为火、水、土以及宇宙万物。

阿那克西美尼的气不仅是指一种自然物质，有时候它也指呼吸、灵魂或某种神圣性的东西（"精气"）。但是无论是哪一种意义上的气，都不具有一种独立的精神性含义。基尔克指出："可能阿那克西美尼自己关于神说过一些什么：有理由可以推论出的是：世界上的诸神本身是从包含一切的气中派生出来的，只有气才是真正神圣的。"神本身就是从气中产生的，因此神圣的"嘘气"（或"呼吸"）和灵魂之类的东西仍然是一种物质性的气。就此而言，阿那克西美尼的"气本原说"表现了一种朴素的物质与精神未分化的思想。早期希腊人缺乏关于独立的精神实体的观念，同时也缺乏脱离了精神性的纯粹物质的观念。他们很难想象和理解完全脱离肉体的灵魂或精神。只有到了希腊城邦文化的鼎盛时期，希腊哲学家（阿那克萨戈拉）才提出了与物质相分离的独立的精神实体（"心灵"）的概念。

毕达哥拉斯学派

毕达哥拉斯（Pythasoras，鼎盛年约在公元前531年）出身于爱奥尼亚的萨摩斯岛，早年曾就学于泰勒斯和阿那克西曼德，40岁时由于与萨摩斯僭主波吕克拉底发生冲突而移居南意大利的克罗顿城邦，并在那里建立了一个带有宗教色彩的学术团体，后据说被他的政敌所杀。一些哲学史家认为，毕达哥拉斯主义是奥尔弗斯神秘教内部的一种改良运动，它代表着与爱奥尼亚的自然哲学相对立的神秘主义倾向。毕达哥拉斯本人就是一个令人费解的神秘人物，他既是一位伟大的数学家，也是一个神秘主义宗教团体的创始人，并且被这个团体当作介乎人与神之间的半神来加以崇拜。在早期人类看来，凡是超出感官所能把握的东西之上的都带有某种神秘意味，如"数"就是这种东西。所以在毕达哥拉斯所创建的团体中既传授数学、音乐等方面的知识，又有着许多奇怪的忌禁，例如禁食豆子、不许用刀子拨火、不许坐在斗上等等。毕达哥拉斯在科学上卓有建树，他是"毕达哥拉斯定理"的发明者，第一次提出了"心灵和表象是在脑子里面"的观点（在此之前人们都认为心灵是在心脏里），创立了宇宙中心火（地动说）的理论，并且在谐音学方面也颇有造诣。另一方面，他也在奥尔弗斯宗教的基础上提出了灵魂不死和轮回转世的思想，据说他有一次阻止人们去打一条狗，因为他从这条狗的叫声中听到了他的一位逝去的朋友的声音。

毕达哥拉斯学派提出万物的本原是"数"。在他们看来，"无定形的东西"不论是什么，都不配作万物的本原，因为它们连自己都没有定形，如何能给万物定形呢？所以万物的本原应当是有定形的东西，而万物共同的有定形的东西就是"数"。他们发现一切事物都包含着数量关系，数与万物之间的联系远远超过了水、火、土、气等任何一种元素与万物之间的联系。这种"数本原说"的思想产生于毕达哥拉斯学派对于数学与谐音学的研究，他们根据谐音的音程取决于琴弦的长度这一原理，进而认为一切事物的性质都是由它们包含的数所决定的。根据这种联系，数不仅可以用来解释具体事物，而且可以用来解释抽象事物，因此他们把数说成万物的本原是对米利都学派理论的一种深化。数作为万物的本原，已经超越了米利都学派的感性物质意义上的开端，而具有了抽象原则的含义了。亚里士多德认为，毕达哥拉斯学派"不从感觉对象中引导出始基。……他们所提出的始基和原因是用来引导他们达到一种更高级的实在的。"这就在认识论上开创了一条理性主义的思路。不过，在毕达哥拉斯学派那里，数虽然具有了最初的抽象意义，但是它却并未完全脱离形体，而是首先要用来构成形体的。在他们看来，数是构成事物实体的物理质点或基本元素。作为一切数之根本的"1"是第一本原，而"1"表现为点，由"1"派生出其他的数乃至万物的过程则被表述为：点（1）产生线（2），线（2）产生面（3），面（3）产生体（4），体（4）构成水、火、土、气等四种元素，这四种元素则以不同的方式相互结合和转化，从而产生出世界的万事万物。

正因为万物都是由数构成的，所以数是决定事物性质的比例关系或抽象原则。而最基本的原则就是从奇数与偶数的对立中引申出来的十对基本的对立范畴，即有定形与无定形（有限与无限）、奇数与偶数、一与多、右与左、阳与阴、静与动、直与曲、明与暗、善与恶、正方与长方，每一对范畴的前一项都优于后一项。他们用这些对立范畴来说明事物的性质和价值。此外，毕达哥拉斯学派还用自然数来象征无形事物。例如，"1"代表灵魂或理智（因为它是最基本的数），"2"表示意见（因为它是摇摆不定的），"4"和"9"是正义（因为它们分别是第一个偶数"2"的平方和第一个奇数"3"的平方），"5"是婚姻（因为它是第一个偶数与第一个奇数之和），"8"是爱情与友谊（因为八度音是谐音），"10"则是完满与和谐（因为它是1、2、3、4之和）。毕达哥拉斯学派常常用这种神秘的象征方式来解释事物的性质，认为具体事物是对数的"摹仿"，因此要求具体的存在物必须与数相符合。例如，他们认为天体的数目应该是10（完满与和谐），因此他们就在观察到的九个天体之外又杜撰出一个想象的天体——"对地"，以满足和谐的需要。

毕达哥拉斯早年曾到埃及、巴比伦等地游学，从那里获得了几何学、天文学等方面的知识。埃及人在很早的时候就由于丈量土地和建造金字塔的需要创立了几何学，但是埃及人的几何学始终停留在经验的水平，尚未从具体的几何图形中抽象出一般的数学定理。例如关于直角三角形的问题，埃及人已经知道如果一个三角形的边长分别为3、4、5，那么该三角形必为一个直角三角形。但是将这种经验性的观察结果抽象为一般性的数学定理 $a^2 + b^2 = c^2$，却是毕达哥拉斯学派的伟大功绩。"毕达哥拉斯定理"的得出，意味着数学命题可以脱离几何图形而独立地表示事物的比例关系，这样就蕴含着一种把数看得比形更加具有本质意义的可能性。而伴随着"毕达哥拉斯定理"的发明而必然出现的不可公约数危机，进一步加强了人们关于数与形相分离的观念，从而一方面使独立于经验图形的纯粹数学演绎成为可能，并由此发展出抽象的形式系统（逻辑学）；另一方面却培养了一种形而上学的倾向，即把通过抽象思维而非感官知觉所把握到的对象（如超时空的数学定理、哲学概念或逻辑命题）当作最真实的东西，当作先于和高于具体存在物（现象）的本质，由此发展出从柏拉图一直到黑格尔的种种"本质先于存在"和"本质决定存在"的形而上学体系。正因为如此，黑格尔对毕达哥拉斯学派大加赞扬，认为它不再把"本质""原则""绝对"等理解为一种物质性的东西，而是将其理解为一种思想范畴，"本质被描述成非感性的东西，于是一种与感性、与旧观念完全不同的东西被提升和说成本体和真实的存在"，从而"形成了实在论哲学到理智哲学的过渡"。而罗素则对毕达哥拉斯开创的形而上学源流颇有微词，他将种种形而上学的谬误和神秘主义的信仰都归咎于毕达哥拉斯所开创的数学，他说道："我相信，数学是我们信仰永恒的与严格的真理的主要根源，也是信仰有一个超感的可知的世界的主要根源。""人们根据数学便设想思想是高于感官的，直觉是高于观察的。如果感官世界与数学不符，那么感官世界就更糟糕了……结果所得的种种启示就成了形而上学与知识论中许多错误的根源。"

毕达哥拉斯学派代表了一种与米利都学派完全不同或相反的思维倾向，除了从感性的东西上升到抽象原则之外，他们还抛开了前人推崇"无定形"的做法，通过数的确定性第一次建立起一种"有定形"的最高原则，这一原则对后世西方哲学和科学（直到近代定量化的精密自然科学）的发展产生了巨大而深远的影响。另一方面，毕达哥拉斯学派从奥尔弗斯宗教那里继承并发展了关于灵魂不死和轮回转世的思想，这种强调灵、肉分离甚至相互对立的思想突破了希腊人传统的灵肉统一观念，构成了源远流长的西方唯灵主义的雏形。它后来通过苏格拉底、柏拉图和新柏拉图主义而融入基督教中，成为基督教神学的理论砥柱。

赫拉克利特

赫拉克利特（Heraclitus, 鼎盛年约在前504—前501）是爱非斯学派的主要代表，爱非斯是爱奥尼亚地区的一个繁荣的港口城市，赫拉克利特出身于爱非斯王族，本应是王位的继承人，但是他却由于热爱哲学而隐退山林，把王位让给了自己的弟弟。据古代文献记载，赫拉克利特恃才傲物、目中无人，对于荷马、赫西俄德、毕达哥拉斯等著名人物均嗤之以鼻，认为他们仅有博学而无智慧。他愤世嫉俗，蔑视民众，满脑子精英意识，曾公开宣称一个最优秀的人抵得上一万个人。他因为爱非斯人放逐了他的朋友赫尔漠多罗而说道："爱非斯的每一个成年人最好都将自己吊死，并把城市留给尚葆其天真的少年。因为他们放逐了他们中间那个最优秀的人物赫尔漠多罗。"他远离城邦政治，潜心于一种神秘的沉思生活，由此造成了他的哲学思想的极度晦涩。晚年的赫拉克利特过着离群索居的孤独生活，靠吃草根树皮为生，最终患水肿病而死。

爱非斯与米利都同属于爱奥尼亚的城邦，从赫拉克利特的哲学思想中可以看到米利都学派的影响，它们也被人统称为"爱奥尼亚学派"。此外，虽然赫拉克利特曾以轻蔑的口吻谈论毕达哥拉斯，但是在他的哲学中我们同样可以看到毕达哥拉斯学派的思想痕迹。他的哲学有两个最重要的主题，即"火"本原和"逻各斯"。

火本原说　赫拉克利特在留存至今的著作残篇中明确表示："这个世界，对于一切存在物都是一样的，它不是任何神所创造的，也不是任何人所创造的；它过去、现在、未来永远是一团永恒的活火，在一定的分寸上燃烧，在一定的分寸上熄灭。""一切转为火，火又转为一切。有如黄金换成货物，货物又换成黄金。"赫拉克利特认为，火通过浓厚化而变为气，进一步浓厚化则依次变为水和土，这是"下降的道路"；反之，土通过稀薄化而变为水，进一步稀薄化则依次变为气和火，这是"上升的道路"。而"上升的道路和下降的道路是同一条路"，它们表现的都是火与万物之间的相互转化过程。他用"生"与"死"这两个概念来形容火、气、水、土之间的相互转化："火死则气生，气死则水生。——土死水生，水死气生，气死火生；反过来也是一样。"从这里我们可以看到，赫拉克利特与米利都学派一样，坚持用某种无定形之物来说明世界的产生和变化。不同的是，他把万物的本原规定为火。

但赫拉克利特的"火本原说"的创新意义并不在于用另一个不同的东西来说明万物及其转化，而在于强调了这种转化是按照"一定的分寸"进行的，亦即在不断转化的"无定形"原则巾加入了"有定形"的原则。火的燃烧当然是无定形的，但由于燃烧有"一定的分寸"，它又是有定形的（如"火苗"、"火舌"），表现为一个无定形和有定形相统一的过程，即无定形的火在燃烧中自我定形，从而实现了米利都派和毕达哥拉斯派的两种对立哲学原则的综合。火是变化无常的，始终处于不断转化的过程中（"活火"），但其

"分寸"、"次序"、"周期"、"必然性"等却是永恒不变的，是世界万物所遵循的普遍法则。这种永恒不变的普遍法则又被赫拉克利特表述为"逻各斯"。

逻各斯 "逻各斯"（λογos）一词的原意是"话语"，也由此而带来了规律、命运、尺度、比例和必然性的意思。"赫拉克利特说神就是永恒的流转着的火，命运就是那循着相反的途程创生万物的'逻各斯'。""赫拉克利特断言一切都遵循命运而来，命运就是必然性。——他宣称命运的本质就是贯穿宇宙实体的'逻各斯'。'逻各斯'是一种以太的物体，是创生世界的种子，也是确定了周期的尺度。""逻各斯"概念的提出是西方哲学史上的一个里程碑式的创举，它对于西方形而上学的发展具有十分重要的意义，它标志着西方哲学中语言学精神的出现，语言及其规律和结构（逻辑）从此成了哲学家们离不开的一个参照维度。从毕达哥拉斯的数当然也可以很自然地就过渡到赫拉克利特的逻各斯，因为事物的运动变化都具有数或量的必然规律，但赫拉克利特的逻各斯并不仅仅是量的必然性，而更主要的是一种质的必然性，这种质的必然性只有通过逻各斯（话语）才能表达。

因此，逻各斯在赫拉克利特那里不仅具有客观规律的含义，同时也具有主观理性的含义，因为语言本身就是主客观统一的。赫拉克利特认为："'逻各斯'是灵魂所固有的，它自行增长。"然而，"'逻各斯'虽是人人共有的，多数人却不加理会地生活着，好像他们有一种独特的智慧似的。"因此，对于逻各斯的听从就是智慧。显然，逻各斯的客观含义（规律或秩序）与主观含义（理性或智慧）在赫拉克利特这里也是统一的，所谓理性或智慧就在于对客观规律或秩序的认识和把握。他由此对理性思维给予了极大的推崇，认为"逻各斯"是惟有思想才能把握的对象，"眼睛和耳朵对于人们乃是坏的见证"，"思想是最大的优点；智慧就在于说出真理"，表现出某种唯理主义的倾向。

这样一来，我们就在赫拉克利特哲学中看到了两个不可分割的原则，一个是作为万物本原的火，另一个是作为万物运动变化法则的逻各斯。逻各斯不是外加于火的，而是火本身固有的尺度，它规定和制约着火与万物之间的流变转化，而后者又反过来显示出逻各斯的永恒不变性。"从一切产生一，从一产生一切。""逻各斯"是"一"，它"永恒地存在着"，"万物都根据这个'逻各斯'而产生"，因此，"承认一切是一，那就是智慧的。"

辩证法的奠基人 赫拉克利特的哲学以晦涩而著称，他的语言充满了高深莫测的神秘色彩，但是同时也包含着极其丰富的辩证思想。黑格尔认为，"在赫拉克利特那里，哲学的理念第一次以它的思辨形式出现了"，而赫拉克利特的哲学之所以被人们看作是晦涩的，正是由于它包含着日常理智所无法理解的"深奥的、思辨的思想"。这些思想正是在对逻各斯的深刻内涵的挖掘中形成起来的。赫拉克利特被公认为辩证法的奠基人之一。

赫拉克利特的辩证思想表现在如下几个方面：第一，认为一切事物均处于普遍的运动变化与相互转化之中。"赫拉克利特在某处说，万物流变，无物常住。他把存在着的东西比作一条河流，声称人不可能两次踏入同一条河流。""我们既踏进又不踏进同样的河流；我们既存在又不存在。"赫拉克利特由此展现出一幅充满了运动变化的宇宙图景。第二，运动变化的根据是对立面的冲突。赫拉克利特明确地表示，对立的状态或相反的性质导致了和谐，相反者才能相成。"互相排斥的东西结合在一起，不同的音调造成最美的和谐，一切都是斗争所产生的。""在我们身上，生与死，醒与梦，少与老，都始终是同一的东西。后者变化了，就成为前者，前者再变化，又成为后者。""疾病使健康舒服，坏使好舒服，饿使饱舒服，疲劳使休息舒服。"赫拉克利特把毕达哥拉斯提出的对立范畴辩证地统一起来，并把对立统一看作事物运动变化所遵循的必然规律或"逻各斯"。第三，强调事物的相对性和不同的评价标准。赫拉克利特用一种言简意赅的箴言方式写道："海水最干净，又最脏：鱼能喝，有营养；人不能喝，有毒。""驴爱草料，不要黄金。""猪在污泥中洗澡，鸟在灰土中洗澡。""最美的猴子同人类相比也是丑的。"

当然，辩证法与诡辩之间只有一步之差，关键在于如何把握度。赫拉克利特关于运动变化的辩证思想如果向前推进一步，就会变成一种诡辩论。他的弟子克拉底鲁就用绝对的运动来否定相对的静止，认为"人一次也不能踏入同一条河流"。克拉底鲁甚至拒绝用语言来表述事物，因为当一句话脱口而出的那一瞬间，它所表述的事物已经变得面目全非了，因此对于变动中的事物，最多只能移动一下手指头来加以暗示。这就偏离了赫拉克利特的意思。

苏格拉底与柏拉图

苏格拉底

苏格拉底（Socrates，前469—前399）是古希腊最伟大的思想家之一，也是对西方文化影响最为深远的道德圣贤。苏格拉底出身于雅典，父亲是一个雕刻匠，母亲是一个助产婆，他早年曾随其父学手艺，据说在雅典卫城的神像中还有他的作品。伯罗奔尼撒战争爆发后，他曾三次从军出征，因表现勇敢而立过战功；他也曾一度从政，公元前406年还被选入五百人会议，但是他最热爱的事情还是进行哲学思考。苏格拉底身材矮小，头颅硕大，面目丑陋，性格怪异，平时不修边幅，一年四季光着脚、披着一件破旧的大氅在广场上与人讨论各种问题，或者仰面朝天进行哲学沉思，有时甚至通宵达旦。他虽然喜爱与人辩论，却对智者派的诡辩颇为反感，尤其厌恶智者们用知识来赚钱的做法，认为这样玷污了智慧的清誉。为了与"智者"划清界限，他自称"爱智者"（即"哲学家"），并把追求智慧当作人生鹄的。公元前399年，苏格拉底被雅典民主政体判处死刑，罪状有两条：一是苏格拉底败坏青年，煽动他们反对父母；二是不敬国家所崇奉的神灵，宣传新神。在法庭上，苏格拉底表现出一种对死亡的超然态度，他直言不讳地承认自己毕生都听到一个

"灵异"的声音的感召，正是这个声音引导他孜孜不倦地探寻智慧，以至于死而无悔。在监狱中，苏格拉底仍然平静地与他的朋友和弟子们讨论哲学问题，阐发他对生命和死亡意义的独特理解，并且拒绝了朋友们帮助他逃跑的建议和机会，从容赴死，成为西方历史上为理想而殉道的典范。

苏格拉底一生述而不作，后人关于他的思想言行，主要是通过他的两个学生——克塞诺芬尼（勿与爱利亚学派的克塞诺芬尼相混淆）和柏拉图的记载而得知的。前者侧重于记录苏格拉底的生平事迹，后者则更多地转述了苏格拉底的思想。在柏拉图的三十多篇对话体作品中，多以苏格拉底为对话的主角。学术界一般认为，柏拉图早期的一些对话作品，如《申辩篇》《克力同篇》《斐多篇》《普罗泰戈拉篇》等较为真实地反映了苏格拉底的思想，而晚期的著作则更多的是借苏格拉底之口来表述自己的思想了。

认识你自己　在柏拉图的《申辩篇》里，苏格拉底讲述了一个他为什么要锲而不舍地探寻智慧的故事：苏格拉底的一位朋友凯勒丰曾到德尔菲神庙去问神，有谁比苏格拉底更有智慧，传神谕的女祭司回答说没有。苏格拉底感到非常困惑，因为他认为自己并没有智慧，于是他就遍访了许多著名的政治家、诗人和工匠，试图发现他们比自己更有智慧。然而结果却是令人失望的，这些人不仅没有真正的智慧，还自作聪明，对自己的无知一无所知。苏格拉底因此明白了神为什么要说他是最有智慧的，因为只有他"自知其无知"。苏格拉底由此进一步推论，真正的智慧只有神才配享，而人充其量不过是爱智慧而已。"那个神谕的用意是说，人的智慧没有多少价值，或者根本没有价值。看来他说的并不真是苏格拉底，他只是用我的名字当作例子，意思大约是说：'人们哪！像苏格拉底那样的人，发现自己的智慧真正说来毫无价值，那就是你们中间最智慧的了。'"正是受了这条神谕的启发，苏格拉底毕其一生都在坚持不懈地以一种批判的态度探寻智慧，对那些自称有智慧的人（特别是智者）进行揭露，因此得罪了不少人。当他被推到法庭上时，他依然不改初衷，公开表示："时至今日，我仍然遵循神的意旨，到处察访我认为有智慧的人，无论他是本城公民还足外地人；每想到有人不聪明，我就试图通过指出他是不聪明的来帮助神的事业，这个事业使我无暇参与政治，也没有时间来管自己的私事。事实上，我对神的侍奉使我一贫如洗。"

与探索自然奥秘的爱奥尼亚哲学家们相反，苏格拉底认为人只应该关心自己身边的事情。因为自然界是神创造的，充满了神的特殊旨意和目的，是神的智慧的对象，是人无法认识的。如果人坚持要去认识自然，这乃是一种狂妄自大的僭越，其结果不仅不能认识自然，而且也不能认识自己。苏格拉底引用镌刻在德尔菲神庙门前的名言来号召人们："人啊，要认识你自己。"在他看来，哲学应该研究正义、美德、勇敢、虔敬等与人生相关的问题，而不要把眼光盯在深邃玄奥的自然界。正因为如此，西塞罗才说苏格拉底把哲学从天上拉回了人间。从某种意义上说，苏格拉底的"认识你自己"与普罗泰戈拉的"人是万物的尺度"似有异曲同工之妙，都是要人们将注意力从自然界转向自身。但是普罗泰戈拉把人理解为一个个孤立的特殊主体，因此"人是万物的尺度"就导致了相对主义；苏格拉底则把人看作是理性的思维主体，"认识你自己"正是要求人们去发现人的共同的和普遍的本质。智者派通过强调"人是万物的尺度"而抛弃了本质，苏格拉底则通过强调"认识你自己"而重建起本质，只不过这本质作为普遍的逻各斯（定义），主要是指精神和道德世界中的事物。所以智者派教人说话只是为了卖钱，苏格拉底与人论辩时则有一种道德使命感，认为自己是神派到雅典来的一只大牛虻，为的是刺激雅典这只行动迟缓的笨牛快步前进。

神学目的论　苏格拉底早年受自然哲学的影响，具有丰富的自然知识，但他始终不满于自然哲学无法圆满解决万物运动、包括精神活动的原因问题。后听说阿那克萨戈拉的"努斯"学说，便抱着希望读了他的著作，结果大失所望。原来阿那克萨戈拉只是谈到努斯推动和"安排"了万物，并没有说到它是如何安排和推动的，在具体解释事物的运动时仍然诉之于那些偶然的自然条件。苏格拉底则认为既是"安排"，就应当有目的，就像人的行为绝不是由他的肌肉、骨头及周围的空气、声音等等决定的，而是由他所选择的目的决定的一样。克塞诺芬尼在《回忆录》中记载了苏格拉底在牢狱里与一位不信神的犯人的谈话，苏格拉底用人的器官为例，向这位犯人说明神造万物都是有着特殊目的的。神不仅为了让人感受事物而创造了各种器官，而且还用心良苦地将它们设计得如此精致："比如因为眼睛是很娇嫩的，就用眼睑来保护它，好像两扇门似的，当必要用视觉时就打开，而在睡觉时就闭上。又使睫毛长得像帘幕，免得风伤害眼睛。在眼睛上面用眉毛做一个遮檐，使头上流下的汗不会妨碍它。使耳朵长得能接受所有各种声音，而又从来不会被阻塞住，使所有动物的门牙都长得适宜于咬东西，而后面的臼齿则适宜于从门牙接受食物并且来咀嚼它。"这一切倘若不是出于神的精心安排，又怎么会如此和谐？神把灵魂赋予人，使人成为比动物更优越的生灵，并把整个自然（无生命物、植物、动物）都安排成一个以人为目的的系统，人则是以认识神作为其最终目的。苏格拉底的这些论证成为西方思想史上关于上帝存在的设计论证明的最初雏形。

正是由于怀着这种神学目的论的信念，苏格拉底从生到死都表现出一种强烈的神圣使命感，他宣称自己始终都听从一个"灵异"声音的指引，就是这声音驱策他去探寻智慧，鼓励他到法庭上来为自己辩护，并且让他义无反顾地选择了死亡。面对着死刑判决，苏格拉底坦然地说道："我以为我碰上的这件事是一种福气，而我们极为错误地认为死亡是一种恶。我这样想有很好的理由，因为我做的事情若非肯定会有好结果，那么我习惯了的灵异不会不来阻止我。"在行刑之前，苏格拉底一直在与斐多等人谈论灵魂不朽的问题，并描绘了灵魂在摆脱肉体之后与神为伴的美好景象。他说道："哲学家的事业完全就在于使灵魂从身体中解脱和分离出来"，因此，"一个真正把一生贡献给哲学的人在临死前感到欢乐是很自然的，他会充满自信地认为当今生结束以后，自己在另一个世界能发现最伟大的幸福。"苏格拉底所信仰的神并非希腊传统的有血有肉的奥林匹斯诸神，而是一个无形的"灵异"，非常类似于爱利亚派的克塞诺芬尼所设想的那个以思想支配世界的神。此外，毕达哥拉斯关于灵魂不朽和轮回转世的思想也在苏格拉底这里发展成为一种向死而生或者以死为生的唯灵主义，如果说在前者那里肉体还是灵魂的驿站，那么在后者那里肉体已经成为了灵魂的囚牢。

美德即知识　在西方哲学史上，泰勒斯被称为自然哲学之父，苏格拉底则被认为是道德哲学的创始人。苏格拉底号召人们把目光从自然界转向人自身，如果说对人的身体的认识导致了神学目的论，那么对人的心灵的认识则导致了道德哲学。心灵的内在原则就是美德（或德性），因此美德问题就成为苏格拉底关注的主要对象。在柏拉图的《美诺篇》等著作中，苏格拉底对美德的一般定义进行了探讨，最终得出了"美德即知识"这一结论，具体地说，即美德是关于善的概念的知识。

一般说来，知识论解决真的问题，道德论（或伦理学）解决善的问题，苏格拉底的"美德即知识"这一命题则把真与善统一起来。真正的知识必然是与最高的道德范畴——善——密切相关的。在苏格拉底看来，任何一种具体的行为本身并不足以构成美德，因为同一种行为对于不同的人可能会具有不同的道德含义，例如欺骗朋友是一种恶行，而欺骗敌人却是一种善行。但是善本身（善的概念）却并不会因为每一种具体善行的相对性而失去它的绝对的和普遍性的意义，相反，每一种善行之所以是善行恰恰是因为它"分有"了善的概念。只有关于这种绝对的、普遍的善（即善的概念）的知识，才是美德。由于善本身有着不可改变的绝对内容，美德也就获得了客观的规定性，成为普遍的知识，而不再是个人的任意活动。

苏格拉底把美德完全等同于知识，因此，一种行为之符合于善不在于这种行为本身，而在于对这种行为的正确认知，一个无意中做出某种善行的人称不上美德。由于"一切善的东西都是有益的"，而恶的东西都是有害的，而人不会自己害自己，所以"无人有意作恶"，作恶都是出于无知。于是，从"美德即知识"中又引申出"知识即美德，无知即罪恶"这一结论。这种把美德与知识完全等同起来的观点开创了西方伦理学中的一个重要思想流派，即唯智主义伦理学。

苏格拉底一方面强调美德是心灵的内在原则，另一方面又认为美德作为一种知识是可以通过教育而获得的，这样一来，在人的向善本性与后天教育之间就出现了一种矛盾。苏格拉底在与美诺讨论美德问题时曾表述过一个著名的"知识悖论"，即人既不可能学习他已知道的东西（已经知道就不必学习了），也不可能学习他不知道的东西（还不知道的东西如何能去学习）。这一"悖论"恰恰表明，在苏格拉底看来，美德是某种介乎于已知与未知之间的东西。作为人的向善本性，美德只是潜在于人心之中，并未被自觉到，因此人对于美德既非完全的无知，亦非完全的已知，而后天的教育正是要把这潜藏在心中的内在原则揭示出来，使人充分认识到自己心灵固有的向善本性。苏格拉底的这一思想在柏拉图那里被进一步发展为灵魂回忆说，从而得出了"学习即回忆"的结论。

归纳推理和普遍定义　苏格拉底对美德问题以及其他问题的探讨是以一种对话的方式进行的，这种在问答中诘难对方，使对方陷入矛盾，从而逐渐修正意见，最终达到真理的方法被称为"苏格拉底式的讨论方法"，也被称为"辩证法"（dialectic 一词在希腊文中的原意是"对话"、"论辩"）。克塞诺芬尼《回忆录》中写道："他注意到 διαλεγεσθαι.［辩证］这个词导源于人们的一种活动，就是聚在一起讨论问题，按对象的种属加以辨析［διαλεγοντες］。因此他认为每个人都应当下决心掌握这种艺术。"苏格拉底在与人讨论问题时，往往从对方所承认的前提出发，然后通过不断提问，让对方自己从这前提中引出自相矛盾的结论，再尝试另辟蹊径，一步一步剥离出个别事例背后掩藏着的普遍原则，归纳出关于讨论对象的一般定义。他把这种通过启发让对方发现自己心中隐藏的真理的方法称为"精神接生术"，并说这是从他母亲那里学来的，只不过他母亲接生的是肉体，他接生的却是事物的共相或定义。

在《美诺篇》里，苏格拉底运用这种"辩证法"来与美诺讨论美德的问题。苏格拉底首先承认自己对美德一无所知，他请教美诺："什么是美德？"美诺回答说，男人的美德是能干地管理城邦事务，女人的美德则是小心地照管家庭事务，孩子和老人也各有自己的美德。苏格拉底说，我问你什么是美德，你却给了我"一窝美德"，什么是这些美德的"共同性质"呢？美诺回答说，这就是"统治人的能力"。苏格拉底反驳道，这种美德能适用于儿童和奴隶吗？美诺不得不承认自己关于美德的一般定义并不能普遍适用，于是又进一步把美德说成是正义、勇敢、节制、智慧、尊严等等。但是苏格拉底却表示，所有这些都还只是"一种美德"，而不是美德"本身"，正如圆形只是一种图形而非图形本身，白色只是一种颜色而非颜色本身一样。苏格拉底的诘难再一次令美诺陷入了矛盾之中，他不得不在苏格拉底的启发之下，一步一步地从具体的美德种类走向美德的一般定义，最终得出了"美德即知识"的结论。在其他许多作品中，苏格拉底也是通过一步一步地揭露对方矛盾而逼近真理。虽然在通常的情况下，苏格拉底的对话并没有得出明确的答案，但是这种试图通过在具体事例中揭示矛盾、解决矛盾而上升到事物的本质定义的做法，却具有极其重要的方法论意义。这种意义还不仅是亚里士多德所说的作为"科学的出发点"的"归纳推理和普遍定义"，而且是在思想的对话和交锋中发现矛盾、并在矛盾的逼迫下飞跃到更高思维层次的方法，即"辩证法"。

面对着智者派的相对主义和怀疑主义，苏格拉底坚持从特殊的现象背后去寻求普遍性的东西（事物的一般定义或共相），从而肩负起拯救本质的历史重任。从这种意义上来说，苏格拉底哲学构成了毕达哥拉斯学派、爱利亚学派等早期希腊形而上学与柏拉图"理念论"之间的重要理论中介。当然，苏格拉底仅仅把事物的一般定义或共相视为主观辨析的成果，并未将其看作是脱离个别事物而独立存在的客观实体。柏拉图则进一步把普遍本质或共相（"理念"）从人的主观世界扩展到整个客观世界，将其当作与个别的可感事物相分离的独立客观实体，从而建立了古希腊第一个纯粹思辨哲学的理论形态——理念论。

小苏格拉底学派

苏格拉底死后，他的朋友和弟子们分散到希腊各处，他们在传述和发展苏格拉底哲学的过程中，从不同侧面撷取了苏格拉底的一些思想片断，形成了彼此不同的学术流派。这些流派被通称为"小苏格拉底学派"，大致上可分为如下几支。

麦加拉派 该派的主要代表人物为麦加拉城的欧几里得（Euclides，约前450—前369）及其门徒欧布里得（Eubulides，公元前4世纪），他们把苏格拉底的伦理学原则与爱利亚派的"存在"和"一"结合起来，使苏格拉底单凭个人"灵异"建立起来的"善"扩展为宇宙的普遍原则。欧布里得曾是亚里士多德的劲敌，他深入研究了论辩术，提出了"说谎者论辩"、"蒙面人论辩"、"谷堆论辩"和"有角人论辩"等一系列悖论，这些悖论中有的是明显的诡辩，有的则涉及思维矛盾的辩证法和逻辑本身的根据问题。如"说谎者悖论"是说，有人声称"我在说谎"，如果我们相信这句话，就必须不相信这句话，因为它是"谎话"；如果我们不相信这句话，我们又必须相信他说的是真话，即真是在"说谎"。麦加拉派提出这些论辩的目的在于论证该派的基本主张，即只有普遍的东西（"存在"）才是绝对真实的，而对于个别事物（"非存在"）的判断则会使人们的思维陷入自相矛盾的困境中。

昔尼克派（犬儒学派） 该派的创始人是苏格拉底的学生安提斯泰尼（An tisthens，约前444—前366），他常常在雅典郊外的一个名为"白犬之地"的体育场讲学，并且由于宣扬人应该像狗一样采取一种最简单粗陋的生活方式而被人们称为"犬儒学派"（Cynic School，音译即昔尼克派）。犬儒学派的主要特点是宣扬一种随心所欲的生活态度，鄙视一切社会习俗和道德规范，以自然本性来对抗人为矫饰。该派的一位主要代表人物第欧根尼（Diogenes，约前404—前323）出身于贵族，却公开倡导弃绝一切财富、荣誉、婚姻和家庭，主张背离文明而回归自然。他常年住在一只废弃的大木桶里，除了一只喝水用的杯子外，身无长物。有一次当他看到一个牧童用手捧溪水喝时，索性连这只杯子也扔掉了。他的言行惊世骇俗，曾大白天打着灯笼到处寻找"真正的人"，又据说亚历山大大帝曾经慕名拜访他，询问他有什么要求，第欧根尼回答道："只求你别挡住我的阳光！"后人因此而把那种放浪形骸、我行我素的生活作风称为"犬儒主义"。

昔勒尼派 该派的创始人和主要代表是北非昔勒尼城的亚里斯提卜（Aristippus，约前435—？），他从感觉论的方面发展了苏格拉底的"善"，主张善就是快乐，个人的快感就是美德和情感问题的标准。昔勒尼派把感觉论原则从认识领域转移到伦理领域，从事实层面转移到价值层面，他们只关注于情感、想象本身的真切性，而不再关心引起情感和想象的客观事物本身的真实性。亚里士多德认为，昔勒尼派把自己关闭在个人的情感里，完全割裂了情绪感受与外部事物之间的联系。昔勒尼派用情感体验来取代客观真实，认为一切美德都不过是促进快乐的手段，快乐就是生活的目的。昔勒尼派的这种快乐主义观点对于希腊化时期的伊壁鸠鲁伦理学产生了较为深刻的影响。

柏拉图

柏拉图（Plato，前427—前347）是苏格拉底的嫡传弟子，也是把苏格拉底思想发扬光大并加以体系化改造的最杰出的希腊哲学家。柏拉图出身于雅典的贵族世家,他在 20 岁左右就开始师从苏格拉底,长期的耳濡目染使他深受其师思想和人品的影响,并且由于苏格拉底之死而对雅典的民主政治充满了失望和仇恨。苏格拉底死后,柏拉图离开雅典,周游各地,曾先后三次来到西西里岛的叙拉古王国,试图用哲学思想来改造当地的统治者,以实现他的宏伟的政治理想。但柏拉图的远大抱负并没有成为现实,他本人也差一点被当作奴隶拍卖。然而,在政治理想方面屡遭挫折的柏拉图在哲学教育方面却取得了极大的成功,公元前 387 年,他在雅典城外的阿加德米运动场附近创立了一所学园(Academy)。柏拉图本人在学园里一面讲授哲学、数学、天文学、声学和植物学等方面的知识,一面从事著述活动达四十年之久。柏拉图学园中培养了许多杰出的思想家,其中最著名的就是亚里士多德。柏拉图死后;学园由他的弟子们继续办下去,一直到公元 529 年查士丁尼皇帝下令关闭雅典各异教学院时才结束,前后一共延续了九百多年,柏拉图主义的哲学传统也因此而得以传承和发展。

柏拉图一生中写了三十多篇对话体著作,其中绝大多数是以苏格拉底为对话的主角,最重要的有《斐多篇》《美诺篇》《会饮篇》《国家篇》(《理想国》)《巴门尼德篇》《智者篇》《蒂迈欧篇》《法律篇》等。由于柏拉图学园的长期存在以及中世纪基督教哲学对柏拉图主义的思想沿袭,使柏拉图的作品基本上都得以流传至今,与德漠克利特著作的遭遇形成了鲜明的对照。

理念论 柏拉图早年曾就学于赫拉克利特派的哲学家克拉底鲁,熟知该派的"一切皆变,无物常住"的思想,以及克拉底鲁将这一思想推至极端而导致的"语言无法表述事物"的不可知论观点。此外,毕达哥拉斯学派关于具体事物"摹仿"数目的观点,巴门尼德关于存在是不变不动的以及思维与存在相同一的观点,都构成了柏拉图哲学的重要理论来源。但是对柏拉图影响最大的,还是苏格拉底从具体事物背后去寻求一般定义的做法。显然，一般定义不是关于感性事物、而是关于普遍本质的，这普遍本质正如同巴门尼德的"存在"一样，只能是思维或理智的对象。柏拉图把这种理智的对象称为"理念"（idea 或 eidos），这个词源于希腊语中的动词"看"，作为名词则是指"看到的东西"或"显相""型相"。但是在柏拉图那里，"理念"不是指肉眼所看到的东西，而是指心灵或理智所"看"到的东西，是具有"一"的统一性和"存在"的实在性的观念，即普遍的概念、共相或形式。

柏拉图的"理念"与苏格拉底的"定义"虽然具有直接的渊源关系，但是二者之间却有两点根本性的区别。第一，苏格拉底主要把寻求一般定义的工作局限于精神生活的范围内，他探讨的是关于美、美德、正义、善、勇敢等等的普遍本质；而柏拉图则把理念扩大到世界的一切方面，认为各种自然物和人造物都有自己的理念作为其存在的根据，甚至连较大、较小等表现事物关系的范畴，也是对"大"和"小"的理念的分有。第二，苏格拉底虽然通过一般定义来探寻关于事物的普遍本质，但是他并没有把普遍本质与个别事物截然分离开来，在他那里，普遍本质是寓于个别事物之中的，它只能体现在人的抽象思想和语言之中，并不具有独立的客观实在性；柏拉图则将普遍概念（理念）实体化和客观化，不仅将其看作是独立于个别事物的实在本体，而且将其看作是独立于人的头脑的客观精神。这样一来，在柏拉图的哲学中就出现了个别事物与普遍概念之间的二元分离（"分离说"）。柏拉图明确地说道："一方面我们说有多个的东西存在，并且说这些东西是美的，是善的等等……另一方面，我们又说有一个美本身，善本身等等，相应于每一组这些多个的东西，我们都假定一个单一的理念，假定它是一个统一体而称它为真正的实在。"

面对着普遍与个别、一与多、不变不动的理念与流动变化的可感事物之间的二元分离，柏拉图并没有像巴门尼德那样简单地用前者来否定后者，而是将前者作为后者存在的根据，用自身同一的理念来说明形态各异的具体事物。在他看来，可感事物正是通过"摹仿"或"分有"理念而获得其实在性的。正如同木匠做床一样，具体的床是对木匠头脑中床的理念进行摹仿的结果，每一张床在形态上固然互不相同，但是它们都或多或少地分有了"床"的理念。惟有如此，它们才能成其为床。其他事物的情况也是这样，柏拉图说道："一个东西之所以是美的，乃是因为美本身出现于它之上或者为它所'分有'，不管它是怎样出现的或者是怎样被'分有'的……美的东西是由美本身使它成为美的。""一个东西之所以存在，除掉是由于'分有'它所'分有'的特殊的实体之外，还会由于什么别的途径……凡事物要成为二，就必须'分有"二'，要成为一就必须'分有''一'。"由于可感事物是对理念的摹仿和分有，因此它永远也不如理念那样完美，正如摹本不如原作完美一样。任何具体事物都存在着这样或那样的缺陷，而理念本身却是完美无瑕的，因此理念不仅是可感事物的根据或原型，而且也是它们追求的目标。

在柏拉图那里，由于万事万物都各有自己的理念，各种理念本身就构成了一个等级分明的"理念世界"。这个"理念世界"由低到高大体上可以分为如下几类：（1）自然物的理念，如石头、马和人的理念，这是最低层次的理念；（2）人造物的理念，如桌子、椅子和床的理念，它们构成了各种人工制品摹仿的"原型"；（3）数学意义上的理念，如方、圆、三角形、大于、小于等；（4）范畴意义上的理念，如存在与非存在、静止与运动、同与异等；（5）道德和审美领域的理念，如美、勇敢、节制、正义等；（6）"善"的理念，这是最高的理念，它构成了各种理念由以派生的终极根据，同时也是所有理念——以及作为各种理念的"摹本"的感性事物——共同追求的最高目标。一方面，"理念世界"中的各种理念构成了可感事物摹仿和分有的原型；另一方面，所有的理念又都追求着"善"的理念。这样就形成了一个众多感性事物趋向于它们的理念，较低级的理念趋向于较高级的理念，所有的事物和理念都趋向于"善"的理念的秩序井然的世界模式和本体论体系。

"善"的理念与神创世界　与苏格拉底把"善"局限于伦理学领域的做法不同，柏拉图把"善"的理念确立为整个世界的最高原则（被理解为"完善"或完备无缺），它甚至超乎"存在"之上，因为一切存在都从它来。柏拉图用可见世界中的太阳来比喻可知世界中的"善"，正如太阳一方面用光芒照亮事物、一方面给予我们视觉能力一样，"善"一方面将真理赋予客观对象（理念），一方面使认识主体获得了关于客观对象的知识。"给认识的对象以真理，给认识者以知识的能力的实在，即是善的理念。""知识的对象不仅从'善'得到它们的可知性，并且从善得到它们自己的存在和本质，而善自己却不是本质，而是超越本质的东西，比本质更尊严、更强大。"

在柏拉图那里，"善"不仅使一切理念（并通过理念使一切具体事物）获得了实在性和本质（形式），而且也是万事万物追求的终极目的和创造世界的根本动力。在晚年所写《蒂迈欧篇》中，柏拉图用哲学与神话相结合的方式，描写了作为至善的神创造世界的过程。柏拉图明确地表示，世界并非永远存在的，而是由一个神或造物主（Demiurse，音译作"德穆革"）以善的理念为指导，以理念世界为模型，将各种理念模式加诸原始混沌的"物质"而创造出来的。柏拉图的创世说不同于后来基督教的创世说，神不是从虚无中创造出万事万物，而只是将本质或形式赋予原本已有的原始物质，使其成为具有规定性的存在物（感性事物）。就此而言，柏拉图的神与其说是一个造物主，不如说是一个建筑师或巨匠，他只是通过赋予规定性或形式，使已有的素材或质料从潜在的事物转变为现实的事物。柏拉图把理念看作真实的存在，但是他并没有像巴门尼德那样把感性事物说成是非存在，而是认为它们介乎于存在与非存在之间，而真正的非存在是处于混沌状态中的无性无状的原始"物质"。

原始物质由于对理念的摹仿和分有而获得了形式，从而成为感性具体的个别事物。正是因为可感事物分有了理念，所以它们是存在；然而由于感性事物本身是由原始物质构成的，因此它们同时也是非存在。由此可见，在关于存在与非存在的问题上，柏拉图批判性地综合了赫拉克利特、巴门尼德和德谟克利特等各种相互对立的观点，最终形成了关于理念（存在）、原始物质（非存在）与可感事物（既存在又不存在）三者之间关系的学说，并且使得形式（以及目的、动力）与质料之间的矛盾明显地突出出来。

在柏拉图看来，神既然是至善的，他所创造出来的世界当然也就是最好的，因为神的至善本性使他"根本不会也不允许作出什么不是最好的事情来"。柏拉图写道："让我们来看一看造物主为什么要创造这个生灭变化的世界。他是善的，而善的东西就不会嫉妒任何东西。既然他是不会嫉妒的，因此他愿意使一切东西尽可能和他相像。这就是我们可以完全正确地从有智慧的人那里学来的宇宙变化的最高原则。"神根据至善至美的原则创造出唯一的世界，把生命和灵魂赋予世界，用秩序与和谐来统辖处于运动变化中的万事万物，让地球处于世界的中心，日月星辰围绕着地球转动，并让具有理性灵魂的人居住在地球亡，成为万物的灵长。这一切都充分体现了神的智慧、正义和大能，同时也处处显示出神的别具匠心的目的。柏拉图在《蒂迈欧篇》中展现的神创世界理论不仅是对苏格拉底神学目的论的进一步论证，而且也第一次明确地表述了把神当作一个最好世界的充足理由的神正论思想。

回忆说　柏拉图在认识论上大大发展了苏格拉底的"认识你自己"的原则，他把从毕达哥拉斯派和奥尔弗斯教那里吸收来的灵魂转世说引入了认识论，认为灵魂在进入肉体之前曾经居住在"理念世界"里，因而早就具有了关于各种理念的知识。当灵魂进入肉体后，由于受肉体的遮蔽而暂时忘记了关于理念的知识，所以需要经过一段时间的"学习"才能重新获得知识。而所谓"学习"，在柏拉图看来无非就是"回忆","因为一切研究，一切学习都只不过是回忆罢了。"在柏拉图看来，如果我们在进行感觉之前没有关于相等本身、美本身、善本身、公正本身之类的知识，我们何以能够比较事物的彼此相等，何以能够判断什么东西是美的、善的或公正的呢？因此，我们在生下来之前就已经有了关于事物"本身"或"绝对本质"之类的知识，出身后却因为受到肉体的遮蔽而暂时遗忘了，而由于感觉经验的刺激又重新回忆起来。这种回忆是灵魂的净化和提升，但要完全摆脱感性肉体的束缚，需要灵魂在积累充分的知识之后达到一种"理性的迷狂"状态，类似于爱情或生殖的迷狂冲动，但比它们更高。这里有三点需要指明：第一，柏拉图虽然否认感觉经验（"意见"）是知识的来源，但是却承认感觉经验是刺激人回忆起知识的媒介或机缘，正如看到一位故友常用的七弦琴会使我们回忆起他的模样一样，一些相等的东西、一个美的事物可以使我们回忆起相等本身和美本身。第二，通过感觉的媒介而进行的回忆不是对某个具体事物的回忆，而是对事物"本身"即理念的回忆，"用视觉、听觉或者其他官能感觉到一件东西的时候，可以由这个感觉在心中唤起另一个已经忘记了的、与这件东西有联系的东西。"第三，所以回忆是一个不断上升的过程，需要调动灵魂的主体能动性，而所谓灵魂（努斯）就是"推动自己运动的东西"，"灵魂的本质是自动"。这就以先验论的方式表达了认识主体的能动性原则。"回忆说"是西方哲学史上第一个系统阐发的唯心主义先验论的认识论思想。

柏拉图在《国家篇》里根据以上思想讲述了一个著名的"洞喻"：假定有一些从小就被捆绑着不能转身的囚犯面朝洞壁坐在一个山洞里，洞口外面有一堆火在洞壁上照出一些来往木偶的影子，这些囚徒一直以为这些影子就是现实的事物；直到有一天一个囚徒解除了束缚，转身看到火光下的木偶，才知道以前看到的只是一些影子；等他走出洞口，看到阳光照耀下的万物，才知道那些木偶也不是真正的事物本身，不过是人与自然物的摹本。但他这时还不能直接看太阳，只能看太阳在水中的倒影，等到他逐渐适应了，他才能看见太阳，并终于明白了这一切事物都是藉着阳光而被看见的，太阳才是最真实的东西。柏拉图这个"洞喻"的意图不仅要说明洞外事物之于洞里阴影正如理念之于可感事物，太阳之于世间万物正如"善"的理念之于理念世界一样，而且也试图表明人的灵魂是通过"转向"来认识事物的本质的，即从洞壁转向洞口，从洞口的火光转向外面的事物，从水中的倒影转向天上的太阳。转向就是反思和再反思，虽然是不断地转回头，但总的来说使知识呈现为一个线性的上升过程。所以柏拉图又用"线喻"表明了这个上升过程的各个阶段。

知识与意见　柏拉图为了说明知识的各个不同阶段，他把一条线段划分为两个部分，分别代表"可见世界"和"可知世界"的知识，它们各自又分为两个部分，这样就有按照其清晰程度或真实程度而划分出的四个从低级到高级的知识等级：可见世界的知识即"意见"，包括"想象"和"信念"；可知世界的知识即"真理"，包括"理智"和"理性"。在意见和真理这两种知识之外的还有"无知"，可见柏拉图对于意见并不是采取简单的否定态度，而只是认为它不如知识那样明确，但并不是无知。在这一点上，柏拉图的观点吸收了赫拉克利特的因素，即认为处于运动变化中的可感事物并非完全不可认识，只不过这种认识不是真理，而是模棱两可的意见罢了。柏拉图与他的论敌德谟克利特一样，都把对可感事物的认识看作是不可靠的（意见或"暗昧的认识"），而把对思维的抽象物（理念或原子）的认识当作真正的知识；但是被德谟克利特推崇的"真理性的认识"的对象是物质性的原子和虚空，在柏拉图那里却是抽象的形式即理念。

意见是关于可感世界的认识，可感世界又可分为事物和事物的影像（如事物在水中的映像、在阳光下的阴影或在艺术品中的肖像等），因此意见也可再分为对事物影像的认识，即"想象"，以及对事物的认识，即"信念"。"信念"所针对的事物已经是理念的影子了，"想象"比"信念"更加缺乏确定性，它是"影子的影子"，和真理"隔着三层"。真理是关于可知世界的认识，而可知世界也可以分为数理对象与纯粹理念两部分，数理对象虽然也是理念，但是这些涉及数学和自然科学的理念如"圆本身""三角形本身"仍然需要借助于直观的图形和假设来加以表现，因此还不是完全脱离了感官知觉的纯粹理念。相对于可知世界的这两个部分，知识也可再分为关于数理对象的"理智"和关于纯粹理念的"理性"。"理智"由于把未经证实的假设（如几何学的公理）当作绝对的出发点，而且也不能完全摆脱感性事物的辅助，因此还不是纯粹的知识；而在"理性"的认识活动中，假设不再被当作绝对的起点，而仅仅被当作上升到第一原理的跳板，而且"人的理念决不引用任何感性事物，而只引用理念，从一个理念到另一个理念，并且归结到理念"。这种从一个理念转化为另一个理念的"理性"认识活动被柏拉图叫做"辩证法"，它是"真正的知识"或"真正的科学"，是"一切科学的基石或顶峰"。所有的数学知识和科学知识都是为了学习辩证法而做准备的，都构成了辩证法这一"主要乐章"的"前奏曲"。

辩证法 柏拉图的"辩证法"是一种研究纯粹理念（哲学范畴）的逻辑联系与相互转化的学说，它虽然不涉及抽象概念与现实事物之间的关系，但是却系统地探讨了各个哲学范畴之间的对立统一关系，将智者派和苏格拉底所开创的主观辩证法推向了一个高峰。在辩证法中，柏拉图集中考察了各种纯哲学范畴，如存在和非存在、一和多、同和异、动和静等等，而将"马""桌子"等等具体事物的理念当作低层次的东西撇在一边。他发现纯粹哲学范畴有一种特点，就是超出自身而向它的对立范畴转化的内在必然性。在他较后期的对话如《巴门尼德篇》和《智者篇》中专门探讨了这些理念之间的这种自我否定和对立统一的关系。他受到爱利亚派辩证法的启发，主张在考察一个范畴的内涵时同时考虑与它相反的情况。

举例来说，当人们考察"一"时，"你不仅应该假设如若'一'存在，研究它将产生什么结果，还要假设这同一个'一'不存在[它将产生什么结果]。"但柏拉图并不像爱利亚派那样，以为否定了对立的概念"多"就可以通过归谬法反证自己的概念"一"成立，相反，他还证明"一"若孤立起来看，正如"多"一样也会导致荒谬的结果。他对这一点的论证有两个层次：（1）假如"一是"（或"有一"、"一存在"），那么由于它是一（而不是多），所以它不能是多于一的任何东西，只能是它本身即"一"，因为一加上任何规定它就不再是"一"而是"多"了，所以只能说"一是一"；但我们也不能说"一是一"，因为要能这样说，必须先说它和本身"相同"，但"相同"并不是"一"，这就在"一"上加上了不是"一"的东西，"一"也就不再是"一"而成了"多"；再者，我们甚至也不能说"一是"，因为"是"本身也不是"一"，说"一是"已经在"一"上加上不是"一"的东西了。结论：如果"一是"，则"一不是"。（2）假如"一是"，那么这一命题包括两个部分："是"和"一"，其中每个部分又既是"是"又是"一"，如此类推，以至无穷，这样"一"就是"无限的多"了。结论：如果"一是"，则"一是多"（或"一不是一，而是多"）。

柏拉图《巴门尼德篇》中这套反驳"一"的论证与前面说的爱利亚的芝诺反驳"多"的论证（见本章第二节四、3）恰好构成一对类似于康德的"二律背反"的命题，他实际上是借巴门尼德之口与芝诺关于存在和一的论证唱了一场对台戏，即以其人之道还治其人之身。但其目的并不是要驳倒爱利亚派，而只是要通过这种戏剧性的反讽揭示出这些概念的矛盾本性。至于如何解决这种矛盾，他还没有找到答案。只是到了《智者篇》中，他才找到了解决矛盾的途径，这就是"通种论"。这时他意识到对立双方都有其真理的一面，它们只有在一个高于它们的第三者、即一个更普遍的"种"概念之下才能统一起来，这就是"通种论"。例如动和静本身是不能直接结合的，动不是静；但在"存在"这个概念中，动和静是可以结合起来的，存在既是动的，又是静的。同样，一不是多，但既然说"不是"，所以一和多在"不是"即"非存在"之下可以结合起来。所以，孤立的一个理念是没有意义的，任何理念都是和与它相对立的理念一起结合在一个更高的理念（通种）之卜的，因而整个理念世界就不再是一盘散沙，而是一个在不同层次上对立统一的严密逻辑体系了。柏拉图由此就大大超出了爱利亚派和智者派的带有诡辩色彩的"消极的辩证法"，而提升到了黑格尔所谓的"积极的辩证法"的水平。发现一切事物都是相对的，依条件不同而转化的，这种消极的辩证法孤立地运用就会成为诡辩；由对立面的冲突提升到一个更高的概念以解决这种冲突，才真正能使辩证法产生出积极的结果来。这就是柏拉图的辩证法对后世的辩证法（特别是黑格尔的辩证法）最重要的启发。

理想国　柏拉图对雅典式的民主政治深为反感，他在《国家篇》中，参照埃及和斯巴达的模式设计了一套理想的政治制度，试图把自己的哲学观点和政治实践结合起来，使哲学家与统治者融为一体，从而建立一种"哲学王"的理想国度。在柏拉图看来，既然整个世界是一个由"善"的理念所统辖的秩序井然的体系，那么掌握了"善"的知识的人（哲学家）也应当成为一个等级森严的国家的主宰。国家是由个人组成的，它不过是放大了的个人，而个人的本性即灵魂是由三个部分组成，这就是理性、意志和欲望。灵魂的这三个部分各有其德性，理性是灵魂中最优秀的部分，它的德性是"智慧"；意志是根据理性的命令来发动行为的部分，它的德性是"勇敢"；欲望则是灵魂中最低劣的部分，它的德性是"节制"。当灵魂的这三个部分都恪守自己的德性时，整个灵魂也就达到了自然和谐，从而实现了最高的德性——"正义"。与个人灵魂的这三个部分相适应，在国家里也应该有三个社会阶级，即统治者、保卫者和劳动者，他们的职责分别是以智慧来治理国家、以勇敢来保卫国家和遵行节制而勤奋工作（柏拉图在《国家篇》中甚至试图用神话来说明这三个阶级分别是神用金、银和铜铁做成的）。当这三个社会阶级各守其职时，一个遵循"正义"原则的"理想国"就应运而生了。所以智慧、勇敢、节制和正义是理想国中的"四德"。此外，在"理想国"中，第一、二等级实行财产公有，甚至取消家庭，过集体生活，按照优生学原理由国家统一安排男女两性的结合，对于后代的抚养和教育也由国家负责，这就是所谓"柏拉图的共产主义"。理想国中等级森严、分工明确，"每个人必须在国家里面执行一种最适合于他的天性的职务"，不得相互干扰和随意僭越。艺术家则除了为国家的祭祀典礼和道德教育服务的颂神诗人外，那些专门诱惑人的情感、煽动民众激情的艺术家（如荷马）都应当被赶出理想国。理想国的统治者必定是掌握了最高知识的哲学家，柏拉图明确地说道："除非哲学家变成了我们国家中的国王，或者我们叫做国王或统治者的那些人能够用严肃认真的态度去研究哲学，使得哲学和政治这两种事情能够结合起来，而把那些现在只搞政治而不研究哲学或者只研究哲学而不搞政治的人排斥出去，否则我们的国家就永远不会得到安宁，全人类也不会免于灾难。"柏拉图的这种"哲学王"的理想在今天已经被人们当作一种空想的乌托邦而抛弃了，甚至他自己也把他的"理想国"当作一种不可实现的乌托邦来看待。但是他按照严格的理性来设计人类社会的合理结构这种做法却一直是后世各种社会政治哲学频繁仿效的。

亚里士多德

亚里士多德（Aristotle，前384—前322）是古希腊哲学的集大成者，也是各门科学的奠基人。亚里士多德出身于色雷斯的斯塔吉拉城，父亲是马其顿王腓力的宫廷御医，他的早期教育与医学有密切关系。17岁时他来到雅典，进入柏拉图学园并在那里学习和工作了近二十年，深受柏拉图思想的熏陶。当时正逢马其顿兴起且开始吞并希腊各城邦的时代，公元前343年他应马其顿国王腓力之邀做了亚历山大王子的教师，亚历山大继承王位后仍然对亚里士多德尊敬有加，在东征途中还不断让人为亚里士多德采集动植物标本以供研究之用。但是关于这两位伟大人物在思想上究竟有多深的联系，历来都是众说纷纭；但亚历山大所到之处传播希腊文明，开创了"希腊化时代"，与他本人所受的教养肯定有关。公元前335年，亚里士多德离开马其顿回到雅典，在一个名为"吕克昂"的体育场建立了学校，开始从理论上对其老师柏拉图的理念论进行批判，并在批判的基础上建立了自己的哲学体系。由于亚里士多德常常与学生们一边散步一边教学，他的学派被人们称为"逍遥学派"。公元前323年，亚历山大大帝在回师巴比伦时染病身亡，亚里士多德遭到了雅典反马其顿党的攻击，不得不流亡他乡，次年即病逝了。

亚里士多德是古代最博学、最深邃的思想巨擘，他的教学和著述广泛涉及形而上学、逻辑学、物理学（广义的自然科学）、心理学、伦理学、政治学、文艺理论等诸多领域，被称为"百科全书式的学者"。他的作品经过历代弟子和学者们的整理编纂而汇集为《亚里士多德全集》20多卷，其中最主要的著作有《形而上学》《工具篇》《物理学》《论灵魂》《尼各马可伦理学》《政治学》《诗学》等。

对理念论的批判　亚里士多德对其师柏拉图充满了崇敬之情，但是这并没有妨碍他对柏拉图的理念论进行全面而深刻的批判，他的一句名言是："吾爱吾师，吾更爱真理。"亚里士多德对理念论的批判比较集中地表现在《形而上学》中，尤其是在该书的第一卷第九章中，这些批判可以归纳为如下几点：

第一，理念作为事物的形式、实体或共相只能存在于具体事物之中，而不能在事物之外独立存在。"说实体和那些以它为实体的东西会彼此对立，这似乎也是不可能的。理念既然是事物的实体，怎么能够独立存在呢？"柏拉图理念论的要害就在于，认为在个别事物之外还独立存在着一个与之相应的理念，并且把二者的关系颠倒过来，将理念说成是"在先的"，具体事物反而退居其次了，这样就在存在和认识的次序上都使得"相对的先于绝对的了"。

第二，人们用来论证理念存在的方法都站不住脚，它们或者是缺乏必然性的推论，或者推出了一些没有与之对应的东西的形式或理念，如"否定了的东西"、"缺乏"也有其理念，不能独立存在的"关系"也有相应的理念，这显然是荒谬的。更为严重的是，将具体事物与理念相分离必然会导致"第三者"的出现，因为要想说明具体事物与理念的相似性，就必须设定一个"第三者"，它与具体事物和理念都具有某种相似之处。而为了说明这个"第三者"与具体事物和理念的各自相似性，又必须设定一个新的"第三者"，这样就会陷入"第三者"概念的无限倒退。

第三，"分有"只能是对"实体"的分有，因为只有"实体"才具有形式或理念，而柏拉图却让那些非实体性的东西也具有理念，这样一来，"分有"就成为一句空话，充其量不过是"一种诗意的比喻"而已。至于"摹仿"，更是无稽之谈。"任何东西都能够存在和生成，和别的东西一样，不必是从理念摹下来的，因此不论苏格拉底是否存在，苏格拉底这样一个人都可以生出来，而且很明显，就算苏格拉底是永恒的，也仍然可以有苏格拉底出世。"而且，如果具体事物是对理念的分有或摹仿，那么同一个事物都会有几个不同的形式或理念，例如，苏格拉底的理念既是"人本身"，也是"动物"和"两脚的"，那么苏格拉底岂不是同时分有或摹仿了好几个理念？而在这些理念中，"人本身"是"动物"的摹本，同时又是苏格拉底的原本，这样一来，一个东西岂不是同时既是原本又是摹本了吗？这显然是自相矛盾的。

第四，从现实的角度来看，理念对于感性事物没有任何意义，它既不能引起事物的运动变化，也不能帮助人们更好地认识事物。

就前一个方面而言，理念本身是不变不动的，因此它不能成为运动变化着的事物的原因；就后一个方面而言，理念论在具体存在的事物之外又加上了数目与之相等的"形式"或"理念"，从而使我们不仅要面对众多的事物，而且还要面对与事物同名的单一的理念，把问题的难度陡然增加了一倍。

在从各方面对理念论进行了批判之后，亚里士多德总结道："一般说来，虽然哲学家是寻求感性事物的原因的，我们却放弃了这个任务，因为我们完全没有谈变化的原因。我们幻想自己在说出感性事物的实体时，却是断言了另一种实体的存在。我们说那种实体如何如何是感性事物的实体，说的其实都是些废话。因为所谓'分有'，如前面所指出的，是毫无意义的说法。"亚里士多德在对柏拉图理念论的批判的基础上，建立了自己的形而上学体系。

第一哲学及存在论　亚里士多德把哲学理解为一切科学的总汇，它由理论科学、实践科学和艺术三大部分组成，其中理论科学又分为第一哲学（即形而上学）、物理学或自然科学，以及作为方法论的逻辑学，实践科学则包括伦理学和政治学。亚里士多德在上述各个领域都有卓越的建树，本书将主要介绍亚里士多德的第一哲学。

在《形而上学》一书中，亚里士多德说明了第一哲学的基本宗旨，这就是阐明事物的一般原因和原理。亚里士多德认为，求知是人类的本性，人的认识从感觉和记忆开始，通过积累经验而上升到技术。经验是个别知识，而技术则是普遍知识，但是这种普遍知识仅限于某种具体科学和生产部门的范围之内，因此技术仍然只是特殊的和次级的学术。从生产部门的技术再上升到理论部门的知识，才能达到最高的智慧。这种智慧就是第一哲学或形而上学，它的对象不是特殊的存在物，而是存在本身或"作为存在的存在"。第一哲学与第二哲学（即物理学或自然科学）的区别就在于，后者研究特殊的存在物，前者则研究存在本身。亚里士多德说："存在着一种研究作为存在的存在，以及就自身而言依存于它们的东西的科学。它不同于任何一种各部类的科学，因为没有任何别的科学普遍地研究作为存在的存在，而是从存在中切取某一部分，研究这一部分的偶性，例如数学科学。既然我们寻求的是本原和最高的原因，很明显它们必然就自身而言地为某种本性所有……所以我们应当把握的是作为存在的存在之最初原因。"这种关于"作为存在的存在"的科学，就是"本体论"。

本体论（ontology），又译"存在论"，意指"关于存在的学说"。该词不是亚里士多德的用语，而是17世纪经院哲学家郭克兰纽所提出来的，有时指形而上学本身，有时则指形而上学的核心部分。亚里士多德在其《形而上学》中确实是围绕"存在"问题来展开自己的论述的，其中最重要的问题就是给存在分层和分类。亚里士多德认为，要解释各种事物的原因，不能像柏拉图和其他人那样将各种不同的存在混在一起，而首先应当建立一门有关"存在"的学问，看它们分为哪些种类利等级，当然，其中最高等级的存在就是"存在本身"。这一提法表面上还是沿着自巴门尼德到柏拉图的思路，而承认了最普遍的、无所不包的"作为存在的存在"在哲学上的绝对性和第一性，即认为任何各种各样的存在里面都含有一个使它们成为存在的"存在本身"。但接下来亚里士多德就和他们分道扬镳了，因为他提出了一个从来没有人提出过的、石破天惊的问题："存在是什么？"历来人们都是把存在当作一切讨论的前提，最多涉及存在与非存在、与"一"等等的关系，但却没有人把存在本身当作讨论的对象而问一问它是什么。当然，由于存在是最高的，我们不可能用一个比它更高的概念（更高的"种"）来给它下一个定义，所以对这个问题的回答就只能是对存在进行分析，看看它究竟包含有哪些种类的存在。

亚里士多德认为，事物被称为"存在"主要有两种意义：（1）偶然的属性（偶性），如"这人是文明的"或"这人是白的"，"文明"和"白"就是偶性，它们存在于这人身上是偶然的，因为这人也可以不文明或不白。（2）必然的本质，即范畴，如实体，以及性质、数量、关系、主动、被动、处所、时间等，这些都是任何一个事物身上的必然的（本质的）存在，因为任何一个东西都不可脱离这些方面的规定而存在，只要去掉了其中一种规定，它也就不存在了。除此以外，他还提到另外两种含义：（3）确实性，说一件事"存在"（"是"），是肯定它是真的而不是假的。（4）潜在性，有些东西虽然还不是现实的存在，但却是潜在的存在。不过，这里最重要的还是前两种存在的分别，特别是第二种存在内部的区分，其中主要是"实体"的存在和其他范畴的存在的区分。由这里就引出了亚里士多德形而上学的"核心的核心"，即作为存在学说的核心的实体学说，因为在他看来，实体是一切存在的中心。一切属性的存在，甚至一切范畴的存在，都是唯一地与实体这个范畴相联系而得以存在的，它们都不是独立的存在，只有实体才是真正独立的存在。"作为存在的存在"是什么？是实体。实体是一切存在的类别中最根本的一种。这样，形而上学的一切问题，包括"存在是什么"的问题，最终都归结为、甚至等同于"实体是什么"的问题了。

所以，亚里士多德认为，对存在本身的研究是以对"实体"的本性和基本原则的研究为核心的。正因为如此，亚里士多德的第一哲学或形而上学也可以被称为实体哲学。实体哲学主要研究的问题有三个：第一，实体是什么？第二，实体的原因是什么？第三，实体是如何生成的？对第一个问题的回答构成了亚里士多德的狭义的"实体学说"；对第二个问题的回答导致了"四因说"；对第三个问题的回答则形成了"潜能与现实"的理论。

实体的定义 亚里士多德所说的"实体"（希腊文 ουσια 拉丁文 substance）作为哲学的最基本的范畴是第一性的和独立存在的，一切其他范畴（如数量、性质、关系等）都必须依附于实体而存在。显然，当我们说一个东西"是怎样的"之前，首先要弄清楚它"是什么"，"是什么"的问题在任何意义上都是最根本的问题。亚里士多德指出:"尽管最初有许多意义;但实体在一切意义上都是最初的,不论在定义上、在认识上,还是在时间上。其他范畴都不能离开它独立存在。惟有实体才独立存在……存在是什么,换言之,实体是什么,不论在古老的过去、现在、以至永远的将来,都是个不断追寻总得不到答案的问题。有些人说它是一,有些人说它是多,有些人说它是有限的,有些人说它是无限的。所以,我们首要的问题,或者唯一的问题,就是考察这样的存在是什么。"

因此,在谈论任何有关实体的问题之前,首先要弄清楚实体是什么。亚里士多德在《范畴篇》中对实体下了一个基本的定义:"实体,在最严格、最原始、最根本的意义上说,是既不述说一个主体,也不依存于一个主体的东西。如'个别的人'、'个别的马'。"所谓"不述说一个主体",是指实体不能在一个陈述句里作为谓词来述说主词,例如,在"苏格拉底是人"这个陈述句中,"人"是用来述说"苏格拉底"的,但是"苏格拉底"却不能反过来述说"人"或其他的东西。"苏格拉底"是一个个别的人,而"人"则是苏格拉底所属的一个普遍的属,我们只能用后者描述前者,不能用前者描述后者。所谓"不依存于一个主体"则是指实体必须具有独立存在的特点,它不同于属性,只能依附于某个主体而存在。例如"苏格拉底是白色的"这个陈述句,"白色的"不仅是用来述说苏格拉底的某种特性,而且也必须依附于苏格拉底的身体,它不可能脱离苏格拉底或其他主体而独立存在。因此,一般说来,用来述说主体的东西或者是普遍性的种属概念(如"人"、"动物"等),或者是依附于被述说者的某种属性(如"白色的"、"勇敢的"等),而被述说者则通常只能是具体的个别事物(如"苏格拉底"、"那匹白马"等)。亚里士多德把这些既不述说、也不依存于其他主体的具体的个别事物称为"第一实体",它们构成了支撑一切其他事物(种属或属性)的最后的载体和绝对的主体(在一切陈述句中都恒为主词)。实体具有如下特点:首先,实体是一个具体的、个别的东西,是"这一个",而不是抽象的、普遍的东西;其次,实体不同于属性,它没有与之相反的东西,例如,与"大"相反的属性是"小",与"好"相反的属性是"坏",但是却没有什么东西是与"苏格拉底"相反的;再次,实体没有程度上的差别,即没有一个实体比另一个实体更是实体,例如我们不能说"张三"比"李四"更是实体;最后,实体是变中之不变,无论苏格拉底是脸黑还是脸白,是年少还是年老,他都是苏格拉底。苏格拉底的具体属性可以变化,但是作为实体却是始终如一的。当然亚里士多德并不否认实体本身也有生灭变化,但是这种变化不同于属性的变化,就每一个实体来说,它都是自身同一的。必须注意的是,所有上述规定都有一个明显的特点,就是它们都是从人们的说话方式即语言语法中引出来的,亚里士多德相信语言的逻各斯与存在的事物有相同的结构,因而他的本体论与他的逻辑学一开始就有一种密切的内在联系。

从实体的定义中我们可以看到,亚里士多德把个别的、具体的事物当作第一实体的做法是与柏拉图把普遍的、抽象的种属概念("理念")当作真实的存在的做法截然对立的。但是亚里士多德在"第一实体"之后马上又提出了"第二实体"的概念,这就是逻辑上的"种"和"属"的概念。亚里士多德说:"人们所说的第二实体,是指作为属,包含第一实体的东西,就像种包含属一样。如,某个具体的人被包含在'人'这个属之中,而'人'这个属自身又被包含在'动物'这个种之中。所以,这些是第二实体,如'人'、'动物'。"这样一来,作为种属概念的"理念"也就如同个别事物一样成为了实体,尽管只是第二实体。虽然亚里士多德承认,只有第一实体才具有"既不述说一个主体,也不依存于一个主体"这两个基本特点,而第二实体则仅仅只具有"不依存于一个主体"的特点,它却可以述说一个主体(述说个别事物),因此"第一实体比其他事物更是实体"、"第一实体乃是在最严格意义上的实体"。但是,把属概念当作实体必然会导致把一切抽象的普遍概念都当作实体这一逻辑后果，因为任何一个述说属的种又可以被一个更大的种所述说。这样一来，亚里士多德又部分地回到了柏拉图的理念论。

四因说　除了从语言规则上（逻辑上）给实休下一个定义外，亚里士多德认为从客观事物中为实体概念找到它的具体根据也是必要的。第一哲学不仅要说明实体是什么，而且更要说明实体为什么成了实体，即不仅要"知其然"，而且更要"知其所以然"，这就要探讨实体存在或产生的原因，而他提出的"四因说"是对古希腊各种本原学说的一种理论概括。亚里士多德正是在总结前人思想的基础上提出了他的"四因"——质料因、形式因、动力因和目的因。以建造一所房屋为例，砖瓦木料是房屋的质料因，设计蓝图是它的形式因，工匠及其技艺是它的动力因，而房屋的用途——供人居住——则是它的目的因。

亚里士多德认为，在人造物中"四因"是彼此区别的，但是在自然物中，动力因和目的因都可以归结为形式因。例如一棵橡树，它从中生长起来的橡子是质料因，而橡子所要长成的橡树则是形式因，同时橡树也是橡子所要达到的目的以及推动橡子向它生长的动力。因此，形式因、动力因和目的因是合一的，"四因"可以归结为形式因与质料因这两个最基本的原因。形式规定了事物的本质，包含着事物发展的动力和目的，因此是积极的、能动的和决定性的因素，质料则是消极的、被动的和被决定的因素。

于是亚里士多德由实体的原因反过来再对实体加以规定，看什么是"真正的"实体，或"本质的"实体，因为一个事物的本质就是该事物的原因。他首先把实体的原因追溯到质料因，认为质料作为实体的"载体"是最基本的实体，一个东西没有质料就根本谈不上存在。但他又认为，一个东西光有质料也不可能存在，因为作为最基本的"第一实体"的个别实体必然具有其独特的形式。如在一尊苏格拉底的铜像中，铜不一定构成"这一个"实体，它也可以用来铸成别的形象，只有苏格拉底的形象才使这些铜料成为了"这一个"铜像。由于任何个别事物都是由形式和质料构成，因此质料、形式都是实体。但是相比之下，形式由于代表一个实体的个别性，因而比具有"无定形"的普遍性的质料更是实体。是形式把那些没有确定形状的质料聚集在一起，才构成了一个有定形的个别实体的，所以真正的实体就是形式。一个实体的形式就是使该实体之成为"这一个"实体的东西，即作为本质的实体。

但在亚里士多德看来，事物的形式与质料又是相对的，对于低一级的事物是形式的东西，对于高一级的事物则是质料。例如，砖瓦是泥土的形式（泥土是砖瓦的质料），同时又是房屋的质料，房屋是砖瓦的形式，却又是街道的质料。这样以此类推，整个宇宙就形成了一个从质料到形式交替上升的统一序列，高一级事物不仅构成了低一级事物的形式，而且也是推动或吸引低一级事物向自己发展和上升的动力和目的。这个序列的最下端就是没有任何形式的"纯质料"，它相当于"非存在"；序列的最顶端则是不再构成质料的"纯形式"或"形式的形式"。这个"纯形式"是一切事物追求的终极目的，也是推动一切事物向其发展运动的"第一推动者"，它自身不动而推动万物，因此是"不动的推动者"，亚里士多德又把它称为"神"。他的第一哲学因此也被他称为"神学"。

至于形式和质料的结合方式，亚里士多德诉之于目的论。在他看来，自然本身如同人工产物一样，也含有目的的意义，"自然属于那一类为了某个东西而活动的原因"。"自然是一种原因，一种为一个目的而活动的原因"。在由自然产生的事物中，这目的就表现为质料对形式的追求、趋向，但不是质料主动追求，而是形式给质料赋形，使自己在质料中实现出来。因此对于自然产生的东西，形式就是目的，质料是被动的可能性，形式是主动的现实性。形式不是抽象僵化的形式（如通常讲的"形式主义"），而是能动的活动（形成活动）。如一棵树的形式就是树从种子到长成大树所追求的目的。当它还未长成大树时，目的是"潜在"于种子里的，而长成之后则是目的（形式）"实现"出来了。所以形式作为事物的目的，看起来似乎后于质料（作为结果），实际上先于质料（作为动机）。

潜能与实现　亚里士多德不仅说明了"实体是什么"和"实体的原因是什么"，而且也试图说明"实体是如何生成的"。原子论者及其先驱们用元素（四根、种子或原子）的机械组合来说明事物的生成，柏拉图用"分有"或"摹仿"来说明事物的生成，亚里士多德则立足于目的论，提出了潜能与实现（又译"现实"）的学说，以说明万物生成的根据。他认为任何实体或个别事物都处于从潜在状态（"潜能"）到实现的运动过程中，他甚至以此来给运动下定义："所以正是那潜在的东西，并且作为潜在的东西，其完全的现实性才是运动。"潜能与实现的关系是对应于质料与形式的关系的，任何事物都是由质料与形式共同组成，当质料尚未获得该事物的一定形式时，它就是处于潜在状态的事物，只有当它获得了这种确定形式之后，才成为现实的事物。亚里士多德认为，潜能与实现是不可截然分开的，它们并不是两个漠不相关的东西，而是同一事物的两种不同的存在状态，潜能之为潜能，仅在于它还没有实现或完成。

亚里士多德认为，实体的生成过程就是从潜能向实现的转化过程，这个转化过程就是运动。运动既不同于单纯的潜能，也不同于完全的实现，但是作为实现的形式正是吸引作为潜能的质料向自身运动的动力。质料是能被推动者，形式则是能推动者，正是后者吸引或推动着前者运动起来，因此运动是属于实现或形式一方的。运动是正在进行的实现过程，现实则是已经完成了的运动结果（称之为 entelecheia，音译"隐德莱希"，又译"圆成"）。在亚里士多德看来，实现或现实既是一个正在进行的过程，也是一个已经完成的过程，因为在希腊语中，"现实"一词（ενεργεια）的本意就是"正在运动"。现实不仅是引起运动的动力，而且也是运动所要实现的目的，当潜能通过完全的实现过程（运动）而成为现实时，运动也就达到了它的目的，从而一个实现了自己的形式的实体或个别事物也就形成了。由此可见，亚里士多德对于事物的运动发展是从目的论的角度来进行阐发的，他对宇宙万物的结构的解释持一种有机论的立场，常常以植物（如橡树）甚至动物作例子来说明宇宙的生长活动。他曾认为一只从身体上割下来的手就不再是手了，据说这与他出身于医生世家有关。他由此而把神也看作一个生物有机体："生命是属于神的，因为思想的现实活动就是生命，神就是现实性。神的自我的现实性就是最美好的永恒的生命，所以我们说神是有生命的、永恒的、至善的；不断延续的生命只能属于神。"在西方哲学史上，亚里士多德的目的论长期以来成为自然哲学中片面机械论的中和剂，同时也是神学的重要支柱。

认识论　亚里士多德的认识论也如同本体论一样，表现出一种折中与调和的特点。一方面他承认对于第一实体或个别事物的认识是从感觉开始，客观存在的事物是感觉发生的源泉。他把人的"感性灵魂"比作"蜡块"，感觉就是外物印在"蜡块"上的痕迹。"离开感觉，没有人能够理解任何东西"。认识的顺序是从感觉经过记忆、经验而上升到科学技术和哲学的认识。哲学的认识就是智慧，它虽然是对一般原理和原因的认识，但这些一般原理和原因是"理性灵魂"通过分析和归纳从"感性灵魂"这个"蜡块"的痕迹中得出的。因此亚里士多德实际上已经接近了"凡是在理智中的，无不先在感觉之中"这一经验论的基本原则，他的整个科学研究中也表现出明显的经验主义倾向，与柏拉图形成鲜明的对比。

但是亚里士多德同时也表现出巴门尼德—柏拉图这一传统的唯理论的一面，他认为，感觉只能感受事物的形式而不能把握其实质，更不能使我们认识到事物的本质。"'感官'是指这样一种东西，它能够撇开事物的质料而接纳其可感觉的形式。这正像一块蜡接纳图章的印迹而撇开它的铁或金子。我们说产生印迹的是铜的或金的图章，而它的特殊金属素质如何却不相干。同样情形，感官受到有颜色的、有香味的、或者发声音的东西影响，至于那个东西的实质是什么却没有关系。"这就是所谓"蜡块说"。此外，感觉与感觉的对象是彼此外在的，感觉在对象面前是完全被动的，而且它只能对个别的事物进行感觉，不能把握普遍的东西，普遍的东西是内在于理性灵魂之中的。他在《论灵魂》中说："现实的感觉是个别的，而知识是普遍的。在某种意义上，普遍存在于灵魂自身之中，这就是人们何以只要愿意，便能随时思维的原因。而感觉不是随自己意愿的，它必须要受到感觉对象的启动，关于感性对象的知识也是如此，由于同样的原因，感觉对象是个别的、外在的。"从这种意义上来说，感觉当它尚未被外在的对象刺激时，只是一种潜在的认识能力；只有内在地包含着普遍概念的理性灵魂的思维活动，才是现实的认识。

亚里士多德虽然承认理性灵魂中关于一般原理和原因的知识不能脱离感觉经验，但是他却把感觉经验仅仅当作普遍知识的触媒，而不是它们的来源。在他看来，科学的第一原理和基本概念，如数学公理、形式逻辑的思维规律等，都是潜在于理性灵魂之中的，只是通过感觉经验的刺激才被理性直观到（在这里可以看到柏拉图"回忆说"的明显痕迹）。因此，普遍知识就其根本而言是先验的。亚里士多德把理性灵魂（努斯）区分为两种状态，一种是受到肉体遮蔽的消极被动的理性灵魂，它以外界事物为对象，建立在感觉、记忆和经验的基础之上，随着身体的死亡而消失；另一种是积极能动的理性灵魂，它摆脱肉体束缚，只以自身为对象，只思维不涉及任何质料的"纯形式"，在这里，"思维者和被思维者是一样的；因为思辨的知识和它的对象是一样的"。这种积极能动的理性灵魂是永恒的精神实体，它并不随着身体的死亡而消失，而是从"外部"进入身体的神圣精神的闪光，正是它使得潜在于灵魂中的普遍原理成为现实的知识。显然，亚里士多德关于有死灵魂与不死灵魂的划分是对德谟克利特和柏拉图的灵魂学说的一种调和，德漠克利特认为构成灵魂的原子随着身体的死亡而彻底消散，因此根本就不存在什么"不死的灵魂"；柏拉图主张灵魂可以在不同的肉体之间进行轮回，因此灵魂就其本性而言是不死的。亚里士多德则试图以一种折中的方式把这两种对立的灵魂学说协调起来。但是他同时又强调，积极能动的理性灵魂只存在于自由人身上，奴隶作为"会说话的工具"只具有消极被动的灵魂。

逻辑学　亚里士多德是传统形式逻辑的奠基人，他创建了范畴表和谓词表，提出了逻辑思维的三大规律（同一律、矛盾律、排中律），确定了判断的定义和分类，制定了演绎三段论推理的主要格式和规则，并且说明了演绎与归纳的关系。亚里士多德不仅注重逻辑的形式，而且也时常联系认识的内容来探讨思维的形式，因此在他的形式逻辑中包含着丰富的辩证因素，逻辑学并未与认识论、本体论分家，不像后来的经院哲学那样片面地将形式逻辑推向形式主义的极端。传统形式逻辑关于概念、判断和推理的基本内容，在亚里士多德那里已经得到了相当精确的表述。尤其是演绎逻辑，自亚里士多德以来深刻地影响了西方思想达两千年之久。

亚里士多德把逻辑形式和规律看作是客观事物存在的形式和规律在主观思维中的反映，把主谓判断看作是客观世界中个别事物与一般概念（属和种）之间的关系，或者实体与属性之间的关系。他将谓词分为两大类，即属于定义的部分和不属于定义的部分。前者是对事物本质的规定，如"人是有理性的动物"；后者则仅仅表示事物的某种性质，如"苏格拉底是白的"。在《正位篇》中，他又根据谓词所表述的内容将谓词细分为五类：种、属差、定义、属性（专有性质）和偶性（非专有性质）。例如，对于主词"人"，可由这五类谓词来加以表述："动物"是种，"有理性的"是属差，"有理性的动物"是人的定义，这三类谓词都是对"人"的本质的规定，属于定义的部分；"能学习语法"是人的专有属性，"白色的"则是人的偶性，这两类谓词只是对"人"的某种性质的表述，不属于定义的部分。尽管有以上差别，但是所有的谓词都是对主词的规定，从客观存在的角度来说都是对事物的本质或性质的表述，因此谓词必须依存于主词（客观事物）本身，它们不能独立地存在。

亚里士多德在对客观存在进行归纳和抽象的基础上，提出了著名的十范畴表，它们是对谓词以及谓词所反映的客观存在的最高或最普遍的分类，也是思维的最基本的内容。这十个范畴是：实体（如"人"或"马"），数量（如"二尺长"或"三尺长"），性质（如"白色的"），关系（如"二倍"、"一半"、"大于"），地点（如"在市场上"、"在吕克昂"），时间（如"昨天"、"去年"），姿态（如"坐着"、"躺着"），状态（如"穿鞋的"、"武装的"），动作（如"切割"、"烧灼"），遭受（如"被刺"、"被烧灼"）等。这十个范畴（后来又增添了五个）是相互联系的，其中实体范畴是最基本的范畴，它构成了其他一切范畴的主体、基础和中心，其他范畴都是对实体的述说，必须依赖于实体而存在。亚里士多德不仅把范畴当作逻辑思维和语言表达的基本单位，同时也把它看作客观存在的最基本的形式和最普遍的联系。这样一来，亚里士多德就不仅克服了毕达哥拉斯派将诸范畴彼此孤立地加以考察的局限性，使各种范畴处于相互联系和彼此从属的关系之中，进一步发展了柏拉图"通种论"中的辩证思想，而且也把主观逻辑与客观逻辑统一起来，辩证地表述了思维与存在的同一性。

在判断理论上，亚里士多德对判断进行了初步的分类，提出了"质"的判断即肯定判断和否定判断，"量"的判断即全称判断和单称判断，"关系"的判断即简单判断和复合判断，"模态"判断即突然的、必然的和可能的判断，这些对后来康德的"先验逻辑"产生了巨人的影响。但他尚未把判断的系词"是"从纯粹逻辑意义上作形式化的理解，而是同时理解为一个谓词（如"人是"意味着"人存在"），表示肯定一个事实为真；或理解为时态动词："因为'是'、'将是'、'曾是'、'正将要是'以及诸如此类的用语，按照我们的定义乃是动词，因为除它们的特殊意义之外，它们还表达了时间的概念。"但"存在（是）与时间"的这种本体论的联系，到两千年后的海德格尔那里才得到深入的研究。

但亚里上多德最为看重的是他对演绎三段论推理法则的制定，这一贡献使逻辑具有了精密量化的特点，因而成为了具有现实可操作性的形式化工具。三段论式的定义是："三段论是一种论说，在其中某些东西被肯定了，另外一个东西就必然由于这些基本的东西而成立。"它的最基本的形式为：大前提、小前提和结论这三个判断中每个判断都有一个词与另一判断中的一个词辗转重叠，因而共同表达了三个词之间的这样一种必然关系，即如果最后的词包含在中间的词里，中间的词又被第一个词所包含（或排斥），那么"最先和最后的词就必定借一个完全的三段论式而发生关系"。这称之为三段论的"第一格"。其他三个格（后人补充为四个格）都是在此基础上变动三个词在判断中的位置而形成的，再加上肯定和否定、全称和特称的关系，每个格又变化出一些不同的"式"（共24个）。所有这些格或式都可以通过一套确定的规则还原为第一格，所以第一格也就成为检验三段论是否正确的标准了。

但三段论是否能得出真理，还取决于大小前提的真实性，这却是演绎三段论推理所不考虑的，它所考虑的只是从已知的知识推出正确的结论，因而只是"证明"。如何能保证前提的真实性？为解决这一问题，亚里士多德又提出了另外两种不同性质的三段论，即辩证的三段论和归纳三段论。前者是要通过两个截然相反的三段论互相辩难来推翻对方的前提，以考验三段论的提的真实性，其作用是批判（这里已包含有康德"先验辩证论"的先声）；后者则是通过对感性知觉的处理来获得真实的前提，以便为一切学术研究建立可靠的基础。"如果没有感性知觉，就必然缺乏知识；假如我们不善于应用归纳法或证明，就不能获得知识。证明从一般出发，归纳从个别出发。要认识一般，如没有归纳法是不可能的。"但枚举归纳永远是或然性的，因而是值得怀疑的，所以他又提出了"完全归纳"来赋予归纳以必然性。但后人指出，完全归纳法实际上并不能获得新知识，而只是循环论证，其结论不过是把前提中已说出的东西重说一遍而已。亚里士多德认为归纳既然不具有必然形式，它就只是"演讲术的说服形式"，不如演绎三段论科学。

最后，亚里士多德还把三段论的证明的确定性追溯到三条逻辑公理，即矛盾律（或"不矛盾律"）："互相矛盾的判断不能同时为真"；排中律："两个互相矛盾的命题之间不能有居中者"；同一律："一切真实的（事物）必在任何方面其自身始终如一"。他认为这些公理是凭直观即可确认的，用不着证明。这就是形式逻辑的最高原则。

伦理学　与苏格拉底一样，亚里士多德在伦理学中主要探讨了善与美德的问题。但是他反对苏格拉底把美德仅仅等同于知识的观点，而主张有两种美德，一种是心智方面的，即知德；另一种是道德方面的，即行德。心智方面的美德主要是指一种沉思的生活，它以理性沉思活动本身作为目标，对思想加以思想，并从这种活动中获得悠闲自适而且持久不变的愉悦，这是一种最高的幸福。亚里士多德说："哲学智慧的活动恰是被公认为所有有美德的活动中最愉快的"，"对于人，符合于理性的生活就是最好的和最愉快的，因为理性比任何其他的东西更加是人。因此这种生活也是最幸福的。"这种生活是与人身上最好的东西即神圣的理性打交道，也就是在和神打交道。

在淡到道德方面的美德时，亚里士多德提出了他的"中庸"学说。他指出，人的灵魂包括三个部分，即激情、官能和性格状况。激情是指欲望、愤怒、恐惧、快乐等伴有愉快和痛苦的感觉，官能是指我们借以体验上述感觉的东西，性格状况则是指我们如何对待和处理这些激情的方式。亚里士多德认为，激情和官能都谈不上是美德，只有性格状况才存在美德和恶行的问题。一个人如果能以一种不偏不倚、执两用中的态度来对待激情，这就是美德。亚里士多德明确指出："美德乃是一种中庸之道……它乃是以居间者为目的的。""过度和不足乃是恶行的特性，而中庸则是美德的特性。"

关于亚里士多德的"中庸之道"，有几点需要略作说明：第一，"居间者"是相对于不同主体而言的，并不存在一个绝对的平均数，必须针对一个人的具体情况来加以判断。第二，美德作为一种中庸之道，是与"过度与不足"这两端相对立的，因此它也可以被看作是一个极端。例如，"勇敢"是"鲁莽"与"怯懦"之间的居间者，同时也是与这二者相对立的一个极端。第三，中庸既非不足中的中庸，亦非过度中的中庸，某些由于不足和过度而导致的恶行本身并不存在一个中庸的问题，例如通奸、偷盗和谋杀等行为。同样，美德作为一种与过度和不足相对立的极端，本身也不存在过度和不足的问题，例如"勇敢"本身并不存在过度的勇敢或不足的勇敢。因此亚里士多德强调，既没有一种过度和不足的中庸，也没有一种中庸的过度和不足。

亚里士多德的"中庸"学说也表现在他的政治学思想中，面对着动乱频仍、危机四伏的希腊城邦制度，亚里士多德既反对少数寡头的专制制度，也反对平民掌权的民主政治。他认为贫富悬殊和强弱对立是导致各种政变和暴乱的根本原因，因此一个理想的城邦社会应该由那些既不十分富有、也不十分贫穷的中产阶级来当政。这些人由于财产适度，所以"最容易遵循合理的原则"，从而在贫富两个敌对阶级中有效地发挥"仲裁者"的作用，保证国家的安定与繁荣。

除了上述领域之外，亚里士多德在文艺理论、修辞学等方面也颇有造诣，他是西方传统美学中"摹仿论"原则的确立者，他关于戏剧的"三律"和"净化"学说一直影响到 18 世纪的戏剧理论。他不愧为古往今来"最多才最渊博（最深刻）的科学天才之一"（黑格尔语）。从古希腊哲学发展的脉络来看，亚里士多德哲学是对一直处于对立状态之中的希腊经验性的自然哲学与理性思辨的逻各斯学说这二者的综合。正是由于这种综合，使得亚里士多德哲学一方面超越了古希腊两派哲学之间的思想冲突，并在此基础上建立起一个集以往一切思想之大成的形而上学体系；另一方面也使得他的哲学体系在唯物主义和唯心主义、经验主义和理性主义之间表现出折中动摇的特点，自身潜藏着许多难以解决的矛盾。黑格尔认为："亚里士多德是熟识最深刻的思辨、唯心论的，而他的思辨的唯心论又是建立在广博的经验的材料上的。"但是自从亚里士多德之后，"经验的材料"与对它们的"思辨的"把握越来越分离，最终导致了他的庞大体系的解体。

怀疑主义

怀疑主义与伊壁鸠鲁学派、斯多葛学派被黑格尔统称为希腊化时期的三个"自我意识的哲学"。与另外两派一样，怀疑主义也追求心灵的宁静，但是他们的怀疑其实是为人生哲学而作的一种探索和诘问，因而被称之为"研究派"。他们认为导致心灵纷扰的根本原因在于人们在认识方面的独断论态度，即片面地执著于某一种立场或观点，从而使自己陷入了永无止境的论辩的烦恼中。黑格尔认为，伊壁鸠鲁学派和斯多葛学派都是独断论者，逍遥派（亚里士多德学派）也是如此，怀疑主义却与所有的这些独断论派别针锋相对（柏拉图的学园派则游移于二者之间）。"斯多葛派哲学把抽象思维当成原则，伊壁鸠鲁派把感觉当成原则；而怀疑主义则是对于一切原则持否定态度，而且是行动性的否定。其结果首先就是原则不可能被认识。"在思想源渊上，怀疑主义沿袭了普罗泰戈拉关于"一切理论都有其对立的说法"的观点，认为任何一种感觉或命题都有其相反者存在。因此，执著于任何一种感觉或命题都会使人陷入无休无止的争辩中，最好的办法是在两种相反的观点之间保持中立，对哪一方都采取一种审慎的怀疑眼光，坚持"不发表任何意见"和"不作任何判断"的态度，这才是实现"灵魂的安宁"的"最高的善"。

早期怀疑主义

早期怀疑主义的创始人是爱利斯城邦的皮浪（Pyrrhon，约前360—前270），他早年曾师从德谟克利特的继承者阿那克萨库，并参加亚历山大的东征军队到过印度。皮浪的基本思想是："不作任何决定，悬置判断。"在留存至今的著作残篇中，皮浪明确地表示："万物一致而不可分别。因此，我既不能从我们的感觉也不能从我们的意见来说事物是真的或假的。所以我们不应当相信它们，而应当毫不动摇地坚持不发表任何意见，不作任何判断，对任何一件事物都说，它既不不存在，也不存在，或者说，它既不存在而也存在，或者说，它既不存在，也不不存在。""最高的善就是不作任何判断，随着这种态度而来的就是灵魂的安宁，就像影子随着形体一样。"皮浪不仅在认识上坚持不作判断的态度，而且也把这种"不动心"的态度表现在生活实践中。据说有一次，皮浪在海上航行时遇上了风暴，同船的人都惊慌失措，皮浪却指着一头正在安静吃食的猪对众人说，哲人应该像这头猪一样，对任何事情都不动心。据记载，皮浪常常会做出些出格的事，如用头对着墙壁冲过去，或是故意站在马车飞驰的车道下，他的朋友们不得不总是跟着他，随时将他从各种危险中救出来。但是另外有人说，皮浪只是在哲学上坚持不作判断的态度，在日常生活中他仍然是非常谨慎的，乃至于活到了 90 岁高龄。无论如何，早期怀疑论对自己的怀疑也抱有一种怀疑态度，不是以身试法，以惨烈的方式去试探和检验它，就是对之保持一种可望而不可及的距离。因而他们看起来外表潇洒，内心其实是很痛苦的。

晚期怀疑主义

晚期怀疑主义者主要为生活在罗马帝国时期的埃奈西德谟（Aencsidemus）、阿格里帕（Asrippa）、塞克斯都·恩披里克（Sextus Empiricus）等人，他们将早期怀疑主义的观点进一步深化和理论化、系统化，并且把怀疑的对象从感觉转向了理性本身。埃奈西德谟在皮浪"悬置"判断的基础上提出了怀疑感觉可靠性的十个"老论式"：（1）不同的动物由于器官结构不同，对于同一对象会产生不同的表象和感觉，我们无法辨明孰真孰假；（2）作为同一物种的人，由于各自的身体状况不同，对于同一事物的感觉也不相同；（3）同一个人，用不同的感官去感知同一对象，会有不同的感受；（4）同一个人，当他处在不同的状态中时，对于同一对象也会有不同的感受；（5）一个人从不同的位置、距离、角度来观察同一个对象，会有不同的感觉；（6）当被感觉对象与不同的其他事物混杂在一起时，所给予我们的感觉是不同的；（7）被感觉对象本身处于不同的状态中时，也会给予人以不同的感觉；（8）被感觉对象的某些性质是相对的，因此我们对它们的感觉也是相对的；（9）被感觉对象出现的频繁还是稀少，会给人带来不同的感受；（10）生活在不同的伦理规范、习俗和法律制度下的人，对于同一事物会有完全不同的看法。这些论式除了第十个之外，都是旨在从认识论的角度来怀疑感觉的可靠性，从而说明不作判断的合理性。

塞克斯都·恩披里克则提出了怀疑主义的五个"新论式"，试图说明理性或逻辑自身的悖论：（1）以认识世界为己任的爱智者——哲学家们对于世界的看法各不相同，这种观点的分歧恰恰说明了世界本身是不可知的；（2）要确定某一对象或命题为真，必须为之提供根据，而这根据本身的可靠性和真实性，又需要进一步的根据来证实，这样就必然会陷入根据的无穷推进；（3）事物总是处于各种关系之中，这些关系既包括判断主体与判断对象之间的关系，也包括判断对象与其他事物之间的关系，这种复杂的关系使我们无法认识到事物本身的真相；（4）我们要论证一个命题又不想陷入根据的无穷推进，就必须预先假设某种自明的公理，但是任何假设都可以有一个与之相反的假设，它同样可以作为公理而存在（公理本身是不需要证明的），从而推出一个与待证命题正好相反的命题；（5）为了避免根据的无穷推进，还可以采取结论与根据互为因果的方法，但是这样又会陷入循环论证中，而循环论证是无法证明任何东西的。

与十个"老论式"一样，晚期怀疑主义的这五个"新论式"也是旨在说明对象的不可知性，从而坚持对事物不作判断的基本态度。然而与"老论式"不同的是，"新论式"涉及了逻辑系统本身的合理根据问题，以及思维的内在矛盾问题，黑格尔认为它们"属于思维的反思，包括着确定概念本身的辩证法"。它们所揭示出来的理性自身的矛盾（以及"老论式"所揭示的感觉的矛盾），成为后世哲学家们在认识论方面努力去解决的重大理论问题，并且最终为辩证法进入认识论领域开辟了道路，使得哲学家们意识到矛盾本身也是认识的本质，正如它是存在的本质一样。

二、中世纪的西方思想

中世纪的政治思想

中世纪一般是指 4 世纪到 15 世纪这个历史时期。从 4 世纪中期开始，罗马各地燃烧遍了人民起义的烽火，冲击着奴隶制帝国的统治。公元 476 年，西罗马最后一个皇帝被废黜，标志着罗马帝国的灭亡。这也是欧洲奴隶制社会的结束；从而开始了漫长的封建制社会时期。在整个中世纪，宗教权力和世俗权力进行着长期的斗争。到了 10 世纪，西方的经济和人口再度上升，中世纪进入了兴盛期。文化上也恢复了创造力，宏伟的罗马式、哥特式教堂建设了起来。首先，我们来看看中世纪的政治思想。

基督教的服从和一仆二主

在中世纪早期，基督教徒对政治和哲学的看法与异教徒并没有很大差别。因此无论基督教徒还是斯多葛派都可以相信自然法，相信世界受神的意志的统治，相信法律和政府有切实维护正义的义务，并相信所有人在上帝心目中是完全平等的。基督教的创立者甚至把基督教徒尊重合法当局的义务深深地刻于基督教的教义之中。当法利赛人试图欺骗耶稣，要他反对罗马政权时，耶稣说了这样一句令人难忘的话："恺撒的物当归给恺撒，上帝的物当归给上帝。"圣保罗也有一段宣言："在上有权柄的，人人当顺从他，因为没有权柄不是出于上帝的。凡掌权的，都是上帝所命的，所以抗拒掌权的，就是抗拒上帝的命，抗拒的必自取刑罚。"就是说，服从是上帝赋予的一项义务。

这样，把恺撒的东西给恺撒，还要把上帝的东西给上帝，就意味着基督教徒要承担一仆二主的角色。每个人都是两个国家的公民。对基督教徒来说，更大的国家不是人类的家庭，而是一个精神国土，一个真正的上帝的王国。这样随着教会宗教势力的扩大，皇帝的神化就成为可能，继而成为必须，最后又成为不可能。因为自治和自主的教会同国家已经处于同等的地位，甚至具有比国家更高的地位，神权和王权之间的矛盾和斗争也就是必然要发生的。

神权论

神权论是在中世纪一种十分流行的思想，它认为权力来自上帝，尘世间的一切权力均来自神。在教会的倡导下，这种思想迅速发展起来。这种思想实际是教会组织金字塔结构的反映。

教皇权利的理论依据来自《圣经》。《旧约·马太福音》提到耶稣基督曾经把天国的钥匙交给使徒彼得，这就意味着把权力交给了他，把他作为上帝在尘世的代表，实现对尘世教会的统治，教皇就是彼得的继承人。随着教会权力和世俗权力斗争的加剧，神权论有了进一步的发展和不同的版本，在不同的国家也有不同的说法。

最早提出教权至上的是教皇尼古拉一世（858～867年在位）。他反对国家干预教会的事务，竭力维护教会的独立，认为："国王兼任祭司，皇帝兼任教皇的日子已经过去，基督教已经将这两重职务分开了"。另一位为教权而斗争的教皇是格里高利七世（1021～1085年在位）。他系统地阐述了神权论的思想，指出，罗马天主教是耶稣的第一位门徒彼得创立的，教皇是彼得的继承人，是教会的最高首领，其权力直接来自上帝。因此，教皇不仅在教会的内部事务上拥有至高无上的权力，而且，在其他方面其地位也超过任何世俗国王和皇帝。教会从未犯过错误，也永远不会犯错误。掌管罗马教会最高权力的教皇也是至高无上的和神圣的，他对一切人拥有审判权，而不受任何人的审判。他甚至说，教皇有权力废黜不服从教会的君主，解除臣民对他的效忠的誓约，给他们以开除教籍的处分；也有权颁布禁令，禁止在不服从教会的君主的领土上举行公共祈祷和圣礼。

我们知道，《圣经》中记载了上帝创造两个发光的物体，即太阳和月亮。格里高利比附说，教皇的权力是太阳，皇帝的权力是月亮。月亮的光来自太阳，皇帝的光来自教皇。这就是有名的"日月论"。

后来还有两位教皇进一步发展了这种神权论。教皇英诺森（1198～1216 年在位）把教皇的权力推崇到了极点。他说基督交给彼得治理的不仅是教会而且是全世界，自称是"万王之王，万主之主"。从这种理论出发，他广泛插手各国的事务。

卜尼法斯七世（1294～1303 年在位）于 1302 年发布了"一圣通谕"，正式规定教会权力高于一切世俗权力。

除教皇亲自鼓吹神权论外，神学家们还从理论上提供论证。

经院哲学为神权的辩护

经院哲学是中世纪重要的意识形态，它除了为宗教教义辩护外，还为神权辩护，意大利神学家托马斯·阿奎那（Thomas Aquinas，约公元 1224～1274 年）是这方面最重要的代表之一。他追随亚里士多德的政治哲学，力图将信仰和理性调和起来。他认为人本性上是社会的动物，国家是自然的制度。阿奎那还从人除了他的物质或自然的需要外还有超自然目的的看法出发，认为国家并不是处理人这种更为根本的目的的，教会才能指导人达到这种目的，他还把国家解释成从上帝的创世中产生，国家由上帝赋予意志和职能的。

按阿奎那的观点，国家是从属于教会的，国家在一定的范围内是自治的，有其合法的职能，但人的精神上的目的并不能通过人的权力也就是国家的权力来达到，而只能通过神的权力而建立起来，国家不应设置任何障碍来破坏人的生活。

总之，在经院哲学中，阿奎那的体系是最完善系统的。人们称它为托马斯主义，今天最大多数的宗教哲学家和神学家均系托马斯主义者。托马斯主义是我们理解西方宗教文化的一个很好的实例，它利用人们日常的感性经验来宣扬神秘的宗教信仰内容，使宗教更具有迷惑人的理性色彩和哲学思辨的光环。所以，阿奎那的神权论有他自己的特点，即在神权和王权之间搞某种平衡，但又要维持神权至高无上的地位。

阿奎那认为："宗教权力和世俗权力都是从神权得来的；因此世俗权力要受宗教权力的支配，如果这是由上帝如此规定的话；即在有关拯救灵魂的事情方面。在这些问题上，人们应先服从宗教权力，然后再服从世俗权力。可是，在有关社会福利的事情方面，应该服从的是世俗权力而不是宗教权力。"这里，阿奎那在宗教权力和世俗权力之间作了一些分工，一个管精神，一个管物质。然而他认为，"教皇的权力在世俗问题和宗教问题上都是至高无上的"，基督永远"是万王之王和万主之主，他的权力必然不会丧失，他的统治权将永不消逝"。他认为，社会生活的最终目的是要达到一种完美的境界，要享受上帝的快乐，而这单靠人类的德性是达不到的。这要靠神的恩赐，唯有神的恩赐才是永生。他说："只有神的统治而不是人类的政权才能导使我们达到这个目的。这样的统治只能属于既是人又是神的君主，即属于耶稣基督、我们的主，他在使人们成为圣子时，已使他们享受天国的荣光。"在他看来，世俗权力之服从宗教权力，犹如肉体之服从灵魂，犹如哲学之服从神学，自然物之服从超自然物是一样的。

阿奎那一方面肯定君权神授，一方面对君主制大唱赞歌。他认为，由一个人掌握的政府，比那种由许多人掌握的政府更容易取得成功。他说一人统治是最接近自然的，总是呈现一片升平的气象，公道之风盛行，且财富充盈而民情欢腾。多人统治常常由于相互倾轧而陷于分裂，造成纷争不断。他强调是天意要让从单一的根源中产生的善的力量强些。他分析说，上帝创造万物时就有高低之分，"才智杰出的人自然享有支配权，而智力较差但体力较强的人则看来是天使其充当奴仆"。他甚至说连暴君也是上帝派到人间的，"彼得教导我们，不但要服从善良温和的君主，而且也要尊敬乖戾的君主"。但他又说，上帝给他的臣民派了一个暴君，是为了惩罚臣民们的罪孽，不会让暴君统治的日子过久过长，会扶立温和的君主来代替他们。一个君主应当担当起类似灵魂对肉体，上帝对万物的那种职责。他认为一切事物都是由神安排的，天意要对万物贯彻一种秩序，并证明使徒的不谬：即神安排一切。

为世俗权力的辩护

11 世纪之后，人们就世俗权力和宗教权力之间的关系进行了许多争论，发表了大量的政治文献。当时比较普遍接受的观点是吉莱希厄斯的两把剑的理论，即上天注定人类社会要受到两种权力的统治，宗教的和世俗的权力的统治。两者均以神圣、自然的法律为依据，按照基督教的教义任何人都不得兼而有之。两者均要受法律的制约并在自然和人的统治中担任一项必要的任务。作为上天规划的两部分，每一种权力都有赖于另一种权力的帮助和支持。这就是说，信奉基督教的皇帝需要主教以求得永生，而主教则可以利用帝国的各种条例处理世俗事务。但是牧师的责任比世俗的统治者有更多的内容，因为在最后审判的日子里他要对所有基督教徒的灵魂负责，那些统治者的灵魂也不例外。其实，这两种权力分类的理论并没有真正实现，矛盾和争执是经常的。主教被看作是权贵人物，他要对国王干的坏事进行告诫，法律的制订要得到这些人的同意，他们在选举和废黜统治者方面也会施加巨大的影响。而皇帝对教皇的控制则显得更为有效。皇帝把教士和俗人都看作是他的臣民。皇帝在教皇的选举中能施加他们的影响。宗教裁判所权力的扩大被说成是教皇的罪行。教皇的地位受到贬损。在这种情势下，教士们加强了他们自觉的独立意识，想把教会变成一个自治的宗教权力，把管理教会的权力掌握在自己手中。因为在封建制度下，教士们实际上都是大地主，作为地主，就要履行封建义务，而且他们又有自己的封臣，因而不可避免地被卷入世俗政治之中。由于教士们良好的教育，教会和国家的组织在高级神职人员身上相遇和重叠起来就成为自然的现像。前面介绍的格里高利的神权论就是宗教权力的最完全的说明。

保皇派和世俗权力在这种论争中间的立场处于守势，亨利四世1075年给教皇的信是这样定调子的，他说："我虽然是一个不才的基督教徒，却被任命为国王，并正如教父们的传统所教导的，我只受上帝的审判，不能因任何罪行而被废黜，除非我背弃了自己的信仰，但这种事情是决不会发生的。"这就是说，国王除了受上帝的约束外，不受任何人和法律判决的约束，虽然这种说法充满了魔鬼的精神，但却是保皇派思想的重要组成部分。而且这很合乎两把剑不能攥在同一人手中的传统思想。也有人从世袭继承的权利来为国王辩护。一位罗马法的教师彼得·克拉瑟斯就认为，教皇和亨利的不服管束的臣民都没有权利干预亨利对他的王国的所有权，因为他是从他的父亲和祖父手中继承了这个王国的，就像他们不能拿走任何人的财产一样。这是一种利用法律观念来支持世俗权力的倾向。甚至有人认为，国王的权力是高于主教权力的，国王应该对主教进行统治，国王有权力召集并主持教会的会议。他们认为，国王的新选和废黜是通过王公们的共同投票来完成的，教皇只是同意而已。有人甚至说，国王的权利来自他和人民之间的契约，一个民族设置这样一个人，目的在于他能公正地进行统治。如果他违反了他据以选出的协定，搞乱了他本来应该维护得井井有条的有关事情，就理所当然地解除了人民对他的服从。

宗教势力和世俗势力的争论持续了几个世纪，双方强调传统的不同方面，都在传统中找到充分的根据。宗教势力强调教会在道德方面的优势，世俗势力则强调二者的相互独立。统治者选举产生和与人民之间的协议都成为他们的一个论据，权力相互制衡是一个长期的历史事实。这说明后来西方的代议制民主政体的产生并不是一朝一夕的功夫。西方中世纪后期的宗教大会制度建立了一种代表的机构，使理性和信仰之间找到了一个结合点。代表应是正派和通晓神的法律的人，代表在这种组织形式中进行活动和学习管理共同的事务。

中世纪的历史观念

基督教对历史概念的革命性影响

人类的历史观念在中世纪有很大的飞跃。西方学者柯林伍德认为人类关于历史的观念在公元后第四和第五世纪，由于基督教思想的革命性的影响得到了重新的塑造。他详细地分析了基督教是怎样扬弃古希腊—罗马时期在历史学中两个主导的观念，即对人性的乐观主义观念和作为历史变化过程基础的实质主义的观念。在古希腊，人们习惯把人看成是有理性的动物，由于理性的指导，人们会走向至善。历史变化过程的基础是人的理念或心灵。对柏拉图来说，事物的实质是非物质的，是理念。对亚里士多德来说，最终的真实的实质是心灵。人们的历史观念被这种实质主义弄得黯淡无光。历史事件只不过是这种实质的偶然表现，事件的重要性主要是它们对永恒的和实质的整体投射了一道光芒。人们至多只是记录事件，历史学的范围被限制在描述人们和事物都在做什么，而这些人和事物的性质始终被停留在历史的视野之外。对柏拉图主义而言，历史学是不能有什么实用的价值的。对亚里士多德而言，历史学也只是像诗一样的东西。而基督教思想的影响却为改变这种状况提供了可能。

根据基督教的创世说，除了上帝之外，没有什么东西是永恒的，并且其他的一切都是上帝创造的。人的灵魂不再被看作一种在永恒中的存在，每个灵魂都被看作是一种新的创造物。灵魂不灭的观念在这个意义上被否定了。历史不再是人类自己智慧和才能的创造，而是由于上帝的智慧，由于上帝的恩惠，人的欲望才被导向有价值的目的。因此，历史的过程并不是人类的目的，而是上帝目的的实践。正如克罗齐所说的："从基督教看来，历史既然变成了真理史，它同时也就放弃了意外和机遇，而古人则常使历史沉溺于这些东西，它认识了它自己所固有的法则，这不再是一种自然的法则，甚至不再是星宿的影响（奥古斯丁反对异教徒的这种学说），而是理性、智慧、天意了"。基督教对历史带来的新问题和新答案，克罗齐认为是对人类精神的构成的一份永远有效的可靠财富。

基督教思想为历史观念带来的第二个革命性的变化，就是打破了古希腊关于历史的循环论观点，在天意的指引下为历史带来了秩序的观念。正如阿奎那所说的，天意要为一切事物贯彻一种秩序。在他看来，人的所作所为，所取得的某些成就，并不是由于他自己的智慧，而是由于上帝的智慧，这是一种关于历史的新的观念。按照这种新的历史观念，历史过程并不是人类的目的，而是上帝的目的的实践。因为上帝的目的就是一种对人类的目的，是一种一定会贯彻下去并且通过人类的意志活动而体现出来的目的。

基督教思想对历史观念的第三个革命性的影响，是对于历史的一种普遍主义和世界主义的态度。在上帝的眼中人人平等，没有什么选民，没有什么特权的阶级，没有哪个集体比其他的集体更重要。所有的人和所有的民族都包括在上帝目的的规划之中。基督教不会满足于一些民族的局部和特殊的历史，要求一部普遍的历史，一部世界史。

这种新的历史观把历史看作是一个过程，历史的历程不过是客观的天意的计划的实施，有它的客观必然性，甚至连最明智和拥有权力的人也都卷入其中。上帝是有远见和富有建设性的，决不允许什么人来干扰他的计划。历史事件的总历程就是一种准则，它是用来判断参与其中的每个人的。历史是一种不以人的意志为转移的必然性所塑造的历史过程。这种历史观念的变化是空前的，也是深刻的。

奥古斯丁的历史观念

奥古斯丁（St，Aueustine，354~430 年）是中世纪早期的神学思想家，他写《上帝之城》是为了反驳罗马异教徒对基督教的责难，历时 14 年。上帝之城这个说法在《圣经》上有过记载，是指天上之国。他将上帝之爱作为道德的中心原则，力图把社会的历史纳入基督教的历史，形成了一整套神权高于一切的社会历史观。

他认为人类可以分成一方面是爱上帝的人，另一方面是爱他们自己和尘世的人。有两种截然不同的爱，就有两种对立的社会。爱上帝的人他称为上帝之城，爱他们自己和尘世的人他称为尘世之城。

这两种城邦并不与教会和国家等同，在教会和国家中都有那些爱尘世的人，因而这两个城和教会与国家是相互交错的。由此出发，他提出一种神学的历史观和历史哲学的模式。他认为最伟大的戏剧就是人类历史，作者就是上帝。历史从创世开始，穿插着像人类的堕落和上帝以基督为化身这样的事件。历史的发展包含着上帝之城和尘世之城之间的斗争。任何事件的发生都与上帝的最终天意有关。罗马的陷落不是由于基督教的破坏性活动的结果，而是帝国之中弥漫着猖獗的罪恶，这种罪恶正是基督教信仰和上帝之爱所要阻止的。所有的人都要知道自己的命运、社会的命运，进而知天意，并将上帝之爱的统治建立起来。这就是一种神学的历史哲学。

以这种社会历史观为基础的神权至上论，一直为教会的神权 政治服务，教会常常会引述上述奥古斯丁的观点来为教会的绝对权威辩护。

奥古斯丁关于时间的观念也很值得一提。他根据《圣经》的提示，认为上帝不仅是世界的创造者，也是时间的创造者。他在《忏悔录》中说："上帝创造了这个变化不定的世界……在这个变化不定的世界中，必须表现出万物的可变性，人们从而观察时间和度量时间。"所以，时间和空间都是上帝创造的。而且时间仅对世界而言。因为上帝是永恒不变的，是超时间的。他认为，既然过去已经不存在，将来又尚未到来，那么过去和将来这两个时间怎样存在呢？现在称之为时间，也是正在走向过去，怎能说现在存在呢？因此，他认为把时间分成过去、现在和将来是不精确的。他提出，或许把时间分成过去的现在和现在的现在以及将来的现在更精确些。过去事物的现在是记忆，将来事物的现在是期望，现在事物的现在是真正能感觉到的。因而他主张把时间分成记忆、注意和期望三类。他把时间归结为人类心灵的三种功能。正是这个思想，后来导致康德把时间理解为直观的先验感觉形式。这也突破了古希腊对时间循环论的理解，无疑对形成更完善的时间观念是有帮助的。

总之，中世纪的历史观念经历了深刻的变化，这种变化有其十分积极的方面，也有其消极的方面。正如科林伍德所指出的，思想之摆已经从古希腊—罗马历史编纂学的抽象的和片面的人文主义摆到了同样抽象和片面的中世纪的神本观点了。神意在历史中的作用得到了承认，但它却是以一种再没有什么事情留给人类去做的方式而被承认的，把人们的注意力引向历史本身之外去寻求历史的本质；这不能不说是中世纪历史观念消极的一面。

中世纪的法律思想

奥古斯丁的法律思想

中世纪的法律思想有自己的特点，因为它总要加入神的因素；在自然法之外，还有神法和宗教教义的作用。奥古斯丁的法律思想基本上继承了柏拉图的说法，认为为了维护人间世界的和平，需要法律来约束人们的不良愿望，对于那些没有理性的人就需要他人用法令来控制他们的欲望。他还认为，社会是由许多人组成的，它的福利需要有大量的各种各样的规定，这些规定就是法律，就是用命令来控制没有理性的人的各种欲望。他还强调惩罚的作用，认为惩罚不仅能帮助犯罪者改正错误，而且对其他人也是一种教训，可以起到预防犯罪的作用。

奥古斯丁加上了许多宗教的内容。他所说的"上帝之城"实际上就是天国，也就是说，在人间世界之外还有一个天国存在。凡是死后经过"末日审判"升到天国的灵魂便可以得到永生，达到至善，天上社会的公民都享受着永久和平。人间世界则是另一番情景，他从基督教原罪的教义出发，认为人类祖先犯了罪，留在人间生活是在接受上帝的惩罚。

不仅如此，他还发展了基督教的原罪说，认为人生下来就是有罪的，只有通过上帝在地上的代表——教会对人们进行洗礼，人们才能得救。按照他的观点，世俗法律必须努力满足永恒法的要求，如果世俗法律的某些规定明显和上帝之法相悖，那么这些规定就不具有任何效力，应当加以摈弃。

对于法官，他有许多观点也是从柏拉图那里来的。

阿奎那的法律思想

阿奎那的法律思想比较系统。他反对国家的绝对自治，分析了不同的法律类型。他将法律分成永恒法、自然法、人法和神法。他认为，永恒法是神的理性的体现，是上帝用来支配和治理宇宙的规范，是上帝的统治计划。它本身就是神的智慧，是最高统治者的施政计划，是一切法律的渊源。"一切法律只要与真正的理性相一致，就总是从永恒法产生的。"自然法是人对上帝永恒法的分享和参与，是上帝用来统治人类的法律，反映神和人类的关系，是人的理性对神法的认知，人们能够通过自然法而知道永恒法的某些原则。积极的法律必须从自然法的一般原则导出特殊的规则，人法也是符合自然法的。自然法包括三方面的内容：一切有利和有毁于保全人类生命的东西；与人的本能相关的东西；引导人们向善和避免愚昧的东西。所以，人法就是统治者根据自然法，最终根据永恒法而规定的社会生活的秩序。他把人法理解为一种以公共利益为目的的合乎理性的法令，强调"如果人法不是从永恒法中得来的，那么在人法里就没有一条条文是公正的或合理的。"在他看来，神法就是《圣经》，是一切法律的渊源。它弥补自然法和人法的不足，指导人类生活，引导人们做出正确判断，保证内心的完美德行，防止各种罪恶的发生。对于那些违反了上帝的神法的不正当法律，人们可以不遵守。法律制订者的权力和权威来自上帝，并对上帝负责。法律的适当结果是引导人们去获得德行，使他们具有善。法律自身是为社会的"共同的善"的一种理性的条例。所以他认为，法的性质是由人类理性所决定的。虽然阿奎那把神法放在至高无上的地位，但是他也为人类理性留下了一定的地盘，阿奎那的神学是理性化了的神学。正因为如此，它在西方的影响是长远的。

中世纪的伦理思想

伦理思想一般总是政治思想和法律思想的补充，它们相辅相成，起到稳定社会的作用。中世纪的伦理思想具有浓厚的宗教色彩，差不多所有的道德问题都与基督教教义联系在一起。奥古斯丁和阿奎那是两位经院哲学家，也是神学理论家，现在我们就来看看他们的伦理思想。

奥古斯丁的伦理思想

奥古斯丁年轻时生活放荡，他写的《忏悔录》的第一部分就是记述自我反省和改邪归正的过程。他的思想为罪恶的问题所苦恼。开始他从当时盛行的摩尼教的善恶的二元论学说中寻求答案。这种学说认为，善恶是两个对立的实体，各有自己的原则。恶的产生有其自身的原因，人可以不负责任。然而这并没有使他的心情平静下来。后来他又对善恶采取一种怀疑主义的态度，企图自我麻醉，但他的心灵仍然得不到安宁。最后他遇到了新柏拉图主义，这种学说告诉他，永恒不变的真理应当到物质世界以外去寻求。这大大地启发了他的思想，结合对《圣经》的研究，他终于形成了一套理论。

他按照柏拉图所说的真是天然不朽的思想，认为上帝是不朽的，是至真至善的。在上帝那里，恶是没有的。关于上帝所创造的万物，那就是另一回事。万物本身不是至善的，也不是不朽的。万物的善有多有少。因而他认定，善的减少就是恶，恶无非就是善的缺少。他认为，心灵的罪恶，无非就是缺欠天然的善，一旦治好了恶也就不存在了。在他看来，犯罪是人的自由意志，是人败坏自己善的存在，损坏自己善的本质。归根到底是背离了上帝，背离了至善。他自己正是按照这种思想自我忏悔，从而皈依上帝，弃恶从善。

所以，奥古斯丁鼓吹一种以对上帝的爱为标准的伦理学，他既不认为知识就是美德，也不认为人只有履行其自然职能时才能建立起幸福。他与他的前辈不同之处，在于坚持幸福要超出自然而进入超自然。在他看来，没有纯粹的"自然的"人，是上帝创造了人，人总是带着上帝创造的标记，人与上帝之间有某种永恒、具体又是可能的关系。人追求幸福并非偶然，这正是人的有限性和不完善性的表明，人只能在上帝那儿找到幸福。

一个人可以爱物质对象，爱其他人，爱他自己。这样，每个人所爱的事物将为人提供对满足和幸福的量度。恶不是一种肯定的东西，而是缺少某种东西，恶实质上就是"善的缺乏"和"实体的缺乏"。恶就是削弱善。换言之，上帝并没有在人身上创造罪恶，而是人自甘堕落。所以人的爱的对象还应包括上帝。奥古斯丁强调人是造出来爱上帝的。上帝是无限的，只有无限的上帝才能给人以最终的满足和幸福。要生活得好就得爱上帝，爱上帝是对幸福的一种必不可少的要求。而当人们把其他爱的对象当作爱的最终对象时，这种失常的爱就会在人的行为中产生出各种病态，灵魂会被严重损害，人会被纠缠在骄傲、嫉妒、贪婪、妒忌、奸诈、恐慌和极度的不安之中。这种失常的爱会产生失常的人，失常的人又会产生失常的社会团体。因此，个人的再生和灵魂的拯救只有重新调整爱的对象。奥古斯丁强调人首先要爱上帝，然后才能恰当地爱其他的对象。只有这样，才不会去企求从对其他对象的爱中得到只有以上帝的爱中才能得到的最终安宁和幸福。因此，人们在行动之前必须在亲近上帝还是疏远上帝之间进行选择。恶是人的自由意志的行动造成的，而善则是上帝的恩典，不是人的意志的产物。所以，奥古斯丁的伦理学都是以人对上帝的爱和上帝对人的爱作为基础的，他的一切伦理说教就是要人们信仰上帝和爱上帝，爱上帝是善恶的最高标准。

他说过："主啊，我怎样寻求你呢？我寻求你天主时，是在寻求幸福的源泉。我将寻求你，使我的灵魂生活，因为我的肉体靠灵魂生活，而灵魂是依靠你生活。"这就是奥古斯丁的逻辑。

阿奎那的伦理思想

在伦理学中，罪恶是每一位神学哲学家需要面对的问题。既然每一存在的事物均来自上帝，那么罪恶是否也来自上帝呢？奥古斯丁以来，神学家都用善的匮乏或人的灵魂的堕落来解释这个问题。阿奎那也接受奥古斯丁的说法。阿奎那说，通奸是罪恶，并不在于它的物质方面，而在于造成通奸的原因，即缺乏礼节，而且他又接受了柏拉图的某些说法，即认为通奸者不会将他的行为看作罪恶，相反会认为他的行为某方面是好的，会带来愉快。同时，罪恶也是随着人的自由而来的错误选择所造成的。

然而阿奎那认为，尽管自由地创造人的上帝允许自由的可能性，但在这种情况上帝并不是罪恶的原因，而是错误意志的产物。

我们知道，亚里士多德对道德采取一种自然主义的态度，认为一个人要获得德行和幸福就要履行他们的自然的目的和职能。而阿奎那则采取一种超自然的态度，认为人的本性就是将上帝看作是源泉和最终目的。在他看来，一个人仅是履行他的自然职能和能力来获得幸福是不够的，人还应有超自然的目的。基督教伦理学的目的就是教导人们追求最高的幸福和理想。他认为伦理学要以宗教作为基础。没有宗教观念，没有对上帝的至善的追求，就根本谈不上什么伦理学。

在他看来，人之为人是由于人具有理智和意志。意志表现人们行动的目的。在这里他完全接受了亚里士多德关于人的行为的目的论模型。人的另一个特点就是人除了追求物质的满足外，还追求精神上的满足，追求无限的真善美，这个无限的真善美就是上帝。因此，意志要作出正确的决定，就需要理智的指导，需要上帝的恩惠和神启的真理，这样意志才能代表人对善和正义的追求。

人的道德机制是由肉欲、欲望、意志和理性组成的。德行或善寓于正确的选择之中，寓于两个极端之中，意志和理性要适当控制欲望。最基本的道德真理就是"趋善避恶"。实际上，他基本上把亚里士多德的那一套伦理学思想都搬了过来，不过在此基础上再加上一些来自上帝的超自然的神法来保证人们的行为规范。这种神法是通过神的启示，作为上帝恩惠的礼物而直接来自上帝的。因此，德行是靠上帝的恩惠而"渗入"人间的，神又是理智的指导。

阿奎那的伦理格言是："无限的真善美就是上帝"，"人的幸福在于达到上帝的本性"。不仅如此，他还认为人生来就倾向于上帝的，如果达不到上帝这个真善美的本性，人是永远不会满足的。

阿奎那把上帝向摩西颁布的"十诫"概括为"避恶行善""保全自己的生命""不杀害他人"等基本原则，称为人的本性所具有的天赋观念，是不证自明的公理。他认为，人的德性是一种"习性"，是在后天的行为中养成的。所谓道德的德性就是使人倾向于行善的习性。他根据亚里士多德的伦理理论，把"审慎、正义、节制、刚毅"作为四种最基本的德性。

阿奎那的伦理思想与亚里士多德的伦理思想不同之处在于，他认为人还有某种超本性、超自然的需求。这就是人还要追求超本性的幸福，即对真善美的追求，追求与上帝的联系和交流。他与其他神学家一样，提出"信、望、爱"三种神学德性来弥补上面四种德性的不足。他认为，"信、望、爱"这三种德性可以使人达到超本性的幸福。他与奥古斯丁一样，认为爱上帝是最高的神学德性，也是最高的道德规范。

总之，中世纪的伦理思想基本上没有什么突破，增加的多是宗教上的内容；但是，中世纪伦理思想中对人类的超自然的精神需要的论述，却是有启发性的。

三、近代西方思想

文艺复兴时期的西方思想

新的哲学思想的兴起

14世纪发源于意大利的文艺复兴运动，是一场反对腐朽宗教统治的运动，它的中心思想就是用以人为中心的人文主义来对抗中世纪以神为中心的封建思想，用人性来取代神性，以便从思想上为资本主义开辟道路。这批文艺复兴的思想家、文学家、艺术家从湮没已久的希腊罗马著作中，寻求他们可以用来反对封建思想文化的武器。他们利用古典作品中肯定人生的倾向和内容，来反对中世纪的封建神学。他们一般都主张追求科学，提倡文化，反对愚昧，赞扬人的勇敢和敏捷等。这些新的潮流给当时的思想，尤其是认识论和文艺思想以深刻的影响。例如，中世纪的经院哲学利用亚里士多德哲学中的唯心主义因素，把神看作是世界的外在原因，把大自然的丰富多样归结为僵死的形式的分类，但这样的解释已经不能令人满意了。柏拉图学派关于"宇宙精神"是生命在自然界直接始因的学说，开始受到欢迎，因为它比较容易被人们用来论证理性的重要性。而且，一种与自然科学的发展相平行的唯物主义的自然哲学也孕育成长起来，他们认为生命和人类思维的源泉在大自然内部，从而推翻了中世纪神学关于灵魂、天国的种种神秘主义说法。如十六世纪意大利自然哲学的杰出代表伯纳迪诺·特勒肖（1508～1588年）在认识论方面明确地提出感官能提供给我们关于外在世界的知识，理性则概括感觉所提供给它的东西；一切科学，包括几何学在内，都是以此为基础的。这就从认识论上为自然 科学的发展提供了论证。

又如乔尔丹诺·布鲁诺（1548～1600年）虽然是个泛神论者，但他认为人类的理性具有在真理的道路上不断前进的能力。他认为："智力永远不停留在已经认识的真理，它将永远向前走，走向未认识的真理"。再如达·芬奇（1452～1519年）认为："我们的全部认识都是从感觉开始的……凡是不通过感觉而来的思想都是空洞的，都不产生任何真理。而只不过是一些虚构。"

总之，经过这个过渡时期的酝酿并在此基础上形成的近代西方哲学反映了资产阶级要发展自己的要求。在这个时期中，唯物主义和唯心主义的斗争贯穿于唯理论和经验论的发展形态之中，也就是说，哲学发展到这个时期，认识论采取了唯理论和经验论这样两种典型的形态。这是因为，一方面"一切都必须在理性的法庭面前为自己的存在作辩护或者放弃存在的权利"；一方面因为"全部科学都是以经验为基础的，是在于用理性的研究方法去整理感官所提供的材料"（参见《马克思恩格斯选集》第22卷，第404、382页）。所以，无论是英国的经验论还是西欧大陆的唯理论都具有反封建和提倡科学的特点。近代西方哲学正是在这样的背景下发展起来的。

新的文化运动

在随后的两个世纪中，西方文化在人文主义的旗帜下得到大踏步的发展。在资本主义商品经济的推动下，科学技术有了长足的进步，并在西方确立了支配的地位。科学的传统，除了带来物质利益外，它本身也是独立思想的伟大推动者，前有哥白尼重新发现日心说，并于1543年作出解释，后有哈维关于血液循环的发现，说明人类并非上帝的创造，而只是科学研究的一种对象。这些科学思想都有力地刷新人们的思想观念。后来随着机器的发明，机械力代替了人力，在西方促成了一场轰轰烈烈的工业革命。这样，无论西方文明传播到哪里，它的政治理想最终也会随着物质的扩张接踵而至。西欧各国都先后掀起了资本主义政治革命，先是英国温和的资产阶级革命，后是法国的大革命，尔后又有软弱的德国资产阶级革命。

　　欧洲新文化运动最重要的发祥地是佛罗伦萨。但丁、米开朗其罗、达·芬奇以及后来的伽利略，都是佛罗伦萨人。意大利造就了众多的艺术家和思想家。在政治哲学和历史哲学领域，意大利也诞生了一位杰出的人物——尼科罗·马基雅维利，他有两部杰出的著作：《君主论》和《史论集》。前者研究了专制政权得以取胜和维持的方法和手段，后者则普遍研究了权力及其在不同统治形式下的运用。他主张贤人政治，主张"好政府，好法律"。他指出："命运是我们半个行动的主宰，但是它留下其余一半或者几乎一半归我们支配。"为人的能动性留下了足够大的空间，然而他又承认某些邪恶勾当有助于攫取政权，如果你希望获取权力，你就必须冷酷无情，从而为自己招来一些贬损之词。

　　英国的培根、霍布斯、洛克、贝克莱、休谟等人的哲学思想，还有法国的笛卡尔和德国的斯宾诺莎及莱布尼兹的哲学思想，都被认为是这个时期的重要思想。

　　培根强调需要一种新的方法或工具来发现真理，以取代显然已经枯竭了的三段论式。他的"知识就是力量"的思想鼓舞了多少人在科学道路上不断探索。洛克的《政府论》以及霍布斯的《利维坦》都是在政治哲学方面极有影响的著作，对西方政治文化的形成起到了很大的作用，可以说是英国资产阶级革命在理论上的反映。洛克的权力制衡思想，霍布斯的人们理性地达成协议而同意顺从于共同选择的某个权威的思想，都是西方政治体制中的核心思想，对今日西方文化仍有影响力。笛卡尔是唯理论的代表，由于他对数学的关注和对方法的重视，从而提出了一种崭新的唯理论的哲学体系，因此被人们誉为"近代哲学之父"。他认为历史学靠的是人们的记忆力和想象力，不是理性的应用，因而不是知识的一个分支，这说明了他对理性的过分崇拜。斯宾诺莎的政治哲学与霍布斯不同，他并不认为民主是最合理的社会秩序，认为最合理的政府应当在合理的地方发布合理的政令，还应在信仰、教诲问题上保持回避态度；他的将伦理学公理化也是十分独特的。而莱布尼兹关于数理逻辑的思想，对尔后数理逻辑的发展和今天的信息技术都十分有意义。

可以说，西方文化在近代奏响了人文主义的凯歌。文艺复兴不仅是人类意识的普遍觉醒，对世界和人的发现，而且是现代社会的雏形，是西方意识世俗化的决定性阶段，现代社会生活的一切方面都与它发生了联系。下面我们将介绍这个时期西方的各种社会思想。

体现在文学和艺术作品中的人文主义思想

人文主义是一种文化现象。它最早出现于意大利，特别是佛罗伦萨，随后逐渐扩展到欧洲各地。该文化运动通过对文学、哲学、历史学、科学和艺术的革新，为现代文化的发展奠定了基础。在他们看来，中世纪文化是一种神学文化，对宇宙持一种先入为主的神秘主义观点，扼杀人的个性，使人在心理和肉体及其理智方面全部僵化，人所能见到的唯一东西是神的意志。他们呼吁要重新发现人在历史发展中的作用，肯定人的意志和行动的价值，恢复人的各种权利，包括人在上帝面前应有的地位。早期的人文主义者歌颂新兴商业资产阶级的积极进取和乐观主义精神，要求承认他们通过劳动而获得的人间幸福的合法性，反对禁欲主义对人间幸福的扼杀。这时的文艺家和思想家们把人置于宇宙万物的中心，高度赞扬人的理智和精神。随着神学体系的崩溃，人们摆脱了宗教教条的束缚，从理性上和感性上恢复了对现实世界的热情。自然科学在摆脱了神学和星象术的羁绊之后，人成了自然的主人，人必须担负起探索自然奥妙的新责任。1492年美洲的新发现，拓宽了人们的眼界。这一切都在呼唤一个新时代的到来。归根到底，正如米朗多拉所说的，人就是人本身的创造者和建设者。

但丁、彼得拉克、薄伽丘、瓦拉、皮科、莎士比亚等都是这个时期的著名文学家和思想家，他们作品中充满着人文主义思想。下面分别介绍：

但丁（Dante Alighieri，1265～1321年）生于意大利的佛罗伦

萨，著名文学家，也是人文主义最初的代表。他九岁时认识了富商女儿比亚特利斯，十八岁时曾相遇一次。但丁回家后写了不少赞美她的诗。后来她嫁给一位富商，次年去世，但丁为此又写了许多悼念的诗，这些诗于 1292 年出版，诗集充满了对爱情和人生的赞美，发射出人文主义的光芒。但丁的代表作是《神曲》。这是一部"梦幻"故事，叙述但丁在古罗马诗人维吉尔和情人比亚特利斯灵魂的引导下梦游"地狱""炼狱"和"天堂"的经历。他创作《神曲》的目的是要净化人们的灵魂，显示人们思想个性的道路，提倡人文主义，追求真理，投身于现实世界的建设。人们普遍认为《神曲》的诞生，标志着文艺复兴运动的开始。

但丁认为人是最高贵的，其高贵之处在于人具有理性和意志自由，人应当通过理性和行动来争取自由和幸福；人类最自由的时候就是他被安排最好的时候；爱是统治世界的力量，人应当爱人，而不应当去爱神。他在《神曲》中把宇宙比作散乱的许多纸张，认为是"爱"把这些纸张合订成册。

彼得拉克（Francesco Petrarch，1304～1374 年）不仅是人文主义的奠基者，还是近代诗歌的创始人。他的主要著作有《阿非利加》和抒情诗集《歌集》，还有拉丁文著作《秘密》。他是意大利复兴古典文化的倡导者。他在《秘密》中有一段话："我不想变成上帝，或者居住在永恒中，或者把天地抱在怀抱里。属于人的那种光荣对我就够了。这是我所祈求的一切，我自己是凡人，我只要求凡人的幸福"，充分表达了新兴资产阶级追求自身解放的心情。

他不但强烈追求爱情，而且特别重视个人的荣誉。他的史诗《阿非利加》就是歌颂一位爱国英雄的，歌颂意大利民族的伟大，鼓励人们像阿非利加那样去为祖国的统一而战斗。

薄伽丘（Giovanni Boccaccio，1313～1375 年）是近代短篇小说的创始人，市民文化的真正代表者。他的《十日谈》是早期文艺复兴时期的优秀作品之一，有人把它称为《人曲》。书中揭露了封建贵族和僧侣的伪善和丑恶，歌颂男女冲破封建偏见的爱情。他认为，人类天生是平等的，没有贵贱之分，人类的骨肉都是用同样的物质造成的，而人的灵魂则是上帝赐给的，任何人都有同样的机能和效用，区分人类贵贱的只能是品德，而不是门第；书中还提出男女平等的思想，有人称为最早的人权宣言。

瓦拉（Lorenzo Valla，1407～1457年）出生于罗马一个律师家庭。他的主要著作是《论享乐》。他认为，人们不应听信教会的欺骗，而应当努力去追求现世的享乐。他甚至说，妓女比僧侣对社会更有用。在个人和社会的关系上，他主张个人高于社会，个人利益高于一切。他的享乐主义思想充分体现了资产阶级的个人主义。

皮科（Giovanni Pico Della Mirandola，1463～1494年）是一位诗文相当出众的意大利人。他的主要著作有《论人的尊严》。他认为，上帝创造人时，就给了人达到他一切目的的能力，上帝使人具有各种不同生物所特有的一切，上帝赐给人一个位居世界中央的位置，所以人的意志是自由的，能力是无限的。他的思想体现了资产阶级的进取精神。

莎士比亚（William Shakespeare，1564～1616年）是英国伟大的剧作家，欧洲文艺复兴时期剧作家的光辉代表。他的作品是人类优秀文化遗产的重要组成部分。他生活在文艺复兴潮流达到高潮的时代，作品充满了人文主义思想。他提倡人的尊严，赞扬人的伟大，指出人性的不可抗拒。他宣扬人文主义的道德原则，反对封建的等级制度，鞭挞资产阶级的极端利己主义，歌颂人间的仁爱和友谊。他在《哈姆雷特》中写道："人类是一件多么了不起的杰作！在理性上多么高贵！在才能上多么无限！多么文雅的举动！在行为上多么像一个天使！在智慧上多么像一个天神！宇宙的精华！万物的灵长！"从这些词句中，我们可以看出他对人类的创造力是多么的有信心。

这个期间，在人文主义精神的鼓舞下，还出现了许多优秀的画家和绘画作品。文艺复兴精神的深刻表现之一是肯定自我和希望万古流芳，因而纪念碑式的作品以及肖像画和雕像遍地开花，从达官贵人到平民百姓的肖像和雕像应有尽有，大放异彩。马萨乔的许多宗教画开辟了绘画的新模式，他的绘画模式包含三个要素：朴素而厚重的写实主义；高度赞美人的肉体和精神品质；运用中心线透视法作为合理布置人物的手段，从而使得形象艺术得以巨大发展。达芬奇的《蒙娜丽莎》和米开朗基罗的《大卫》都是刻画人的不朽的作品，画家以人文主义为基础，高度赞美人的肉体和精神品质。正如一位艺术史家弗朗卡斯特尔说的，"人从此认识了自己的自主性，他们为自己有分辨万物的能力而感到骄傲，他们认为自己是在地球上推动和谐生活的主人翁。"人文主义正是人们创造新生活的精神武器。

宗教改革和人文主义

随着资本主义经济萌芽的发展，随着市民和平民阶级的出现和兴起，人们对封建教会的统治越来越不能忍受。人们开始用宗教异端的形式来表达他们的要求。他们开始要求恢复原始基督教的面貌，把《圣经》作为信仰的唯一依据，揭露教士的贪婪，反对教会的掠夺。平民的异端思想甚至要求在教区成员间恢复原始基督教的平等关系，甚至提出财产平等的要求。在文艺复兴的人文主义思潮的鼓舞下，十五、十六世纪在欧洲掀起了大规模的宗教改革运动。恩格斯指出："宗教改革——路德和加尔文的宗教改革——这是包括农民战争这一危急事件在内的第一号资产阶级革命。"正因为如此，近代意义的许多革命思想都在这场斗争中孕育萌芽。

马丁·路德（Martin Luther，1483～1546年）是德国宗教改革中市民派的领袖。他出生于普鲁士一个小城的普通农民家庭，非常熟悉穷苦人民的生活。1501年入大学学习，1505年毕业，又进修道院学习两年，后任牧师和在大学讲授神学。他先后写了许多文章揭露教会的腐败。

公元1517年，教皇利奥十世以修缮罗马圣彼得大教堂为名，大量出售所谓的"赦罪卷"，僧侣们声称，购买赦罪卷之钱投入钱柜之时就是灵魂升天之日。这种明目张胆的搜刮，引起了各阶层人民的愤慨。路德把大家的意见写成《九十五条论纲》，贴在维滕堡大教堂的门口，引起了一场关于赦罪卷的辩论。路德指出人的灵魂的得救不需要僧侣为中介，也不能靠向教会购买赦罪卷，而要靠自己虔诚的信仰。《论纲》问世后，德国掀起了轰轰烈烈的宗教改革运动。路德也被推到前台成为运动的领导者。恩格斯描述说："路德放出的闪电引起了燎原之火。整个德意志民族都投入了运动。"

路德的思想并非前后一致，开始他只想纠正教会的滥用职权和不当行为，并无整套宗教改革的计划，后来随着运动的深入和事态的扩大，他不得不对以前的思想加以修改。他从原来主张人民对国家抱绝对服从的态度改为人民自卫的思想，认为人民在暴君的压迫和蹂躏下，为了自卫和自存可以采取反抗的行动。他当众烧毁教皇的敕令，提出教会的土地应当收归国有，号召组织一个脱离罗马教皇的德国教会。他主张用政教分离来取代政教合一，认为教权不可以凌驾于政权之上。在他看来，国家是至高无上、神圣不可侵犯的，因为人总要为恶的，所以不可没有国家。他强调基督徒在宗教上的自由外，又要求基督徒服从世俗的权力。他这种国家至上的思想后来为黑格尔所发展，希特勒也曾利用国家的神话来推行法西斯主义。

路德主张人人有权读《圣经》，人人都可直接和上帝沟通，用《圣经》来反对教会和教皇的权威。路德强调《圣经》的目的是为了宣布基督徒是自由这一原则。他认为，对基督徒来说，自由是上帝最神圣的话，是基督的福音，这种福音的意义就是所有基督徒"不只是一切人的王和一切人中最自由的人，并且也永远是祭司，一种比王位更高的地位"。《圣经》代表着理性，代表着思想自由。他的这些思想对当时的农民和平民产生了很大的影响。海涅认为，这种思想自由开出的一朵最重要具有世界意义的花朵就是德国哲学。

路德尤其反对出卖赦罪卷。他认为，每一个基督徒只要认真悔改，即使没有赦罪卷也完全有权免除惩罚和罪恶。他主张《圣经》

中的"因信称义"说法,认为只有信仰和实行上帝的话才能带来拯救,灵魂听了上帝的话就是给灵魂以慰勉,使它免罪,使它自由,并且拯救它。

后来随着运动的深入,国内爆发了农民起义,福音运动就有了社会运动的特点,农民和平民的要求远远超出市民改革运动的目的;加上反动统治者的镇压,路德于是倒向温和派一边,反过来指责农民的暴力。他不同情农民的平等思想,认为在政治社会中不平等的等级存在是必要的。这充分反映了他宗教改革的局限性。人们最终抛弃了他,用石子打他,在他门上涂焦油,斥他为"诸侯的家奴"。马克思认为:"他把人从外在宗教中解放出来,但又把宗教变成人的内在世界。他把肉体从锁链中解放出来,又给人的心灵套上了锁链。"恩格斯也认为他最后"倒向市民、贵族和诸侯一边去了"。

加尔文(Jean Calvin,1509～1564年)是瑞士的宗教改革家,出身于一个中产阶级家庭。他先后在奥尔良大学和巴黎大学攻读神学和法律,是一位受过严格训练的律师,因而能为宗教改革运动建立一整套合乎逻辑、概念明确的理论体系。他的主要著作有《基督教原理》和《信仰指南》。1541年他在日内瓦创立加尔文教,并自任首领,成为日内瓦政教合一的地方共和国领导人。

他对路德的宗教改革思想进行了扬弃,吸收其革新的部分,剔除其反映封建贵族意志的消极成分,创立了合乎资产阶级要求的新宗教。他关于有秩序的共和国的观念、关于由教民选举长老的观念、关于教区议会的观念,对后来西方的民主政治和社会生活都有深远影响。

加尔文对奥古斯丁的预定论和路德的"因信称义"论以新的解释,将预定论作为他宗教改革的理论基础。他强调宿命论思想,认为宇宙无一事不是上帝所预定的。在他看来,人的不同命运,都是上帝的拣选,不依个人的善恶功过而转移,谁得到拯救也是上帝预定好的,是无条件的赐予,不受条件的影响。作为一个基督徒,只能靠上帝的恩典而免入地狱，因为上帝早在一个人出生之前就预定好谁是他的选民而得救，谁是他的弃民而遭永罚。这种上帝永恒的判决称之为预定。但是，他不是要人们去消极地等待判决。在他看来，尘世是为了荣耀上帝、而且仅仅为了这个目的而存在。被挑选的基督徒在现世的唯一目的就是尽其所能尊从上帝的诚律，以便增加上帝的荣耀。上帝要求基督徒在社会方面要有所成就，因为上帝希望社会生活按照他的旨意组织起来。按照这样的逻辑，人在社会生活和事业上的成功，只要合乎上帝的目的和善，就是得救的客观根据。

加尔文非常重视人们的经济活动。他认为社会必须有资本，有信用业，有金融活动，依靠经营和投资所得的利润、利息与工资所得一样都是正当的。财富并非罪恶。《圣经》里的阿伯拉罕就是一个有牛羊、有钱财、有子女、有一切的大富翁。凡是经济活动中取得成功的各种美德都是新教的生活基础。这就是宗教个人主义。加尔文的这番解释合乎正在发展的资产阶级发家致富、扩大积累的要求，一反中世纪基督教轻视财富的观念。恩格斯就指出："在路德遭到失败的地方，加尔文却获得了胜利。加尔文的信条适合当时资产阶级中最勇敢的人的要求。他的先定学说，就是下面这一事实在宗教上的反映：在商业竞争的世界中，成功与失败不取决于个人的活动和才智，而取决于不受他支配的情况。起决定作用的不是个人的意志或行动，而是未知的至高的经济力量的摆布……"

加尔文深受《摩西法典》的影响，他把一种法治的观念和有秩序的理性贯彻到他的社会政治思想中。他的目的是要把思想和意志、教会和国家、自己的生活和他人的生活置于法律的管辖之下。他对教会组织采取了一种具有民主平等精神的共和制形态，这对后来西方的政治起到促进民主和自由的作用。他赞成贵族式的政治制度，要求国家有强有力的统治者；人民要服从政府，遵守法律，人民的日常生活要受清教徒主义所制定的制度和纪律的严密管制。他将日内瓦城市委员会设计成政教合一的"上帝之城",政府和教会的权力在神圣的戒规的指导下共同发挥作用。关于教会组织,他反对教皇制,主张用共和制原则来改革教会,主张基督教堂由信徒选出的长老管理,教区议会由各教堂长老和牧师各一人组成,神职人员之间和神职人员与信徒之间必须保持平等的关系。恩格斯认为,加尔文的新教组织"以真正法国式的尖锐性突出了宗教改革的资产阶级性质,使教会共和化和民主化"。恩格斯还认为,加尔文新教为英国发生的资产阶级革命的第二幕提供了意识形态外衣,在上帝的王国已经共和化的地方,人间的王国还能从属于君王、教主和领主吗?宗教改革的社会作用就在于为资产阶级革命扫清道路。

人文主义和科学革命

文艺复兴时期的人文主义无疑对当时自然科学的发展产生巨大的影响。但是,以往的科学史研究者往往停留在人文主义启发了人们的思路、解放了人们思想的层面上。杜布斯则提出一种新的见解,他认为崇拜古人是文艺复兴时期的明显特征。在十五世纪,人们热烈搜求着新的经典原本,每一项新的发现都被当作伟大的成就而受到欢呼。杜布斯认为,科学革命最初的一些巨匠们都是力图恢复古代传统并在这种传统中工作的。他说:"离开了托勒密或盖伦这类知识渊源和背景,就无法理解哥白尼和维萨留斯的工作。甚至一个世纪以后的威廉·哈维还自认为亚里士多德者,并声称受益于盖伦。"杜布斯的观点,如果从思想史或认识史的角度来解读的话,就是说在旧思想和新思想之间往往有一种互相启发的关系,对那些科学巨匠来说,对古人的崇敬并不妨碍他们对古人错误的改正。按照杜布斯的看法,人文主义崇敬古人的本意可能是维护这些权威,然而随着对古人资料的增补和修正,新的观念就出现了,新的科学革命可能就是这样产生的。在新的哲学和新的方法的指导下,有一些人勇敢地站出来,他们认为我们根本不能引证古人、希腊人的观点来作为论据。如发现血液循环的哈维虽然对亚里士多德和盖伦极为崇拜,但他却主张，无论学习或讲授解剖学，都不应该唯书是从，而应依据实际的解剖；不应从哲人的观点，而应从天然的结构出发。科学家们必须开始建立起关于事实、观察和实验的新范畴。培根的方法本质上是实验的、定性的和归纳的，而笛卡儿的方法则本质上是推理的、机械的和演绎的。当笛卡儿的机械论哲学被应用于人和生物的时候，以前一直占统治地位的各种"生命力"的观念就被驱逐到一边。笛卡儿本人的工作在后来十七世纪晚期的医学和物理学派的发展中起着重要作用。因此，科学革命的最初兴起，是与新的科学方法的形成分不开的。从认识的经验来看，新的方法和哲学必然要在传统的摸爬滚打中开辟出一条新路来。

近代科学革命的另一促进因素是数学方法的运用。它的最初兴起也是得益于人们对柏拉图主义和毕达哥拉斯主义的痴迷。数学对音乐的作用是最明显的，所谓和音就是音程中数的和谐关系。在建筑设计中也能看到这种和谐准则，难怪歌德把建筑看成是凝固的音乐。似乎艺术只要带上数字的特征，就会上升到更加崇高的地位。作为逻辑学家的罗素就说："对事物中数字结构的理解于是给人以驾驭其周围环境的新力量。在某种意义上它使人更像上帝。毕达哥拉斯派曾把上帝看作至高无上的数学家。如果人能在某种程度上运用并改进他的数学技能，他就能更加接近于神的地位。这并不是说人文主义是不虔诚的，或者与公认的宗教相对立。但是这确实表明，当时流行的宗教实践有被当作例行事务的倾向，而实际上点燃思想家想象之火的是古代前苏格拉底时期的学说。这样，在哲学领域内，一种新柏拉图主义的气质再度抬头。对人的力量的重视使人回忆起雅典在其力量达到顶峰时的乐观主义。"可以这样说，数学方法的应用在最初的科学革命中起到了极大的推动作用。开普勒概括的支配行星运行的数学法则或伽利略提出的关于运动的数学表达式都是近代科学发展史上的里程碑。伴随着数学方法在自然科学中的应用，数学本身也有了新的进展。莱布尼茨和牛顿分别发明了微积分，这些方法又很快被当时的科学家们所掌握,成为他们从事科学研究的工具。

无论是自然科学还是人文科学,它的知识大厦都是无数个人添砖加瓦逐渐建立起来的,只不过有人添加的是更上一层楼的革命性的砖瓦,有人添加的只是作为中间环节的砖瓦。人类在认识过程中不知要经过多少思想上的反复、比较、犹豫、试探、猜测;即使在错误的认知模型中,也可能包含有积极因素。盖伦对循环系统的描述就具有这样的特殊意义。文艺复兴时期的人们正是通过发现他的著作中的错误而形成了一种血液流动的新观念。盖伦认为,血液形成于肝脏,并从那里流出来,通过静脉而流布到全身各部位。静脉血液含有丰富的自然精气,具有营养身体组织的功能,同时带走废物,被送出来的这部分静脉血液最后流到了右心室。盖伦假定,在左右心室之间存在着毛孔,极少量的静脉血液透过这些毛孔流到了左腔。在这里,这部分血液和来自肺部的空气混合在一起,形成了生命所需要的精气。文艺复兴时期,随着解剖学的发展,维萨留斯否定了盖伦关于心脏的中膈有毛孔的错误观念,从而为哈维的血液循环理论奠定了基础。从某种意义上说,科学家和思想家都是站在前人的肩膀上前进的。从哥白尼到开普勒,再到伽利略,再到牛顿,我们可以看到近代自然科学的发展是如何一步一步前进的。哥白尼贡献了具有革命意义的日心说,开普勒在第谷观测的基础上贡献了行星运行的模型,伽利略通过斜面和摆的实验和思想实验贡献了星体运动的规律,到了牛顿被上升提高为一切物体的运动规律,形成了严密的力学理论。在前面谈及的剩余价值学说史中,我们可以看到经济学说的发展也有类似情况。

总之,最初科学革命的兴起与文艺复兴时期的人文主义思想的促进是分不开的。这种促进要从两种意义上来了解,一是它促进了对古典文化的研究,正是这种研究导致了对自然科学的兴趣和对传统自然哲学的修正和革新;一是促成了新的科学研究方法的形成,尤其是数学方法的应用,这是一种深远的影响。当然,推动科学发展的根本动力是社会生产力的发展，是技术的发展。在那个时代，技术的发展至关重要。培根在《新工具》中就这样说："再没有比那三项对古人来说一无所知的发明（即印刷术、火药和指南针）更为引人注目的了。这三项发明改变了整个世界的面貌和状况；第一项之于文献，第二项之于战争，第三项之于航海，随之而来的是无以数计的变革。从这个意义说，在人类活动中，任何帝国、任何教派、任何星辰都不如这些机械的发现更具有力量，更具有影响。"

启蒙运动时期的西方思想

启蒙运动和理性主义

启蒙运动通常是指十七、十八世纪的那一次启蒙运动。启蒙运动起源于西方民族对思想自由的要求，也是文艺复兴时期人文主义思想进一步发展的结果。它一方面是由于西方民族的成熟、社会发展的需要所引起，同时也是自然科学的成功发展所引发的自信心以及随之而来的对人类理性的崇拜。启蒙运动的理论表现是理性主义，是人文主义的进一步具体化。此时人们已从对人的崇拜，进到相信人类的理性能够完美地了解整个世界。就宗教的角度来看，人们开始厌恶各种宗教长期分裂的状况，企图在人类共同的理性中找到某种统一和和谐的原则。于是，有人在各种不同的宗教中寻找共同点，终于找到了一种纯理性的宗教，也就是自然神论。西方启蒙运动从英、法两国开始，然后扩展到德国和荷兰等诸多国家，涌现了许多思想家。他们都以理性主义作为思想武器，将思想批判的矛头指向封建主义，直接为资产阶级革命鸣锣开道。这些启蒙学者一般都是比较彻底的唯物主义者，他们反对宗教迷信，提倡科学，或者本人就是科学家，力图把人类生活和思想的每个部门都世俗化，主张开辟一个非宗教的理性时代。他们比较重视社会问题、政治问题，希望向人们展示一条通向科学和理性的道路，通过科学知识的传播为封建制度统治下的欧洲带来光明。按照马克思的说法，他们是"为行将到来的革命启发过人们头脑"的伟大人物。这些思想家在英国有洛克、休谟、霍布斯等，在法国有伏尔泰、孟德斯鸠、卢梭等，还有德国的莱布尼茨、康德等。本节将着重介绍更具代表性的法国思想家的思想。

理性主义和浪漫主义

在这一时期的文化思潮中，作为启蒙运动的对立面，还有浪漫主义的思想的兴起。浪漫主义思想运动起自十八世纪末期到十九世纪中叶，但它的影响直到今日尚未消失。从历史的观点而论，浪漫主义起自对过分强调理性和普遍概念的启蒙运动的反动。德国的唯心主义哲学与浪漫主义之间有许多对立，同时也有许多相互间的影响。浪漫主义推崇情感，主张想象力的创造性发挥，坚持美感第一的美学标准，康德、黑格尔、费尔巴哈都受到浪漫主义的影响。其中，康德和黑格尔对历史演变的见地和费尔巴哈对人性的理解，都在他们唯心主义或唯物主义哲学观点的基础上带上理想化的浪漫色彩。

浪漫主义是多姿多彩的，其共同点就是用丰富的生命哲学来取代理性与概念。就此而言，不少哲学家应视为理性主义与浪漫主义某种形式的结合。如康德、黑格尔就是把理性在某些方面加以浪漫主义膨胀，从而使他的观点成为某种脱离现实的东西。罗素认为，浪漫主义对哲学的影响产生了两种相反的东西，一种是过分强调理性以及虔诚的希望的浪漫理性主义，一种是表现为对理性的低估的非理性主义，后来的尼采就属于后者。因此，浪漫主义不是什么严格的思想体系，往往是人们用来指思想家、哲学家的某种倾向或表现。在历史哲学中我们可以见到从浪漫主义发展为历史主义的轨迹。黑格尔哲学把任何历史形式都纳入绝对观念发展过程的必然地位之中，这样历史形式就有了超时间的有效性，历史事实的独特性被取消了，历史的自由和不可归约性也被否认了，成为一种思辨的历史主义。赫尔德的历史哲学的思想则不同意许多启蒙运动思想家忽视历史特点的观点，他不把历史看作是人性的普遍特征的表现，而强调历史在不同民族、不同历史时期的特征，当然这并不妨碍人们去研究历史事实之间的联系和规律性。

这些变化说明在思想史中不同思潮的互相补充和迭起是合乎规律的。任何时候，人类的思想发展都不是铁板一块。有理性主义的发展，就有浪漫主义的补充；有浪漫主义的挥洒，就有历史主义的规范。具体思想家的思想则更复杂，更需作具体分析。

伏尔泰的社会思想

伏尔泰（Voltaire，1694～1778 年）出生于巴黎一个富裕的资产阶级家庭。他在一所法科学校毕业后，先后担任过法国驻外使团的秘书和法庭书记。他喜欢文学创作，经常以锋利的语言批评封建等级制度和教会的腐败，他因讽刺贵族以及和贵族发生冲突而两度入狱。后来他流亡英国，在那里他考察了英国的政治制度，学习了洛克的唯物主义和牛顿的物理学。他的重要著作《哲学通信》就是在英国的学习心得。著作出版后就遭到查禁，巴黎最高法院下令逮捕他，他不得不逃到乡下。他还写了一些重要的历史著作，如《路易十四时代》《彼得大帝统治下的俄罗斯》《议会史》等。他去世时，人们在他的灵柩上写上这样一句话："他教导我们走向自由。"这是人民对他最好的评价。

伏尔泰关于平等和自由的思想，是他在当时法国最具有启蒙意义的东西。他有一句名言：难道农民的儿子生来颈子上带着轭，而贵族的儿子生下来在腿上就带着踢马刺吗？对他来说，平等意味着反对等级和封建特权。他认为，人是生而平等的。他说："一切享有各种天然能力的人，显然都是平等的；当他们发挥各种动物机能的时候，以及运用他们理智的时候，他们是平等的。"然而，他并没有将这种平等的原则贯彻到社会和政治领域。他的平等主要是反对封建等级制度，是机会平等和人格上的平等。他出于资产阶级的本能，认为社会中不可能不分成两个阶级，一个是富人阶级，一个是穷人阶级，他嘲笑那些主张财产平等的人是"掠夺富人的穷光蛋哲学"。这样他自己就陷入不可自拔的矛盾境地之中。在他为《百科全书》

所写的"平等"的辞条中，他说："平等既是一件最自然不过的事，同时也是最荒诞不经的事。"所以，他所说的平等就是后来资产阶级视为天经地义的机会平等和人的自然能力的平等。正如他所说的，中国的皇帝、印度的大莫卧儿、土耳其的帕迪夏不能向下等人说"我禁止你消化、禁止你上厕所、禁止你思想"一样。此外，他还从人性的自私自利本性出发，认为人们不可能也不应该是平等的，因为人人都有一种强烈的倾向，喜欢统治、财富和欢乐，愿意得到他人的金钱和妻女，愿意奴役别人，因此出现不平等是必然的，平等只能按照资产阶级的意愿理解为在财产私有权面前的平等。

伏尔泰关于自由的思想也是如此。在他为《哲学辞典》"自由"写的辞条中，他说：自由就是"试着去做你的意见绝对必然要求的事情的那种权力"。在他看来，自由是人人享有的天赋权利。他十分欣赏英国在君主立宪政治制度下的自由。首先英国人有"人身和财产的全部自由"，有信仰的自由，"每个人都可以按照他自己的方式供奉上帝"，有"用笔向国家提意见的自由"，有权发表一切想法，法律保障他的言论和出版自由，以及公民"只能在一个由自由人所组成的陪审员面前才可受刑事审问的自由；不管什么案件，只能按法律条文的规定来裁判的自由"，等等。看来，他所理解的自由并没有超出英国式的自由的范围。但是，有一点他是按照资本主义的现实直言不讳地说出来的。他在《哲学辞典》的"财产"条目中说：社会并不需要农民成为富人，而是需要这样一种人，在他的身上除了一双手和一片善良的心愿以外什么也没有，他们将自由地将他们自己的劳动出卖给出价高的人，他们用这个自由来代替财产。这说明他同情农民的不幸是为了把他们解放出来使他们成为劳动力的自由出卖者。在这一点上他是坦率的。

伏尔泰是用自然的人性来说明社会起源的。他认为，人与人之间有一种自然的爱慕之情，最高等的群居动物，感情永远改不掉，是社会的永恒联系和根本法律。人的本性还表现在人人都有自然赐予的人类理性上。人人都有一双勤劳的手和灵活的头脑，能概括观念和使用语言，这些特性保证了人类的进步和社会的发展。此外，人还有自然的宗教的本性。他认为宗教不是神职人员的发明创造，而是人在梦中梦见故人而产生灵魂的观念，人们为了躲避这些可怕的灵魂，要求保佑，从而产生了宗教。他认为国家不是产生于契约，而是产生于暴力，当两个民族相冲突、发生战争时，强有力的领导人就会成为君主。但是国家有保卫人民社会地位和自然权利的责任，这是统治者和被统治者的内在关系。如果统治者不能保障自然法和自然权利，被统治者就有权进行反抗和革命。在他看来，万事都应顺乎自然，合乎理性，过自然的生活就是使自己成为自由的人，他认为，自然法是合乎理性的，法律是自然的女儿，每个精神健全的人的心中都应有自然法的概念，这就是正义，是人性中永恒不变的东西。任何国家、任何时代的人民都不会把抢夺、毁约、说谎、杀人、下毒、忘恩负义、殴打父母看成是正义。

在政治体制方面，伏尔泰十分钦佩英国的君主立宪制度，有时也谈到共和制度的合理性和优越性。他赞美瑞士的共和制度，认为那是真正平等的政治体制。但他认为共和制容易产生党争，引起内战，破坏国家的统一。对于英国在资产阶级革命后建立的制度，他赞不绝口。在他看来，英国的宪法和法律有三方面的优点：第一，限制了王权和贵族的权力。他说："英国是世界上抵抗君主达到节制君主权力的唯一国家；他们由于不断的努力，终于建立了这样开明的政府：在这个政府里，君主有无限的权力去做好事，倘使想做坏事，那就双手被缚住了；在这个政府里，老爷们高贵而不骄横，且无家臣；在这个政府里，人民心安理得地参与国事。"第二，宪法保证了议会的权力。在他看来，上院和下院是国家主宰的权力结构，达到了国王、贵族和市民势力的平衡，使各方面的利益都能得到照顾，同时议会制也体现了主权在民的原则。他相信下院是为了人民的，因为在那里每个议员都是代表人民的议员，因而下院是道道地地代表着全民族。第三，法律还能保护资产阶级的私有财产。他赞扬商业使英国富足和强大，法律保护商业，社会也不歧视商人。他借用英国人的口气说：我们胜利的舰队把我们的光荣带至四海，而法律保障了我们的财富。

总之，他虽然用辛辣讽刺的笔法写了大量文学作品，激烈地攻击封建专制制度和教会的"败类"，但是他的政治思想却是相对温和的。他虽有自由主义的思想，却不拥护民主。他与许多资产阶级思想家一样，看不起下层群众的智慧和力量，把希望寄托在开明君主的身上。

孟德斯鸠的社会思想

孟德斯鸠（Charles Montesquieu，1689~1755年）出身于一个贵族法官家庭。早年就读于波多尔大学，毕业后任律师。1714年当选为市参议员，后来继承监护人伯父的遗产和官职，任省高等法院院长。1716年被选为波尔多科学院院士。他有实际工作的经验，又有理论修养，决心在科学研究方面做出成绩。1721年他出版的《波斯人信札》从多种角度对法国社会进行抨击，反映了法国新兴资产阶级的思想感情，使得路易十五拒不批准他为法国科学院院士。1734年出版了《罗马兴衰原因论》，书中他第一次阐述了他的社会理论，探索了历史发展的原因。1748年又发表了《论法的精神》，全面系统地阐述了自己的社会学、法学和历史理论，成为一部划时代的作品。由于他书中的方法是从经验事实出发，通过归纳而得出某些结论，人们将其誉为近代实验社会学的真正开端，把他称为资产阶级法学理论的奠基人之一。

他的法学理论是从自然法出发的。他说："从最广泛的意义来说，法是由事物的性质产生出来的必然关系。从这个意义上，一切存在物都有它们的法。"在他看来，理性就是人类社会建立以前就存在的规律，在所有这些规律之前存在的，就是自然法。所以，自然法也就是人类理性。他认为这种自然法有四条：第一，是和平，他不同意霍布斯的互相战争论，因为在自然状态下，人人感到力不如人，因此就不会互相攻击，战争是人类有了社会以后的事；第二，是觅寻食物，在自然状态下，人除了感到软弱外又感到匮乏，必须设法养活自己；第三，是性依恋，畏惧感使人互相接近，性依恋又增加了人们的快乐，这是人们之间的相互祈求；第四，是人类的社会欲望，人类对知识的追求使人类有组成社会、过社会生活的要求；人为法是人类在进入社会和国家之后所适用的法。前三种自然法是人类和动物所共有的，第四种自然法是人类所特有的。在自然法的观点方面，他与其他启蒙学者是相同的，不过在具体解释上不同。他不同意社会契约论，认为原始人的结合是出于人生的需要，并非自愿以契约为根据，社会起源于自然的演进，并非契约的订立，人类进入社会后，软弱感消失了，平等关系又终止了，于是战争就开始了。有人与人之间的战争，也有国与国之间的战争，为了控制这种战争，就不得不有法律和政府，一个社会没有法律和政府就无法生存下去。这种自然法的理论目的，在于用来证明封建制度的法律和国家制度不合乎人类理性，而必须用资产阶级的国家和法律取代之。他指出，人类理性之伟大崇高，就在于它能够很好地认识到法律所要规定的事物，应该和那一个主要体系发生关系，而不致搅乱那些应该支配人类的原则，归根到底要用理性来判断一切。

孟德斯鸠也是社会学地理学派的创始人之一。他认为，地理环境，特别是气候、土壤和居住地域的大小，对一个民族的性格、风俗、道德、精神风貌甚至法律和政治制度都有深刻的影响。他尤其强调气候的作用。他说："法律应和国家的自然状态有关系；和寒、热、湿的气候有关系；和土地的质量、形势与面积有关系；和农、猎、牧各种人民的生活方式有关系。法律应和政制能容忍的自由程度有关系；和居民的宗教、性癖、财富、人口、贸易、风俗、习惯相适应。"

关于气候对人性格的影响，他充分运用了当时生理学的知识来作论证。他认为冷热空气对人体外部的纤维末梢刺激程度的不同，会影响血液的回流和末梢的松弛或紧张程度，从而影响人的体质和性格。如气候"炎热国家的人民，就像老头子一样怯懦；寒冷国家的人民，则像青年一样勇敢"。他甚至认为气候还会影响到政治制度和宗教。他说："当我们看到，热带民族的怯葸常常使这些民族成为奴隶，而寒冷气候民族的勇敢使他们能够维护自己的自由，我们不应当感到惊异。"他还用气候的炎热来解释佛教教义的产生。他认为印度过度的炎热使人萎靡疲惫，静止是那样的愉快，而运动是那样的痛苦，这很自然就产生静止、虚无、无为等被认为是最完善的境界，被认为是万物的基础和终结。佛的教义是由气候上的懒惰产生的，这就产生了无数的弊端。

毫无疑问，他这些思想着重从地理环境、生活方式去寻找社会发展的原因，较之从主观精神去说明社会历史是有积极意义的，但过分夸大地理环境的作用，尤其是气候的作用，则是错误的。

孟德斯鸠关于政体的看法与多数资产阶级思想家一样，把政体分成共和、君主和专制三种。他把共和政体又分成贵族型和民主型的。他还把政体的性质和政体的原则加以区分。他认为："政体的性质是构成政体的东西；而政体的原则是使政体行动的东西。一个是政体本身的构造；一个是使政体运动的人类的感情。"他还进一步论证说，专制政体以恐惧为基础，君主政体以荣誉为支柱，贵族政体以温和为特性，民主政体建筑在政治道德和爱国主义精神的基础上。在他看来，每一种政体都有其弊病和缺点，只要能适合国情和需要就是好的政体。如果政体不适合国情，就可能爆发革命。国民的政治道德如没有达到一定的水平及无平等精神时，民主政体也不可能建立起来。马克思曾经指出："孟德斯鸠认为君主政体的原则是荣誉，他完全错了。他竭力在君主政体、专制制度和暴政三者之间找区别，力图逃出困境；但是，这一切都是同一概念的不同说法，它们至多只能指出在同一原则下习惯上有所不同罢了。"看来，以感情和道德品质来区别政体是不会成功的。

实际上，孟德斯鸠所向往的政体是英国的君主立宪政体。他的政治自由和三权分立的思想对后来的美国革命有深刻影响。他认为自由被滥用了，没有一个词比自由有更多的涵义。他把自由和法律联系起来，认为自由仅仅是一个人能够做也应该做的事情，而不被强迫去做他不应该做的事情。"应该"和"不应该"要以法律为界线。所以，自由是做法律所许可的一切事情的权利；如果一个公民能够做法律所禁止的事情，他就不再自由了。他还把自由分成两种：一种是政治自由，这是人民和国家的关系中产生的，就是在法律许可的范围内，人民可以依自己的意愿行事；一种是民事自由，它是从人与人的关系中产生的，和自然法有密切关连，如人人不被奴役的自由。

为了使人民享有政治自由，他认为必须建立三权分立的国家政治体制。他还从历史经验出发，指出："一切有权力的人都容易滥用权力，这是万古不易的一条经验。"因此，为了防止掌权者滥用权力，就必须"以权力约束权力"。所以，他认为把立法权、行政权和司法权区分开来，使之互相制约、平衡发展，乃是确保公民政治自由的必要条件。为什么必须这样做呢？他解释说："当立法权和行政权集中在同一个人或同一机关之手，自由便不复存在了"，因为这个人或这个机关可以用暴力的方法来执行他们自己制定的法律。"如果司法权不同立法权和行政权分立，自由也就不存在了。如果司法权同立法权合而为一，则将对公民的生命和自由施行专断的权力，因为法官就是立法者。""如果同一个人或——同一机关行使这三种权力，即制定法律权、执行公共决议权和裁判私人犯罪或争讼权，则一切便都完了。"这种三权分立的学说是以英国政治为设计蓝本而提出的，是西方整个资产阶级革命时代的产物，并对后来西方国家的政治建设起重要的影响作用。孟德斯鸠三权分立的学说，说到底是为保护资产阶级财产私有制服务的。而且，他还为君主留下一定的地盘，他只是用三权分立来限制君主的权力。与后来卢梭的人民主权说相比，明显表现出它的不彻底性和妥协性。

卢梭的社会思想

卢梭（Jean Jacques Rousseau, 1712～1778 年）出身于日 元一

个手工业钟表匠家庭。16 岁离开日内瓦到法国等地流浪，做过仆役、学徒、秘书和教师，生活在下层劳动人民中间，对城乡人民的贫困生活有深刻的了解。

1749 年，第戎科学院发起有奖征文，题目是《科学与艺术的复兴能否敦风化俗》。他以《论科学与艺术》一文应征，文中论证了科学与艺术的发展会败坏风俗。该文得头等奖，使他一举成名。他的第二次应征论文《论人类不平等的起源和基础》则未能得奖。1762 年出版了《社会契约论》。他另有一部分手稿，大约写于 1754 年，现存日内瓦图书馆中。

卢梭是启蒙运动中最激进的思想家。他的关于平等和人民主权的理论鼓舞了后来的许多人民群众的革命斗争。正如马克思所说："卢梭不断避免向现存政权作任何即使是表面上的妥协"。

卢梭的平等思想和人民主权思想是他的学说中最为宝贵的内容。他研究了人类不平等的起源和基础，指出了不平等的起源是在于私有制。在他看来，在自然的状态下存在着一种真实的平等，那时，即使人们在体质上有差别，其影响也几乎等于零。由于人类学会了使用工具和火，发明了农业和冶金术，产生了私有制和财产的不平等，于是就有了统治和奴役，人们进入了互相掠夺的战争状态。然后随着法律对强者和弱者的确认，不平等就进入第二阶段。到了暴君把一切人都变成奴隶，确认了主人和奴隶的关系，不平等就进入第三阶段。

他显然了解：法律上的平等不等于事实上的平等，没有一定程度的平等，自由就等于一句空话。他认为即使不能做到事实上的绝对平等，也应尽量缩小人们的事实上的不平等，以不使权力过大的人实行暴力，过分富裕的人为所欲为。他非常欣赏洛克的一句格言："在没有私有制的地方是不会有不公正的"。他希望尽量缩小贫富之间的差距。他说："要想使国家稳固，就应该使两极尽可能地接近；既不许有豪富，也不许有赤贫。这两个天然分不开的等级，对于公共幸福同样是致命的；一个会产生暴政的拥护者，而另一个则会产生暴君。他们之间永远在进行着一场公共自由的交易：一个购买自由，另一个出卖自由。"关于不平等是怎样产生的，卢梭有一段名言："自从一个人需要另一个人的帮助的时候起；自从人们觉察到了一个人据有两个人食粮的好处的时候起；平等就消失了、私有制就出现了、劳动就成为必要的了、广大的森林就变成了须用人的血汗来灌溉的欣欣向荣的田野；不久便看到耐用和贫困伴随着农作物在田野中萌芽和滋长。"在他看来，人类的一切灾祸都是私有财产的第一后果，同时也是新产生的不平等的必然产物。按照这样的逻辑，只要向前再跨出一步，他就会得出消灭私有制以实现社会平等的结论。然而阶级局限性使他无法跨出这一步。因为对资本主义的经济关系来说，"整个社会的第一个法则就是：在人和人或物和物之间要有某种协定的平等"。因此他认为：财产权的确是所有公民权中最神圣的权利，它在某方面，甚至比自由还重要。这些都是近代资本主义经济需要的反映。他主张防止财富分配的极端不平等的思想，也为后来有的资产阶级思想家所接受，如征收财产累进税、限制继承权、国家干预经济等防止两极分化的主张，都体现了人民的一种愿望；他的理想是"既没有乞丐，也没有富豪"。

卢梭的社会契约论的思想也是比较系统的，是他的政治思想的重要组成部分。他在书中一开始就说："人是生而自由的，但却无往不在枷锁之中。自以为是其他一切主人的人，反而比其他一切更是奴隶。"他的《社会契约论》正是要回答这种变化是怎样形成的。人既然是生而自由和平等的，怎么会转化为它的对立面呢？他不同意亚里士多德、霍布斯和格劳秀斯的有人天生是奴隶的看法或者用强力和转让来解释，他是用社会公约或社会契约来解释的。这就是"要寻找出一种结合的形式，使它能以全部共同的力量来卫护和保障每个结合者的人身和财富，并且由于这一结合而使每一个与全体相联合的个人又只不过是在服从自己本人，并且仍然像以往一样自由"。按照他的看法，参加约定的人从中得到了约定的自由而放弃了自己的天然的自由。是有失也有得，而且是得的更多。因为他虽然把一切权利全部都转让给全体，这样他就能得到自己所丧失的一切东西的等价物以及更大的力量来保全自己的所有。也就是说，这种社会契约是互惠的。这当然是一种很理想的状态。这种结合所形成的公共人格，以前称为城邦，现在称为共和国或政治体，当它是被动时，它的成员称它为国家，当它是主动时，称它为主权者，这些结合者集体就称为人民。这样他就说清了他一些政治哲学的基本概念。

其次，他用公意理论来说明自由和服从的辩证关系，这也是他理论的一种特色。在他看来，为了使社会公约不致成为一纸空文，就要有能迫使其成员服从的公意。有人拒不服从公意，全体就迫使他服从，也就是说迫使他自由，迫使他有祖国从而保证他免于一切人身依附的条件。没有这种公意，政治机器就不能灵活运转，社会规约就会成为荒谬的暴政。当人们从订约前的自然状态进入社会状态，人类就会发生十分注目的变化。人们的行为被赋予前所未有的道德性。正义代替了本能，义务代替了冲动，权利代替了嗜欲。这时，人们服从自己为自己所规定的法律就是自由。服从和自由的辩证法就是如此。

他还区别了公意和众意。公意只着眼于公共的利益而众意则着眼于私人的利益，众意只是个别意志的总和。所以公意永远是公正的，永远以公共的利益为依归。公意享有最高的权威。

他的人民主权的思想也是很有价值的。在他看来，人民作为整体就是主权者，这个主权者就是最高的权威。人民的主权是不能转让的，不可分割的，也是不能加以限制的。主权不能转让，转让就等于出卖自由，出卖自己的生命。主权不可分割，分割就不成其为公意的体现。主权不能限制，限制就意味超越主权之上，主权也消失。他反对英国的代议制，认为代议制是人民腐化、国家败落的象征。他认为英国人民只有在选举议会议员时才是自由的，选举之后不过是奴隶，人民等于零。因此，他主张人民直接行使主权，强调人民是政治活动不可缺少的主体。他说："立法权力是属于人民的，而且只能属于人民。""行政权力的受任者绝不是人民的主人，而只是人民的官吏；只要人民愿意就可以委任他们，也可以撤换他们。"他不是像霍布斯那样把人民排除在政治生活之外，也不像洛克那样让人民只是参加议会的议员选举，而强调人民的参与。他还认为，如果暴君践踏法律，奴役臣民，人民就有权利以革命的行动来恢复自己的权利，使不平等转变为更高级的社会契约的平等。他十分注意政府的蜕化问题，设想用人民的定期集会来监督官员以决定政府的去留，即决定是否保留现有政府，是否同意官员继续当政。

卢梭的思想在西方产生强烈和深远的影响。后来美国的《独立宣言》、法国的《人权宣言》，都可以看到他的思想的影响。罗伯斯庇尔把他称为法国革命的导师。虽然他和一切革命的先驱者一样都受他们时代的限制，但是他仍是启发人们起来革命的伟大思想家。

英国、法国和美国革命时期的西方思想

英国、法国、美国的资产阶级革命，都经历了长期的斗争，甚至是流血的斗争。像这样可歌可泣的革命斗争，没有革命思想的指导和激励是不可想象的。

英国资产阶级革命的思想基础

西方近代史上的 17 世纪英国资产阶级革命和 18 世纪法国和美国资产阶级革命都是近代史上重大的历史事件。这些革命都有千百万群众参加，人们怀着革命的激情，经历了许多激动人心的时刻和多次的历史反复。这几次革命都极富有成果，既有激进的思想，又有保守的思想。

首先，我们来看看英国的革命。英国革命的最大成功就是形成了英国宪政的传统，这是和英国的特殊的历史发展和政治文化分不开的。

英国具有与欧洲大陆不同的贵族制度，它是开放的。在诺曼人征服英国后，自由土地者只要年收入不低于 20 英镑，就能接受骑士

的称号成为贵族。这些新贵族往往比较开明，对正在发展的资本主义商业活动采取宽容的态度，甚至参加进来。只有少数的封建贵族采取封闭的态度，仍以封建的方式经营土地，很少与市场发生关系。这样，英国的社会矛盾就集中表现在王权和社会各阶级和阶层的矛盾。1215 年春，诸侯在骑士和市民的支持下发动了反对国王的战争，并于当年 6 月强迫国王签署了"大宪章"。宪章除了确认贵族和市民、自由农民等的自由权利外，还规定国王不经公意的许可不得向人民增加任何税收，还成立了一个由男爵选出的 25 人的委员会负责监督王权，开辟了西方按照宪法限制王权，也就是限制行政权的先河。这个委员会后来在 13 世纪贵族、市民和自由农民联合反对国王的斗争中发展成为等级议会，形成对王权制衡的局面。

从那个时候开始，一直到 1688 年英国"光荣革命"，其间经历了许多斗争，最后才在英国确立了资产阶级君主立宪制度。我们知道，英国是资本主义的摇篮之一。随着新航路的开辟，英国成为世界贸易的一个中心，工场手工业得到飞速的发展。商人、工场主和新地主的财富也急剧增长，成为社会经济的重要力量。在 17 世纪以前的都铎王朝，这些新兴的资产阶级和新贵族由于他们的力量还不够强大，还需要国王的庇护，因而他们采取了支持国王的态度。到十七世纪他们的力量已经足够强大了。就这样，一场新兴资产阶级和新贵族联盟反对封建制度的革命就不可避免了。斗争是在三个方面展开的：在宗教方面，是作为国王精神支柱的国教和工商业者、广大群众信奉的清教之间的斗争；在经济方面，是反对国王擅自征税和出卖工商专利权的斗争；在政治方面，是国王和国会之间的权力的斗争。1640 年矛盾激化，斗争从国会转到战场。1649 年共和国成立，国王被斩，出现了克伦威尔的独裁政权。1660 年旧王朝复辟，直至 1688 年的政变时被逐，才最终确立了君主立宪的政治体制。在这中间，有无数激动人心的斗争，也出现了不少动人心弦的政治主张。

理查德·胡克（Richard Hooker，1553/1554～1600 年）关于宪

政的思想，洛克（John Locke，1632～1704年）关于自然权利和分权的思想，霍布斯（Thomas Hobbes，1588～1679年）关于主权和政体的思想，在英国的革命过程都起到很大的作用。他们三人都把自然法和社会契约论作为他们政治思想的基础，只是在具体的解释上，在强调的重点上，有所不同。下面我们分别加以介绍：

胡克认为，政治社会起源于人类喜欢群居共同生活的本性，君主制可能是政治社会最初而且是最自然的形式，然而这并非是人们所能接受的唯一形式，人们根据方便还会创造别的形式。他并不主张废除君主制，而主张用法律来规范君主权力。在他看来，法律是公共意志的体现，是国家的最高意志，君主只是公共权力的承担者，君主的权力只是国家整体的一部分，君主必须服从法律，依法行事。正是这种思想导致了英国的君主立宪政体。

霍布斯的政治哲学和伦理思想在某种意义上与他提倡的几何学方法相似，即从一些公理似的前提演绎出所有的结论来，这些前提大多数是围绕着人的本性、人的自然状态来展开的。

霍布斯所说的自然状态是指在任何国家或公民社会产生之前的状态。在这种自然状态中，所有的人是平等的，并对任何他们认为对其生存必需的东西具有平等的权利。权利这个词，意味着人有自由去做他想干的事和依靠他认为适当的人，并且去拥有、使用和享受所有他想要的东西。人的动力是生存的意志，人所恐惧的是死亡，尤其是暴死。所有的人都拥有双重的努力，即欲望和厌恶，这两种努力说明了人对人和对象的"爱"和"恨"。每个人都把他所爱的事物称为善，把他们所恨的事物称为恶。人从本性上来说是自私的。这样，人们就会无休止地去追求权力，采取一切手段去占有一切以保存自己，形成一种无政府的"每一个人对每一个人的战争"。他指出："在人类天性中我们便发现：有三种造成争斗的主要原因存在。第一是竞争，第二是猜疑，第三是荣誉。"从人的本性的这种观点出发，他说明人并没有创造一种有序的、和平的社会的能力。然而从人要保存自己的前提出发，人们必定企望摆脱这种人人自危、人对人像狼一样的自然状态。

接着，霍布斯又提出自然律的概念，认为人为了确保生存和安全，需要用自然律来约束那无限制的自然权利。自然的第一律就是每个人都应"寻求和平、信守和平"。这是对生存关注的逻辑的延伸。从第一自然律就能推出第二自然律，这就是："在别人也愿意这样做的条件下，当一个人为了和平与自卫的目的认为必要时，会自愿放弃这种对一切事物的权利；而在对他人的自由权方面满足于相当于自己让他人对自己所具有的自由权利。"

从以上前提出发，霍布斯形成了他的社会契约论，也就是他的契约法和公民义务的思想，这在西方政治哲学中的影响是十分深远的。

霍布斯认为，人们从遵从自然律的指令出发，应寻求和放弃他们的权利或自由，进行社会契约的制订。人们避免无政府主义和互相争斗的自然状态而进入公民社会的契约，就是人与人之间的协议。他认为："权利的相互转让就是人们所谓的契约。"

国家元首或一批主权者就是从这样的契约中产生的。好像是人人都向每一个其他的人说："我承认这个人或这个集体，并放弃我管理自己的权利，把它授予这人或这个集体，但条件是你也把自己的权利拿出来授予他，并以同样的方式承认他的一切行为。"这个被授予权力的人具有主权，其他的人都是他的臣民。因此，元首的权力必须是绝对的，是保证秩序、和平、法律的条件。

霍布斯这种极端严格的权威专制主义的思想有时以令人十分惊讶的方式表现出来。如他认为人们对主权者和元首要绝对的服从。他还认为统治者的权力不仅不能转让，而且是不能分割的。如果要主权者服从法律，就是在主权者之上又立一个新的主权者，这样又需要有第三个主权者来制约他。如此发展下去，国家必乱必亡。这些都是他的政治哲学中十分荒谬的地方。他的进步的唯物主义自然观同某些荒唐的政治观极不协调地凑合在一起，说明他是新兴英国资产阶级的忠实代言人，一方面要发展社会生产力，另一方面又要巩固资产阶级的统治。不过他虽然拥护君主制，但并不反对贵族制、民主制，认为人们可以自愿选其中的一种。

洛克（John Locke，公元 1632～1704 年）与霍布斯一样，也是用自然状态来论证国家形成的。不过洛克所说的自然状态不是霍布斯所说的每一个人反对每一个人的战争，相反，洛克认为人们是依据理性而共同生活的，在地球上没有一个高于一般人的权威来判定是非。他甚至认为在自然状态中人们就知道道德法规。这种自然的道德法规不是简单的自我保存的利己主义，而是对由于人是上帝创造的因而每个人都有作为人的价值的积极认识。这种自然法包含着相应于义务的自然权利，而自然权利中，洛克尤其强调私有财产的权利。

对霍布斯来说，拥有财产的权利只能是立法之后的事。而洛克则认为私有财产的权利先于行政法规，是以自然的道德法规为基础的。私有制的证明是劳动，人用劳动生产出来的东西当然归他所有。任何人在其生命结束之前都能充分利用其生命，并积累一份与其劳动一样多的财产。洛克还认为，继承父兄的财产也是一种自然权利。

洛克描述了一种理想的状态，即"一个人有权享受所有那些他能施加劳动的东西，同时他也不愿为他所享用不了的东西花费劳力，这就不会让人对财产权有何争论，也不容发生侵及他人权利的事情。一个人据为己有的那部分是容易看到的，过多地割据归己，或取得多于他所需要和东西，这既无用处，也不诚实的"。洛克把人的本质完全理性化和理想化了。这显然是不符合现实的。

既然人们具有自然权利同时又知道道德法规，那么人们为什么要组成政府脱离自然状态呢？洛克认为："人们联合成为国家和置身于政府之下的重大的和主要目的，是保护他们的财产；在这方面，自然状态有着许多缺点。"洛克所说的财产，是指人的生命、自由和财物。

洛克认为，自然状态有三个缺点：第一，缺少一种确定的、规定了的、众所周知的法律作为人们判断是非的标准和解决纠纷的共同尺度；第二，缺少一个有权威的能依照法律来裁判争端的公正的裁判者；第三，缺少权力来支持正确的判决，使它得到应有的执行。一句话，建立政府、脱离自然状态是为了建立法治来保证有序、和平的生活和个人的财物。为此，人们创造了一个政治社会和政治机构。

洛克非常强调人的权利的不可剥夺的品格，认为政治社会必须靠人们的"同意"。因为人的本性都是自由、平等和独立的，没有他的同意，任何人都不会放弃这种权利去服从其他人的权力。而且，人们的同意还应受到多数的限制。因为一个团体要进行活动必须要有一种更大的力量来推动它，这就是多数人的同意，绝对的专制绝不是市民政府的好形式。

洛克给出了一幅与霍布斯十分不同的统治权力图画。霍布斯的统治权是绝对的。洛克虽然同意必须有一"至上的权力"，但他将这一权力小心地置于立法者的手中，而且强调所有的目的都是为了人民的大多数。他强调权力分工的重要性，主要是要保证执行法律的人不参与法律的制订，这一分工一直是西方议会民主政体的重要特点之一。他认为，国家有三种权力：立法权、执行权和对外权。在这三种权力中，洛克强调："立法权就必须是最高的权力，社会的任何成员或社会的任何部分所有的其他一切权力，都是从它获得和隶属于它的。"至于执行者，应该被看作是国家的象征、表象或代表，是被赋有法律权力的公仆；如果他自已违犯了法律，就没有要人服从的权利。洛克强调人民的福利是最高的法律，认为人民才是最高的裁决者，如果政府推行了有害于人民福利的暴政，人民就拥有反抗政府的权利。

洛克的分权学说是在英国资产阶级 1688 年的"光荣革命"后提

出的。当时英国资产阶级虽然掌握了政权，但封建势力仍然有不小的权力，洛克的主张正是为资产阶级议会掌握国家的最高权力辩护，具有十分现实和进步的历史意义。当然，洛克的政治哲学还没有真正谈到人民主权的核心问题，而是在人民的旗号下来为资产阶级掌握最高权力呼喊。

法国资产阶级革命的思想基础

如果说英国的资产阶级革命是一种妥协的话，那么法国的资产阶级革命则是比较彻底的革命。十八世纪下半叶资产阶级在法国已经发展成为社会上最有势力的阶级，可是他们却处处受到封建制度的阻碍。那时陈旧的法律公开确认人间的不平等，社会被划分为三个等级。第一等级贵族和第二等级僧侣是特权阶级，他们只占人口的三十分之一，却和国王一起拥有全国一半以上的土地，政府、教会、军队中的重要职位几乎都为这些人所占有。第三等级则包括资产阶级、农民、城市贫民和工人等广大民众。广大的第三等级要求变革封建制度，取消贵族、僧侣特权的呼声日益高涨。一场资产阶级领导的革命终于爆发了。

1789年爆发的法国资产阶级革命不仅在法国消灭了封建专制制度，建立了资产阶级的统治，而且带动了欧洲各国的资产阶级革命运动。

革命的第一阶段是建立了大资产阶级和自由派贵族的统治。制宪会议起草了《人权和公民权宣言》，消除了封建时代的公开的不平等关系，沉重地打击了封建专制制度。革命的第二阶段是吉伦特派的统治。他们是一个代表资产阶级利益的知识分子、律师和文学家组成的政治集团，面对复杂的斗争局面，他们把私有财产和自由贸易看成神圣不可侵犯的原则，但对民众的进一步革命要求则加以限制。革命的第三阶段是雅各宾派的统治。他们是激进的小资产阶级党派，将革命推向高潮，发布了取消封建义务和给农民土地的法令，取得了法国大革命的最高成果。

正如马克思说的："在第一次法国革命中，立宪派统治以后是吉伦特派的统治；吉伦特派统治以后是雅各宾派的统治。这些党派中的每一个党派，都是以更先进的党派为依靠。每当某一个党派把革命推进得很远，以致它既不能跟上，更不能领导的时候，这个党派就要被站在它后面的更勇敢的同盟者推开并且送上断头台。革命就这样沿着上升的路线行进。"所以由启蒙运动诸多思想家所启发的法国大革命的进展是比较有思想基础的，是一浪高一浪的。尽管如此，革命之后，还有长期的复辟和反复辟的斗争。启蒙运动的思想家前面已经介绍过了，下面再补充些内容。

以狄德罗、爱尔维修和霍尔巴赫为代表的百科全书派，他们在哲学上继承和改造了十七世纪英国和法国的唯理论，彻底抛弃了宗教的外衣，推进了伏尔泰、孟德斯鸠的思想，成为法国大革命的思想先锋。他们彻底批判宗教，指出上帝是没有的，宇宙的本质只是在时空中运动的物质。他们认为法律的产生是因为人们要维持彼此的权益和共同的需要，从而约定互不侵犯对方的财产。他们还认为，天然的或道德上的平等是人类的天然的素质，这种平等是自由的根源和基础，但同时认为，绝对的平等是一种幻想。他们主张人民有起义反抗暴君的权利，但同时认为应通过温和和改良的办法来教育君主，把他引向真理之路，历史的进步是理性不断进步的过程。他们还认为，君主的权力要受到法律的限制，由代议机构限制的君主立宪制或共和制是理想的政体。这些积极的思想在法国大革命中都是一种革命的因素。

法国大革命爆发之后产生的《人权和公民权宣言》，将启蒙运动思想家的思想用宪法的形式巩固了下来，是一个意义和影响特别深远的文件。宣言在人权方面规定人们生来是而且始终是自由平等的。自由，是指有权从事一切无害于他人的行为，个人的自然权利的使用只以保证社会上其他成员能享有同样的权利为限。同时，把财产的拥有看成是神圣不可侵犯的权利；任何人的财产不得无故被剥夺。

宣言中关于发表意见的自由、传达思想和意见的自由、著述和出版的自由等规定，以后都被各国宪法列为基本权利。宣言认为，法律是保障人权的，凡未经法律禁止的行为就不能受到妨碍。宣言规定，法律是公意的表现，全国人民均有权亲身或派代表参加法律的制定。宣言还规定了一些近代意义上的法律原则，如无罪推定、禁止酷刑等。在人民主权原则方面，宣言规定了公民能平等地按其能力担任公职，社会有权要求机关公务人员报告其工作，公共赋税要由公民或其代表确定，公民应按其能力纳税等。

所以这些规定在当时都是有进步意义的。当然，这种进步是就资产阶级革命的要求而言的。因为资产阶级人权保证每个成员的人身、权利和财产不受侵犯，在这中间私有财产权是最核心的内容，所谓自由就是这种财产私有权的自由，所谓平等就是这种自由的平等。法国大革命的宣言以十分明确的法律语言将资产阶级的梦想和要求用宪法的形式固定下来，这是人类社会的一大进步。从历史的观点出发，人们不可能要求他们做更多的东西。

美国资产阶级革命的思想基础

18世纪英国在美洲殖民地的社会矛盾表现为广大殖民地人民与英国政府的矛盾。英国的殖民地政策严重地阻碍当地经济的发展，他们对殖民地人民采取的高压政策，又进一步激化了矛盾。1765年英国通过"印花税法"，向殖民地征收税款以供军事需用，引起殖民地人民的强烈反对，他们高呼"向无代表权者征税就是暴君"的口号，表示抗议。1775年4月19日列克星敦人民首先起义，打响了北美独立战争的第一枪。同年5月，北美十三州的代表召开第二届大陆会议，组成了统一的武装，由华盛顿任总司令。1776年7月4日，大陆会议通过了《独立宣言》，正式宣布脱离英国而独立。经过长期的战斗，北美人民终于在1781年赢得胜利，1783年英国正式承认美国独立。

美国的独立战争作为资产阶级革命是不彻底的，土地问题、奴隶问题都没有解决，资产阶级和地主阶级独占了胜利果实。这样，国内的矛盾又上升为主要矛盾，许多州爆发了人民起义；农奴制的存在，导致了后来 1861 年悲惨的南北战争；潘恩、杰斐逊、汉密尔顿都是这次斗争的思想家。

托马斯·潘恩（Thormas Paine，1737～1809 年）是美国独立战争时期的启蒙思想家。他出身于英国诺福克郡一个基督教教友会的家庭，当过裁缝、教师、税务官。1774 年移居美国，不久就投入独立运动。1787 年他返回欧洲，参加了法国大革命。他的主要著作有《常识》（1776 年）、《林中居民的信札》（1776 年）、《人权论》（1791～1792）等。他核心的政治思想是主张北美殖民地脱离英国而独立，其思想基础是启蒙思想的天赋人权和社会契约论。在社会思想史上，他是最早把社会和国家区分开的思想家之一。他认为这两者具有不同的起源，社会是由我们的欲望所产生的，而政府是由我们的邪恶所产生的。前者使人们一体同心，积极增进幸福，它鼓励交往，是一个奖励者；后者制止人们的恶行，消极地增进幸福，它制造差别，是一个惩罚者。他将批判的矛头指向英国的君主制，认为君主制是我们自身堕落和失势造成的，世袭制是对我们子子孙孙的侮辱和欺骗。他提出以革命推翻君主专制是人民的天赋权利，他的政治理想是代议制的共和政府。他认为把代议制和共和制结合起来，就可以获得一种能够容纳和联合一切不同利益和不同大小的领土及不同数量人口的政府体制。在他看来，天赋人权是公民权利的基础。人在进入社会后保留了一部分天赋人权，而另一部分天赋人权则转变成公民权利，公民权利只有个人作为社会的一分子与社会携手合作才能实现。

托马斯·杰斐逊（Thomas Jefferson，1743～1826 年）是美国独立战争时期的政治家和思想家。他出身于一个种植园主的家庭，1769 年当选为弗吉尼亚州的议员。1774 年他被指定为起草《独立宣言》的委员，负责起草宣言。他认为所有人都是平等的，生命、自由和追求幸福的权利是上帝赋予人们的不可让渡的权利，人们是为了保障这些权利才通过契约成立政府的。人们在成立政府时并没有放弃这些权利，政府是由于被统治者的同意才取得正当权力的。

《独立宣言》宣称："我们认为这些真理是不言而喻的：人人生而平等……其中包括生命权、自由权和追求幸福的权利。为了保障这些权利，所以才在人们中间成立政府。而政府的正当权力系得自被统治者的同意。如果遇有任何一种形式的政府变成损害这些目的的，那么，人民就有权利来改变它或废除它，以建立新的政府。"这一宣言在欧洲文化界引起了希望和期盼。宣言体现了启蒙运动思想家关于人的自然权利和自然法学说的思想，使人们对北美人民刮目相看。在人们的眼中，北美不再是善良的野蛮人和勇敢的殖民者居住的地方，而是一个善于从专制政府手中赢得独立，并建设起一个文明社会的国家；不仅是对伦敦政府的"造反"，而且是一个新的"公民社会"在大西洋彼岸诞生。

由于北美人没有那么多的封建包袱，他们有条件建立起一个更加合理的民主政治制度。杰斐逊就主张建立一个代议制的民主共和国，他既坚持了卢梭的民主原则，又吸收了洛克的代议制思想，从而在新大陆上发明了一种民主式的联邦共和制的制度，推进了西方的民主理论和实践。

杰斐逊十分强调民主自治的思想，强调要防止个人独裁的暴政的出现。为了防止暴政的出现，必须把人民自治作为代议制的基础和保证。人民的自治又要以个人的自治为基础。个人自治的首要原则是个人自由，即个人凭借其单独意志自我决定、自我管理。他尤其强调思想自由。在他看来，人如果没有表达思想的自由，就有如一架肉做的机器，只能靠外力来推动。为了做到个人自治，必须限制政府中行政和司法的权力，尤其要限制总统的权力。他认为联邦政府的权力不宜过分集中，应把国家权力尽量分散到各级政府。他认为人民是最可靠的。他把普选权看成是人民参政的基本前提，把人民监督看成是参政行使权力的重要手段；他所说的监督是指人民的检查权和罢免权。他还认为民主的多数原则并不意味着可以侵害少数人的权利，少数人的权利同样应得到法律的保护。当然，他作为一位资产阶级的民主主义者，主要是在为资产阶级争人权、争民主，但同时他接近和同情人民，主张废除农奴制，反对过大的财产的不平等。他被美国人民视为与华盛顿、林肯齐名的伟大人物，不是没有道理的。

亚历山大·汉密尔顿（Alexander Hamilton，1757～1804 年）是美国建国初期的政治活动家和政治思想家，又是美国 1787 年宪法的主要起草者，被人誉为"宪法之父"。他主张建立君主立宪制的国家，但是当他的意见没有被采纳时，转而拥护多数代表的意见。他接受了霍布斯关于人是自私的、自然状态是一切人反对一切人的战争的思想，主张成立一个强大的中央集权政府，用铁的手段来管束群众、限制民主，以保证国家的秩序和利益，然而他又同意洛克和孟德斯鸠分权的原则，主张在三权分立的基础上互相混合、互相牵制。他尤其赞成用由富人和出自名门的人组成的参议院来箝制由人们直接选出的众议院。他还主张司法独立，从而使最高法院和议会互相牵制。这些思想确立了美国的政治体制，也就是用参议院箝制众议院，用行政、司法权力来牵制立法权力，同时又以弹劾权来约束行政权力，从而达到权力的平衡，保证国家的统一和稳定。

美国的独立战争虽然略早于法国大革命，然而两者是互相影响的，这两个革命的思想基础共同构成了西方政治文化的真正的民主和人权的传统。